Eberhard Jäckel
Umgang mit Vergangenheit

# Eberhard Jäckel

# Umgang mit Vergangenheit

### Beiträge zur Geschichte

Deutsche Verlags-Anstalt
Stuttgart

*Zum 29. Juni 1989*
*herausgegeben von Andreas Gestrich,*
*Axel Kuhn und Johannes Voigt*

CIP-Titelaufnahme der Deutschen Bibliothek

*Jäckel, Eberhard:*
Umgang mit Vergangenheit : Beiträge zur Geschichte /
Eberhard Jäckel. – Stuttgart : Deutsche Verlags-Anstalt, 1989
ISBN 3–421–06504–7

Lektorat: Ulrich Volz
Gesamtherstellung: Friedrich Pustet, Regensburg
Printed in Germany

# Inhalt

# Vorwort

Hier werden Aufsätze vorgelegt, von denen die Herausgeber meinen, daß sie einen Wiederabdruck verdienen. Der Verfasser, der einer solchen Sammlung früher widerstanden hatte, ist dieser Meinung auch diesmal nur zögernd gefolgt. Aber weil es sich um ein Geburtstagsgeschenk handelt, hat er es nicht ausschlagen mögen. Er hat sich dann, da er für den Inhalt ohnehin die Verantwortung tragen muß, sogar an der Auswahl beteiligt und fünf bisher unveröffentlichte Texte hinzugegeben. So ist der Band ein Gemeinschaftswerk der Herausgeber und des Verfassers geworden.

Die Stücke entstammen einem mehr als dreißigjährigen Umgang mit Vergangenheit. Das besagt zweierlei: Sie sind kein einheitliches Ganzes, und nicht alle sind neu; einige Teile würde der Verfasser heute anders schreiben. Eine Überarbeitung konnte indessen nicht in Betracht kommen. Im Gegenteil wurde sogar, wo im Erstdruck geändert oder gekürzt worden war, auf die ursprüngliche Fassung zurückgegriffen. Die Leser werden daher gebeten, die jeweils vermerkten Zeiten sowie die Anlässe und Umstände der Entstehung zu bedenken.

Der Band ist nach den hauptsächlichen Arbeitsgebieten des Verfassers gegliedert. Den Anfang bilden eine Zusammenfassung seiner Doktorarbeit, die Habilitationsvorlesung sowie ein weiterer Vortrag, die allesamt um Thomas Morus und Niccolò Machiavelli kreisen. Im Mittelpunkt steht natürlich die Hitlerzeit, in der der Verfasser aufwuchs, die ihn zum Historiker bestimmte, mit der er am meisten umgegangen ist. Dazwischen und am Ende sind einige Gelegenheitsarbeiten versammelt, die indessen meist auch einen Bezug zur Hauptsache haben.

Anders als die Bücher, die mit einer gewissen Planmäßigkeit entstanden, ergaben sich die Aufsätze fast immer aus Gelegenheiten. So führte ein zufälliger Quellenfund zu der Dokumentation über die Politik des Heiligen Stuhls im Zweiten Weltkrieg oder der Vorschlag eines befreundeten Rundfunkredakteurs zu dem Gedankenspiel über den 20. Juli 1944. Vieles hat biographische Bezüge. Das Stück über Gandhi etwa geht auf zwei längere Aufenthalte in Indien zurück. Ähnliches gilt von den Aufsätzen zur japanischen Geschichte, die zugleich allerdings auch dem Interesse am Zweiten Weltkrieg entsprangen. Nicht wenige Anstöße kamen aus persönlichen Beziehungen. Drei Aufsätze sind akademischen Lehrern gewidmet: der Nachruf auf Gerhard Ritter dem Doktorvater, ein Festschriftbeitrag Karl Dietrich Erdmann, der dem Verfasser zur Habilitation verhalf, ein weiterer Wilhelm G. Grewe, bei dem er Öffentliches Recht studierte. Einer persönlichen Beziehung verdankt auch das Stückchen über Günter Grass seine Entstehung. Schließlich sind die beiden Beiträge des Verfassers zum sogenannten Historikerstreit in die Auswahl aufgenommen worden.

Früher hätte man eine solche Sammlung *Paralipomena* genannt, Beiseitegelassenes. Daß es nun noch einmal hervorgeholt wird, dafür dankt der Verfasser den Herausgebern, die den Anstoß gaben, und Ulrich Frank-Planitz, der auch dieses Buch zu verlegen geneigt war.

# Vom Geist der Aufklärung

# Aufklärung als Aufgabe

*Die Aufklärung ist sowenig zu Ende
wie die Demokratie. Wir haben
beide noch nicht ausgeschöpft. Mut
zu mehr Aufklärung, das taugt noch
immer als Wahlspruch.*

Die Aufklärung, so belehren uns die Geschichtsbücher, fand im 17. und 18. Jahrhundert statt, und also hätten wir sie hinter uns; also wären wir aufgeklärt. Oder müssen wir aus dem Epochenbegriff, zu dem die Aufklärung gemacht wurde, schließen, sie sei eben nur eine Epoche gewesen, einmalig und vorübergehend, und seither hätten wir uns von der Aufklärung wieder abgewandt? Ist sie erneut oder noch immer eine Aufgabe?

Aber was ist Aufklärung? »Diese Frage«, so schrieb Johann Friedrich Zöllner 1783 in der zweiten Nummer der Berlinischen Monatsschrift, dem Zentralorgan der Berliner Aufklärer, »sollte doch wohl beantwortet werden, ehe man aufzuklären anfinge!« »Aufklärung«, so lautet Kants berühmte Antwort auf diese Frage, die übrigens auch Mendelssohn beantwortete, »ist der Ausgang des Menschen aus seiner selbstverschuldeten Unmündigkeit.«

»Unmündigkeit«, so definierte Kant, »ist das Unvermögen, sich seines Verstandes ohne Leitung eines anderen zu bedienen.« Und: »Selbstverschuldet ist diese Unmündigkeit, wenn die Ursache nicht am Mangel des Verstandes, sondern der Entschließung und des Mutes liegt.« Daran aber liege es meistens, meinte Kant. »Faulheit und Feigheit« sind bei vielen die Ursachen der Unmündigkeit. »Es ist so bequem, unmündig zu sein.« »Habe Mut, dich deines eigenen Verstandes zu bedienen!« rief Kant aus und fügte hinzu: das ist »der Wahlspruch der Aufklärung«.

Aufklärung also als Aufgabe des Menschen, sich selbst aus selbstverschuldeter Unmündigkeit zu befreien. Unser Denken ist demnach verkommen, wenn wir sagen, wir wollten aufgeklärt werden. Aufklärung wird nicht gegeben, sie wird erworben. Wir müssen uns selbst aufklären. »Zu dieser Aufklärung«, sagt Kant, »wird nichts erfordert als Freiheit.« Unter den Bedingungen der Unfreiheit ist Aufklärung in der Tat schwierig. Davon will ich nicht reden. Doch auch unter der Bedingung der Freiheit bleibt Aufklärung eine Aufgabe. Das soll mein Thema sein: Aufklärung als Aufgabe des mündigen Bürgers – oder: nur Aufklärung führt zur Mündigkeit des Bürgers.

Mündig wird der Bürger nicht schon durch die ihm gegebene Freiheit oder gar die sogenannte Volljährigkeit. Mündig wird er erst dann, wenn er sich mündig macht. Wenn Aufklärung der Ausgang aus der selbstverschuldeten Unmündigkeit ist, dann ist sie auch der Eingang in die selbsterworbene Mündigkeit.

Aber was ist, ich frage es noch einmal, Aufklärung? Wortgeschichtlich scheint der Begriff aus dem Meteorologischen zu kommen in dem Sinne, wie wir sagen: Der Himmel hat sich aufgeklärt, ist klar und wolkenlos geworden. Doch ist dies ein naturhafter Vorgang, der menschlichen Bemühung entzogen, und so führt die Wortgeschichte nicht unmittelbar zu unserer Sache, obwohl sie metaphorisch in die richtige Richtung weist: Wolken, die den Blick verstellen, verschwinden, wenn es aufklärt.

Geistesgeschichtlich kommt Aufklärung aus dem uralten Kampf gegen Aberglauben und Bevormundung, genauer: gegen bevormundenden Aberglauben, gegen Bevormundung durch Aberglauben. Denn der Aberglaube, die Unwissenheit, die Unaufgeklärtheit kommt nicht nur, wie Kant meinte, aus der Faulheit des Denkens. Er ist auch, wie die linken Aufklärer hinzusetzten, ein vorzügliches Herrschaftsinstrumnt, geeignet, die Menschen untertänig zu machen. Unmündige Bürger lassen sich erheblich leichter regieren als mündige.

In diesem Sinne ist Aufklärung Emanzipation, Befreiung nicht nur seiner selbst, sondern auch der anderen. In diesem Sinne hat sie, spätestens seit dem 18. Jahrhundert, einen missionarischen Zug, versteht sich als Volksaufklärung, als Befreiung des Volkes durch Aufklärung, und verbindet sich so mit den Bewegungen der Demokratie und des Sozialismus, wird zu deren wichtigstem Instrument im Kampf um die Freiheit für alle.

In der jakobinischen Erklärung der Menschen- und Bürgerrechte von 1793 steht, wovon in der bürgerlichen von 1791 noch kein Wort stand, die Gesellschaft müsse mit all ihrer Macht den Fortschritt der öffentlichen Vernunft fördern (les progrès de la raison publique) und dazu allen Bürgern den Schulunterricht ermöglichen.

Die revolutionäre Bourgeoisie von 1789 war gewiß nicht gegen Aufklärung gewesen. Aber sie wollte sie nur für sich, Bildung gegen Bezahlung, und nur in ihrem Interesse im Kampf gegen den bevormundenden Ständestaat. Aufklärung als Mittel im Klassenkampf, während die Jakobiner von 1793 nicht in erster Linie an sich, sondern an alle dachten, Schulunterricht für alle, Aufklärung als Mittel zur Befreiung des ganzen Volkes.

Dahinter steht das Ideal dieser neuen Aufklärung: öffentliche Vernunft (raison publique), nicht private Vernunft im Besitz von wenigen, sondern Vernunft für alle und öffentlich, soll heißen: das öffentliche Leben, der politische Diskurs in der Gesellschaft wird vernünftig, wird mit Vernunft geführt werden. Das ist das Endziel der Aufklärung.

Es ist die politische Utopie einer Gesellschaft von mündigen Bürgern, die allesamt, und sei es durch Selbstbildung in den Arbeiterbildungsvereinen, aufgeklärt sind und daher in der Lage, ihre politischen Ziele vernünftig oder sogar, wie Marx meinte, wissenschaftlich exakt zu begründen und zu vertreten.

Dieser hohe, vielleicht maßlose Anspruch des 19. Jahrhunderts ist uns vergangen. Wir sind bescheidener geworden, nachdem die öffentliche Vernunft im 20. Jahrhundert statt der erhofften Fortschritte Rückschritte von unvorstellbarer Mittelalterlichkeit machte.

Die schlimmste Aufkündigung der Aufklärung war der Nationalsozialismus. Längst ehe er gegen Recht und Sitte verstieß, hatte er gegen die Vernunft verstoßen. In ihrer Rassenlehre glaubten die Nazis anfänglich allen Ernstes, es gäbe körperliche Unterschiede zwischen Juden und sogenannten Ariern, und Wissenschaftler machten sich daran, diese Unterschiede durch Schädelmessungen und Blutgruppenuntersuchungen feststellbar zu machen. Als der Versuch gescheitert war, die gewünschten Maßnahmen aber eine Definition erforderten, wurde die Religionszugehörigkeit der Großeltern zum Rassemerkmal erklärt. Wer mindestens drei Großeltern hatte, die der jüdischen Religionsgemeinschaft angehört hatten, war nach den Bestimmungen der »Ersten Ausführungsverordnung zum Gesetz zum Schutze des deutschen Blutes und der deutschen Ehre« vom 16. September 1935 volljüdisch. Wer aber drei Großeltern hatte, die einer christlichen Religionsgemeinschaft angehört hatten, war »deutschblütig«, auch wenn diese Großeltern vom mosaischen zum christlichen Glauben übergetreten waren. Und umgekehrt war der Fall denkbar, daß ein Abkömmling der alten Germanen zum »Rassejuden« erklärt wurde, wenn nämlich seine Großeltern zur jüdischen Religion konvertiert waren. Hier war die öffentliche Vernunft der Aufklärung restlos außer Kraft gesetzt.

Das gilt auch vom Mord an den europäischen Juden im Zweiten Weltkrieg. Er war gewiß ein Verstoß gegen die Moral, ein Verbrechen. Aber sein Wesen erfaßt man erst dann, wenn man erkennt, daß er aus einem Verstoß gegen die Vernunft hervorging. Sein Wesen war nicht die mörderische Verfolgung von Gegnern. Sein Wesen und seine Einzigartigkeit war die vernunftwidrige Annahme, daß die Juden, die Kinder in Warschau und Amsterdam, die Einwohner von Trondheim und von Rhodos, Gegner waren.

Der Nationalsozialismus war zunächst und zutiefst eine Katastrophe des menschlichen Geistes, eine Katastrophe der Aufklärung. Unsere öffentliche Diskussion, die ja sehr intensiv geworden ist, trägt diesem Umstand nur ungenügend Rechnung, wenn sie sich, was sie ja weithin tut, auf die moralische Verurteilung beschränkt.

Sie gefährdet damit sogar den Erfolg, den sie erstrebt, nämlich einen abermaligen Rückfall zu vermeiden. Denn Moral ist nach allem, was wir wissen, nicht fortschrittsfähig. Es gibt keinen vernünftigen Grund für die Annahme, daß der moralische Standard heute höher ist als in früheren Zeiten. Es gibt eher Anlaß zu der Vermutung, daß das kriminelle Potential des Menschen im Laufe der Geschichte weder ab- noch zugenommen hat. Daß die Menschen aus der Geschichte lernen, besser zu werden, ist eine Vorstellung, von der zumal der Historiker nur abraten kann.

Die Vernunft hingegen ist fortschrittsfähig. Wenn und wo es Fortschritt gab, in der Technik, im Transport, in der Medizin, in der Beherrschung der Natur durch den Menschen, in der Entzauberung der Welt oder wo immer, dann entsprang er stets, von den Vorsokratikern an, einem Fortschritt nicht der Moral, sondern der Vernunft und ihrer vernünftigen Anwendung. Die lange Geschichte des Fortschritts ist nichts anderes als die Geschichte der Aufklärung.

Ich weiß, daß man mir naive Fortschrittsgläubigkeit vorwerfen wird. Ich habe selbst von den Rückschlägen der Aufklärung in diesem Jahrhundert gesprochen, und ich verkenne nicht die Gefahren, die sich aus der zunehmenden Beherrschung der Natur durch den Menschen ergeben. Aber ich beharre darauf, daß all dies den Grundsatz der Aufklärung nicht widerlegt, sondern eher bestätigt. Aufklärung würde übrigens ihr Ziel verfehlen, wenn sie nicht auch über ihr möglicherweise innewohnende Gefahren aufklärte.

Lassen wir uns von den Feinden des Fortschritts und der Aufklärung nicht irremachen! Ist es denn kein Fortschritt, daß bei uns fast alle lesen und schreiben können, daß alle das gleiche Wahlrecht haben, auch die Frauen, daß wir gelernt haben, daß allen die gleichen Menschenrechte zustehen? All das ist von den Aufklärern zuerst gefordert und von ihren Gegnern behindert und belächelt worden. Spät haben sie jeden dieser Schritte anerkannt und dann immer hinzugefügt, nun sei es aber genug damit.

Haben wir denn aber genug Aufklärung? Lernen wir nicht gerade, daß den Frauen nach dem Wahlrecht auch die anderen Rechte in gleicher Weise zustehen? Und genügt es denn, daß alle Menschen lesen und schreiben können? In Wahrheit machen sie noch immer von dieser Befähigung zur Aufklärung höchst ungleichen Gebrauch. In Wahrheit ist Aufklärung noch immer höchst ungleich verteilt.

Es gibt noch immer eine Hochliteratur für die Minderheit und eine Trivialliteratur für die Mehrheit der Bevölkerung. Und was für die Literatur gilt, gilt in gleicher Weise für die anderen Bereiche der Kultur, für Musik, Theater, bildende Kunst, für Presse, Funk und Fernsehen, ja für den Geschmack schlechthin. Überall finden wir, in den Romanen und sogar in der Küche, Unterschiede im Niveau und rechtfertigen sie damit, daß wir Kulturprogramme Minderheitenprogramme nennen.

Diese Niveauunterschiede auszugleichen, nicht indem man das Niveau senkt, sondern indem man das höhere Niveau möglichst vielen und schließlich allen zuteil werden läßt, das ist eine Zukunftsaufgabe der Aufklärung. Lassen wir uns von den Einwänden nicht beirren, dies sei unmöglich, nicht einmal erwünscht, die meisten seien mit dem, was sie hätten, ganz zufrieden. Das alles sind Argumente der Gegenaufklärung. Sie sind gegen die Alphabetisierung, gegen die allgemeine Volksbildung genauso vorgetragen worden.

Es ist die Vision der Aufklärung, daß in einer Gesellschaft mündiger Bürger nicht nur die Klassen- und Abstammungsunterschiede aufgehoben sind, sondern am Ende auch diejenigen von Bildung und Kultur. Man kann das begründen. In einer Aristokratie, in der wenige bestimmen, genügt es, daß wenige aufgeklärt sind. In einer Demokratie, in der alle mitbestimmen, müssen alle aufgeklärt sein. Man kann auch darauf verweisen, daß die Erwerbsarbeit immer weniger Zeit erfordert und daß damit die Mehrheit erstmals in den Genuß von etwas gelangt, das immer die Voraussetzung von Kultur, aber nur in der Reichweite einer Minderheit war, nämlich Muße.

Diese neue Muße nicht zum sinnlosen Zeitvertreib verkommen zu lassen, sondern zu sinnvoller Kultivierung zu benutzen, das zu fordern, dazu Anleitung zu geben, das ist die neue Aufgabe der Aufklärung. So wie die Beseitigung des Analphabetismus im 19. Jahrhundert nicht nur viele Menschen befreit, sondern auch Begabungen freigesetzt und Fortschritt bewirkt hat, so wird die Beseitigung des kulturellen Analphabetismus im 21. Jahrhundert nicht nur zu weiterer Befreiung von mehr Menschen führen, sondern auch zu mehr Fortschritt der demokratischen Gesellschaft mündiger Bürger.

Die Aufklärung ist sowenig zu Ende wie die Demokratie. Wir haben beide noch nicht ausgeschöpft. Wir sollten von beiden mehr wagen. Mut zu mehr Aufklärung, das taugt noch immer als Wahlspruch. (1988)

# Utopia und Utopie bei Thomas Morus

## Zum Ursprung eines Begriffs[1]

*Die Vernunft war für Morus kein Ideal;*
*trotzdem unternahm er den Versuch,*
*sich einmal sozusagen diese Brille aufzusetzen,*
*um zu sehen, was die Vernunft im*
*staatlichen Bereich zu leisten vermag.*

Im Jahre 1516 erschien in Löwen ein kleines Büchlein »über den besten Zustand des Staates und die neue Insel Utopia«. Sein Verfasser, der englische Humanist und Staatsmann Thomas Morus, bereicherte damit die Sprachen fast der gesamten Welt um ein neues Wort, das auf diesem Umweg sogar Eingang in das Neugriechische gefunden hat. *Utopia* (οὐ-τοπία), eine spielerische humanistische Wortschöpfung, besagt Nicht-Ort, Nicht-Örtlichkeit, Nicht-Räumlichkeit. Morus selbst übersetzt es als *Nusquama*, als »Nirgendheim«, ins Lateinische, und sein Zeitgenosse, der französische Humanist Guillaume Budé, variiert Utopia in *Udepotia,* also nicht nur »Nirgendheim«, sondern auch »Niemalsheim«. All das macht hinlänglich klar, was gemeint war: diese Insel besteht nirgendwo, sie ist, ungeachtet ihrer scheinbaren Lokalisierung in der Neuen Welt, fiktiv, um einen modernen Ausdruck zu verwenden.

Der neue Name wurde bald zum Begriff. Den Traum von einem Staat, den es nicht gibt, nannte man Utopie. Aber man übertrug auf ihn andere wirkliche oder vermeintliche Merkmale der ursprünglichen »Utopia«. Eine Utopie hatte sozialistische und rationalistische Züge. Als wichtigstes, und angesichts von Mores ausführlichem Titel auch unbestrittenstes, Charakteristikum kam ein Werturteil hinzu: Utopie war die Fiktion vom *besten* Staat. Schließlich fand noch eine Bedeutungserweiterung statt: Unter einer Utopie begriff man sodann allgemein die Schilderung eines politischen und gesellschaftlichen End- und Idealzustandes ohne alle menschlichen Mängel, wie er in der Phantasie und nach dem Wunsch ihres Verfassers aussieht; und unter utopisch versteht der allgemeine Sprachgebrauch heute das zwar Wünschenswerte, jedoch niemals zu Erreichende.[2]

Nach modernen Utopien gefragt, wird der Zeitgenosse unserer Tage jedoch, ohne lange zu zögern, solche Bücher nennen wie Aldous Huxleys »Brave New World« und George Orwells »1984«. Sind sie aber Typen der traditionellen Utopie, Huxleys abgründige Welt der retortengezeugten Homunculi und Orwells Phantasmagorie einer perfekt gewordenen Diktatur? So betrachtet, scheint sich der Utopie-Begriff unbemerkt in sein glattes Gegenteil verkehrt zu haben, in die Fiktion vom *schlechtesten* Staat. Huxley stellt seiner Erzählung denn auch folgendes Wort von Nikolaj Berdjajew als Motto voran: »Die Utopien scheinen viel leichter verwirklicht werden zu können, als man früher glaubte. Und wir befinden uns gegenwärtig vor einer auf ganz andere Weise beunruhigenden Frage: Wie kann man ihre endgültige Verwirklichung verhindern? ... Die Utopien sind verwirklichbar. Das Leben schreitet auf die Utopien zu. Und vielleicht beginnt ein neues Jahrhundert, ein Jahrhundert, in dem die Intellektuellen und die gebildeten Schichten von den Mitteln träumen werden, die Utopien zu verhindern und zu einer nicht utopischen, weniger ›perfekten‹ und freieren Gesellschaft zurückzukehren.«

Dieser Begriffsverwirrung ist mit einer historischen Untersuchung über den ursprünglichen Sinn des Terminus gewiß kaum beizukommen. Er hat sich von seiner geschichtlichen, von Thomas Morus gelegten Grundlage längst abgelöst und ist zu einem Umgangswort für das geworden, was jeweils man darunter verstanden haben will. Die wissenschaftliche Soziologie, und insbesondere Karl Mannheim in »Ideologie und Utopie« (1929), ist sich dieses Umstandes bewußt und verlangt daher eine jeweils vorhergehende Definition des Inhalts des Begriffs Utopie.[3] Es erscheint jedoch nichtsdestoweniger reizvoll und nützlich, noch einmal auf den historischen Ausgangspunkt zurückzugehen, zumal auch die Frage noch keineswegs übereinstimmend beantwortet ist, was das der ganzen Konstruktion der »Utopie« zugrunde liegende gedankliche Prinzip ist, das Thomas Morus im Sinn hatte, als er sein Büchlein schrieb.[4]

Nichts scheint schwieriger, als die »Utopia« im einzelnen zu interpretieren, dieses so schillernd-vieldeutige Buch, das zwischen Beschreibung von fernen Ländern und Kritik an der Gegenwart, zwischen Wunschtraum und Satire, zwischen Spaß und Ernst auf das räselhafteste hin- und herschwankt. Vor nichts muß daher eindringlicher gewarnt werden als vor einem nur »punktuellen« »Utopia«-Verständnis, vor einer Interpretationsweise also, die von einigen scheinbar oder wirklich eindeutigen Punkten aus das Ganze beurteilt. Die »Utopia« gleicht einem prismatischen Edelstein, der von verschiedenen Gesichtspunkten aus in ganz verschiedenen Formen und Farben erscheint. Die »Utopia« in eine bekannte literarische Kategorie einzuordnen, erweist sich als ebenso schwierig. Genaugenommen zerfällt das Werk in drei recht disparate Teile. Das, übrigens erst nachträglich hinzugefügte, erste Buch ist im wesentlichen Einleitung. Das zweite Buch enthält die ausführliche Beschreibung des utopischen Staates, die Raphael Hythlodaeus, der fiktive Erzähler, seinen Zuhörern gibt. Schließlich können Mores abschließende Bemerkungen, nachdem Hythlodaeus geendet hat, als dritter Teil angesprochen werden.

Das erste Buch beginnt autobiographisch. Der Leser erfährt, wo und unter welchen Umständen Morus den Raphael Hythlodaeus kennengelernt hat; zu dritt – Petrus Aegidius, ein flämischer Humanist, der die Bekanntschaft vermittelt hat, ist auch dabei – tauscht man allgemeine Bemerkungen aus, wie sie bei einer ersten Begegnung üblich sind. Dabei weiß Raphael das Interesse der beiden anderen an dem sagenhaften Staate Utopien, aus dem er gerade zurückgekehrt ist, so heftig zu erwecken, daß sie ihn bitten, davon ausführlich und der Reihe nach zu erzählen, was dann im zweiten Buche geschieht. Im Verlaufe dieser einleitenden Unterhaltung werden jedoch zwei Punkte in solcher Breite erörtert, daß der Eindruck entsteht, dies erste Buch sei allein deswegen dem zweiten angefügt worden.

Der eine, übrigens zu Beginn und am Ende des ersten Buches behandelte Punkt ist die Frage, ob Philosophen und weise Männer, wie Raphael ohne Zweifel einer sei, als Ratgeber in den Dienst von Fürsten treten sollen. Raphael lehnt das energisch ab, aber er hat eigentlich nur ein Argument für sich, daß nämlich die Fürsten weise Ratschläge bekanntlich weder hören noch befolgen wollten. Die anderen widersprechen dem, und die Frage bleibt ungelöst. Für den Fall jedoch, daß ein Fürst wider Erwarten auf einen Weisen hören wolle, ist unausgesprochen die Möglichkeit offengelassen, daß der Weise dann doch in seinen Dienst tritt und ihn berät. So wird einleitend deutlich, daß es Aufgabe der »Utopia« sein wird, von philosophischer Warte aus Gedanken zur Reform der Staaten zu erörtern. Damit verbindet Morus eine Charakterisierung der Gesprächsteilnehmer: Raphael erscheint von vornherein als Mann ohne Kompromisse, als ein Philosoph mit Grundsätzen und von strenger Folgerichtigkeit; Morus dagegen vertritt die *philosophia civilior,* eine eher vermittelnde Einstellung, die von der Unvollkommenheit der Welt weiß und mit sich reden läßt. Raphael aber wird der Hauptsprecher sein, das Buch daher grundsätzlich und philosophisch; Morus hat sich bereits hier davon distanziert.

Zweitens beklagt sich Raphael, und hier widerspricht ihm Morus nicht mehr, über die grausame Strafjustiz in England und verweist auf die humanere und zugleich zweckvollere Justiz bei den (ebenfalls fiktiven) Polyleriten, womit die Erzählung eigentlich bereits wieder in Utopien ist. Das Bedeutsame dieser Stelle liegt darin, daß sie die einzige ist, die einen konkreten Mißstand aus Mores Zeit und Umgebung offen anprangert.

Das Kernstück aber und letztlich Eigenartige der »Utopia« ist die Beschreibung des utopischen Staates im zweiten Buch. Wäre dieses Werk reine Reformschrift, so wäre es weder neu noch stieße die Interpretation auf bedeutende Schwierigkeiten. Das, was es so rätselvoll macht, ist der in die Erzählung eingeflochtene Staat Utopien.

Die Utopier sind ein heidnisches Volk. Dies ist oft zu wenig beachtet oder doch meist nicht hinreichend berücksichtigt worden. Es gibt in Utopien keine christliche Religion, keinen christlichen Gottesdienst. Zwar erkennen die Utopier ein höchstes Wesen an, das sie Mythras nennen, sie haben Priester und feiern an den Festtagen in ihren Tempeln Gottesdienste, sie sind sogar ein in hohem Maße religiöses Volk und führen ein deutlich von gewissen religiösen und ethischen Ansichten bestimmtes Leben, aber Christen sind sie nicht. Nur das soll vorerst unter dem Begriff »Heiden« und »heidnisch« verstanden werden, die Tatsache nämlich der Abwesenheit des Christentums.

Obgleich dies naturgemäß im allgemeinen nur negativ daraus geschlossen werden kann, daß bei der Beschreibung des utopischen Staates christliche Züge eben nicht berichtet werden, so sagt der Text es an einer Stelle sogar ausdrücklich: Die Utopier schließen keine Verträge, da sie doch meist nicht eingehalten, sondern gebrochen werden; als Gegensatz wird Europa genannt und besonders diejenigen Länder, in denen »Christi Glauben und Religion herrschen«.

Auffällig ist sodann, daß unter den vielen Büchern, die Hythlodaeus den Utopiern mitbringt, weder die Bibel noch die Kirchenväter sind; fast die gesamte damals neu herausgegebene Literatur, insbesondere der Griechen, ist darunter, die Evangelien und die Kirchenväter fehlen. Hinzu kommen einige für einen, wie wir sehen werden, so gläubigen Christen wie Morus völlig unannehmbare, nicht nur un-, sondern geradezu widerchristliche Einrichtungen in Utopien. Die Priesterehe ist erlaubt[5], es gibt weibliche Priester; in gewissen Fällen ist Ehescheidung und sogar Wiederverheiratung möglich; Todkranken empfehlen die

Utopier den Selbstmord, für Kasteiungen haben sie nur Spott und Hohn.

Dieser letzte Punkt hat besonders die Aufmerksamkeit auf sich gezogen, denn man weiß, daß Morus selbst zu Kasteiungen neigte und zeitlebens ein härenes Hemd auf der bloßen Haut trug. Man hat gemeint, diesen Widerspruch dadurch lösen zu können, daß man sagte, Morus verspotte sich hier selbst. Aber das sind Dinge, über die selbst der große Ironiker, der er sein konnte, nicht zu lachen pflegte. Wir greifen etwas vor: Die Erklärung ist einfach die, daß die Utopier Heiden sind und deshalb die Einsicht in den Wert der Kasteiung nicht haben können, welche nicht die Vernunft, sondern allein der christliche Glaube verleiht.

Das neben diesem heidnischen wichtigste Merkmal des utopischen Staates, das mit jenem, wie sich herausstellen wird, in dem engsten Zusammenhang steht, ist das rationale. Das Prinzip der menschlichen Vernunft *(ratio naturalis)* ist das letztlich allem zugrunde liegende, konstituierende Element dieser Staatskonstruktion. In Utopien gibt es absolut nichts, was nicht rational erklärt würde oder sich doch so erklären ließe. Ausdrückliche Hinweise wie unausgesprochene Verweisungen auf das Vernunftprinzip beherrschen die »Utopia« von der ersten bis zur letzten Seite.

Raphael Hythlodaeus, von Morus in seinem Schlußwort als »höchst erfahren in den menschlichen Dingen« (und weniger in den göttlichen also) bezeichnet, zweifelt nicht, »daß entweder die vernünftige Erkenntnis des Vorteils eines jeden oder die Autorität Christi, des Heilands, ... schon längst die ganze Welt von den Gesetzen dieses Staates leicht überzeugt hätte«, wenn sich der Hochmut der Menschen nicht dagegen sträube. Damit sind die beiden möglichen Wege der Einsicht in die Güte des utopischen Staates einander gegenübergestellt: einerseits vom Menschen aus die Erkenntnis auf dem Vernunftwege *(ratio)*, andererseits die Einsicht mit göttlicher Hilfe *(Christi autoritas)*.

Welche der zwei Möglichkeiten die Utopier selbst geleitet hat und leitet, erhellt der Text an unzähligen Stellen. Am Ende der

utopischen Lehre von den Tugenden heißt es: »Dies ist ihre Meinung über Tugend und Vergnügen; wenn dem Menschen nicht
eine vom Himmel geschickte Religion etwas Heiligeres eingeben
sollte, so glauben sie, auf dem Wege menschlicher Vernunft sei
keine wahrere zu finden.« Wieder sind die beiden Möglichkeiten
genannt, die göttliche Eingebung einerseits *(caelitus immissa reli-
gio)*, die menschliche Vernunft anderseits *(humana ratio)*. Hinzu
kommt hier noch, daß Hythlodaeus (und mit ihm natürlich Morus) sich gegen den Verdacht schützt, er stehe allzusehr auf der
Seite der Vernunft der Utopier, denn er fährt fort: »Ob ihre Meinung dabei richtig oder nicht richtig ist, erlaubt weder die Zeit uns
zu untersuchen, noch ist es notwendig; denn wir haben ja beschlossen, von ihren Einrichtungen zu berichten, und nicht, sie
auch zu verteidigen.«

Sogar die Religion der Utopier gründet sich auf das Vernunftprinzip; sie erlauben verschiedene Religionen und Sekten, kommen aber doch mehr und mehr alle zu einer einzigen Religion,
»die alle anderen an Vernünftigkeit *(ratione)* zu übertreffen
scheint«. In diesem Staat gibt es keine Sitten und Gewohnheiten,
die aus einer Tradition abgeleitet würden (obwohl die Utopier
eine seit 1760 Jahren in Annalen festgehaltene Geschichte haben
und obwohl der Verfasser Engländer ist!), nichts geht auf übernatürliche Befehle, nichts auf Anweisungen, etwa des mythischen
Königs, zurück, es sei denn, es wäre vernünftig und begründet.

Das Rationale verbindet sich dabei sehr bald dem Rationellen
und dem Rationalisierten und so dem Fortschrittlichen allgemein.
Das beginnt mit den alltäglichsten Dingen und setzt sich in einer
fast ermüdenden Reihe von kausalen Erklärungen bis zum Höchsten, der Religion, fort, wo dann das Vernunftprinzip ausdrücklich genannt wird. Diese Reihe könnte ohne Mühe seitenlang ausgeführt werden, ohne daß das zu Beweisende noch klarer würde,
als es schon ist. Es kommt hier ja nicht auf das Institutionelle des
utopischen Staates an, sondern auf die begründenden Prinzipien.
Und dieser Staat ist ein auf gedankliche Prinzipien, das heidnische

und das rationale, gegründeter Staat. Utopien steht und fällt mit ihnen.

Die Utopier sind aber nicht nur Heiden, weil sie keine Christen sind, sondern nach der christlich-dogmatischen Auffassung des 16. Jahrhunderts auch deswegen, weil sie sich ausschließlich auf die Vernunft verlassen. Das im Thomismus fest begründete christlich-katholische Dogma – und 1515 war dies das einzige christliche Dogma – geht, was unsere Fragestellung betrifft, von einer Unterscheidung des Natürlichen vom Übernatürlichen aus. Das Übernatürliche setzt das Natürliche voraus: *supernaturale supponit naturam.* Es ist ein Akzidens, ein *superadditum,* das allein durch die göttliche Gnade dem Natürlichen hinzugefügt werden kann und nie aus ihm hervorgeht; selbst aller Fortschritt der Natur könnte von sich aus nie zur Übernatur führen. Beide Bereiche bleiben getrennt voneinander, nur die Gnade kann das eine dem anderen beigeben. Die Gnade ist das Mittel des Übernatürlichen in bezug auf das Natürliche, sie setzt somit die Natur ebenfalls voraus: *gratia supponit naturam.* Die übernatürlichen Gaben durchdringen das begnadete Geschöpf, aber nur dieses. Das Übernatürliche vollendet dann das Natürliche: *supernaturale complet et perficit naturam.* Die Gnade ist das *complementum* und die *perfectio naturae.* Sie überragt alles Natürliche: *bonum gratiae unius maius est quam bonum naturae totius universi* (Thomas von Aquin).

Im Erkenntnisvorgang nun, der in unserem Zusammenhang besonders wichtig ist, aber nur auf der Grundlage der Lehre von Natur und Übernatur verständlich wird, entspricht dem Natürlichen als menschliches Erkenntnismittel die Vernunft, *ratio naturalis* oder *ratio humana;* dem Übernatürlichen dagegen entspricht der Glaube, und zwar die *fides theologica,* die allein durch die Gnade verliehen wird und vom Natürlichen aus niemals erreicht werden kann. Vernunft und Glaube ergänzen einander: *ubi humana ratio deficit, fides sufficit* (Augustinus), jedoch nur in dieser Richtung und nicht umgekehrt. Über die Erkenntnismöglichkeiten der Vernunft einerseits, des Glaubens andererseits gilt die sehr differenzierte Lehre der sogenannten *cognoscibilia*. Die menschliche Vernunft vermag zwar aus sich, das heißt *sine revelatione*, manches Natürliche *(naturalia)* zu erkennen, jedoch bleibt sie stets unvollkommen. Die – somit für den vollständigen Erkenntnisvorgang des Natürlichen und des Übernatürlichen unentbehrliche – Gnade wird umsonst, ohne menschliches Zutun gegeben: *gratia gratis data*. Sie wird aber nur den Christen zuteil und nicht den Heiden, denn es ist die *gratia Redemptoris vel Christi*, die sie verleiht.

Der Glaube ist den Menschen durch Christus auf dem Wege der *gratia Christi* gegeben; er ist den Menschen überhaupt erst seit Christus möglich: *fides ante Christum non erat in terris*. Aber er ist demnach nur den Christen gegeben. Wenn Thomas Morus also seinen Utopiern nur die *ratio humana* gibt, kennzeichnet er sie damit, auch wenn er es an keiner Stelle ausdrücklich sagen würde, für jeden des Dogmas Kundigen als Heiden. Hier liegt der bereits erwähnte enge Zusammenhang des Heidnischen, das bisher nur als das Unchristliche erkannt werden konnte, mit dem Rationalen. Die Utopier sind allgemein betrachtet Heiden einfach deswegen, weil sie keine Christen sind; sie sind es aber auch im streng dogmatischen Sinn, weil ihnen nur die menschliche Vernunft zu Gebote steht.

Dieses Vernunftprinzip aber ist in der »Utopia«, soweit Morus es vermochte, konsequent bis in die extreme Perfektion hinein und unbeeinflußt von den tatsächlichen Gegebenheiten der Wirklichkeit, zum Beispiel der menschlichen Schwäche[6], durchgeführt. Utopien ist nicht zufällig oder aus einem Irrtum Mores heraus ein heidnischer Staat, sondern er ist es nach der deutlich erkennbaren Absicht Mores, er ist es gerade aus der Morus sehr wohl geläufigen Kenntnis des Dogmas heraus.

Diese Beschreibung des heidnischen Utopien trägt die Überschrift »über den besten Staat«. Ihr Verfasser aber, Thomas Morus, ist Christ. In dieser Antinomie liegt, jetzt nach der phänomenologischen Aufdeckung der bestimmenden Charakterzüge Utopiens, das größe Problem der »Utopia«-Interpretation. Hat sich der Christ Morus einen heidnischen Staat als Ideal erträumt? Seit dem frühen 19. Jahrhundert hat man bis heute immer wieder versucht, diesen Gegensatz mit dem Argument aufzulösen, Morus sei eben, mindestens zur Zeit der Abfassung der »Utopia«, kein Christ im dogmatischen Sinne gewesen, sondern ein sogenannter aufgeklärter, humanistischer Rationalist. Aber man mußte dabei die Biographie Mores und seine anderen Werke übersehen, in denen diese Behauptung keinerlei Stütze findet.

Morus (1478–1535) ist zeit seines Lebens ein frommer Mann gewesen; in seiner Jugend lebte er vier Jahre lang in Devotion und Gebet bei den Londoner Kartäusern, er trug schon sein härenes Hemd, schlief auf harten Brettern und gab sich vielerlei asketischen Übungen hin, schwankend zwischen einem bürgerlichen Leben als Jurist, wie sein Vater es führte, und dem Eintritt in den Orden der Franziskaner. Wer sich mit Thomas Morus ernsthaft beschäftigen will, wird immer mit der rätselhaften Tatsache zu rechnen haben, daß in seinem Leben zwei Tendenzen, eine heiter-irdische und eine jenseitig-asketische, nie zeitlich nacheinander auftreten, sondern daß Morus es verstanden hat, sie stets auf das harmonischste zu vereinigen. Viele Mißverständnisse der Morus-Forschung erklären sich aus der Verkennung dieses geheimnisvollen, aber nichtsdestoweniger eindeutigen Verhältnisses.

Seit der Reformation hat Morus den katholischen Glauben in zahlreichen Schriften heftig und mit der Waffe seiner theologischen Bildung verteidigt; seiner entschiedenen Weigerung wegen, den Eid auf die Suprematie des Königs als des Oberhauptes der Kirche zu leisten, ließ ihn 1535 Heinrich VIII. im Tower hinrichten. Auch die Werke Mores bis zur »Utopia« (1515) und insbesondere sein tiefreligiöser Traktat »Von den vier letzten Dingen« (1522) erlauben keinen Schluß auf die Annahme einer gewissen heidnisch-rationalistischen Epoche in seinem Leben, ebensowenig wie seine Briefe, die Korrespondenz der Freunde und Zeit-

genossen oder die frühen Biographien.[7] Die einzige mögliche
Quelle dieser Auffassung ist die »Utopia« selbst. Obwohl einem Rückschluß vom Buch auf den Autor immer mit Mißtrauen begegnet werden sollte, während andererseits kaum geleugnet werden kann, daß der umgekehrte Schluß vom Autor
auf das Buch sehr nutzbringend sein kann, und obwohl es bereits jetzt unwahrscheinlich erscheint, daß eine entscheidende
Grundeinstellung bei einem Manne, von dem wir fast aus jedem Jahr eine größere schriftliche Äußerung haben, sich nur in
einem einzigen Werk aussprechen sollte, so wird doch der Ge-
genbeweis so lange wie irgend angängig nach der »Utopia«
selbst inhärenten Kriterien zu suchen haben.

Wir haben bereits gesehen, wie sich Hythlodaeus und Morus vom utopischen Staat zu distanzieren versuchten, indem sie
sich als Referenten hinstellten. Nachdem Hythlodaeus seine
Erzählung beendet hat, macht Morus gegen Ende der »Utopia« (im dritten Teil also) die folgende Bemerkung: »Als Raphael dies berichtet hatte, fiel mir zwar mancherlei ein, was in
den Sitten und Gesetzen dieses Volkes überaus widersinnig
*(perquam absurde)* eingerichtet erschien, ... aber weil ich
wußte, daß er vom Erzählen ermüdet war, und weil mir nicht
genügend klar war, ob er es vertragen könnte, daß gegen seine
Meinung etwas geäußert würde, ... deswegen lobte ich jene
Einrichtung und seine Rede, nahm ihn bei der Hand und
führte ihn hinein zum Essen; trotzdem bemerkte ich vorher, es
würde wohl noch einmal Zeit sein, über diese Dinge tiefer
nachzudenken und sie ausführlicher mit ihm zu besprechen.«
Da das Gespräch aber damit endet, überläßt Morus das weitere Nachdenken ganz bewußt seinen Lesern. Die »Utopia«
stellt sich somit als eine Erzählung oder Konstruktion dar, für
die sich ihre Urheber durch verschiedene Einschränkungen der
Verantwortung entledigt haben; das Buch erscheint bereits
jetzt als eine Art von philosophischem oder politischem Experiment, das des Nachdenkens wert ist, mit dem sich die Auto-

ren jedoch ganz ausdrücklich nicht identifizieren und mit dem es eine besondere Bewandtnis hat.

Um so rätselvoller wird das Verhältnis zwischen Buch und Autor. Der sicherste Weg, diese Frage zu beantworten, wäre natürlich derjenige, der es ermöglichte, die Antwort aus Mores eigenen Schriften zu erhalten. Morus ist jedoch außer in seinen Briefen, die diese oder andere Kernfragen nicht erklären, nie wieder ausdrücklich auf die »Utopia« zu sprechen gekommen. Eigentlich hatte dies auch nicht erwartet werden können, denn ein absichtlich so verschlüsseltes Buch, wie die »Utopia« es ist, hätte seinen ganzen Reiz verloren, wenn sein Verfasser es später interpretiert oder kommentiert hätte. Ist dies so, so muß die Interpretation wenigstens, um das rätselvolle Verhältnis des christlichen Autors zu seinem heidnischen Buch erklären zu können, die Anschauung Mores über die dieses Verhältnis bestimmende Polarität von Glaube und Vernunft, das heißt von Christentum und Heidentum, ausfindig zu machen versuchen.

Die frühen Werke Mores bis zur »Utopia« geben keine Antwort auf diese theologische Frage; sie können es nicht, denn sie haben ausgesprochen theologisch-dogmatische Dinge nie zum Gegenstand. Erst nach dem Ausbruch der lutherischen Reformation in Deutschland und nachdem ihre Wirkung auch in England spürbar zu werden begann, setzen mit den antireformatorischen Schriften Mores auch solche theologisch-dogmatischen Auseinandersetzungen ein; sie weisen ihren Verfasser sogleich als einen hochgebildeten und versierten Theologen aus und bestätigen damit, was der Lebensgang von Morus bereits zeigt. In der frühesten dieser Kontroversschriften, dem »Dialogue Concerning Tyndale« aus dem Jahre 1528, beschäftigt sich Morus erstmals (und es sollte auch das letzte Mal sein) in einem eigenen Kapitel mit dem Verhältnis des Glaubens zur Vernunft.

Dieser Dialog gibt Gespräche wieder, die Morus mit dem vertrauten Boten eines seiner Freunde geführt hat, der Mores Rat über einige Glaubensfragen einholen ließ, die seit kurzem in Frage

gestellt wurden. Im ersten Morgengespräch, im 23. Kapitel des
I. Buches, kommt bei der Erörterung des richtigen Verständnisses
der Heiligen Schrift das Verhältnis von Vernunft und Glaube zur
Sprache. Morus hatte im vorhergehenden Kapitel dem Boten, der
Philosophie und weltliche Wissenschaft ablehnte und die alten
Schriftausleger geringschätzte, drei Wege zum Verständnis der
Heiligen Schrift entgegengehalten; er hatte ihm empfohlen, »zu-
sammen mit Tugend und Gebet, zuerst das Urteil der natürlichen
Vernunft *(natural reason)* zu gebrauchen, zweitens die Kommen-
tare der heiligen Doktoren und drittens und vor allen Dingen die
Artikel des katholischen Glaubens, empfangen und geglaubt
durch die Kirche Christi«.

Der Bote widerspricht, denn er fürchtet, daß aus diesen drei
Regeln, nämlich »menschlichen Glossen, Vernunft und Glaube«,
viele Irrtümer entstehen. Die Kommentatoren seien wider-
spruchsvoll, »und was die Vernunft angeht, welch größeren Feind
des Glaubens kannst du finden als die Vernunft, die dem Glauben
in jedem Punkt widerspricht«. Morus widerlegt zunächst die anderen Einwände und fährt dann fort: »Auch vermag ich nicht
einzusehen, weshalb du die Vernunft für einen Feind des Glaubens hältst. ... Wie kann die Vernunft (außer die Vernunft wäre
unvernünftig) mehr Abneigung zeigen, die Wahrheit irgendeiner
Glaubensfrage zu hören als den Beweis vieler natürlicher Dinge zu
sehen.«

Sie streiten eine Weile weiter über die Vorzüge und Nachteile
der Vernunft, dann schreibt Morus: »Nun geschah es eigenarti-
gerweise, daß genau bei diesem Wort einer meiner Leute kam und
fragte, ob sie das Essen auftragen sollten. ›Warte‹, sagte ich, ›laß
uns zunächst besseres Fleisch[8] haben.‹ Und dabei begannen dein
Freund[9] und ich zu lachen. ›Nun‹, sagte ich, ›beeile dich noch nicht
für eine kleine Weile.‹ Und so ging er seiner Wege, halb aus der
Fassung, denn er glaubte, er habe etwas wie ein Narr getan oder
gesagt, weil er wirklich nicht sehr weise war und gewöhnt, sich so
(wie ein Narr) aufzuführen. Und dann sagte ich zu deinem

Freund: ›Jetzt siehst du, daß die Vernunft nicht eine so stolze Dame ist, für die du sie hältst.‹« Und ein paar Zeilen weiter: »Und so darf die Vernunft dem Glauben nicht widerstehen, sondern muß mit ihm gehen und ihm als seine Dienerin zur Hand gehen. ... wenn die Vernunft wüten darf und übermütig und stolz anschwillt, dann wird sie nicht verfehlen, in Aufruhr gegen ihren Herrn, den Glauben, zu verfallen. Aber auf der anderen Seite, wenn sie wohl erzogen und wohl gelenkt und im richtigen Maß gehalten wird, wird sie niemals dem Glauben ungehorsam werden, wenn sie in ihrem rechten Sinne ist. Und darum laß die Vernunft wohl gelenkt sein, denn sicherlich geht der Glaube niemals ohne sie.«

Aus zwei Gründen erscheint diese Stelle bedeutungsvoll. Einmal bringt sie Mores Stellung in dieser Frage, wenigstens für das Jahr 1528 und die folgenden, wahrscheinlich aber auch für die voraufgehenden Jahre, eindeutig und genau zum Ausdruck. Dabei wird offenbar, daß Morus völlig auf dem Boden des katholischen Dogmas steht, wie es sich aus der thomistischen Theologie ergab; denn das Dogma lehnte ja keineswegs die Bedeutung der Vernunft völlig ab, es anerkannte im Gegenteil ihre absolute Unentbehrlichkeit als Voraussetzung und Grundlage, von der aus der Glaube erst möglich wurde; was die christliche Lehre forderte, war nur die Unterwerfung der Vernunft unter den Glauben: die Vernunft ist die Magd des Glaubens, oder, wie Morus einmal sagt: »Reason is seruant to fayth, not enemy.« Solange sie ihm dient und gehorcht, ist sie heilsam; sobald sie sich dagegen wider den Glauben wendet und sich selbst genug sein will, muß sie scheitern und verworfen werden.

Zum anderen gibt dieses Kapitel zu der Vermutung Anlaß, es enthalte eine beabsichtigte Anspielung auf die »Utopia«. Ihre intrikate, verschlüsselte und anspielungsreiche Art zwingt den Interpreten zu der sorgfältigsten Berücksichtigung auch des kleinsten möglichen Hinweises, oder sie läuft Gefahr, letztlich unerklärt zu bleiben. Das konstitutive Prinzip der »Utopia« ist die menschliche Vernunft. In der Beziehung zum Verfasser Thomas Morus ist demzufolge das Verhältnis von Vernunft und Glaube von alles überragender Bedeutung. Hier im Dialog über Tyndale ist die einzige Stelle, an der Morus wieder auf dieses Verhältnis zu sprechen kommt; was dort *implicite* geschah, geschieht hier *explicite*. Und wieder erscheint, hier nun völlig abrupt und außerhalb jeden Zusammenhanges, eine Erwähnung des Essens. Beide Bücher, »Utopia« wie »Dialogue«, sind recht arm in der ausschmükkenden Erwähnung von Begebenheiten am Rande; aber in beiden wird das Essen nicht einmal, sondern zweimal, jeweils am Anfang und am Ende, erwähnt.

In der »Utopia« hatte Morus, bevor Hythlodaeus seine Erzählung über den utopischen Staat begann, welche das Verhältnis von Vernunft und Glaube zugunsten der Vernunft entschied, vorgeschlagen, zunächst zu essen, und man hatte gegessen.[10] Im »Dialogue Concerning Tyndale«, als Morus gerade das Verhältnis von Vernunft und Glaube behandelte und es zugunsten einer Unterordnung der Vernunft unter den Glauben zu entscheiden im Begriffe stand (seine eigentliche Entscheidung ist noch nicht berichtet), da fordert ein Diener, der ausdrücklich als Narr beschrieben ist, zum Essen auf, aber Morus antwortet, man habe vorerst »besseres Fleisch«, und es wird nicht gegessen. Am Ende beider Bücher begeben sich die Gesprächsteilnehmer zum Essen. In der »Utopia« wird also vorher und nachher, im »Dialogue« nur nachher gegessen.

Nun kann vielleicht trotz aller Parallelen eingewandt werden, der Anklang an die »Utopia« beruhe auf einem eigenartigen Zufall, und es darf gleich geantwortet werden, daß das Gegenteil ebensowenig »bewiesen« werden kann wie irgend etwas anderes im Zusammenhang der »Utopia«. Eines jedoch scheint aus beiden Texten hervorzugehen, daß nämlich die Essens-Zwischenspiele irgendeine symbolische oder allegorische Bedeutung haben. Denn für eine einfache Belebung des Gesprächs, für die auch sonst nicht gesorgt wird, sind sie zu stark betont, zu weit ausgeführt und, was den »Dialogue« angeht, an allzu absonderlicher Stelle beschrieben. Angesichts der auffälligen Parallelität, die in den Einzelheiten hinzukommt, scheint der Schluß am nächstliegenden, Morus spiele im »Dialogue« auf die »Utopia« an.

Zwar waren seit deren Veröffentlichung zwölf Jahre vergangen, die letzte Auflage lag ebenfalls viele Jahre zurück, und überhaupt schien die »Utopia« weithin vergessen. Aber andererseits hatten die Ereignisse der Reformation, die Morus als Häresien auffaßte, das Christentum selbst so tief getroffen, daß das Experiment der »Utopia« in der neuen Situation als intellektuelle Leichtfertigkeit erscheinen konnte. Es lag nahe, daß Morus angesichts der Spaltung der Christenheit, die sich jetzt vor seinen Augen vollzog, Gewissensbisse empfand über die Beschreibung dieses Staates, in dem die Heiden besser waren als die Christen in ihrem. Unter diesem historischen Aspekt gesehen liegt hier, so behaupten wir, Mores christliches Komplement zu seiner heidnischen »Utopia«. Eben an der Stelle, an der Morus das Vernunftprinzip in seine christlichen Schranken, die des Glaubens, verweist, da erinnert er auch den aufmerksamen Leser an seine »Utopia«. Hier läßt sie sich mit Mores eigenen Worten als das erweisen, was sie in Wirklichkeit und nach der Absicht des Verfassers ist und sein soll.

Wichtiger aber noch ist, daß Morus hier einen, wenn auch wiederum verschlüsselten, Schlüssel zum Rätsel der »Utopia« gibt, und zwar so: zu Beginn der heidnischen »Utopia« wird zunächst gegessen, im christlichen »Dialogue« dagegen wird das Essen der philosophisch-theologischen Erörterung untergeordnet. Die irdische Nahrung bildet demnach dort das Fundament, auf dem das Gespräch sich entwickelt, hier wird sie zugunsten des Gesprächs zurückgewiesen: erneuter Hinweis auf die Rangordnung von Vernunft und Glaube, Heidentum und Christentum. Zudem: das Gespräch der »Utopia« findet im Garten statt, in der Natur also, im Bereich des Natürlichen; das Kapitel des »Dialogue« dagegen spielt sich im Hause ab, im Arbeitszimmer Mores. Hier lachen die Gesprächsteilnehmer, dort nicht: das Lachen aber

galt immer als das Menschliche, Menschenwürdige, so daß die
Stufenfolge des »Dialogue« die dem Menschen gemäßere ist als
die der »Utopia«, denn den Heiden fehlt ja etwas Wesentliches.
Schließlich kündigt die zentrale Stellung des 23. Kapitels unter
den 45 Kapiteln des ersten Gesprächstages im »Dialogue« wohl
die Erörterung einer Zentralfrage an. Man weiß aus Erfahrung,
daß Morus wie auch andere Schriftsteller seiner Art gewöhnt waren, alle diese Einzelheiten mit Bedacht zu wählen.

Das Ergebnis einer Kette von Schlußfolgerungen ist damit erreicht. Die Vernunft, das konstitutive Prinzip der »Utopia«, ist
von einem christlichen Verfasser bewußt vereinzelt und aus der
Rangordnung der katholischen Dogmatik herausgenommen; sie
ist sodann rein experimentell, so dürfen wir jetzt sagen, auf das
staatliche Leben angewandt und dort bis in die extreme Perfektion hinein ausgemalt worden, sie ist verabsolutiert und zum alles
begründenden Fundament gesetzt worden, das sie sonst nicht ist.
Der ursprüngliche Gedanke also, der der Konstruktion der »Utopia« zugrunde liegt, ist, denkend zu versuchen, was die Vernunft
im Staatlichen vermag. Insofern ist die »Utopia« ein Versuch mit
der Vernunft, ein *experimentum rationis*.

Sosehr zu Recht die »Utopia« also als eine Art von »jeu d'esprit«
angesprochen werden kann, sowenig lassen sich die politischen
Absichten, die Morus damit verband, übersehen, sowenig läßt sich
leugnen, daß er für diesen utopischen Staat eine gewisse Nostalgie
empfand. Überdies neigte der Humanismus mit seiner besonderen
Aufgeschlossenheit und Vorliebe für die heidnische Antike dazu,
den Wert der Klassiker und damit der menschlichen, nichtoffen-
barten Vernunft sehr hoch anzusetzen, und er ist in gewissem
Sinne ja ein Vorläufer von Rationalismus und Aufklärung, wo die
Prinzipien der Vernunft dann von ihrem christlichen Boden, auf
dem sie im Humanismus noch fest ruhen, losgelöst und verabsolutiert werden. Für Morus jedoch hat die menschliche Vernunft nie
einen absoluten, sondern immer nur einen relativen Wert, und alle

politischen Reformgedanken ordnen sich der philosophischen Konstruktion aus dem Prinzip der Vernunft unter. Sie gehen nie weiter, als das gedankliche Experiment gestattet.

All das jedoch muß hier in den Hintergrund rücken vor der einen Überlegung, auf die es ankam, was nämlich das gedankliche Schema, die literarische Kategorie (wenn man so will) der More-schen »Utopia« und damit der ersten, ursprünglichen Utopie gewesen ist. Da gilt es zunächst, negativ gewendet, die Idealstaats-vorstellung endgültig aufzugeben, die immer noch überwiegend die wissenschaftliche und allgemeine Literatur beherrscht. Positiv ausgedrückt, ist die ursprüngliche Utopie sodann ein Typus menschlichen Denkens, der ein Prinzip experimentell vereinzelt, ohne sich notwendigerweise damit zu identifizieren, und es dann gewissermaßen ausprobiert, indem er es bis in seine letzten Konse-quenzen verfolgt. Die Vernunft war für Morus kein Ideal; trotz-dem unternahm er den Versuch, sich einmal sozusagen diese Brille aufzusetzen, um zu sehen, was die Vernunft im staatlichen Bereich zu leisten vermag. Das ist eine Utopie.

Die Anreicherung dieses Begriffs mit anderen Charakteristika, insbesondere dem idealstaatlichen, hat den Weg zur allgemeinen Kennzeichnung dieses Denk-Typus verbaut. Wir sagten eingangs schon, daß der Begriff einer Utopie sich von seiner geschichtlichen Grundlage gelöst hat und nun jeweils neu definiert werden muß. Der Historiker kann diesen Gang nicht mehr aufhalten. Höchst eigentümlicherweise erweist jedoch eine Interpretation der »Uto-pia« von Thomas Morus einen ursprünglicheren Utopie-Begriff, der in der Lage ist, fast allen späteren Utopien gerecht zu werden. Gut oder böse, wünschenswert oder nicht, das ist nicht das ent-scheidende Kriterium; es ist nicht mehr der alte Idealbegriff, der sich so ergibt, sondern einer, der unter einer Utopie eine von den tatsächlichen Gegebenheiten der Wirklichkeit nicht beeinflußte, gedanklich-experimentelle Fortführung gewisser gegebener An-sätze oder Prinzipien bis in die extreme Perfektion hinein versteht.

(1956)

# *Dio* und *fortuna* bei Machiavelli

*Machiavelli weiß sehr wohl, daß die*
*Welt nicht ausschließlich von der*
*Vernunft regiert werden kann. Es*
*gibt unberechenbare Umstände, aber*
*sie sind zeitlich und natürlich.*

Nach *Dio* und *fortuna* bei Machiavelli zu fragen heißt, nach den beiden transzendenten Begriffen in seinem Werk zu fragen, heißt daher, nach seinem Glauben, nach seiner religiösen Einstellung, nach dem Bezug seiner Betrachtungen über Herrschaft auf etwas Transzendentes zu fragen, heißt letztlich, nach dem Ort zu fragen, von dem aus Machiavelli urteilt. Die Frage ist nicht neu. Aber während Jahrhunderte hindurch Urteile wie das des Kardinals Pole überwogen, Machiavelli habe mit dem Finger des Teufels geschrieben, hat seit der Romantik und gerade in Deutschland der Prozeß einer denkwürdigen Rechtfertigung Machiavellis eingesetzt.

Herder zuerst, dann Hegel und Fichte und schließlich Ranke haben eine Deutung begründet, die unser Machiavelli-Bild bis heute bestimmt. Danach habe Machiavelli gar keine allgemeingültigen Sätze über Machterwerb und Machterhaltung, sondern nur Anweisungen für den Ausnahmezustand der Rettung Italiens geben wollen, und sein Patriotismus rechtfertige seine ungewöhnlichen Ratschläge. Der Zustand Italiens schien ihm nach den berühmten Worten Rankes »so verzweifelt, daß er kühn genug war, ihm Gift zu verschreiben«.

Aus dieser Interpretation ergab sich auch eine neue Antwort auf die Frage nach Machiavellis Glauben. Während früher viele wie etwa Campanella gegen ihn gerade den Vorwurf des Atheismus

erhoben hatten, gestand ihm nun Werner Kaegi katholische Gläu-
bigkeit zu und erklärte ihn sogar zu einem Vorläufer der tridenti-
nischen Gegenreformation. Da aber die Forschung der letzten
Jahre, etwa Erich Brandenburg und Leo Strauss, die ausschließlich patriotische Deutung Machiavellis mit guten Gründen in
Zweifel gezogen hat, scheint es angebracht, auf dieser Grundlage
auch die Frage nach Machiavellis Glauben noch einmal zu stellen.

Die Biographie gibt darauf keine Antwort. Wir erfahren daraus
wenig mehr, als daß Machiavellis Mutter eine fromme Frau gewesen und er selbst mit geistlichem Beistande gestorben sei. Aber
sogar diese wenigen Auskünfte sind unsicher und überdies recht
unerheblich. Viel deutlicher ist Machiavellis Urteil über die römische Kirche, wie es in den »Discorsi« steht: »Wir Italiener haben
es in erster Linie der Kirche und den Priestern zu verdanken, daß
wir irreligiös und schlecht geworden sind.« Außerdem hat die
Kirche die Einigung Italiens verhindert, es dadurch schwach und
zur Beute der Barbaren gemacht. »Das verdanken wir Italiener
der Kirche und niemand anderem.« Das sind massive Anklagen,
aber sie lassen, wie man zu Recht gesagt hat, einen Schluß auf
Machiavellis Glauben nicht zu. Denn auch Savonarola, auch
Luther und sogar Erasmus ließen ihrer antikurialistischen Kritik
freien Lauf und urteilten gelegentlich noch schärfer als Machiavelli, ohne daß deswegen irgend jemand ihren christlichen Glauben in Zweifel ziehen könnte.

Schwerer wiegt es schon, daß Machiavelli seine Kritik an der
Kirche im weiteren Verlauf der »Discorsi« zu einer Kritik an der
christlichen Religion erweitert. Im Unterschied zur antiken Religion, die die weltliche Ehre schätzte, macht das Christentum be-
schaulich und demütig. Dadurch wird die Welt schwach und eine
Beute der Verbrecher, da diese sehen, daß die Menschen, um ins
Paradies zu kommen, mehr daran denken, Beleidigungen zu ertra-
gen als sie zu rächen. Aber Machiavelli ist vorsichtig bei dieser
Kritik. Erstens spricht er respektvoll stets von »unserer Religion«,
wenn er die christliche meint, und zweitens legt er die kritisierten

Mängel weniger der Religion selbst als ihrer falschen Auslegung und der Erziehung zur Last, so daß seine Kritik letztlich wieder auf eine eher vertretbare Kritik an der Kirche hinauszulaufen scheint. Außerdem hatte er – und das hat viele beruhigt – bereits vorher den Wert von Religion und Gottesfurcht als der notwendigsten Stütze der bürgerlichen Ordnung außerordentlich hoch veranschlagt: »Wie aber die Gottesfurcht die Ursache für die Größe der Staaten ist, so ist ihr Schwinden die Ursache ihres Verfalls.«

Hier freilich ist nur die Rede von der heidnischen Religion der Römer, und außerdem bediente sich Machiavelli hier eines Kunstgriffs, um die heidnische Religion über die christliche zu stellen. Wenn die antiken Schriftsteller, so sagt er in diesem Zusammenhang, Cäsar nicht tadeln durften, so priesen sie wenigstens Brutus. Der Schluß liegt nahe: Da Machiavelli die christliche Religion nicht tadeln darf, so preist er wenigstens die heidnische. Das allerdings tut er mit Nachdruck, während er die christliche zu preisen nie für nötig hält. So hat man sich vielfach daran gewöhnt, wie es etwa Dilthey tut, Machiavelli einen »vollkommenen Heiden« zu nennen und dies mit dem vermeintlichen Zeitgeist der Renaissance zu erklären.

Diese Auskunft ist sicherlich befriedigender als diejenige, daß Machiavelli ein Christ gewesen sei. Aber auch sie ist nicht erschöpfend. Denn nirgendwo bekennt Machiavelli sich zur Religion der Römer, noch sagt er irgendwo, man müsse sie wieder beleben. Er lobt sie als ein vortreffliches *instrumentum regni,* als Stütze der Ordnung, aber er läßt vollkommen offen, ob er an sie glaubt oder ob der Herrscher, auf den es ja allein ankommt, an sie glauben und sich nach ihr richten soll. Das aber ist letzten Endes entscheidend, und darum scheint es, wenn nach dem Glauben Machiavellis gefragt werden soll, allein fruchtbar, nicht nach der Stellung der Religion in seinem System zu fragen, sondern vielmehr nach den beiden transzendenten Begriffen, die in seinem Werk begegnen, nach *Dio* und *fortuna.*

Machiavelli ist sehr zurückhaltend, den Namen Gottes zu nennen. In den beiden Schriften, die die eigentliche politische Lehre enthalten, geschieht es nur zwanzigmal, zwölfmal im »Principe« und achtmal in den weitaus umfänglicheren »Discorsi«. Eine eigentümliche Häufung springt in die Augen: von den zwanzig Erwähnungen Gottes konzentrieren sich dreizehn auf zwei Kapitel. Die Hälfte aller Erwähnungen im »Principe« findet sich im Schlußkapitel, jenem berühmten lyrischen und so seltsam unpassenden Aufruf an Lorenzo de' Medici, den Adressaten des Büchleins, Italien von den Barbaren zu befreien und es zu einigen. Gott, so heißt es da, scheint jemanden zur Erlösung Italiens bestimmt zu haben: Italien bittet Gott um einen Erlöser (mehrfach begegnet der christliche Terminus *redenzione* in einem durchaus irdischen Zusammenhang); Gott schickt wunderbare Zeichen (und es werden die Wunder vom Auszug der Kinder Israels aus dem 2. Buch Mose zitiert); aber Gott will nicht alles tun, um uns nicht den freien Willen zu nehmen und den Teil des Ruhmes, der uns angeht.

Dieses Kapitel indessen fällt aus verschiedenen Gründen, wie man längst bemerkt hat, ganz aus dem Zusammenhang, und damit wird auch die Auffassung Machiavellis als eines Patrioten zweifelhaft, denn sie stützt sich in erster Linie auf dieses Kapitel. Es verschweigt nämlich vollständig, ja es leugnet die Schwierigkeiten, die der Begründung einer neuen Herrschaft entgegenstehen, was doch das Thema des ganzen Buches ist, das übrigens nirgendwo sonst patriotische Gefühle erkennen läßt. Die aufgezählten Wunder sind sinnlos: den Kindern Israels wiesen sie den Weg ins Gelobte Land, für die Italiener aber ist es vollkommen unerheblich, daß das Meer sich aufgetan und eine Wolke den Weg gezeigt hat, daß Wasser einem Felsen entsprungen ist und es Manna geregnet hat. Mehrfach wird an Moses erinnert, den Lorenzo nachahmen soll. Aber Moses ist gescheitert, er begründete keine Herrschaft, sondern starb an den Grenzen des Gelobten Landes. All das heißt: Machiavelli glaubt selbst nicht an die Realisierbarkeit seines Aufrufs. Dieses Schlußkapitel scheint vielmehr nur dazu bestimmt, die bösen Sätze der neuen Lehre im Lichte eines illusionären Patriotismus zu rechtfertigen.

Etwas Ähnliches begegnet in den »Discorsi«, wo von den acht Erwähnungen des Namens Gottes nicht weniger als sieben in einem einzigen Kapitel (von insgesamt 142) konzentriert sind. Es ist das erste der fünf Kapitel über die Religion. Nirgends, so heißt es hier etwa, gab es soviel Gottesfurcht wie in Rom; die Römer schätzten die Macht Gottes höher als die der Menschen; wo Gottesfurcht fehlt, zerbricht die Herrschaft usw. Aber Machiavelli identifiziert sich nicht ein einziges Mal mit seinen Aussagen. Er sagt, Gottesfurcht (beim Volke!) sei nützlich, aber er sagt nicht, ob Gott existiert. Er steigert diesen instrumentalen Charakter Gottes als eines Mittels der Herrschaft, indem er sagt, alle Staatengründer hätten sich, wie zum Beispiel Numa, auf Gott berufen, *weil* sie sonst vom Volke nicht akzeptiert worden wären. Ob sie selbst an Gott glaubten oder glauben sollten, bleibt ganz unerwähnt: es ist belanglos.

Machiavelli geht dann noch einen Schritt weiter: die Römer legten die Auspizien je nach der Notwendigkeit aus. »Gebot die Vernunft, etwas auszuführen, so wurde es auch bei ungünstigen Auspizien unter allen Umständen ausgeführt; aber man wandte und deutete die Sache dann so geschickt, daß sie nicht unter Mißachtung der Religion zu geschehen schien.« Das heißt: der Herrscher benutzt Gott und Religion, aber er steht über ihnen.

Etwas schließlich haben die beiden Kapitel, in denen der Name Gottes so gehäuft erscheint, gemeinsam. Sie enthalten beide nichts von den neuen, schockierenden und unsittlichen Lehren Machiavellis. Sie behandeln im Gegenteil traditionelle, allgemein akzeptierte und sittlich vertretbare Tatbestände, nämlich den Patriotismus und die Religion. Bei genauerer Prüfung aber erweist sich der Patriotismus als Illusion und die Religion als technisches *instrumentum regni*.

Betrachtet man nun die Erwähnungen des Namens Gottes alle zusammen, so lassen sie sich in drei Gruppen teilen. Machiavelli spricht von Gott entweder mit Indifferenz oder mit Skepsis oder mit Ironie. Indifferent sind, wie wir gesehen haben, die meisten Erwähnungen, etwa: in Rom gab es viel Gottesfurcht. Skeptisch sind einige weitere, wie zum Beispiel diese: »Das Volk von Florenz, obwohl es sich weder für unwissend noch für roh hält, ließ sich trotzdem von Savonarola überzeugen, er rede mit Gott«, das heißt: als ob er mit Gott rede. Nur als Ironie kann etwa folgende Aussage aufgefaßt werden: Diejenigen, die wie Agathokles durch Verbrechen zur Herrschaft gelangen, können ihrem Staat »mit Gott und den Menschen« manches Gute tun. Gott hilft den Verbrechern.

Hier liegt schon der Gedanke nahe, Gott solle diskreditiert werden, was in einem anderen Falle noch deutlicher wird. Machiavelli erörtert die vier ganz ausgezeichneten Staatsgründer Moses, Kyros, Romulus und Theseus, die durch eigene *virtù* und nicht durch *fortuna* Herrscher geworden sind, schließt aber dann Moses mit der Begründung aus, er sei ja »*nur* ein Vollstrecker der ihm von Gott aufgetragenen Dinge« gewesen. Er handelte also nicht mit *virtù,* sondern mit *Dio,* und er scheiterte. In anderen Worten: alle ganz ausgezeichneten Staatsgründer gelangten ans Ziel; der einzige, dem Gott half, Moses, scheiterte. Damit ist Gott diskreditiert.

Nun wird man über einige dieser Interpretationen oder vielleicht sogar über alle anderer Meinung sein können. Unbestreitbar hingegen ist, daß Machiavelli an wichtigen Stellen Gott verschweigt. Das Kapitel der »Discorsi«, das von der römischen Kirche handelt, kommt ohne Erwähnung Gottes aus. Zweimal, zu Beginn sowohl der »Discorsi« als auch der »Istorie fiorentine«, spricht Machiavelli ausführlich vom Anfang der Welt und vom Ursprung der Staaten. Beide Male ist eine, wie man heute sagen würde, rein materialistische Geschichtsauffassung zu beobachten, in der Gott nicht mit einem einzigen Wort erwähnt wird. Am

gravierendsten aber bleibt immer, daß Machiavelli, obwohl er
nach eigener Aussage über alles räsoniert, was er weiß, über Gott
niemals räsoniert.

Wohl aber räsoniert er über ein anderes anscheinend göttliches
Prinzip, über die *fortuna,* und dies tut er sehr ausführlich. Gott
wird bei Machiavelli durch *fortuna* ersetzt. Zwei Stellen machen
das ausdrücklich klar. In Buch II, Kapitel 29 der »Discorsi« erörtert er das römische Sprichwort »Quos Deus vult perdere demen-
tat«. Er findet dieses Wort bei seiner Autorität Livius so abgeändert, daß statt *Deus fortuna* genannt wird, und er übernimmt es in
dieser Form. Im 25. Kapitel des »Principe« sagt er dasselbe aus
eigener Autorität: »Es ist mir nicht unbekannt«, so heißt es da,
»daß viele der Meinung waren und sind, die Dinge dieser Welt
würden derart von der fortuna und von Gott gelenkt, daß die
Menschen mit ihrer Klugheit dagegen nichts vermögen.« Im folgenden erörtert er dieses Problem, aber von Gott, der ohnehin
schon auf den zweiten Platz gerückt war, ist nicht mehr die Rede,
sondern wie auch in der Überschrift nur noch von *fortuna.* Es ist
das berühmte Fortuna-Kapitel des »Principe«. An die Stelle Gottes ist *fortuna* getreten.

Auf den ersten Blick scheint die ständige Erwähnung der *fortuna* im Werk Machiavellis der Interpretation keine ernsthaften
Schwierigkeiten zu bereiten. Obwohl von Augustinus und Hie-
ronymus heftig bekämpft, hatte sich diese heidnische Göttin in
der einen oder anderen Gestalt durch das ganze Mittelalter hindurch in einer niemals ganz unterbrochenen Tradition behauptet
und wurde nun in der Renaissance geradezu eine Modeerschei-
nung. Dante, Boccaccio und Petrarca – die drei großen italienischen Lehrmeister Machiavellis – haben die Fortuna besungen,
und auch Machiavelli selbst hat es in einem Gedicht, in »Capitolo
di Fortuna«, getan.

Bei genauerer Betrachtung indessen springen die Unterschiede
sogleich ins Auge. Für Dante (im siebten Gesang des Inferno) ist
Fortuna ein Geschöpf des allmächtigen Gottes, von ihm zur allge-

meinen Lenkerin des irdischen Glanzes eingesetzt, und ganz ähnlich dreht sie bei Boccaccio (in der »Amorosa Visione«) ihr Rad
nur im Auftrage Gottes. Petrarca schrieb in seinem umfangrei-
chen Buch »De remediis utriusque fortunae« sogar, er wisse sehr
wohl, daß es keine *fortuna* gebe, er benutze damit nur ein *notum
ac commune vocabulum*. Nicht mehr als eine Vokabel war *fortuna* auch für Machiavellis Zeitgenossen Thomas Morus, der der
»augenbetörenden Fortuna« entgegenrief, sie werde ihn nicht be-
tören, denn er vertraue auf Gott.

Ganz anders bei Machiavelli. Schon in seinem einigermaßen
konventionellen »Capitolo di Fortuna« spielt Gott keine Rolle, er
wird nicht mit einem einzigen Worte erwähnt. Fortuna ist hier
auch nicht Gottes Geschöpf; Machiavelli schreibt im Gegenteil,
man wisse nicht, wessen Tochter sie sei und woher sie stamme.
Zwar ist sie auch bei Machiavelli nicht allmächtig, aber während
ihre Macht sonst durch Gott eingeschränkt wird und etwa Boccaccio gegen sie ein tugendhaft gottgefälliges Leben empfiehlt,
findet sie bei Machiavelli die Grenze ihrer Macht an der *virtù
eccessiva* des Menschen, und er empfiehlt gegen sie entweder Anpassung an ihre Launen oder besser noch ein besonderes artisti-
sches Geschick: man müsse nämlich nur stets von einem der sich
drehenden Glücksräder auf ein anderes springen, *saltar di rota in
rota*, um auf diese Weise immer oben zu bleiben und nicht in die
Tiefe gerissen zu werden.

Lenkt man nun aber den Blick zurück auf die beiden Haupt-
werke und in diesem Zusammenhang auch auf den biographischen Roman »Castruccio Castracani«, dann erscheint *fortuna*
noch einmal in einem ganz anderen Licht. Die Attribute, die sie im
»Capitolo« noch hat (etwa den Palast, in dem sie haust, oder die
Räder, die sie dreht), fehlen hier völlig, und während sie dort
durch den großen Anfangsbuchstaben ihres Namens noch als Person zu erkennen ist, wird sie hier immer klein geschrieben und
damit von vornherein entpersönlicht.

Im übrigen jedoch hat sie zunächst scheinbar ihre konventionellen Eigenschaften. Sie ist eine feindliche Macht: Machiavelli vergleicht sie mit einem reißenden und zerstörerischen Strom, vor dem alles die Flucht ergreift und gegen den man Deiche und Dämme bauen muß. Sie ist hinterhältig: sie zeigt ihre Macht dort, wo es an Widerstand fehlt, und richtet ihren Angriff dorthin, wo sie weiß, daß sie nicht durch Dämme und Deiche gehemmt wird. Sie ist neidisch: sie verfolgt besonders die ausgezeichneten Männer wie etwa Machiavellis Idealfigur Castruccio Castracani, und sie verfolgt sie bei deren Geburt, weil sie da noch keine *prudenza* haben, um sich wehren zu können. Sie ist eifersüchtig: sie will der Welt beweisen, daß die Menschen die Größe nicht ihrer eigenen *prudenza* verdanken, sondern ihr, der *fortuna*. Sie ist trügerisch. Herrschaft und Macht gewinnt man entweder durch *virtù* oder durch *fortuna* oder durch *scelleratezza,* durch Verbrechen. Die ganz ausgezeichneten Männer gewinnen sie aber durch *virtù* und nicht durch *fortuna*, und Machiavelli legt an einer Stelle der »Discorsi« Wert darauf, sogar seiner Autorität Livius zu widersprechen, der zu meinen schien, die Römer hätten ihr Imperium mehr der *fortuna* als der *virtù* zu verdanken, was er (Machiavelli) in gar keiner Weise zugestehen könne. Vorher jedoch, am Anfang der »Discorsi«, hatte er selbst gesagt, die *fortuna* sei Rom bei seiner Gründung günstig gewesen.

Dieser Widerspruch führt zum Verständnis dessen, was Machiavelli unter *fortuna* versteht. Hier erläutert er nämlich, inwiefern *fortuna* Rom günstig war. Rom hatte keinen *ordinatore*, wie Lykurg einer war, aber die Uneinigkeit zwischen Volk und Senat brachte so viele Umstände, *tanti gli accidenti,* hervor, daß das, was der *ordinatore* nicht hatte tun können, vom Zufall bewerkstelligt wurde. Das heißt: *fortuna* ist nichts weiter als die Umstände oder der Zufall.

Eine ähnliche Gleichsetzung begegnet im Fortuna-Kapitel des »Principe«: In einem einzigen Satze spricht Machiavelli nacheinander von *fortuna, Dio* und *sorte,* setzt sie alle einander gleich und faßt sie unter dem Begriff *fortuna* zusammen. Im folgenden Satz fügt er noch einen weiteren Begriff hinzu. Er fragt, wie es geschehen könne, daß ein Herrscher heute glücklich und morgen gestürzt sei, ohne daß er sich im geringsten geändert habe, und Machiavelli antwortet, das liege an der *qualità de' tempi*, die sich geändert habe. Der Herrscher aber muß diese *qualità de' tempi* beobachten, sie im Auge behalten, sich ihr anpassen und mit ihr gehen. »Wer immer *buona fortuna* haben will, der muß *variare co' tempi*«, er muß seine Methoden je nach den Umständen variieren – so lautet die Überschrift des Fortuna-Kapitels der »Discorsi«, in dem die Fortuna-Erörterung des »Principe« fortgesetzt wird.

*Fortuna* also ist der Zufall: *il caso, la sorte.* Sie ist die Gelegenheit, die man ergreifen muß: *occasione.* Sie ist gleich den außerhalb des Herrschers und seiner Berechnung liegenden Umständen: *gli accidenti, i tempi.* Da sie aber an den Platz Gottes getreten ist, erhebt sich die Frage, ob sie göttliche Eigenschaften besitzt. Sie ist selbst keine Gottheit: an keiner Stelle wird sie so bezeichnet. Anders als Gott ist sie auch keine Person. Zwar sagt Machiavelli einmal: *la fortuna è donna,* die *fortuna* ist ein Weib, und wer sie bezwingen will, der muß sie schlagen und stoßen. Aber das ist offenbar bildlich gemeint. Natürlich ist *fortuna* nicht weise, gerecht und gütig. Sie ist auch nicht allmächtig. Machiavelli weiß im Gegenteil ziemlich genau, wie mächtig sie ist. Sie beherrscht die eine Hälfte unserer Taten, zur anderen aber (oder ungefähr zur anderen) sind wir frei, denn wir haben einen freien Willen. Unsere Natur läßt uns alles begehren, aber die *fortuna* läßt uns nur wenig erreichen. Daß wir nicht mehr erreichen, liegt an unserer Feigheit, unserer *viltà,* unserem Mangel an *prudenza* und vor allem an *virtù,* liegt letztlich an unserer Natur, die wir nicht zu ändern vermögen.

Dieser Begriff der menschlichen *natura* scheint der Schlüssel zu sein zur Beantwortung unserer letzten Frage, derjenigen nach der metaphysischen Qualität der *fortuna,* oder anders ausgedrückt, ob sie ein übernatürliches Wesen ist, ein *soprannaturale,* oder (da

Machiavelli sie niemals so bezeichnet) ob es ein *soprannaturale* überhaupt gibt. Man hat bereits früher beobachtet, daß ein Begriff im Werke Machiavellis vollständig fehlt und niemals erwähnt wird: die Seele. Um so dringender wird die Frage nach einem *soprannaturale.*

Machiavelli verwendet den Ausdruck nur in einem Zusammenhang, nämlich bei den Himmelszeichen, den *segni celesti,* worunter er Katastrophen versteht, die als Vorzeichen ausgelegt werden. Dreimal hat er derartige Fälle erörtert. In den »Istorie fiorentine« beschreibt er das orkanartige Unwetter, das 1456 die Toskana verheerte. Er spricht dabei von höheren Kräften, von *superiori forze, o naturali o soprannaturali che le fussero,* seien sie nun natürlich oder übernatürlich gewesen. Er läßt die Frage offen, sagt aber doch, Gott habe damals den Menschen die Erinnerung an seine Macht auffrischen wollen.

Im ersten Buch der »Discorsi« berichtet er von weiteren Vorzeichen. Daß es so etwas gebe, sagt er, sei gewiß, woher es aber komme, das wisse er nicht. Das müsse jemand untersuchen und erklären, der Kenntnis habe *delle cose naturali e soprannaturali, il che non abbiamo noi,* die wir nicht haben. Das heißt: die Menschen haben keine Kenntnis von übernatürlichen Dingen.

Die dritte Stelle begegnet im zweiten Buch der »Discorsi«, und nun auf einmal weiß Machiavelli die Erklärung. Wieder spricht er über vom Himmel kommende Ereignisse, *che vengono dal cielo,* aber nun erscheint ihm das Phänomen vernünftig, *ragionevole,* denn: »Wie die Natur bei einfachen Körpern, wenn sich viele überflüssige Stoffe darin angesammelt haben, sich oft von selbst rührt und eine dem Körper heilsame Reinigung vornimmt, so geschieht es auch bei dem zusammengesetzten Körper der Menschheit. Wenn alle Länder derart übervölkert sind, daß sie sich nicht mehr ernähren noch sich durch Auswanderung helfen können, weil alle Teile der Erde besetzt und voll sind, und wenn die menschliche Tücke und Bosheit ihren Gipfel erreicht hat, dann muß die Welt sich notwendig auf eine der drei Arten reinigen (nämlich durch Pest, Hungersnot oder Überschwemmung), damit die Menschen, zusammengeschmolzen und gezüchtigt, bequemer leben und wieder besser werden.« Das heißt: Die zunächst scheinbar unerklärlichen himmlischen Zeichen sind in Wirklichkeit nichts anderes als eine Selbsthilfe der Natur, nichts weiter als eine platzende Eiterbeule. Weder Gott noch *fortuna* noch ein *soprannaturale* spielen dabei eine Rolle, sie gehen allesamt über in den Begriff der *natura*.

Im selben Kapitel, unmittelbar vor der natürlichen Erklärung der himmlischen Zeichen, sagt Machiavelli unvermittelt, daß die Religionen in fünf- bis sechstausend Jahren zwei- bis dreimal wechseln. Das heißt, daß das Christentum nicht ewig bestehen wird, sondern daß im Gegenteil sein Ende nahe herbeigekommen ist. So wie die heidnische Religion einst von der christlichen abgelöst und zerstört wurde, so wird die christliche ihrerseits bald von einer neuen Religion abgelöst und zerstört werden. Diese neue Religion wird die Religion Machiavellis sein, und in ihr werden weder Gott noch *fortuna* noch irgendein *soprannaturale* existieren, sondern allein die Natur.

Machiavelli weiß sehr wohl, daß die Welt nicht ausschließlich von der Vernunft regiert werden kann. Es gibt unberechenbare Umstände, aber sie sind zeitlich und natürlich. Diese rein natürliche Erklärung aller Dinge mag Ausgangspunkt oder Konsequenz der Überlegungen Machiavellis sein: wir haben, so scheint mir, Anlaß, hier den Kern seines Denkens über den Staat zu erblicken.

(1961)

# Niccolò Machiavelli und Thomas Morus

*Eine Politik, die sich allein vom Prinzip
der Vernunft leiten läßt, endet, wenn
sie konsequent betrieben wird,
zwangsläufig in Gewalt und Terror.*

Ein Jahr bevor Martin Luther in Wittenberg am 31. Oktober
1517 das Zeitalter der Glaubenskämpfe eröffnete, die die einheitliche Welt des Abendlandes schließlich zerstören sollten, entstanden an verschiedenen Orten Europas gleichzeitig zwei Schriften
über den Staat, die je auf ihre Art bereits den Keim zur Überwindung des Glaubenskampfes legten, ehe er überhaupt begonnen
hatte.

Es war im August 1516, als in der Nähe von Florenz Niccolò
Machiavelli das Vorwort zu seinem »Principe« schrieb, und es
muß im selben Monat gewesen sein, daß in London Thomas Morus das Vorwort zu seiner »Utopia« abschloß. Das Zusammentreffen ist merkwürdig, und es wird noch merkwürdiger, wenn
man die beiden Verfasser vergleicht. Sie kannten einander nicht,
keiner hat des anderen Buch gelesen, und doch hatten sie vieles
gemeinsam.

Sie waren fast gleichaltrig. Machiavelli war 1469 in Florenz
geboren, Morus 1478 in London. Beide entstammten dem städtischen Bürgertum, jenem aufgrund seines Reichtums und seiner
Bildung damals aufkommenden Dritten Stand, in dessen Entstehung man geradezu das bestimmende Charakteristikum jener
Epoche gesehen hat. Beider Väter waren Juristen, und während
Morus schließlich widerstrebend dem Berufe seines Vaters folgte,
muß auch Machiavelli, über dessen Bildungsgang wir weniger

wissen, den für das damalige Bürgertum typischen Rechts- und Staatswissenschaften nahegestanden haben. Beide waren Staatsmänner, Politiker und Diplomaten, Machiavelli als eine Art von Staatssekretär vor allem für die auswärtigen Angelegenheiten im Dienste der Republik Florenz, Morus als Botschafter, Schatzmeister und schließlich Lordkanzler im Dienste seines Königs Heinrichs VIII., beide also eher beratend und auf der höchsten Stufe der Verwaltung stehend als eigentlich politisch selbst bestimmend, denn dies war damals noch dem Adel vorbehalten.

Beiden brachte der Staatsdienst kein Glück. Machiavelli verlor sein Amt bei einem Regimewechsel in Florenz, bei der Rückkehr der Medici im Jahre 1512, er wurde verbannt und starb 1527 im Elend; Morus geriet in die Glaubenskämpfe, die sich in England zunächst an der Ehescheidungsfrage Heinrichs VIII. entzündeten, er blieb dem alten Glauben treu, verweigerte den Eid auf die Suprematie des Königs als des Oberhauptes der Kirche, trat deswegen 1532 von seinem Amt zurück und wurde 1535 im Tower hingerichtet. Der eine war 57, der andere 58 Jahre alt geworden.

Aber der Gleichklang ihres Lebens ist damit nicht zu Ende. Beide waren den neuen geistigen Strömungen der Zeit, dem Humanismus und der Renaissance, zugewandt. Morus war einer der gebildetsten Humanisten, ein Freund des Erasmus von Rotterdam, ein feinsinniger Stilist, der ein glänzendes Lateinisch schrieb und Griechisch gelernt hatte. Machiavelli war nicht eigentlich Humanist, er scheint den damals gerade in Florenz erblühenden neuen Studien ferngestanden zu haben und schrieb ein eher »struppiges ungepflegtes Gebrauchslatein«, aber er war keineswegs ungebildet und verschloß sich der wiedergeborenen Antike so wenig wie Morus. Beide übersetzten antike Autoren, Morus Lukian, Machiavelli Plautus, und der Florentiner hat der italienischen Literatur eine ihrer köstlichsten Komödien geschenkt, die noch heute viel aufgeführte »Mandragola«.

Beide waren alsdann Historiker, ja sie gehören beide geradezu zu den Begründern der eben damals entstehenden Geschichtswissenschaften, Machiavelli mit einer Geschichte seiner Heimatstadt Florenz, Morus mit einer Geschichte König Richards III. – wobei in beiden Werken die politischen Neigungen ihrer Verfasser klar zutage treten. Und beide standen schließlich – wie ihr Zeitgenosse Luther in Deutschland – in erster Reihe unter den Begründern der nationalen Schriftsprache ihrer Länder, Morus für das Englische, Machiavelli für das Toskanische, aus dem das moderne Italienisch entstand.

Dieser Gleichklang ist wahrlich erstaunlich. Es sollte jedoch mit der Aufzählung dieser Parallelen nicht irgendein mysteriös-zufälliges Zusammentreffen angedeutet werden, das allenfalls feuilletonistischen Wert hätte, sondern allein die sehr nüchterne Tatsache, daß Machiavelli wie Morus eben typische Repräsentanten der gebildeten Bürgerschicht um die Wende vom 15. zum 16. Jahrhundert waren, freilich in einer sonst kaum anzutreffenden Ähnlichkeit. Und dies soll nun der Ausgangspunkt sein für eine vergleichende Betrachtung der beiden Schriften, die bis heute am meisten mit ihren Namen verbunden geblieben sind, des »Principe« und der »Utopia«. Sie haben beide – doch das wird nun die vorläufig letzte Entsprechung sein – das politische Vokabular aller Weltsprachen um je ein Schlagwort bereichert, dasjenige vom »Machiavellismus« und dasjenige von der »Utopie«, aber wir werden gleich sehen, daß ihre Bedeutung damit, wie es übrigens bei allen Schlagworten der Fall ist, eher verdeckt als enthüllt wird.

## Der »Principe«

Wenn wir uns nun zunächst der Betrachtung Machiavellis zuwenden, so ist vorher zu sagen, daß er seine politische Lehre nicht allein in dem berühmten »Principe« niedergelegt hat, sondern auch in den etwas später entstandenen, sehr viel umfangreicheren »Discorsi sopra la prima deca di Tito Livio«, die man also zum Verständnis unbedingt berücksichtigen muß.

Die Beziehung der beiden Schriften zueinander ist nicht auf den ersten Blick zu erkennen. Man hat gemeint, der »Principe« handele vom Prinzipat, von der Alleinherrschaft, die »Discorsi« dagegen von der Republik, und man hat dann verwirrt vor der Frage gestanden, ob Machiavelli seiner Überzeugung nach Monarchist oder Republikaner gewesen sei. Die Frage ist falsch gestellt. Natürlich war Machiavelli, wie sein ganzes Leben beweist, in der praktischen Politik Anhänger der Republik, aber bei seinen theoretischen Überlegungen interessierte ihn die Frage der Staatsform im Grunde herzlich wenig. Sie war für ihn sekundär gegenüber der ungleich wichtigeren nach dem Staate überhaupt, gegenüber der einen Grundfrage, wie man im Staate Macht erwerbe und Macht erhalte. Machterwerb und Machterhaltung sind das gemeinsame Thema, das sowohl im »Principe« wie in den »Discorsi« – nur je unter einem anderen Gesichtspunkt – abgehandelt wird, und deswegen ist es erlaubt, daß wir uns hier im wesentlichen auf den »Principe« beschränken, und zwar zunächst in einer naiven Betrachtungsweise, der dann, nachdem wir auch die »Utopia« so betrachtet haben, eine kritische Betrachtungsweise zu folgen haben wird.

»Viele haben sich«, so heißt es im »Principe«, »Vorstellungen von Republiken und Prinzipaten gemacht, von denen man in Wirklichkeit weder etwas gesehen noch gehört hat.« »Ich lasse (aber) alles beiseite, was über einen *principe* (einen Herrscher) zusammenphantasiert wurde, und spreche nur von der Wirklichkeit.« »Denn zwischen dem Leben, wie es ist, und dem Leben, wie es sein sollte, ist ein so gewaltiger Unterschied, daß derjenige, der nur darauf sieht, was geschehen sollte, und nicht darauf, was in Wirklichkeit geschieht, seine Existenz viel eher ruiniert als erhält. Ein Mensch, der immer nur das Gute möchte, muß zugrunde gehen unter so vielen, die nicht gut sind. Daher ist es für einen *principe,* der sich erhalten will, nötig zu lernen, nicht gut sein zu können und dies je nach Notwendigkeit sowohl anzuwenden als auch nicht anzuwenden«, das heißt, von den moralischen Gesetzen Gebrauch oder nicht Gebrauch zu machen.

In diesen Sätzen steckt im Grunde der ganze Machiavelli. Die
Menschen sind böse, habgierig und treulos. Sie vergessen eher den
Tod ihres Vaters als den Verlust ihres Erbes. Ein Mensch, der
nicht so ist wie die anderen Menschen, sondern sich nach dem
Sittengesetz richtet, ist daher zwangsläufig im Nachteil. Das ist
die Wirklichkeit, wie Machiavelli sie sieht, und das ist die Voraussetzung seiner Betrachtungen.

Daraus zieht er nun aber nicht den Schluß, jedermann von den
sittlichen Bindungen freizusprechen, denn er weiß sehr wohl, daß
dies geradewegs zur Anarchie und zur Auflösung jeder bürgerlichen Ordnung führen würde. Dann wäre der Staat wirklich nur
noch das, was Augustin eine große Straßenräuberei nannte. Machiavelli leugnet die Nützlichkeit des Sittengesetzes für den Staat
keineswegs, aber mit dieser Formulierung ist es bereits gesagt: Der
Staat steht über dem Sittengesetz, und das heißt, der *principe* ist
frei davon. Frei davon nun wiederum nicht in dem Sinne, daß er
sich nirgends und niemals danach richten soll, sondern nur dann
nicht, wenn es die Notwendigkeit des Staates erfordert. Dann
aber muß er – so lautet die Formulierung – auch verstehen, nicht
gut sein zu können. Solange wie möglich und nützlich wird er gut
sein oder sich doch jedenfalls den Anschein geben, als sei er gut.
Aber in Wirklichkeit ist er frei davon. Sittlichkeit und Religion
sind keine absoluten Wahrheiten, sondern nur Mittel der Herrschaft, *instrumenta regni,* von denen der Herrscher »angemesse-
nen Gebrauch macht«.

Das ist es, was Machiavelli eine realistische Betrachtungsweise
nennt, und auf dieser Grundlage kann er seine schockierenden
Ratschläge erteilen, wie etwa: Man muß die Menschen entweder
freundlich behandeln oder unschädlich machen; denn wegen ge-
ringfügiger Kränkungen nehmen sie Rache, wegen schwerer Schä-
digungen können sie es nicht. Man muß die Herrscher, deren
Land man beherrschen will, einschließlich ihrer Familien ausrot-
ten, denn damit nimmt man den Untertanen die Möglichkeit, zu
ihrer angestammten Herrscherfamilie zurückzukehren. Man muß

geizig mit seinem eigenen und großzügig mit fremdem Eigentum sein. Man muß das Böse rasch und auf einmal tun, denn dann vergessen es die Menschen wieder; das Gute aber soll man langsam und nacheinander tun, damit die Wirkung um so größer ist. Ein kluger *principe* kann und darf sein Wort nicht halten, wenn ihm dies zum Schaden gereichen würde und wenn die Gründe weggefallen sind, die ihn zu seinem Versprechen veranlaßt haben.

Dies sind einige der allgemeinen Sätze Machiavellis, wie sie sich immer wieder im Zusammenhang jener besonderen Machtlehre finden, die den »Principe« ausmacht, und in dem Machiavelli nun die einzelnen Herrschaften erörtert, die ererbten, die neuen und die geistlichen; wie man sie erwirbt, nämlich entweder durch eigene Kraft *(virtù)*, durch Glück *(fortuna)* oder durch Verbrechen *(sceleratezza)*, was der Herrscher beim Heerwesen, bei der Wahl seiner Mitarbeiter oder etwa beim Festungsbau beachten müsse usw. Wir können hier auf die machttechnischen Einzelheiten nicht eingehen und brauchen es auch nicht.

Es sind Grundsätze, wie sie in der Politik immer schon befolgt worden waren und wie sie insbesondere seit Machiavelli, gelegentlich in nachweisbarer Anlehnung an ihn, wenn auch selten in absoluter Reinheit, zum Bestandteil des Machtkampfes überall auf der Welt wurden. Wir wollen sie zunächst naiv zur Kenntnis nehmen und uns ihnen erst dann wieder zuwenden, wenn wir auch die »Utopia« naiv betrachtet haben.

## Die »Utopia«

Der Satz Machiavellis, daß viele sich Staaten ausgemalt hätten, von denen man in Wirklichkeit nie etwas gesehen oder gehört habe, könnte auf die »Utopia« gemünzt sein. Denn hier handelt es sich um das Phantasiebild eines Staates, eben um eine Utopie – der Begriff ist erst nach dem Titel dieses Büchleins entstanden und besagt soviel wie »Nirgendheim«.

Die »Utopia« ist eine aus zwei Teilen bestehende Rahmenerzählung. Im ersten beschreibt Morus, wie er anläßlich einer Gesandtschaftsreise nach Flandern in Antwerpen einen gewissen Raphael Hythlodaeus getroffen habe, einen fiktiven Weltreisenden, der gerade aus der eben damals entdeckten Neuen Welt zurückgekehrt sei. Man gerät in ein Gespräch über die verderbten politischen Zustände Europas, und dabei verweist Hythlodaeus mehrfach darauf, um wieviel besser all dies in Utopien, jenem sagenhaften Staate jenseits der Meere, den er gerade besucht habe, eingerichtet sei. Er erweckt damit das Interesse seiner beiden Gesprächspartner, und sie bitten ihn, von diesem Staate ausführlich und der Reihe nach zu erzählen, was dann im zweiten Teil der »Utopia« geschieht.

Utopien ist ein Inselstaat mit einer mustergültigen Verfassung. Seine Bewohner, die Utopier, sind gut, friedlich und vernünftig. Sie sind durch Erziehung und Einsicht so geworden. Die Vernunft ist das alles bestimmende Prinzip dieses Staates. Die Utopier wohnen in 54 gleich aussehenden und gleich verwalteten Städten, die gleich weit von einander entfernt sind. Zur Hühnerzucht benutzen sie bereits Brutmaschinen, die dem 16. Jahrhundert noch völlig fremd waren. Pferde haben sie nur, um die Jugend in den Reitkünsten zu üben, im übrigen bevorzugen sie Ochsen, denn erstens haben diese mehr Ausdauer, zweitens sind sie nicht so anfällig für Krankheiten, drittens ist ihre Unterhaltung billiger, und viertens kann man sie zum Schluß noch verspeisen. Die Tageseinteilung und beispielsweise die Hausreparaturen sind so vernünftig, daß bei einem Minimum an Aufwand ein Maximum an Erfolg erzielt wird. Spaziergänge sind nach Erledigung gewisser Formalitäten erlaubt, aber der Spaziergänger ist verpflichtet, am jeweiligen Aufenthaltsort seine Pflichtarbeitsstunden abzuleisten, damit der Staat keinen Arbeitsausfall erleide. Geld haben die Utopier nicht, und Gold verachten sie; sie benutzen es nur zur Herstellung von Kinderspielzeug oder Nachtgeschirren usw.

Besonders deutlich wird ihre Gesinnung bei ihrer Einstellung zum Kriege. Sie verabscheuen ihn aufs höchste und halten nichts für so unrühmlich, als im Kriege Ruhm zu suchen. Der Krieg ist für sie ein Rechtsakt. Die schuldigen Feinde bestrafen sie mit dem Tode oder der Sklaverei. Nur einen Zweck verfolgen sie im Kriege: das Ziel zu erreichen, das ihnen schon früher hätte zufallen müssen, um den Krieg überflüssig zu machen. Deshalb siegen sie ungern mit Gewalt, sondern lieber mit Vernunft, weswegen sie beim Feinde Zwietracht säen und alle Arten von Ränken und Hinterhalten benutzen. Sie verachten den »blutigen Sieg« und triumphieren erst dann, wenn »sie mit Kunstfertigkeit und List« gesiegt haben, »das heißt mit den Kräften des Geistes«. Denn »mit körperlicher Kraft und Wildheit« siegen die Tiere, die Menschen aber unterscheiden sich von ihnen »durch Geist und Vernunft«.

Utopien also ist der Staat der Vernunft, und die Utopier sind Musterbeispiele von Vernünftigkeit. Für sie ist Politik kein naturhafter Machtkampf, in dem Anspruch gegen Anspruch steht, sondern ein Rechtsprozeß, in dem der Gegner nicht einfach ein Widersacher ist, sondern ein Rechtsbrecher, der eigentlich nicht bekämpft, sondern verfolgt und bestraft wird.

Die schillernd-vieldeutige Hintergründigkeit der »Utopia«, ihr rätselhaftes Hin- und Herschwanken zwischen Beschreibung ferner Länder und Kritik an der Gegenwart, zwischen Wunschtraum und Satire, zwischen Spaß und Ernst – all das bereitet der Interpretation viele Schwierigkeiten. Wir wollen uns gleichwohl zunächst wieder mit der gängigsten und naivsten Interpretation begnügen, die einfach lautet: Dies ist die Utopie, das Ideal Thomas Mores; so sollte der Staat sein, und so würde er sein, wenn die Menschen sich von der Vernunft leiten ließen. Dazu muß man sie erziehen, dieses Ziel sollte man anstreben. Das ist der ideale Endzustand menschenwürdigen Zusammenlebens.

*Ritters »Dämonie der Macht«*

Nun sind wir nicht die ersten, die merkwürdige Gleichzeitigkeit Machiavellis und Mores und den noch merkwürdigeren Gegensatz ihrer politischen Betrachtungen entdeckt zu haben. Schon vor zwanzig Jahren hat Gerhard Ritter in Machiavelli und Morus zwei charakteristische Prototypen für die verschiedene Einstellung des nachmittelalterlichen Menschen zum Problem der »Dämonie der Macht« (so der Titel seines Buches) erblickt. Machiavelli als »Wegebahner des modernen kontinentalen Machtstaates« erkennt und »bejaht den unaufhebbar naturhaften Charakter des echten politischen Kampfes – und ist dann immer in Gefahr, auf der Stufe des rein Tierhaften steckenzubleiben«. Morus dagegen, der »Ideologe des englisch-insularen Wohlfahrtsstaates«, »verhüllt sich dem Anblick dieser oft schauerlichen Wirklichkeit durch Illusionen, indem er versucht, das rein vitale Aufeinanderstoßen gegensätzlicher Machtinteressen in einen Rechtsprozeß umzudeuten, die kämpfenden Gewalten moralisch gegeneinander abzuwerten – wobei er nur allzu leicht zum Pharisäer wird«.

Ritter hat diesen Gegensatz durch die ganze neuere Geschichte verfolgt bis hin zu jener legalistisch-moralischen Einstellung der Anglo-Amerikaner, die ihre machiavellistischen Gegner nach dem Ende des Zweiten Weltkrieges im Nürnberger Prozeß – ganz wie die Utopier – als Rechtsbrecher aburteilten. Ritters Buch vermittelt auf diese Weise höchst bemerkenswerte historische Einsichten, wobei Machiavelli und Morus schließlich gar nicht mehr die Urheber, sondern nur noch die Repräsentanten zweier verschiedener Einstellungen zur Politik sind. So trägt Ritter – und das war auch durchaus seine Absicht – mehr zum Verständnis der europäischen Geschichte als zum Verständnis von Machiavelli und Morus bei.

Das ändert am Ergebnis seiner Analyse nichts, und doch muß eine eigentliche Interpretation von Machiavelli und Morus andere Wege beschreiten. Ritter nämlich akzeptierte bei beiden (mit gewissen Einschränkungen in den späteren Auflagen) die naive Interpretation: Machiavelli ist der reine Analytiker des politischen Machtkampfes, wie er wirklich ist; Morus der reine Advokat der Zustände, die in der »Utopia« beschrieben sind.

## Die kritische Interpretation

Beginnen wir nun mit der kritischen Interpretation, so wollen wir uns zunächst klarmachen, daß die beiden naiven Urteile über Machiavelli – das »patriotische« und das »wissenschaftliche« – Machiavellis eigene Urteile sind. Er selbst sagt ja: so und nicht anders ist die Wirklichkeit, und ich beschreibe sie nur; und er selbst hat seinem »Principe« jenen pathetischen Aufruf zur Befreiung Italiens angefügt, der seine schockierenden Sätze in einem milden patriotischen Licht erscheinen läßt. Wenn wir diese Urteile übernehmen, übernehmen wir Machiavellis Urteile, akzeptieren wir sein Bild von der Wirklichkeit, und das fällt uns möglicherweise deshalb so leicht, weil wir alle in gewissem Sinne Machiavellis Schüler oder Opfer geworden sind. Darauf hingewiesen zu haben, ist vor allem das Verdienst von Leo Strauss.

Tatsächlich nämlich sind Machiavellis Urteile nicht wertfrei, sondern es sind Werturteile, und sie sind normativ gemeint. Wenn Machiavelli den Herrscher vom Sittengesetz freispricht und ihm sagt, er solle lernen, nicht gut sein zu können, dann urteilt er damit über Wert und Unwert einer uralten Überlieferung. Das wird erst dann richtig klar, wenn man sich vor Augen hält, daß alles mittelalterliche Denken über den Staat auf Gott bezogen war, daß alle Politik darauf ausging, Mensch und Welt in ein rechtes Verhältnis zu Gott zu bringen, und daß alle Sittlichkeit auf dem Glauben und der Furcht Gottes beruhte. Indem Machiavelli über die Welt urteilte, so wie er es tat, urteilte er über Gott, und das war natürlich ein Werturteil.

Für das Verständnis rückt damit die Frage nach Machiavellis Urteil über Gott in den Mittelpunkt. Hier ist zunächst zu beobachten, daß Machiavelli niemals von Christus spricht und daß er die kraftvolle und weltliche heidnische Religion über die verweichlichende und weltfremde christliche stellt. Das hat man längst erkannt und sich dabei vielfach daran gewöhnt, wie etwa Wilhelm Dilthey es tut, Machiavelli einen »vollkommenen Heiden« zu nennen. Aber diese Antwort ist nicht erschöpfend. Denn nirgendwo bekennt Machiavelli sich zur Religion der Römer, noch sagt er irgendwo, man müsse sie wieder beleben. Er lobt sie als ein vortreffliches *instrumentum regni*, als Stütze der Ordnung, aber er läßt vollkommen offen, ob er an sie glaubt oder ob der Herrscher, auf den es ja allein ankommt, an sie glauben und sich nach ihr richten soll.

Was nun Gott anbelangt, so ist Machiavelli sehr zurückhaltend, von ihm zu sprechen, und wenn er es tut, so tut er es entweder mit Indifferenz oder mit Skepsis oder mit Ironie. Um nur ein Beispiel von vielen anzuführen: Machiavelli sagt, daß diejenigen, die wie Agathokles durch Verbrechen zur Herrschaft gelangen, ihrem Staat »mit Gott und den Menschen« manches Gute tun können. Gott hilft den Verbrechern. Hier liegt schon der Gedanke nahe, Gott solle diskreditiert werden.

Unbestreitbar ist nun ferner, daß Machiavelli an wichtigen Stellen Gott verschweigt. Zweimal, zu Beginn sowohl der »Discorsi« als auch der »Istorie fiorentine«, spricht er ausführlich vom Anfang der Welt und vom Ursprung der Staaten. Beide Male ist eine, wie man heute sagen würde, rein materialistische Geschichtsauffassung zu beobachten, in der Gott nicht mit einem einzigen Wort erwähnt wird. Am gravierendsten indessen bleibt immer, daß Machiavelli, obwohl er nach eigener Aussage über alles räsoniert, was er weiß, über Gott niemals räsoniert.

Wohl aber räsoniert er über ein anderes anscheinend göttliches Prinzip, über die *fortuna*. Gott wird bei Machiavelli durch *fortuna* ersetzt, aber wenn man die Erwähnungen der *fortuna* kritisch untersucht, dann stellt man fest, daß *fortuna* für Machiavelli nichts anderes ist als der Zufall, nichts anderes als die außerhalb des Herrschers und seiner vernünftigen Berechnung liegenden Umstände. Fortuna ist keine Göttin, sie ist weder göttlich noch überhaupt übernatürlich, sie ist einfach das der menschlichen Vernunft nicht zugängliche Unberechenbare in der Welt.

Für Machiavelli existiert weder Gott noch *fortuna* noch irgend etwas Übernatürliches, sondern allein die Natur. An der Stelle der »Discorsi«, an der Machiavelli dies dem aufmerksamen Leser endgültig zu verstehen gibt, sagt er unvermittelt, daß die Religionen in fünf- bis sechstausend Jahren zwei- bis dreimal wechseln. Das heißt, daß das Christentum nicht ewig bestehen wird, sondern daß im Gegenteil sein Ende nahe herbeigekommen ist. So wie die heidnische Religion einst von der christlichen abgelöst wurde, so wird die christliche ihrerseits bald von einer neuen Religion abgelöst und zerstört werden. Diese neue Religion wird die Religion Machiavellis sein, und sie wird rein diesseitig und naturalistisch sein.

Das ist die neue Lehre Machiavellis, und insofern ist er kein werturteilsfreier Wissenschaftler, sondern ein Religionsstifter der Religionslosigkeit, ein Prophet des Atheismus. Machiavelli ist der erste der ganz großen radikalen Aufklärer der Neuzeit. Er sagt den Menschen und vor allem den eingeweihten Herrschern, daß sie sich zunächst alle Gedanken an Gott und an etwas jenseits dieser Welt Existierendes aus dem Kopf schlagen müssen. Er sagt, das alles sei nur Aberglaube. Damit fallen zwangsläufig alle sittlichen und naturrechtlichen Bedingungen, denn sie beruhen auf dem Glauben an Gott. Erst wenn der Mensch nicht mehr an Gott glaubt, wird er in der Lage sein, vorurteilslos und rücksichtslos zu handeln und wirkungsvoll seine rational erkannten Ziele zu verwirklichen. Und dann ist er allen anderen Herrschern, die nicht so »aufgeklärt« sind wie er, überlegen.

Von hier aus wird auch Machiavellis »Patriotismus« verständlich. Das »patriotische« Urteil über Machiavelli ist oft, etwa von Erich Brandenburg, angezweifelt worden. Man bemerkte, wie schlecht der patriotische Aufruf an das Ende des »Principe« paßt und daß Machiavellis Lehren ja nicht nur für Italiener gelten, sondern allgemein für alle Menschen, und dann fragte man sich, ob Machiavelli vielleicht gar kein Patriot gewesen sei. Nun ist die Antwort einfacher. Natürlich war Machiavelli ein leidenschaftlicher Patriot, aber er war der Meinung, daß mit den traditionellen

Mitteln dem verzweifelten Zustande Italiens nicht beizukommen sei. Erst müssen die Herrscher von Religion und Sittlichkeit befreit werden; dann können sie wirkungsvolle Politik machen, und dann können sie Italien befreien.

Bei einer kritischen Interpretation der »Utopia« steht gleichfalls das Glaubensproblem im Mittelpunkt, aber auf eine sehr andere Weise. Die Schwierigkeit der naiven Interpretation, nach der der utopische Staat das Ideal von Morus gewesen sein soll, besteht – kurz gesagt – darin, daß die Utopier Heiden sind, Morus aber Christ ist. Die Utopier sind in der Tat ein heidnisches Volk, und dies ist oft zu wenig beachtet worden. Es gibt in Utopien keine christliche Religion, keinen christlichen Gottesdienst. Zwar erkennen die Utopier ein höchstes Wesen an, sie haben Priester und feiern an den Festtagen in ihren Tempeln Gottesdienste, sie sind sogar ein in hohem Maße religiöses Volk und führen ein deutlich von gewissen religiösen und ethischen Grundsätzen bestimmtes Leben, aber all das geht für sie aus dem Vernunftprinzip hervor, sie sind Rationalisten, keine Christen.

Thomas Morus aber war zeit seines Lebens ein besonders frommer Christ (er ist seit 1935 katholischer Heiliger), er trug sich lange mit dem Gedanken, dem Orden der Franziskaner beizutreten, er gab sich vielerlei asketischen Übungen hin, hat nach der Reformation den katholischen Glauben heftig und mit der Waffe seiner theologischen Bildung verteidigt, und er ist schließlich für seinen Glauben gestorben.

Man hat gelegentlich gemeint, diese Schwierigkeit des »Utopia«-Verständnisses dadurch lösen zu können, daß man annahm, Morus sei zur Zeit der Abfassung der »Utopia« vom Glauben abgefallen und eine Zeitlang ein heidnischer Humanist gewesen. Aber diese These ließ sich, wie schon Raymond Chambers gezeigt hat, nicht aufrechterhalten. Es gibt in Mores Leben keinen Bruch und keine heidnische Zwischenperiode. Um die naive Interpretation beizubehalten, müßte man annehmen, der Christ Morus habe sich einen heidnischen Staat als Ideal erträumt, und das ist äußerst unwahrscheinlich. Gerade von dieser Aporie aus aber öffnet sich der Weg zu einer anderen, kritischen »Utopia«-Interpretation.

Es ist nämlich sehr zweifelhaft, ob Morus sich mit dem Inhalt der »Utopia« identifiziert, und das aus verschiedenen Gründen. Zunächst ist es ja nicht Morus selbst, der die utopische Verfassung beschreibt, sondern sein Gesprächspartner Raphael Hythlodaeus. Ihm hat Morus überdies einen Namen gegeben, der übersetzt etwa »der leeres Zeug, der Geschwätz Redende« bedeutet. Die »Utopia« ist voll derartiger spielerischer Wortschöpfungen, vom Titel angefangen bis beispielsweise zum Fluß Anydrus, was auf deutsch »Fluß ohne Wasser« heißt.

Sodann macht Morus, nachdem Hythlodaeus seine Erzählung beendet hat, gegen Ende der »Utopia« die folgende Bemerkung: »Als Raphael dies so berichtet hatte, fiel mir zwar mancherlei ein, was in den Sitten und Gesetzen dieses Volkes überaus widersinnig (perquam absurde) eingerichtet erschien, ... aber weil ich wußte, daß er vom Erzählen ermüdet war, und weil mir nicht genügend klar war, ob er es vertragen könnte, daß gegen seine Meinung etwas geäußert würde, ... deswegen lobte ich jene Einrichtung und seine Rede, ... bemerkte aber trotzdem, es würde wohl noch einmal Zeit sein, über diese Dinge tiefer nachzudenken und sie ausführlicher mit ihm zu besprechen.«

Damit jedoch endet das Gespräch, und Morus überläßt also das weitere Nachdenken seinen Lesern. Er jedenfalls hat sich vorher von vielem, beispielsweise der Religion und dem Kriegswesen der Utopier, ausdrücklich distanziert und Hythlodaeus die letzte Verantwortung zugeschoben. Indessen hatte auch dieser sich dagegen bereits gesichert, indem er bemerkte, er wolle nicht untersuchen, ob die Utopier richtig handelten oder nicht.

Die »Utopia« erscheint demnach als eine Art von philosophischem oder politischem Experiment, das des Nachdenkens wert ist, mit dem sich die Autoren jedoch ganz ausdrücklich nicht identifizieren. Insbesondere Morus selbst hat sich mehrfach abgesichert. Um so rätselvoller wird das Verhältnis zwischen dem Buch und ihm. Ausdrücklich hat Morus diese Frage nie beantwortet, so daß man die Antwort auf einem anderen Wege suchen muß.

Das Kernproblem ist dabei wiederum, daß Morus Christ ist, die Utopier aber Heiden sind. Sie sind Heiden aus einem doppelten Grunde; einerseits einfach deswegen, weil sie keine Christen sind; anderseits aber nach dem christlichen Dogma auch deswegen, weil ihnen nur die natürliche Vernunft zu Gebote steht, nicht aber der Glaube. Der Glaube nämlich ist den Menschen durch Christus auf dem Wege der *gratia Christi* gegeben, er ist den Menschen überhaupt erst seit Christus möglich, und er ist deswegen nur den Christen gegeben. Wenn Morus also seinen Utopiern nur die *ratio humana* gibt, kennzeichnet er sie damit ganz präzise als Heiden. Dieses Vernunftprinzip aber ist in der »Utopia«, wie wir gesehen haben, konsequent bis in die extreme Perfektion hinein durchgeführt.

Das Verhältnis von Vernunft und Glaube, also von Heidentum und Christentum, wird damit zur Schlüsselfrage der Interpretation. Morus hat dieses Verhältnis 1528 in seinem »Dialogue Concerning Tyndale« in einem eigenen Kapitel ausführlich behandelt und dabei in versteckter Weise angedeutet (wobei ich den zeitraubenden Beweis hier nicht vorführen kann), daß er hier das Rätsel der »Utopia« lösen werde. In seinem »Dialogue« heißt es: »Die Vernunft darf dem Glauben nicht widerstehen, sondern muß mit ihm gehen und ihm als seine Dienerin zur Hand gehen. Wenn die Vernunft wüten darf und übermütig und stolz anschwillt, dann wird sie nicht verfehlen, in Aufruhr gegen ihren Herrn, den Glauben, zu verfallen.« – »Reason is seruant to fayth, not enemy.« Die Vernunft ist die Magd des Glaubens. Solange sie ihm dient und gehorcht, ist sie heilsam; sobald sie sich dagegen selbst genug sein will, muß sie scheitern und verworfen werden. Genau das aber ist der Fall der Utopier. Sie haben nur die Vernunft und nicht den Glauben, ihnen ist die Vernunft genug, und deswegen muß ihr Staat verworfen werden.

Warum aber, so wird man nun fragen, hat Morus die »Utopia« geschrieben? Er ging, wie das erste Buch der »Utopia« zeigt, von einer Kritik seiner Zeit aus: Wir haben den christlichen Glauben, so sagte er gewissermaßen, und doch ist unser politisches Leben so verderbt, so voll von Krieg, Haß und Ungerechtigkeit. Dann hörte er von den gerade entdeckten Ländern der Neuen Welt, deren Bewohner Heiden waren und deren Staat doch – wie die Entdeckungsreisenden übereinstimmend berichteten – so wundervoll, so geradezu ideal organisiert war.

Dieser Kontrast war schon seit den Kreuzzügen beobachtet worden. So heißt es etwa bei Luther: »Man sagt, daß kein feiner weltlich Regiment irgend sei denn bei dem Türken, der doch weder geistlich noch weltlich Recht hat, sondern allein seinen Alkoran. Dagegen müssen wir bekennen, daß kein schädlicher Regiment ist denn bei uns durch geistlich und weltlich Recht, daß kein Stand mehr geht *natürlicher Vernunft,* geschweige denn *heiliger Schrift* (d. h. dem Glauben), gemäß.«

Hinzu kam, daß die großen Staatsdenker der Antike wie Plato, Aristoteles und Cicero, die die Humanisten wie Morus natürlich auf das höchste bewunderten, gleichfalls Heiden waren. Die Schlußfolgerung lag nahe: Die Heiden, die doch nur die natürliche Vernunft hatten, waren offenbar zur staatlichen Ordnung besser befähigt als die Christen, die es trotz ihres Glaubens nur zu einer unvollkommenen staatlichen Ordnung brachten. Also mußte die Vernunft ein Prinzip sein, das im Staate nützlich war.

Mit diesen Überlegungen beschrieb Morus den Staat der heidnischen Utopier. Er hielt sich gewissermaßen spielerisch-experimentierend die heidnisch-rationale Brille vor die Augen, um zu prüfen, wie weit man damit schauen konnte. Er erblickte alsdann voll staunender Bewunderung einen Staat, der in vielem besser war als die christlichen Staaten. Aber – und das ist nun entscheidend – er bekannte sich nicht zu diesem heidnischen Staat. Er rief seinen christlichen Glaubensgenossen sozusagen zu: Seht, was die Heiden leisten, und vergleicht das mit den schändlichen Zuständen bei uns im christlichen Abendland! Das ist der Sinn der »Utopia«.

Die Vernunft, das konstitutive Prinzip der »Utopia«, ist von einem christlichen Verfasser bewußt vereinzelt, aus der Rangordnung der christlichen Dogmatik herausgelöst worden. Sie ist sodann experimentell auf das staatliche Leben angewandt und dort bis in die extreme Perfektion hinein ausgemalt worden. Sie ist versuchsweise verabsolutiert worden, aber das ist kein Ideal, denn Vernunft und Glauben gehören unlösbar zusammen.

Hiermit ergibt sich – nebenbei gesagt – ein ursprünglicherer Utopie-Begriff als der gängige. Eine Utopie ist nach Mores Auffassung nicht der Wunschtraum von einem Idealstaat, sondern die gedanklich-experimentelle Ausmalung gewisser gegebener Ansätze oder Prinzipien bis in die extreme Perfektion hinein. Seltsamerweise trifft dieser ursprüngliche Utopie-Begriff auch auf die modernen Utopien zu wie etwa auf Aldous Huxleys »Brave New World« und George Orwells »1984«. Auch hier handelt es sich ja nicht mehr um Idealstaaten, sondern um die Ausmalung gewisser Prinzipien bis zum Exzeß: bei Morus ist dieses Prinzip die natürliche Vernunft, bei Huxley die moderne Naturwissenschaft und bei Orwell der Totalitarismus.

Wenden wir zum Schluß noch einmal den Blick auf Machiavelli und Morus. Unser Gedankengang hat uns von erstaunlichen Gemeinsamkeiten zu schockierenden Gegensätzen geführt: der eine ein Prophet des Atheismus, der andere ein standhafter Verteidiger des christlichen Glaubens; der eine ein Anwalt der brutalsten Machtpolitik, der andere ein Fürsprecher der Gerechtigkeit und des Friedens. Und doch haben sie auch hier noch immer vieles gemeinsam. Sie haben beide das Prinzip der Vernunft in seinem abgründigen Gegensatz zum Prinzip des Glaubens entdeckt: der Glaube behindert die Vernunft.

Machiavellis Antwort auf dieses Problem lautet, den Glauben zu verwerfen, ihn abzuschaffen und die Vernunft zum allein bestimmenden Prinzip zu erheben. Diese Antwort ist klar und eindeutig, aber niemand auch hat ihre Konsequenzen brutaler aufgezeigt als Machiavelli selbst. Morus ist gleichfalls der Vernunft auf die Spur gekommen, er hat ihren Glanz gesehen, aber auch ihre Gefahren, und er hat dann dieser Versuchung, nachdem er ihr ein klein wenig nachgegeben hatte, doch widerstanden. Er hat sich dafür mit einer weniger klaren und eindeutigen Antwort begnügen müssen. Anders als Machiavelli hat er den gordischen Knoten nicht durchhauen, sondern den Gegensatz zwischen Vernunft und Glauben in seiner ganzen Unbegreiflichkeit belassen.

Beide sind vom Geist der Aufklärung berührt worden, ja sie sind im Staatsdenken vielleicht seine Entdecker. Aus diesem Geist der Auflärung heraus wurde der Glaubenskampf des Reformationszeitalters überwunden. Denn aus diesem Geist entstand die Gesinnung der religiösen Toleranz, aber auch diejenige der religiösen Indifferenz. Die Vernunft siegte schließlich über den Glauben. In diesem Geist auch konnte Machiavelli über Morus siegen – mit all den zerstörerischen Konsequenzen, die wir aus der neueren Geschichte, vor allem unseres Jahrhunderts, kennen.

Eine Politik nämlich, die sich allein vom Prinzip der Vernunft leiten läßt, ist, wenn sie konsequent betrieben wird, notwendigerweise diejenige Machiavellis. Sie endet zwangsläufig in Gewalt und Terror. Denn das Prinzip der Vernunft vermag allein die Wirklichkeit nicht zu erfassen. Die Menschen sind mehr als nur vernünftige Wesen. Daß Freiheit und Sittlichkeit, daß Natur- und Menschenrechte sein sollen, das ist kein Urteil der Vernunft. Es geht nicht aus der Vernunft allein hervor. Es ist ein Vor-Urteil im wörtlichen Sinne des Wortes, ein Axiom. Die Verfasser der amerikanischen Unabhängigkeitserklärung vom 4. Juli 1776 wußten das. Sie hielten es für »self-evident«, daß alle Menschen gleich sind und daß sie gewisse unveräußerliche Rechte haben wie »Life, Liberty and the persuit of Happiness«. Sie versuchten nicht, dies rational zu erklären. Indem ich hiermit schließe, will ich natürlich nicht einem neuen Irrationalismus das Wort reden, sondern einer Besinnung auf die Grundlagen sittlichen Staatsdenkens. (1962)

# Die Gegenwart der Vergangenheit

# Faktisches Prius und kausaler Nexus

## Trübes Verwirrspiel um den Mord an den Juden

*Was man uns suggerieren will ist die
These von einem Präventivmord. Aber
sie ist so falsch wie die vom Präventivkrieg, die, obwohl hundertmal widerlegt,
auch immer wieder einmal aus Hitlers
Arsenal hervorgeholt wird.*

Es gibt Diskussionen, die ihren Reiz dadurch erhalten, daß nicht
klar ausgesprochen wird, was gemeint ist. Statt Fragen zu stellen
und Antworten zu geben, um sie alsdann zu überprüfen, werden
Aussagen in Frageform vorgetragen, um anzudeuten, was nicht
belegt werden kann oder soll, und wer bei dem Spiel ertappt wird,
erwidert mit Empörung und unschuldiger Miene, man werde ja
noch fragen dürfen. In Wahrheit aber war die Frage gar keine
Frage gewesen, sondern eine verdeckte Aussage, und der schein-
bare Fragesteller hatte sich nur der Mühe entzogen, sie zu begründen, und die Überzeugungsarbeit einigen verklausulierten Andeutungen überlassen. Ein solches Verwirrspiel wird derzeit bei uns
aufgeführt.

Es begann mit dem Beitrag der *Frankfurter Allgemeinen Zeitung* vom 6. Juli 1986, in dem Ernst Nolte dafür plädierte, nicht
immer »nur auf den *einen* Mord«, nämlich den nationalsozialistischen, hinzublicken, ohne auch den anderen, nämlich den bolschewistischen, zur Kenntnis zu nehmen. Es entsprach den Spiel-
regeln, daß er, wörtlich genommen, gar nicht plädiert, sondern
lediglich gesagt und auch das noch durch einen Nebensatz eingeschränkt hatte, *eine Einstellung,* die nur auf den einen Mord hin-
blicke, führe in die Irre, das aber »gründlich«. Wer eine solche
Einstellung eingenommen haben sollte, verriet Nolte nicht. Er
unterstellte, daß es jemand getan hatte.

Sollte das zutreffen, wäre es offensichtlich unsinnig. Was wäre Geschichte, wenn sie so einäugig wäre? Statt aber diese einfache Einsicht mit ein paar einfachen Worten noch einsichtiger zu machen, deutete Nolte in einem weiteren Nebensatz an, zwischen den beiden Morden sei »ein kausaler Nexus wahrscheinlich«. Das war, zumal aus dem Munde eines angesehenen Historikers, aufregend, und man konnte erwarten, daß Nolte seine These begründet und die Diskussion sich darauf zugespitzt hätte.

Nichts von dem aber trat ein. Statt dessen antwortete Jürgen Habermas in der *Zeit* vom 11. Juli, indem er Nolte und einigen anderen deutschen Historikern apologetische Tendenzen vorwarf. Der Verdacht lag angesichts von Noltes Argumentation, von der noch die Rede sein wird, in der Tat nahe, und Habermas belegte ihn auch, indem er die Wortwahl einiger Historiker mit guten Gründen beanstandete. Zur Sache indessen und zu Noltes These sagte er nichts. Das tat auch Klaus Hildebrand nicht, der, nun wieder in der *Frankfurter Allgemeinen* vom 31. Juli, Habermas entgegnete und dabei vor allem seinen Kollegen Andreas Hillgruber in Schutz nahm, dem Habermas auch nach meinem Empfinden Unrecht getan hatte. Über Nolte aber sagte er wenig mehr, als daß nicht einzusehen sei, warum wir »uns Frageverbote auferlegen« sollten. Wer uns solche Verbote auferlegen will, verriet er nicht. Er führte das Spiel fort, indem er unterstellte, daß es jemand getan hatte.

So ging es mit ein paar Leserbriefen und Artikeln weiter, bis Joachim Fest in die Diskussion eingriff und in derselben Zeitung vom 29. August ausführlich »Zur Kontroverse über die Unvergleichbarkeit der nationalsozialistischen Massenverbrechen« Stellung nahm. Zunächst nannte er die Ausführungen von Habermas »eine neue Variante« der »elenden Praxis«, die spätestens seit dem Ende der sechziger Jahre üblich geworden sei, nämlich nicht die Ergebnisse von Historikern zu erörtern, sondern deren Motive. Daß dies seit dem ominösen Datum üblich geworden sein soll, begründete Fest nicht und hätte es auch nicht begründen können. Denn es ist unbestreitbar, daß seit jeher sowohl die Ergebnisse als auch die Motive der Historiker erörtert werden. Daß etwa Tacitus *sine ira et studio* zu schreiben behauptete, es aber in Wahrheit nicht tat, weil er Motive hatte, ist nun wirklich eine alte Einsicht. Man nennt die Überprüfung Ideologiekritik, und sie ist ebenso legitim wie die fachliche. Fest hingegen nennt sie eine »elende Praxis« und schiebt sie nebenbei durch eine chronologische Insinuation auch noch den Linken in die Schuhe.

Doch während man schon befürchten mußte, die Diskussion gerate abermals ins Abseits, kam Fest verdienstvollerweise zur Sache. Freilich griff er ein Thema auf, das bisher nicht diskutiert worden war. Er sagte, Nolte leugne »die Singularität der nationalsozialistischen Vernichtungsaktionen überhaupt nicht«. Das hatte dieser ausdrücklich in der Tat nicht getan. Nur Habermas hatte den Begriff einmal verwendet. Doch auch das gehört zum Spiel: Man greift auf, was nicht gesagt wurde, weil man ahnt, was gemeint war, und spricht von einer Kontroverse, wo noch gar keine stattgefunden hat. Darauf führte Fest seinerseits drei Argumente an, die angeblich gegen die Singularität sprechen, und schloß sich dann Nolte an, indem er sagte, es könne nicht unzulässig sein, »einen Zusammenhang herzustellen zwischen den Greuelmeldungen von [sic] Osten und Hitlers Bereitschaft zum Exzeß«, und man frage sich »nach den wirklichen Gründen für die Ungehaltenheit, die Noltes Bemerkung ausgelöst hat, die Ereignisse in Rußland seien ›das logische und faktische Prius‹ zu Auschwitz und zwischen beidem sei ein ›kausaler Nexus wahrscheinlich‹«.

Damit trieb Fest das Spiel auf einen neuen Höhepunkt. Er sagt nicht, es gebe einen kausalen Zusammenhang. Er sagt nur, es könne nicht unzulässig sein, ihn herzustellen. Und wenn die Bemerkung Ungehaltenheit auslöst, fragt er nicht, ob das vielleicht damit zu erklären sei, daß sie dem Quellenbefund widerspreche. Nein, er wendet die von ihm selbst gerade noch gegeißelte »elende Praxis« an und fragt nach den Motiven.

Nun scheint es an der Zeit, das Spiel abzubrechen. Ich will es jedenfalls nicht weiterspielen. Ich will auch nicht nach den Motiven der Beteiligten fragen, obwohl man das dürfte und könnte. Ich will von der Sache reden, und dann lassen sich aus dem künstlichen Nebel der Verklausulierungen und Latinismen wie Prius und Nexus, logisch, faktisch und kausal in einfacher Sprache zwei Behauptungen herauslösen. Die erste, die zwar, wie Fest zu Recht feststellt, nicht Nolte, wohl aber er selbst aufstellt, lautet: Der nationalsozialistische Mord an den Juden war nicht einzigartig. Und die zweite, die Nolte für wahrscheinlich und Fest für nicht unzulässig hält: Es besteht ein ursächlicher Zusammenhang zwischen diesem Mord und dem der Bolschewisten.

Was die erste Behauptung angeht, zitiert Fest drei Argumente, die, so sagt er, angeführt würden, um die These von der Einzigartigkeit des Mordes an den Juden zu begründen, und bestreitet sie mit Gegenargumenten. Erstens hätten die Betreiber nicht nach Schuld oder Unschuld ihrer Opfer gefragt, aber das hätten die Bolschewisten auch nicht getan. Zweitens sei der Mord administrativ und mechanisch vollzogen worden, aber das sei bei den Bolschewisten auch der Fall gewesen. Drittens habe sich der Mord »in einem alten Kulturvolk« ereignet, aber dieses Argument könne man nicht anerkennen, denn in ihm stecke »die alte Herrenvolkgesinnung«.

Fest sagt nicht, wer die von ihm zitierten Argumente angeführt hat. Ich kann keines von ihnen stichhaltig finden. Unschuldige sind immer wieder getötet worden, auch administrativ und mechanisch, und wo sich das ereignet hat, ist für die Frage, ob es einzigartig war, offensichtlich unerheblich. Ich behaupte dagegen (und nicht erst hier), daß der nationalsozialistische Mord an den Juden deswegen einzigartig war, weil noch nie zuvor ein Staat mit der Autorität seines verantwortlichen Führers beschlossen und angekündigt hatte, eine bestimmte Menschengruppe einschließlich der Alten, der Frauen, der Kinder und der Säuglinge möglichst restlos zu töten, und diesen Beschluß mit allen nur möglichen staatlichen Machtmitteln in die Tat umsetzte. Dieser Befund ist so offensichtlich und so bekannt, daß es sehr erstaunen muß, wie er der Aufmerksamkeit von Fest entgehen konnte. (Auch die Massaker an den Armeniern im Osmanischen Reich während des Ersten Weltkrieges waren nach allem, was wir wissen, eher von Morden begleitete Deportationen als geplanter Völkermord.)

Was die bolschewistischen Morde betrifft, so zitiert Fest einen Chef der Tscheka, der Ende 1918 erklärte: »Wir sind dabei, die Bourgeoisie als Klasse auszurotten.« Aber damit ist nicht gesagt, daß er meinte, jeder einzelne Bourgeois werde getötet, geschweige denn die Frauen und Kinder, und Fest bleibt jeden Beweis schuldig, daß dies die Praxis war. Viel klarer war da der Chef der SS, Heinrich Himmler, der am 6. Oktober 1943 erklärte, und jeder, der es wissen will, kann wissen, daß er die Wahrheit sprach: »Es trat an uns die Frage heran: Wie ist es mit den Frauen und Kindern? Ich habe mich entschlossen, auch hier eine ganz klare Lösung zu finden. Ich hielt mich nämlich nicht für berechtigt, die Männer auszurotten – sprich also, umzubringen oder umbringen zu lassen – und die Rächer in Gestalt der Kinder für unsere Söhne und Enkel groß werden zu lassen. Es mußte der schwere Entschluß gefaßt werden, dieses Volk von der Erde verschwinden zu lassen.«

Im übrigen ist die Frage nach der Einzigartigkeit am Ende so entscheidend nicht. Was eigentlich würde sich denn ändern, wenn der nationalsozialistische Mord nicht einzigartig gewesen wäre? Soll die Bundesrepublik dann etwa keine Wiedergutmachungszahlungen mehr leisten, der Bundeskanzler sich nicht mehr in Yad Vashem verneigen oder der Bürger sich besser fühlen? Es ist doch nicht so, als ob diese Gesellschaft gramgebeugt darniederliege und Trost brauchte. Sie lebt im Gegenteil gut und soll es meiner Meinung nach auch dürfen. Das Problem ist doch allenfalls, was den Mord angeht, daß sie wenig davon weiß. Wenn selbst der Bundespräsident in seiner so ehrenhaften Rede zum 8. Mai 1985 von sechs Millionen in Konzentrationslagern ermordeten Juden sprach, dann können die Historiker erkennen, eine wie geringe Geltung sie ihren Forschungsergebnissen verschafft haben. In Konzentrationslagern wurden nämlich nach unseren inzwischen recht genauen Schätzungen 150 000 Juden ermordet, weitere fünf Millionen in Vernichtungslagern, bei Erschießungen und in den Gettos.

Niemand bestreitet doch, daß es in der Geschichte seit jeher Verfolgungen, Vertreibungen und Morde gegeben hat, und wer bestreitet denn, daß alle diese Vorgänge historisch untersucht werden können und sollen? Man möge uns doch Namen nennen, statt Andeutungen zu verbreiten. Unstreitig aber müßte eigentlich ferner sein, daß der von unserem Lande ausgegangene Völkermord bei uns ein besonderes Interesse beanspruchen darf und nicht durch unklar angedeutete Parallelen relativiert werden sollte.

Viel wichtiger und aufregender ist die zweite Behauptung, die Nolte für wahrscheinlich erklärt, und die Fest aufgreift, nämlich die von einem ursächlichen Zusammenhang zwischen den bolschewistischen und den nationalsozialistischen Morden. Freilich ist ein rationaler Diskurs darüber außerordentlich schwierig. Die Geschichtswissenschaft kennt keine schwierigere Aufgabe als die Vermittlung von historischen Ursachen. Sie existieren ja nicht irgendwo, wo man sie suchen und finden könnte. Überdies werden darunter zwei verschiedene Dinge begriffen, nämlich einerseits Motive, die jemanden zu einer Handlung veranlassen, und andererseits Bedingungen, ohne die ein Vorgang nicht gedacht werden kann. Um eine Verständigung darüber allerdings bemühen die Historiker sich immer wieder.

Nolte erleichtert diese Bemühung nicht. Er gibt nur, wie er sagt, »erhellende Schlüsselworte«. Sie beginnen mit einer Äußerung Hitlers vom 1. Februar 1943, in Moskau kämen die in Stalingrad gefangenen deutschen Offiziere in den »Rattenkäfig«, wo sie alles unterschrieben. Nolte bemerkte dazu, die Kommentatoren (in Wahrheit war es der Herausgeber dieser stenographischen Niederschrift) gäben die Erläuterung, mit »Rattenkäfig« sei die Lub-

janka gemeint, und fährt fort: »Ich halte das für falsch.« Es ent-
geht ihm oder stört ihn doch nicht, daß Hitler selbst in der Besprechung sogar zweimal erklärte, er meine die Lubjanka. Nolte weiß
es besser und spricht nun von Orwells bekanntlich erst 1949 er-
schienenem Roman »1984«, in dem auch ein Rattenkäfig vor-
kommt. Diese Geschichte, so Nolte, habe Orwell nicht erdichtet.
Sie fände sich in der antibolschewistischen Literatur über den
russischen Bürgerkrieg, »unter anderem bei dem als verläßlich
geltenden Sozialisten Melgunow«, und werde der »chinesischen
Tscheka« zugeschrieben.

Was das alles mit der im Juni 1941 begonnenen Tötung der
Juden zu tun haben soll, muß Nolte noch erklären. Es ist bezeichnend, daß er seine Schlußfolgerung denn auch fast gar nicht aus
dieser abstrusen Assoziationskette ableitet. Nach ein paar selbst-
gemachten Einwänden schreibt er vielmehr: »Aber gleichwohl
muß die folgende Frage als zulässig, ja unvermeidbar erscheinen:
Vollbrachten die Nationalsozialisten, vollbrachte Hitler eine
›asiatische‹ Tat vielleicht nur deshalb, weil sie sich und ihresglei-
chen als potentielle oder wirkliche Opfer einer ›asiatischen‹ Tat
betrachteten? War nicht der ›Archipel GULag‹ ursprünglicher als
Auschwitz? War nicht der ›Klassenmord‹ der Bolschewiki das
logische und faktische Prius des ›Rassenmords‹ der Nationalsozialisten? Sind Hitlers geheimste Handlungen nicht gerade auch
dadurch zu erklären, daß er den ›Rattenkäfig‹ *nicht* vergessen
hatte?« Und dann schließt Nolte mit dem schon zitierten Satz, daß
»ein kausaler Nexus wahrscheinlich« sei.

Eine rationale Begründung wird man das nicht nennen können.
*Post hoc, ergo propter hoc.* Auf diesen zweifelhaftesten aller logi-
schen Schlüsse scheint die These vom »kausalen Nexus« hinauszulaufen, es sei denn, es gelinge der Nachweis, daß Hitlers Entschluß, die Juden zu töten, von solchen Ängsten bestimmt war. In
der Tat argumentieren Nolte und Fest so. Doch sind ihre Argumente nicht nur nicht überzeugend. Sie lassen sich sogar verhältnismäßig sicher widerlegen.

Hitler hat nämlich viele Male gesagt, warum er die Juden zu entfernen und zu töten wünschte. Seine Erklärung ist ein kompliziertes und in sich schlüssiges Gedankengebäude, das man in allen Einzelheiten rekonstruieren kann. Ein Rattenkäfig, die Morde der Bolschewisten oder eine besondere Angst vor ihnen kommen darin nicht vor. Im Gegenteil war Hitler immer der Ansicht, Sowjetrußland sei, gerade weil es von Juden beherrscht werde, ein wehrloser Koloß auf tönernen Füßen. Der Arier hatte keine Angst vor slawischen und jüdischen Untermenschen. Der Jude, schrieb Hitler schon 1926 in *Mein Kampf,* »ist kein Element der Organisation, sondern ein Ferment der Dekomposition. Das Riesenreich im Osten ist reif zum Zusammenbruch«. Das glaubte Hitler noch 1941, als er seine Soldaten ohne Winterausrüstung in Rußland einmarschieren ließ.

Dagegen verstand er es vorzüglich, die antibolschewistischen Ängste der Bourgeoisie für seine Zwecke zu mobilisieren. In der Öffentlichkeit sprach er gern von den asiatischen Horden, die Europa bedrohten, und stellte seine Lebensraumeroberung ja auch fälschlich als Präventivkrieg hin. Nur darf man diese taktischen Äußerungen nicht mit seinen wahren Motiven verwechseln. Diese Verwechslung scheint der These vom »kausalen Nexus« zugrunde zu liegen. Was man uns suggerieren will, ist die These von einem Präventivmord. Aber sie ist so falsch wie die vom Präventivkrieg, die, obwohl hundertmal widerlegt, auch immer wieder einmal aus Hitlers Arsenal hervorgeholt wird.

(1986)

# Die Deutschen und ihre Geschichte

*Der Nationalstolz des mündigen Bürgers besteht nicht darin, die Vergangenheit seiner Nation zu rühmen. Sein Stolz ist es vielmehr, sie kritisch zu betrachten.*

Ein Streit brach aus im vergangenen Jahr und erhielt bald die Bezeichnung Historikerstreit, obwohl es sich keineswegs um eine wissenschaftliche Kontroverse, sondern um eine öffentliche Meinungsauseinandersetzung handelte. Richtig ist immerhin, daß es um Geschichte ging, um deutsche Geschichte, und insonderheit um das Verhältnis der Deutschen zu ihrer Geschichte.

Am Anfang stand ein Streit um die Einzigartigkeit der nationalsozialistischen Verbrechen am jüdischen Volk. Der Historiker Ernst Nolte und, noch deutlicher, der Publizist Joachim Fest behaupteten, beide in der *Frankfurter Allgemeinen Zeitung,* der Mord an den Juden im Zweiten Weltkrieg sei nicht einzigartig gewesen, die vorausgegangenen Morde der Bolschewisten seien vergleichbar, ja es bestehe ein ursächlicher Zusammenhang zwischen dem Klassenmord der Bolschewisten und dem Rassenmord der Nationalsozialisten, die aus Angst vor dem Bolschewismus gewissermaßen einen Präventivmord begangen hätten.

Soweit diesem Streit eine Sachfrage zugrunde lag, ließ sie sich verhältnismäßig rasch klären. Man mußte nur die Verwirrung der Begriffe auflösen. Selbstverständlich ist der nationalsozialistische Mord an den Juden mit anderen Morden in der Geschichte vergleichbar. Denn nur aus einem Vergleich kann sich ergeben, ob er einzigartig war oder nicht.

Offensichtlich ist ferner jedes historische Ereignis einmalig, insofern es sich immer von anderen Ereignissen unterscheidet. Kein Ereignis ist jemals einem anderen ganz gleich. Es ist jedoch zu unterscheiden zwischen Einmaligkeit und Einzigartigkeit. Wir teilen die Ereignisse in Arten ein und stellen fest, daß gewisse Arten mehrfach auftreten. Der Zweite Weltkrieg war, um die Unterscheidung an einem Beispiel zu verdeutlichen, einmalig, indem er sich von anderen Kriegen unterschied. Aber er war nicht einzigartig, insofern es auch zuvor schon Kriege gegeben hatte. Die Art eines Krieges war nicht neu und einzig.

Ist diese einfache begriffliche Klärung einmal gemacht, dann läßt sich sagen, daß der nationalsozialistische Mord an den Juden deswegen einzigartig war, weil noch nie zuvor ein Staat mit der Autorität seines verantwortlichen Führers beschlossen und angekündigt hatte, eine bestimmte Menschengruppe einschließlich der Alten, der Frauen, der Kinder und der Säuglinge möglichst restlos zu töten, und diesen Beschluß mit allen nur möglichen staatlichen Machtmitteln in die Tat umsetzte.

Diese Aussage blieb unwiderlegt, und so verschwand diese Frage alsbald wieder aus dem Streit. Das zeigt, daß es nur vordergründig um diese Frage ging. Sie ist in der Tat zwar wichtig, aber nicht entscheidend. Was nämlich würde sich ändern, wenn der nationalsozialistische Mord an den Juden nicht einzigartig gewesen wäre? Er wäre darum nicht weniger ein ungeheuerliches Verbrechen.

In Wahrheit ging der Streit, zumal in seinem Fortgang, um etwas anderes. In Wahrheit lag ihm der Versuch zugrunde, die Deutschen von der Last dieses Teils ihrer Geschichte zu befreien. Franz Josef Strauß hat dies im Bundestagswahlkampf auf die Formel gebracht: »Wir müssen endlich heraustreten aus dem Schatten des Dritten Reiches.« Ich komme später noch auf diesen Satz zurück.

Zunächst ist festzustellen, daß er nicht neuartig ist, und insofern ist der sogenannte Historikerstreit nur die neueste Strophe eines bereits viele Male angestimmten Liedes. Das Leitmotiv

heißt: Wir müssen endlich einen Schlußstrich unter die Vergangenheit ziehen. Dieses alte Lied hat viele Strophen. Früher hießen
sie etwa: Amnestierung der NS-Täter, Verjährung der NS-Verbre-
chen, Verschließung oder gar Vernichtung der Spruchkammerak-
ten zur Entnazifizierung. (In Baden-Württemberg sind sie noch
immer durch ein Gesetz verschlossen.)

Nach der Wende in Bonn wurde eine neue Strophe angestimmt.
Sie hieß: Versöhnung, Händedruck über den Gräbern von Bitburg
und dann Schluß damit; wir haben schließlich die Gnade der
späten Geburt, Gorbatschow hat viel mit Goebbels gemein, und
die DDR hat Konzentrationslager. Der Refrain war wieder der
gleiche: Wir wollen den nationalsozialistischen Teil unserer Geschichte hinter uns lassen.

Auf diesem Boden gedieh, wie mir scheint, der Streit des Jahres
1986. Diesmal hieß die neue Strophe des alten Liedes: Reden wir
doch einmal von den Verbrechen der anderen, vor allem von
denjenigen der Bolschewisten; vielleicht haben wir es denen nur
nachgemacht, vielleicht war alles nur Abwehr oder Verteidigung
gegen den Bolschewismus (die Alfred Dregger so gern beschwört),
und jedenfalls sind wir doch nicht schlechter als die anderen. Man
kann doch ein bißchen aufrechnen oder vergleichen und relativieren. Irgendwie muß man mit dieser Geschichte doch zu Ende
kommen.

Aber diesmal wurde es ein großer Streit. Diesmal stieß der Versuch, wenn ich mich nicht täusche, auf mehr Widerstand als früher. Diesmal gerieten die, die sich und uns von dieser Vergangenheit entfernen wollen, erstmals in größere Bedrängnis. Das ist das
ermutigende Ergebnis des Streits.

Seit dem 8. Mai 1985 haben diejenigen, die sich von dieser
Vergangenheit nicht entfernen wollen, einen mächtigen Verbündeten, den Bundespräsidenten Richard von Weizsäcker. Seine ehrenwerte Rede hat unserem Land neues Ansehen verschafft, den
Staatsbesuch aus Israel überhaupt erst ermöglicht, die Beziehungen zur Sowjetunion erleichtert. Aber was war eigentlich so auf-

fallend an dieser Rede? Am meisten doch wohl, daß sie von einem Mitglied der CDU gehalten wurde. Wenn Gustav Heinemann sie gehalten hätte (und er hielt manche Reden zur Geschichte), wäre sie vermutlich nicht so aufgefallen. Man hätte nichts anderes von ihm erwartet. Und worin bestand der vielgerühmte Mut der Weizsäckerschen Rede, wenn nicht im Mut vor dem Unmut von Strauß, Dregger und dem »Stahlhelm«? Mut vor den anderen kann es doch nicht gewesen sein.

Jedenfalls nannte der Bundespräsident die Dinge, um die es geht, bei ihrem wahren Namen, und das wirkte sich auf den Streit um den nationalsozialistischen Teil unserer Geschichte aus. Die meisten der Streitenden, und zwar auf beiden Seiten, bestritten oder leugneten nicht mehr die Verbrechen der Hitlerzeit, was nun mehr und mehr allein der *National-Zeitung* und ähnlichen Blättern vorbehalten bleibt. Das hatte zur Folge, daß dem alten Lied vom Schlußstrich nun noch eine Strophe angefügt wurde. »Viel jüngste Geschichte und wenig aufrechter Gang«, schrieb der Historiker Michael Stürmer, einer der Wortführer der neuen Konservativen, im vergangenen November auf dem Höhepunkt des Streits in einem Leitartikel der *Frankfurter Allgemeinen Zeitung*, um die Lage »auf deutscher Seite« zu kennzeichnen, und setzte als Gegenbild hinzu: »auf französischer Seite der blau-weiß-rote Konsens über Vergangenheit und Zukunft, selbstbewußter Patriotismus und die Gelassenheit der Latinität.«

»Viel jüngste Geschichte und wenig aufrechter Gang« – das Wort enthüllt mit unübertrefflicher Schärfe, um was es im Fortgang des Streites vom vergangenen Jahr ging und was als die eigentliche Streitfrage vor uns steht. Kurz zuvor hatte Alfred Dregger im Bundestag gesagt: »Wer die sogenannte ›Vergangenheitsbewältigung‹, die gewiß notwendig war, mißbraucht, um unser Volk zukunftsunfähig zu machen, muß auf unseren Widerspruch stoßen.« Denn, so Dregger: »Ohne einen elementaren Patriotismus, der anderen Völkern selbstverständlich ist, wird auch unser Volk nicht überleben können.«

Das ist die neueste Strophe, und ihre Botschaft ist klar: Wir beschäftigen uns zuviel mit der Hitlerzeit und ihren Verbrechen, die wir nicht bestreiten. Wir erliegen, wie die *Frankfurter Allgemeine Zeitung* formulierte, den »Verführungen einer kollektiven Schuldbesessenheit« und können durch Mißbrauch der »Vergangenheitsbewältigung«, die »gewiß notwendig war« (man beachte: war), zukunftsunfähig werden. Um aufrecht gehen zu können, sollen wir uns weniger mit jüngster Geschichte beschäftigen. Was wir brauchen und über zuviel jüngster Geschichte nicht bekommen, ist der bei anderen selbstverständliche, selbstbewußte Patriotismus, und der soll wie bei den Franzosen auf »Konsens über Vergangenheit und Zukunft« beruhen und aus ihm hervorgehen.

Was zunächst die Berufung auf die Franzosen angeht, so handelt es sich um eine ebenso ehrwürdige wie lächerliche Redensart aus dem Arsenal der Konservativen. Wer unsere Nachbarn nur etwas kennt, der weiß, daß sie keinen Konsens über ihre Vergangenheit haben, nicht einmal über die Revolution von 1789, geschweige denn über ihre jüngste Geschichte, die Volksfront und Vichy. Was ist denn ihr großes historisches Thema, wenn nicht der leidenschaftliche, zerfleischende Streit über Pétain und de Gaulle, Kollaboration und Résistance? Nur war er eine Zeitlang zugedeckt, weil alle auf der Seite de Gaulles gewesen zu sein wünschten, während sie doch alle wußten, daß es so nicht gewesen war.

Soll das unser Vorbild sein, die kollektive, staatlich geförderte Unaufrichtigkeit? Ich könnte polemisch sein und sagen, und es wäre nicht einmal falsch, daß genau das gemeint ist. Doch ich will nicht polemisch werden, sondern die Argumente der anderen im Streit ernst nehmen, und deswegen sage ich: Hinter der Forderung von Konsens, Identität und Geschichtsbewußtsein steckt die Überzeugung, daß ein Volk ein Bild seiner Geschichte und einen Konsens darüber brauche, um zukunftsfähig zu sein, daß ein Volk ohne geschichtliche Identität nicht überleben könne.

Auf den ersten Blick scheint diese Überzeugung richtig und die Forderung beherzigenswert. Wer wollte nicht, daß alle oder möglichst viele von uns, jedenfalls die Politiker und die jungen Leute, geschichtlich gebildet wären und ein Bild von unserer Geschichte hätten? Doch prüfen wir einmal die Begriffe, die dabei verwendet werden, und beginnen wir mit der Identität.

Was ist das? Identität heißt Gleichheit und meint die Übereinstimmung mit sich selbst. Was ist den Deutschen identisch, worin sind sie gleich, worin stimmen sie überein? Gleich ist ihnen die Sprache. Sie verbindet sie und trennt sie von denen, die eine andere Sprache sprechen, auch, wenngleich nicht so scharf, von den Österreichern und den Deutschschweizern und zunehmend auch von den Bewohnern der DDR. Die gemeinsame Sprache schafft ein Gefühl der Zusammengehörigkeit, der Übereinstimmung, der kollektiven Identität.

Gleich ist den Deutschen, die in der Bundesrepublik Deutschland leben, ferner die Verfassung des Grundgesetzes, die Rechtsordnung und ein gewisses Maß an Anschauungen und Überzeugungen. In diesem Sinne kann man auch von kultureller Identität sprechen, obwohl die Grenzen fließen: Dem Bayern ist manches mit dem Österreicher gemeinsamer als mit dem Ostfriesen, diesem mit dem Niederländer und so fort. Wer die kulturelle Identität überspitzt, endet als Nationalist. Aber eine gewisse Übereinstimmung ist den Deutschen auch in dieser Hinsicht eigen.

In vielen anderen Dingen hingegen stimmen die Deutschen nicht überein. Sie stimmen in den Wahlen für unterschiedliche Parteien, gehen in unterschiedliche Kirchen und vertreten unterschiedliche Meinungen. Sie stimmen aber darin überein, daß sie in diesen Bereichen nicht übereinstimmen. Dieser Konsens über den Dissens ist das entscheidende Merkmal moderner, demokratischer, pluralistischer und toleranter Gesellschaften.

Das war bekanntlich nicht immer so und ist es nicht überall. Staatsparteien, Staatskirchen, Staatsideologien sind in Vergangenheit und Gegenwart leicht zu finden. Doch dies sind Identitäten, die freie Menschen nicht wollen. Es sind aufgezwungene oder aufgeredete Übereinstimmungen, abgeschüttelt, wo es gelang, im Fortschritt der Freiheit. Sie sind ein Merkmal vormoderner, undemokratischer und intoleranter Gesellschaften.

Gleich ist den Deutschen auch ihre Vergangenheit. Soll ihnen aber auch das Bild gleich sein, das sie sich davon machen? Müssen sie gemeinsam ein gleiches Geschichtsbild haben? Auch das gab es und gibt es. Autoritäre und totalitäre Herrschaften beanspruchten und beanspruchen auch in dieser Hinsicht Identität und Konsens. Die Nazis verlangten den Glauben an die geschichtlich erwiesene Überlegenheit der arischen Rasse und an die entsprechende Minderwertigkeit anderer Menschen. Die Sowjetunion leugnet bestimmte Teile ihrer Vergangenheit. Die SED schreibt ihren Historikern von Zeit zu Zeit vor, was sie nun zu entdecken haben, einmal Friedrich den Großen, dann Bismarck, und alle sollen daran glauben.

Nun wäre es vermutlich ungerecht, unseren konservativen Identitätsstiftern und Konsensforderern derlei autoritäre Neigungen zu unterstellen. Es ist aber nicht ungerecht, ihnen anzusinnen, einmal darüber nachzudenken, welche Art von Gesellschaft sie denn wünschen oder herbeireden, wenn sie auch im Geschichtsbild Identität und Konsens verlangen.

Was uns hier eingeredet und aufgeschwatzt werden soll, ist eine Wende zurück in die Vormoderne. Gewiß können gleiche und gemeinsame, aufgezwungene oder aufgeschwatzte Geschichtsbilder wie etwa Stolz auf die eigene Vergangenheit und Kultur zukunftsfähig, patriotisch und opferbereit machen. Aber sie sind freiheitsfeindlich. Gewiß brauchen wir Übereinstimmung über Verfassung und Recht. Wir stehen, wie man sagt, gemeinsam auf diesem Boden. Unser Staat versänke im Chaos, wenn wir hier nicht übereinstimmten, wenn die Minderheit sich nicht der Mehrheit fügte, wenn jeder sein eigenes Recht beanspruchte. Gewiß brauchen wir auch etwas Patriotismus. Aber im Zeitalter der europäischen Integration und der weltweiten Interdependenz darf es nicht zuviel sein. Wir sind Deutsche, aber zugleich Europäer und, schon um zu überleben, auch Weltbürger.

Die Geschichte hingegen ist ein gänzlich ungeeigneter Gegenstand der Übereinstimmung. »Jeder hat das Recht, seine Meinung in Wort, Schrift und Bild frei zu äußern und zu verbreiten und sich aus allgemein zugänglichen Quellen ungehindert zu unterrichten.« So steht es im Artikel 5 des Grundgesetzes, wo es auch heißt: »Kunst und Wissenschaft, Forschung und Lehre sind frei.« Aber dann: »Die Freiheit der Lehre entbindet nicht von der Treue zur Verfassung.«

Das Grundgesetz macht hier einen bemerkenswerten Unterschied. Die Meinung ist frei, die Verfassung hingegen ist verbindlich. In dieser Hinsicht müssen wir übereinstimmen, im Bereich der Meinungen sind wir frei. Da müssen wir nicht übereinstimmen. Nun ist nicht zu bestreiten, daß es hier Konflikte geben kann, die behutsam, im Meinungsstreit oder auf gerichtlichem Wege, ausgetragen und gelöst werden müssen. Unbestreitbar ist aber auch, daß die Geschichte, das heißt das Bild, das wir uns von unserer Vergangenheit machen, zum Bereich der Freiheit gehört. Weder der Staat noch sonst jemand darf uns vorschreiben, was wir zu denken haben, auch nicht, was wir über die Vergangenheit zu denken haben. Meinung, Forschung und Lehre sind frei. Das heißt: Wir brauchen kein gemeinsames und gleiches Geschichtsbild, und wer uns eines einreden oder aufschwatzen will, begeht einen Akt vormoderner Bevormundung.

Trotzdem wird solches von konservativer Seite immer wieder versucht. Als Bundeskanzler Helmut Schmidt 1978 auf dem Deutschen Historikertag in Hamburg sprach, sagte er, er habe in Vorbereitung auf seine Rede in einem Kommentar in der *Frankfurter Allgemeinen Zeitung* (es ist immer dieselbe) zu dem Historikertag das Wort von einem »einigermaßen verbindlichen Geschichtsbild« gelesen, welches »wieder« entstehen solle. Dazu bemerkte er: »Ich muß Ihnen sagen, ich kann mir weder ein verbindliches noch ein einigermaßen verbindliches Geschichtsbild vorstellen [...]. Die

Normen des Grundgesetzes enthalten mit voller Absicht, aus historischer Erfahrung gewonnener Absicht, das Grundrecht der Meinungsfreiheit und keinerlei Vorschriften über Meinungsverbindlichkeit.«

Der Historikerstreit ist übrigens ein Beleg dafür. Er konnte nur unter den Bedingungen der Meinungsfreiheit stattfinden. Das heißt, und daran darf es keinen Zweifel geben: Nolte, Fest und Stürmer, Strauß und Dregger müssen ihre Meinung vertreten können dürfen. Das heißt aber auch: Wir müssen ihnen widersprechen können dürfen, und wir konnten und können es ja glücklicherweise auch.

Das heißt nun wiederum nicht, daß jede Meinung gleichermaßen richtig ist. Im Meinungsstreit zählen, wenn er mit Vernunft geführt wird, die Argumente. Wenn Bundeskanzler Kohl behauptet, in der DDR gebe es Konzentrationslager, muß er seine Behauptung belegen können, oder er wird daran erinnert, daß er sie belegen muß, und darin bestand ja seine Schwierigkeit.

In der Wissenschaft ist dies verhältnismäßig einfach. Als Nolte und Fest behaupteten, der nationalsozialistische Mord an den Juden sei nicht einzigartig gewesen, wurden ihnen Gegenargumente entgegengehalten, und es ist ihre Sache, daß sie darauf nicht antworteten. In der Politik ist es nicht ganz so einfach. Hier geht es zumeist nicht um etwas, was war oder ist, also um Sachaussagen, sondern um etwas, was sein soll, um Forderungen oder Vorschläge. Wer fordert, daß diese oder jene Steuer erhöht oder gesenkt werden soll, braucht das nicht zu belegen und kann es auch nicht. Da geht es um Interessen, und natürlich haben etwa Arbeitnehmer und Arbeitgeber unterschiedliche Interessen.

Aber auch in der Politik, im Kampf für Interessen und um Mehrheiten, wird argumentiert. Man kann Zustimmung zu gewinnen versuchen, indem man an dumpfe Gefühle oder Instinkte appelliert. Man kann aber auch an die kritische Vernunft appellieren, und das meinen diejenigen, die vom mündigen Bürger reden. Man kann wohl auch sagen, daß die politische Kultur eines Volkes um so höher ist, je mehr der politische Meinungsstreit mit nachprüfbaren Argumenten geführt wird.

»Let's talk sense to the American people«, sagte der demokratische Präsidentschaftskandidat Adlai Stevenson im amerikanischen Wahlkampf von 1952 – laßt uns vernünftig zum amerikanischen Volk reden. Das ist die Verantwortung insbesondere der Meinungsführer, und wenn sie sie nicht wahrnehmen, werden sie in einer freien Gesellschaft daran erinnert.

Wir sind zwar eine freie Gesellschaft, aber wir haben eine Menge von Meinungsführern, die lieber an dumpfe Gefühle als an die kritische Vernunft appellieren. Auch dafür lieferte der Streit um den rechten Umgang mit unserer Geschichte manche Beispiele. Wenn Michael Stürmer beklagt, wir hätten anders als die Franzosen keinen Konsens über unsere Vergangenheit, kann man ihm entgegenhalten, daß das Argument, das in seiner Klage steckt und sie begründen soll, falsch ist, daß nämlich die Franzosen keinen Konsens über ihre Vergangenheit haben. Man kann auch sagen, daß es verantwortlicher gewesen wäre, wenn er seine Meinung überprüft hätte, ehe er sie veröffentlichte.

Man kann ferner fragen, ob denn Konsens über Geschichte sein muß, und kann mit guten Gründen zu bedenken geben, daß eine solche Forderung den Grundsätzen einer freiheitlichen Gesellschaft widerspricht. Man kann schließlich sagen, daß ein solcher Konsens auch unmöglich ist. Sozialdemokraten werden sich immer ein anderes Bild von der Geschichte der Arbeiterbewegung machen als Konservative. Wer hier Konsens fordert, will dem anderen sein Geschichtsbild aufreden oder aufzwingen.

In dem Streit werden auch unechte Argumente verwendet. In den Gründerjahren der Bundesrepublik, sagt Michael Stürmer, habe es den »antitotalitären Konsens« gegeben. Aber das war kein Konsens über Vergangenheit, sondern einer über Gegenwart und Zukunft. Wer mit dem Grundgesetz übereinstimmt, stimmt auch darin überein, daß er Freiheit und nicht Totalitarismus will. Dieser Wille mag durch geschichtliche Erfahrungen bestärkt werden. Ein gemeinsames Geschichtsbild ist dazu aber nicht erforderlich.

Desgleichen haben wir einen gewissen Konsens über die Hitlerzeit. Er besteht darin, daß wir sie verurteilen und nicht wieder haben wollen. Aber auch das ist ein Konsens über Gegenwart und Zukunft, bestärkt durch geschichtliche Erfahrung. Er erfordert nicht, daß wir die Hitlerzeit alle in gleicher Weise sehen und beurteilen. Wer das fordert, will bevormunden.

Ein beliebtes unechtes Argument ist die Ablehnung der sogenannten Kollektivschuldthese. Es ist unecht, weil diese These von niemandem im Ernst je aufgestellt oder vertreten worden ist. Die Alliierten gingen, wie die Kriegsverbrecherprozesse und die Entnazifizierung klar belegen, stets von individueller und nicht von kollektiver Schuld aus. Es handelt sich um eine These, die nie vertreten, sondern immer nur bestritten wurde. Wer aber etwas bestreitet, was niemand behauptet, handelt unvernünftig und unverantwortlich. Er appelliert an Instinkte statt an Vernunft.

Die eigentliche Frage im Streit ist, wie wir mit unserer nationalsozialistischen Vergangenheit umgehen sollen. Wir müssen endlich aus ihrem Schatten heraustreten, sagt Franz Josef Strauß, und in dieser oder jener Form laufen alle Äußerungen der einen Seite im Streit auf dasselbe, auf diese Forderung hinaus. Wenn man dies vernünftig überprüfen will, kann man zunächst fragen, ob wir denn wirklich im Schatten dieser Vergangenheit leben. Wer sich bei uns umschaut, kann eigentlich auf den ersten Blick diesen Eindruck nicht haben. Der erste Eindruck ist doch nicht, daß die Deutschen in der Bundesrepublik gramgebeugt darniederliegen und Trost brauchen. Sie leben im Gegenteil gut und sollen es meiner Meinung nach auch dürfen.

Indessen erweist ein zweiter Blick, daß der Sachverhalt vielleicht doch nicht so einfach ist. Das Allensbacher Institut für Demoskopie hat kürzlich gefragt: »Wie stark belastet Sie persönlich das, was im Dritten Reich und im Zweiten Weltkrieg geschehen ist?« Was immer man schon von der Fragestellung und von der Zuverlässigkeit von Meinungsforschung im allgemeinen halten mag, die Antworten lauten wie folgt: Von den vor 1921 Geborenen sagten 73 Prozent: Es belastet mich stark. Bei den zwischen 1921 und 1933 Geborenen gaben 61 Prozent diese Antwort, bei den nach 1933 Geborenen 43 und bei den heute unter Dreißigjährigen 33 Prozent.

Daraus kann man zunächst schließen, daß die Stärke der Betroffenheit nachläßt, und man wird das nur als natürlich empfinden können. Warum sollen Menschen sich von etwas persönlich belastet fühlen, was zwanzig Jahre vor ihrer Geburt geschah? Immerhin ist es aber auch von den jungen Leuten noch jeder oder jede Dritte. Wenn es also doch einen Schatten der Vergangenheit gibt, der auf vielen von uns lastet, dann erhebt sich die Frage, ob wir das für schlecht oder für gut halten wollen, ob wir, wie Strauß sagt, aus diesem Schatten heraustreten müssen, ob wir uns, wie man nüchterner sagen kann, zuviel mit dieser Vergangenheit beschäftigen.

Wer wie Michael Stürmer sagt: »Viel jüngste Geschichte und wenig aufrechter Gang«, der scheint das zu meinen, und das gilt wohl auch für Elisabeth Noelle-Neumann, aus deren neuestem Buch mit dem bezeichnenden Titel »Die verletzte Nation« ich die Meinungsumfrage zitiert habe.

Sie legt besonderen Wert auf eine vergleichende Umfrage, welche lautet: »Sind Sie stolz auf Ihre Nationalität?« Sie schreibt zunächst im Text, 79 Prozent der Amerikaner und 55 Prozent der Engländer, aber nur 21 Prozent der Deutschen hätten geantwortet, sie seien sehr stolz auf ihre Nationalität. Wenn man die Tabelle über den europäischen Vergleich im einzelnen ansieht, ergibt sich ein etwas weniger dramatisches Bild. Demnach sind die Bewohner der Republik Irland mit 66 Prozent am stolzesten auf ihre Nationalität, gefolgt von den Briten mit 55, den Spaniern mit 49, den Italienern mit 41, den Franzosen mit 33, den Dänen mit 30, den Schweden mit 28, den Belgiern mit 27 und den Deutschen, wie gesagt, mit 21 Prozent. Also sind wir doch eine verletzte Nation, belastet mit einer schlimmen Vergangenheit. Aber da ist noch eine Zahl: Die Niederländer unterbieten uns noch. Sie sind nur zu 19 Prozent sehr stolz auf ihre Nationalität. Im Schatten welcher schlimmen Vergangenheit leben sie denn?

Wie auch immer man die Zahlen deutet, das Ergebnis scheint zu sein, daß Nationalstolz bei uns vergleichsweise nicht besonders hoch entwickelt ist, und Frau Noelle-Neumann zitiert zur Bekräftigung einen schweizerischen Journalisten, der 1984 feststellte: »Kein Volk scheint mir so gnadenlos mit sich selber wie das der Deutschen.«

Die Schlußfolgerung, die die Konservativen ziehen und uns nahelegen wollen, ist eindeutig: Wir beschäftigen uns zuviel mit der nationalsozialistischen Vergangenheit. Das macht uns unter Umständen zukunftsunfähig. Wir brauchen (so Dregger) »einen elementaren Patriotismus, der anderen Völkern selbstverständlich ist«, und deswegen müssen wir (so Strauß) endlich aus dem Schatten des Dritten Reiches heraustreten. Das ist auch das eine Leitmotiv im sogenannten Historikerstreit.

Ganz abgesehen davon, daß der Befund keineswegs so eindeutig ist, wie uns die Schlußfolgerung der Konservativen nahelegen will, ist zu fragen, ob es denn wirklich so schlimm ist, wenn wir (und die Niederländer) nicht besonders stolz auf unsere Nationalität sind. Kann es nicht auch, so frage ich, ein Zeichen einer gewissen Aufgeklärtheit sein, im Bewußtsein der europäischen Integration, der Völkerverständigung, vielleicht auch der Teilung der deutschen Nation? Muß man denn wirklich auf seine Nationalität sehr stolz sein? Man hat sie sich ja nicht ausgesucht. Und vielleicht ist es vernünftig, nur auf etwas stolz zu sein, das man selbst gemacht hat. Vielleicht sollten wir sogar stolz darauf sein, daß wir nicht mehr so stolz auf unsere angeborene Nationalität sind.

Vor allem aber ist zu fragen, ob die Schlußfolgerung der Kon-

servativen, wir beschäftigten uns zuviel mit der nationalsozialistischen Vergangenheit, richtig und vernünftig ist. Dieser Frage soll
meine letzte Überlegung gelten, und wir wollen uns die Antwort
nicht leicht machen. Natürlich sollen wir uns auch gründlich mit
anderen Dingen und mit anderen Teilen unserer Vergangenheit
beschäftigen. Wir haben die Freiheit, das zu tun, und wir tun es ja
auch. Zweifellos aber beschäftigt uns die Hitlerzeit mehr als andere Zeiten. Das belegen unsere Medien tagtäglich, und unser
Streit belegt es auch. Zu fragen bleibt nur, ob das schlecht oder
gut, ob es schädlich oder heilsam ist.

Die Hitlerzeit hat uns ein schlimmes Erbe hinterlassen: Millionen von Toten und Ermordeten, die anhaltende Trennung von
Menschen in Deutschland und Europa, nicht zuletzt einen langjährigen Verlust von Ansehen in der Welt. Dieses Erbe hat nur
einen einzigen guten Teil, und das ist ein geschärftes Bewußtsein
für den Wert des Friedens, der Freiheits- und Menschenrechte und
der Demokratie. Wenn wir sagen, daß von deutschem Boden nie
wieder Krieg ausgehen soll, nie wieder die Freiheit beseitigt und
die Menschenrechte mit Füßen getreten werden sollen, dann sagen wir das doch mit besonderer Überzeugung, weil wir wissen,
daß es bei uns einmal anders war. Und wenn wir das aus diesem
Grunde mit besonderer Überzeugung sagen, dann folgt daraus,
daß der gründliche und kritische Umgang mit unserer Geschichte
und insonderheit mit der Hitlerzeit kein Nachteil ist, sondern ein
Vorteil, keine Schwäche, sondern eine Stärke.

Genau diesen Vorteil und diese Stärke wollen uns diejenigen
nehmen, die uns einreden, wir müßten aus dem Schatten des Dritten Reiches heraustreten, wir sollten es relativieren, historisieren,
normalisieren, kurz, einen Schlußstrich darunter ziehen. Sie wollen uns etwas weniger kritisch, etwas weniger mündig machen, als
wir sind. Der Versuch läuft am Ende auf eine Verkürzung unserer
Freiheit hinaus, auf eine Wende zurück in den Obrigkeitsstaat.

Deswegen sollten wir uns den kritischen Umgang mit unserer
Geschichte nicht ausreden lassen. Nicht etwa, weil wir uns herab-

setzen, anklagen und beschuldigen wollen. Schuld ist ein ungeeigneter Begriff in diesem Zusammenhang. Es gibt, wie gesagt, nur individuelle und keine kollektive Schuld. Die Schuldfrage war ein Problem für die Mitlebenden. Für die Nachlebenden kann es sie nicht geben. Für sie geht es darum, die Freiheit zu bewahren, die Freiheit auch im kritischen und wahrhaftigen Umgang mit unserer Geschichte, weil es die Wahrheit ist, die frei macht.

Es gibt noch einen anderen Grund dafür. Wenn wir unser Ansehen in der Welt weithin wiedergewonnen haben, dann nicht zuletzt wegen unseres kritischen und wahrhaftigen Umgangs mit unserer Geschichte. Was denn hat uns mehr Ansehen in der Welt eingetragen: der Kniefall von Willy Brandt in Warschau oder der Händedruck von Helmut Kohl in Bitburg?

Die Geste von Willy Brandt war ein Zeichen von anständigem Umgang mit unserer Geschichte. Sie war kein Zeichen von Reue oder ein Schuldbekenntnis. Dazu hatte der Mann, der da niederkniete, nicht den geringsten Anlaß. Die Geste war ein Zeichen der Verantwortung und Gesamthaftung, die jeder übernehmen muß, der zu diesem Volk gehört. Und die Geste verdeutlichte genau die Lage der nachgeborenen Deutschen: Sie haben zu Reue und Schuldbekenntnissen sowenig Anlaß wie Willy Brandt. Sie haben beide, die junge Generation und Willy Brandt, unmittelbar mit den Verbrechen der Nationalsozialisten nichts zu tun. Aber mittelbar müssen sie beide die Verantwortung übernehmen für die Geschichte unseres Landes.

Verantwortung übernehmen heißt nicht unterwürfig sein. Es heißt ehrlich und wahrhaftig sein, nichts vertuschen, nichts beschönigen, nichts verdrängen. Gerade und nur wenn wir diese Verantwortung übernehmen, können wir aufrecht gehen. Dann gewinnen wir Freiheit für uns selbst und Ansehen in der Welt.

Der Streit um unsere Geschichte lieferte dafür ein neues Beispiel. Er hat in der Welt großes Aufsehen erregt, und wer die Reaktionen hat beobachten können, der weiß: diejenigen, die sich dem Verdacht aussetzen, abermals beschönigen und verdrängen zu wollen, haben dem Ansehen unseres Landes schweren Schaden zugefügt. Und wenn uns etwas genutzt hat, dann war es der Widerspruch, auf den sie gestoßen sind. Das sind die äußeren Folgen unseres Umgangs mit unserer Geschichte.

Im Inneren geht es noch um etwas anderes. Wir brauchen, ich wiederhole es, kein Geschichtsbild, in dem wir übereinstimmen, und schon gar nicht dasjenige, auf das uns die Konservativen verpflichten wollen. Jeder darf sich sein eigenes Bild machen. Was wir aber brauchen, ist der kritische, wahrhaftige und verantwortliche Umgang mit unserer Geschichte. Denn nur wer seine Vergangenheit und die Vergangenheit seines Volkes schonungslos betrachtet, wird von ihr frei. Er gewinnt dadurch eine Freiheit, auf die er sogar stolz sein kann. Der Nationalstolz des mündigen Bürgers besteht nicht darin, die Vergangenheit seiner Nation zu rühmen. Sein Stolz ist es vielmehr, sie kritisch zu betrachten.

Das macht ihn frei, und diese Freiheit macht ihn zukunftsfähig.

(1987)

# Nähe und Ferne der Hitlerzeit

*Die Frage, was denn die Zeitgenossen
wußten oder hätten wissen können,
ist falsch gestellt. Nicht darum geht es,
was sie wußten, sondern darum,
was sie wissen wollten.*

Die Hitlerzeit kommt uns näher, je ferner sie rückt. Das ist eine
Beobachtung, die wie ein Widerspruch erscheint und sich in
Wahrheit doch vielfach belegen läßt. Das Interesse nimmt nicht
ab, sondern zu. Die Zahl der Bücher, Filme, Diskussionen und
Ausstellungen steigt von Jahr zu Jahr. Was man je nach Einstellung warnend oder abschätzig die Hitler-Wellen genannt hat, bezeichnet in Wirklichkeit eine ständig sich verstärkende Vergegenwärtigung. Eine ganze Generation ist nachgewachsen, die die Hitlerzeit nicht mehr erlebt hat, und doch treibt keine Epoche unserer
Geschichte sie mehr um als diese. Wer mit Studenten zu tun hat,
erfährt das täglich. Am Schülerwettbewerb um den von Gustav
Heinemann 1973 gestifteten Preis des Bundespräsidenten beteiligten sich 1981, als das Thema »Alltag im Nationalsozialismus«
lautete, mehr Jugendliche als je zuvor. Über 13 000 Schüler reichten mehr als 2000 Arbeiten ein. Die Hitlerzeit entfernt sich nicht,
sie kommt näher.

War 1945 noch die Annahme verbreitet und vielleicht sogar
erlaubt, mit der Beseitigung der Schäden werde auch die Gegenwart jener zwölf Jahre auf die Seite geschafft werden können, so
erwies sich danach mehr und mehr, daß sie um so gegenwärtiger
wurde, je mehr der zeitliche Abstand zunahm. Was damals Wiederaufbau genannt wurde, konnte und sollte niemals die Wiederherstellung des früheren Zustands sein. Er hätte ohnehin nur Fas-

saden errichten können, hinter denen fast nichts so gewesen wäre
wie früher. In Wahrheit wurde schon insofern ein Neuaufbau
angestrebt, als wir unsere Städte ja nicht wie die Polen historisch
getreu rekonstruierten, sondern im Gegenteil viele erhaltene Reste
freiwillig und bewußt einebneten. Neues Leben sollte aus den
Ruinen erwachsen und tat es auch. Wer jedoch glaubte oder
hoffte, das neue Leben werde das alte verdrängen, sah sich ge-
täuscht.

Was damals Bewältigung der Vergangenheit genannt wurde,
war weithin Verdrängung. Man versuchte, die Last der Geschichte abzuschütteln, Besseres an die Stelle des Schlechten zu
setzen, um das Schlechte nicht mehr sehen zu müssen. Der Versuch aber, so emsig er zumal in den fünfziger Jahren betrieben
wurde, scheiterte. Je mehr die westdeutsche Gesellschaft ver-
drängte, um so bedrängender wurde ihr das, was sie verdrängen
wollte. Wir versuchten, uns von der Hitlerzeit zu entfernen, und
gerade dabei kam sie uns immer näher. Mit jedem Jahr drang sie
mehr in das öffentliche Bewußtsein ein. Die Hitlerzeit rückte nicht
ferner. Was wir auch taten, sie kam uns näher.

Die Nürnberger Prozesse enthüllten den Deutschen erstmals,
welche Verbrechen in ihrem Namen begangen worden waren.
Man mochte sich jedoch damit beruhigen, daß die ausländischen
Ankläger übertrieben und daß dies einäugige Justiz von Siegern
war, die sich auch mancherlei hatten zuschulden kommen lassen.
War nicht die Heimatvertreibung von zwölf Millionen Deutschen, begleitet zumal von schrecklichen Ausschreitungen, auch
ein ungeheuerliches Verbrechen? Die Bundesregierung ließ eine
vielbändige Dokumentation darüber erstellen. So notwendig, so
nüchtern, so anständig wie sie war, es folgte ihr eine Dokumentation deutscher Kriegsschäden, über erlittene, wohlgemerkt, nicht
über angerichtete, und so steckte in dieser Betriebsamkeit doch
wohl auch ein wenig Flucht vor der eigenen Verantwortung.

War nicht ferner der Widerstand gegen Hitler ein immerhin
mildernder Umstand? So tapfer und ehrenwert er gewesen war,

die Feiern zum 20. Juli gerieten zunehmend zum großen Alibi. Man war doch nicht nur für, sondern auch gegen das Regime gewesen. Man hatte nicht nur verfolgt, man war auch verfolgt worden. Verfolgung und Widerstand lautete die Formel, hinter der die Deutschen Schutz vor ihrer Vergangenheit suchten. Doch der Schutz war brüchig. Hinter den etwa 200 Toten des 20. Juli erschienen die elftausend kriegsgerichtlich oder standrechtlich hingerichteten deutschen Soldaten (in der amerikanischen Armee ist während des Zweiten Weltkrieges ein einziges Todesurteil vollstreckt worden), hinter ihnen die über drei Millionen in deutscher Gefangenschaft umgekommenen sowjetischen Soldaten, hinter ihnen die Polen, die Juden und alle die anderen.

Von vornherein scheiterte jeder Fluchtversuch vor dem Verbrechen an den Juden. Ihnen war ganz und gar willkürlich Unrecht geschehen. Die Bundesregierung fand sich zur Wiedergutmachung bereit. Adenauer und Ben Gurion reichten sich die Hand. Milliarden flossen in den Staat Israel. Entschädigungsgesetze wurden erlassen. Aber wieder zeigte sich, daß damit die Vergangenheit nicht ferner-, sondern näherrückte. Sechs Millionen war eine abstrakte Ziffer gewesen. Anders war der einzelne Fall, der nun in die deutschen Gerichtssäle und von dort in die Berichterstattung der Zeitungen drang. Erst damit wurde das Unrecht anschaulich. Es ging nicht mehr um Zahlen, sondern um Menschen, um einzelne Menschen in ihrer Not und Angst und Verfolgung. Doch sie hatten überlebt. Die Toten drangen noch immer weniger ins Bewußtsein.

Am wenigsten ist bis heute die Art der Tötung ins öffentliche Bewußtsein gedrungen. Gewiß sprach Theodor Heuss schon 1952 im Konzentrationslager Bergen–Belsen von der »Pedanterie des Mordens als schier automatischem Vorgang«. Gewiß kniete Willy Brandt 1970 vor dem Denkmal im Warschauer Getto nieder. Aber es blieb doch wahr, was Arthur Koestler schon 1953 geschrieben hatte: »Die volle Wahrheit ist in das Bewußtsein der Nation nicht eingedrungen und wird vermutlich niemals eindringen, weil sie einfach zu furchtbar ist, als daß man ihr offen ins Antlitz blicken könnte.«

So blieb es. Das Standardwerk über »Die Vernichtung der europäischen Juden« von Raul Hilberg erschien 1961 in Amerika und ist bis heute, mehr als zwanzig Jahre später, noch nicht in deutscher Übersetzung veröffentlicht. Doch die Ferne kommt auch hier näher. Für diesen Herbst ist eine deutsche Ausgabe angekündigt. Man muß es begrüßen. Denn die Deutschen stehen ein wenig da wie der Kaiser ohne Kleider. Die anderen wissen, was man selbst nicht wissen will.

Als Israels Ministerpräsident Begin vor einiger Zeit den deutschen Bundeskanzler beleidigend angriff und dabei die Ermordung seiner Familie durch Einsatzgruppen erwähnte, vermerkten deutsche Zeitungen erstaunt, er habe im hebräischen Text auf deutsch von »Einsatzgruppen« gesprochen. Den Journalisten war entgangen, daß »Einsatzgruppen« längst in allen Sprachen ein Lehnwort geworden ist wie »Kindergarten« im Englischen oder »Butterbrot« im Russischen. Nur im Deutschen scheint es zum Fremdwort geworden zu sein. Doch wir werden es lernen müssen, und wir werden es lernen.

Nur zweimal drang das Unheil in das Bewußtsein einer breiteren Öffentlichkeit. Das Tagebuch jenes Frankfurter Mädchens, das aus seiner Heimat erst vertrieben und dann zurückgeholt wurde, um in Bergen-Belsen zu sterben, erzielte 1955 binnen eines Jahres eine Auflage von fast hunderttausend Exemplaren und rührte die Deutschen tief. Doch »Das Tagebuch der Anne Frank« hatte eine bezeichnende und weithin unbekannte Vorgeschichte. Es war schon 1950 im Heidelberger Verlag Lambert Schneider erschienen und, in der Zeit der verdrängenden Bewältigung, fünf Jahre lang fast unbeachtet geblieben. Aber die Verdrängung war vergeblich gewesen. Was man von sich hatte fernhalten wollen, kam schließlich doch nahe.

Noch näher rückte die Vergangenheit, als im Januar 1979 der amerikanische Fernsehfilm »Holocaust« in der Bundesrepublik gesendet wurde. Wieder wurde gepflegte Unwissenheit erschüttert, und die Erschütterung war groß. Wie groß aber die Unwissenheit selbst bei denen war, die es gewiß besser hätten wissen wollen, enthüllte jener unbeachtet gebliebene Übersetzungsfehler, der bei der Synchronisierung unterlief und aus dem Vernichtungslager Bełzec das Konzentrationslager Belsen gemacht hatte.

Eine Kleinigkeit, wird man sagen und fragen: War nicht Belsen so schlimm wie Bełzec? Vielleicht, und doch steht eben Bełzec für die noch immer nicht ins Bewußtsein gedrungene Einzigartigkeit des Verbrechens. Wer Bełzec und Belsen nicht unterscheiden kann, macht mehr als einen Übersetzungsfehler. Es gab in jener Zeit, seit 1933, Konzentrationslager, in denen Menschen konzentriert, gequält, gefoltert, geschunden und getötet wurden, und es gab daneben seit 1942 Vernichtungslager, »Killing Centers«, wie Hilberg sie nennt, für Menschen gemachte Schlachthöfe, die aus nichts anderem bestanden als einem Bahnhof, der Gaskammer und einem Krematorium. Niemand außer dem Personal und einigen sogenannten »Arbeitsjuden« verweilte dort länger als ein paar Stunden. Man kam an, wurde selektioniert, entkleidet und getötet.

Die Welt kennt die Namen dieser Lager. Es waren vier, und die Namen lauten Bełzec, Chelmno, Sobibór und Treblinka, dazu Auschwitz und Majdanek, die zugleich Konzentrations- und Vernichtungslager waren. Nie zuvor in der Geschichte hat es derartige Schlachthäuser für Menschen gegeben. Ihre Namen sind mit unserer Geschichte, mit unserem Namen so verbunden wie Königgrätz oder Stalingrad, wie Versailles oder Weimar. Wir werden sie lernen müssen, und wir werden sie lernen.

Diese sechs Lager lagen allesamt auf erobertem polnischen Gebiet. Das ermöglicht die abgefeimte Kampagne der leider vielgelesenen *National-Zeitung,* es habe auf deutschem Gebiet keine Gaskammern gegeben, was nicht einmal ganz, aber doch größtenteils wahr ist. Und daher die unanständige Genugtuung

jener Schreiber, wenn einer diesen Tatbestand bestätigt. Aber die
Teilwahrheit ist nichts als Flucht vor der vollen Wahrheit. Sie ist
nur noch ein Rückzugsgefecht. Die Wahrheit wird auch denen
noch nahekommen, die sie von sich fernhalten.

Die Kenntnis der Wahrheit wird im übrigen nicht geschenkt, sie
wird erworben. Man weiß nur, was man wissen will. Dieser alte
Grundsatz gilt auch für die vielerörterte Frage, was denn die Zeitgenossen wußten oder hätten wissen können. Die Frage ist falsch
gestellt. Nicht darum geht es, was die Menschen wußten, sondern
darum, was sie wissen wollten. Was ich nicht weiß, sagt treffend
der Volksmund, macht mich nicht heiß. Das ist in einfacher Wendung dasselbe wie jener Grundsatz der Erkenntnistheorie, die
Wahrheit werde nicht geschenkt, sondern erworben. Er gilt für
die Gegenwart wie für die Vergangenheit, für die Nähe wie für die
Ferne. Auch geschichtliche Kenntnis wird niemandem geschenkt,
sie wird erworben.

Nun wird vernünftigerweise niemand erwarten, daß die Deutschen allesamt Historiker werden müssen. Sie müssen nicht alle
im einzelnen wissen, was geschehen ist, und für unsere Demokratie scheint es mir sogar, wie ich gelegentlich gesagt habe,
wichtiger, daß zumal die jungen Leute das Grundgesetz besser
kennen als die Untaten der Hitlerzeit. Nur, wer von unserer Geschichte überhaupt redet (und das tun ja die meisten von uns),
der muß wenigstens in den Grundzügen wissen, was war, er darf
es nicht verkennen oder gar verleugnen, und er muß wissen, daß
er wissen wollen muß, und dann wird es ihn vielleicht sogar frei
machen.

Vernünftigerweise erwartet auch niemand, daß die Deutschen
auf alle Zeit gramgebeugt und schuldbewußt im Büßerhemd um-
herlaufen. Sie und zumal die Jüngeren unter ihnen dürfen und
sollen aufrecht gehen. Ich für meinen Teil halte wenig von dem bei
uns verbreiteten Philosemitismus aus schlechtem Gewissen, weil
er doch in, zugegeben, etwas besserer Gestalt ein ebensolches
Kollektivurteil wie der Antisemitismus ist. Wir sollen die Juden

als Juden ebensowenig lieben wie hassen. Wir sollen sie als Menschen ansehen, die liebenswerten unter ihnen lieben, die verächtlichen verachten und, wenn wir es denn mit unserem Glauben vereinbaren können, die hassenswerten sogar hassen. Als ich vor Jahren mit jüdischen Freunden bei einem Kollegen eingeladen war, sagte er hinterher zu mir: Warum haben Sie mir nicht gesagt, daß sie Juden sind! Dann wäre ich doch viel netter zu ihnen gewesen. Indiskreterweise habe ich diese Äußerung meinen Freunden mitgeteilt, und wir verständigten uns auf das, was wir den nur graduellen Unterschied von Anti- und Philosemitismus nannten.

Frei und unverklemmt, das will ich sagen, dürfen wir also sein, aber nur dann, wenn wir nicht unwissend sind. Unfrei sind wir, solange wir der Wahrheit aus dem Wege gehen, und wir werden frei und dürfen es sein, wenn wir ihr offen ins Antlitz blicken, und das wiederum, ich sage es noch einmal, setzt voraus, daß wir uns um die Wahrheit bemühen.

Wie aber nähern wir uns jener Zeit, die sich nicht entfernen will? Wie gewinnen wir Zugang zu ihr? Vielleicht sollten wir in der Nähe anfangen. Vielleicht kann geschichtliche Erfahrung ebenso wie Nächstenliebe an der eigenen Haustür beginnen, so wie Geschichtsunterricht mit dem beginnt, was man früher Heimatkunde nannte. Die Schüler bei dem erwähnten Wettbewerb haben es uns vorgemacht. Sie haben die Vergangenheit in ihrer örtlichen Nähe aufgespürt und dabei die zeitliche Ferne besser überwunden als in vielen Schulstunden über die Strukturen der Sozialgeschichte. Sie haben dabei übrigens nicht nur Ermutigung erfahren. Wer Schmutz im eigenen Nest entdeckt, wird oft der Nestbeschmutzung bezichtigt. Ein Bürgermeister versperrte den Schülern das Stadtarchiv, und zwar unter Hinweis auf den Datenschutz. Datenschutz ist eine gute Sache, und Geschichte erforschen heißt nicht denunzieren, Historiker sind keine Staatsanwälte. Aber die Älteren sollen sich auch nicht hinter dem Datenschutz verschanzen.

Stadtgeschichte also ist ein guter Zugang, natürlich auch Dorfgeschichte. Selbstverständlich kann sie die allgemeine Geschichte nicht ersetzen. Stadt und Dorf sind immer einbezogen in die Geschichte des Staates. Der Nationalsozialismus zumal war keine kommunale Angelegenheit, und indem er die Selbstverwaltung der Gemeinden beseitigte, nahm er ihnen auch einen noch größeren Teil ihrer eigenen Geschichte. Aber auch wenn sie vom Staat ganz vereinnahmt worden sind, bleiben sie Schauplatz der Geschichte, und der Schauplatz der eigenen Stadt ist anschaulicher als der der Reichskanzlei. Er bleibt zugänglich und in der Nähe, auch wenn die Schauspieler, die Hauptdarsteller wie die Statisten, abgezogen sind und die Szene gewechselt hat.

Stadtgeschichte spiegelt die Ferne in der Nähe, die Haupt- und Staatsaktionen auf dem eigenen Markt, und insofern Geschichte von Menschen gemacht wird, kommt Geschichte auch aus den Städten und Dörfern. Jedenfalls wird sie dort erlebt, genossen oder erlitten. Sie wird sich dort nicht immer erklären, aber besser greifen lassen. Im übrigen bedarf die Stadtgeschichte keiner Rechtfertigung. Es hat sie immer gegeben, und es hieße Eulen nach Athen oder Maultaschen nach Stuttgart tragen, wenn einer den Athenern oder den Stuttgartern die Pflege ihrer Stadtgeschichte empfehlen wollte.

Trotzdem will ich noch einige Bemerkungen dazu machen. Stadtgeschichte sollte nach meinem Verständnis nicht von der Stadtverwaltung geschrieben werden. Stadtverwaltungen sollen verwalten und nicht Geschichte schreiben. Das ist nicht ihre Aufgabe, und wenn sie es trotzdem tun, geraten sie in Gefahr, dem Bürger vorzuschreiben, was er von der Geschichte seiner Stadt zu wissen und zu halten hat. Amtliche Geschichtsschreibung ist obrigkeitliche Geschichtsschreibung und birgt immer die Gefahr einer Einschränkung der Meinungsfreiheit. Auch ein Gemeinderat kann, schon wegen seiner vielfältigen Zusammensetzung, nicht Geschichte schreiben. Er kann beschließen, was sein soll. Er kann nicht beschließen, was war und wie es dargestellt werden soll. Geschichte ist nicht mehrheitsfähig.

Dies heißt aber andererseits auch, daß die Bürger die Stadtgeschichte pflegen müssen. Sie sollen sie nicht von der Stadtverwaltung erwarten, um sie dann kritisieren zu können. Sie sollen sie selbst in die Hand nehmen. Die Stadtverwaltung mag die Stadtgeschichte fördern und unterstützen. Schreiben müssen sie die Bürger. Mit anderen Worten: Stadtgeschichte muß frei sein, und sie ist es. Das Grundgesetz ist auch in dieser Hinsicht ein großes Angebot. Nur muß der Bürger auch Gebrauch davon machen. Wir haben viel Fortschritt gemacht im Gebrauch der Freiheit. Unsere Bürger ergreifen vielfach die Initiative, gegen Untertunnelungen und Straßenbau, für mehr Bäume und bessere Luft. Auch Stadtgeschichte ist kein Vorrecht der Obrigkeit. Sie ist frei und wartet auf die Initiative der Bürger. Es wäre gut, wenn sie von der Freiheit zur Stadtgeschichte, nicht zuletzt über die Hitlerzeit, vielfältigen Gebrauch machten.

Denn Vielfalt ist das Unterpfand der Freiheit. Eine Chronik ist besser als gar keine, aber zwei sind besser als eine. Eine Stadtgeschichte ist gut, aber zwei oder drei und vier sind besser. Wir haben ja auch nicht nur eine württembergische oder deutsche Geschichte, sondern viele, und doch erscheinen immer neue. Auch Stadtgeschichte ist ein weites Feld, auf dem tausend Blumen blühen können und sollen.

Geschichte ist die nie endende Vergegenwärtigung des Vergangenen. Das gilt von jeder Epoche, in besonderem Maße aber von der Hitlerzeit. Wenn ich oben erklärte, daß sie uns um so näher käme, je weiter sie in die Vergangenheit rückte, dann meinte ich damit auch, daß wir sie uns vergegenwärtigen müssen, um uns von ihrem Bann zu lösen. Verdrängung führt früher oder später zu Bedrängung. Die Hitlerzeit ist nicht zuletzt deswegen von so bedrängender Nähe, weil wir sie in die Ferne abdrängen wollten. Sie entfernt sich nur dann, wenn wir uns ihr nähern.

(1982)

# Krieg und Frieden im 20. Jahrhundert

## Historische Betrachtungen zur Friedenssicherung

> *Die Staaten müssen ihre Abhängigkeit*
> *voneinander bewußt und planmäßig*
> *so steigern und so erweitern, daß sie*
> *Kriege nicht mehr führen können.*

Am 10. Dezember 1929, ziemlich genau in der Mitte zwischen dem Ende des Ersten und dem Beginn des Zweiten Weltkrieges, erhielt der ehemalige amerikanische Außenminister Frank B. Kellogg in Oslo den Friedensnobelpreis. Er wurde geehrt wegen des nach ihm und dem französischen Außenminister Aristide Briand, der zusammen mit seinem deutschen Kollegen Gustav Stresemann schon 1926 den Friedensnobelpreis empfangen hatte, benannten Vertrages über die Ächtung des Krieges, der am 27. August 1928 in Paris unterzeichnet worden war und dem schließlich bis auf Argentinien, Bolivien, Jemen, El Salvador und Uruguay alle Staaten der Welt beitraten.

Der Vertrag sah in zwei knappen Artikeln vor, daß die Unterzeichnerstaaten auf den Krieg als Mittel der Politik in ihren Beziehungen miteinander verzichteten und darin übereinstimmten, die Lösung aller möglichen Streitigkeiten und Konflikte nur noch mit friedlichen Mitteln zu suchen.

Kellogg war nicht der Urheber des schönen Gedankens. Es war vielmehr Briand gewesen, der am 6. April 1927 aus Anlaß des zehnten Jahrestages des amerikanischen Eintritts in den Ersten Weltkrieg in einer Botschaft an das amerikanische Volk vorgeschlagen hatte, den Krieg im Verhältnis zwischen Frankreich und den Vereinigten Staaten zu ächten. Das war schon in sich ein seltsamer Vorschlag. Denn unter den vielen Spannungsfeldern jener Zeit lag ein französisch-amerikanischer Krieg nicht im Bereich der Wahrscheinlichkeit.

In der Tat hatte Briand denn auch ganz andere Hintergedanken. Das amerikanisch-französische Verhältnis war belastet. Der amerikanische Senat hatte die Ratifizierung des am 28. Juni 1919 in Versailles unterzeichneten Friedensvertrages mit Deutschland verweigert. Damit hatte Amerika auch den Beitritt zum Völkerbund verweigert, dessen Satzung Bestandteil des Versailler Vertrages war. Vor allem aber hatte Amerika damit die von Präsident Wilson gegebene Zusage zurückgenommen, Frankreich gegen einen unprovozierten deutschen Angriff sofort zu Hilfe zu kommen, und das hatte Frankreich besonders erbittert, weil es nur unter der Bedingung dieser Sicherheitsgarantie auf andere Sicherungen im Friedensvertrag verzichtet hatte. Frankreich fühlte sich von dem isolationistischen Amerika im Stich gelassen.

Hinzu kamen andere Belastungen. Amerika bestand auf der Rückzahlung der Anleihen, die es Frankreich während des Krieges gewährt hatte, und die Verhandlungen darüber steigerten die französische Erbitterung. Die Spannung war gestiegen, als Frankreich soeben die Teilnahme an einer von Amerika vorgeschlagenen Abrüstungskonferenz in Genf abgelehnt hatte. Es waren diese Sorgen gewesen, die Briand im Kopf hatte, als er seinen Vorschlag machte. Er wollte die Vereinigten Staaten an der Seite Frankreichs engagieren.

Genau das aber wollte die amerikanische Regierung nicht. Sie war keineswegs bereit, eine solche Verpflichtung einzugehen, die auf ein Militärbündnis mit umgekehrtem Vorzeichen hinauslief. Der Vorschlag Briands versetzte sie in um so größere Verlegenheit, als er ohne vorherige diplomatische Fühlungnahme sogleich in die Öffentlichkeit getragen worden war und dort viel Beifall fand. Es gab nämlich in Amerika eine starke Friedensbewegung, die in der Tat den Gedanken an Briand herangetragen hatte und nun wortreich für ihn warb. Briand hatte die amerika-

nische Regierung in die Enge getrieben und einen Vorschlag gemacht, den sie weder annehmen noch ablehnen konnte.

Unter diesen Umständen ließ sich Außenminister Kellogg viel
Zeit mit der Antwort und schlug dann vor, nicht einen zweiseiti-
gen Vertrag zu schließen, sondern alle Staaten zu einem Verzicht
auf den Krieg zu verpflichten. Davon versprach er sich, zumal im
Wahljahr 1928, einen günstigen Eindruck auf die amerikanische
Öffentlichkeit und vermied zugleich, sein Land allzu eng an einen
europäischen Staat zu binden.

Briand erkannte wohl, daß seinem Vorschlag damit eine Beer-
digung erster Klasse bereitet werden sollte. Aber nun war er seinerseits in die Enge getrieben und sah sich einem Vorschlag gegenüber, den er nicht annehmen wollte, aber auch nicht ablehnen
konnte. Ein allgemeiner Kriegsverzicht war überhaupt nicht nach
seinem Geschmack, denn er warf die Frage auf, ob Frankreich sich
danach noch verteidigen durfte und Sanktionen des Völkerbundes noch zulässig sein würden.

Doch nun konnte Briand nicht mehr widersprechen, und so
kam es am 27. August 1928 zur Unterzeichnung des Vertrages,
der nach seinen beiden widerwilligen Urhebern benannt wurde.
Gewiß waren die Staaten noch nie so weit in der völkerrechtlichen
Verurteilung des Krieges gegangen. Aber kein nüchterner Staatsmann hegte Illusionen darüber, daß hier nur eine große Geste
gemacht worden war, die zudem aus einer diplomatischen Groteske hervorging und in den amerikanisch-französischen Beziehungen zu einer ganz überflüssigen zusätzlichen Verärgerung
führte.

Ich habe die Vorgeschichte des Briand-Kellogg-Paktes in einiger Ausführlichkeit erzählt, weil sie einen guten Einstieg in historische Betrachtungen zur Friedenssicherung im 20. Jahrhundert
ermöglicht. Nicht daß ich sie lächerlich machen wollte! Aber es
steht fest, daß der schöne Pakt, den Carlo Schmid in einer Vorle-
sung über Völkerrecht einmal »völkerrechtliche Lyrik« nannte,
den größten Krieg in der Geschichte der Menschheit nicht verhin-

dert hat. Er hat in der Vorgeschichte des Zweiten Weltkrieges nicht einmal eine Rolle gespielt.

Das tat er erst danach und, soweit ich sehe, nur ein einziges Mal, als sich nämlich die Anklageschrift des Internationalen Militärgerichtshofes in Nürnberg vom 18. Oktober 1945 darauf berief und vortrug, Deutschland habe unter Verletzung des Kellogg-Briand-Paktes nicht weniger als zehn Staaten militärisch angegriffen. Doch da der Pakt keine Sanktionen vorsah, war die Berufung auf ihn durchaus fragwürdig.

Indessen sollen hier keine völkerrechtlichen Betrachtungen angestellt werden und auch keine moralischen über das Versagen der Menschen, sondern, wie der Untertitel mit Bedacht hervorhebt, historische, und dann muß die Frage im Vordergrund stehen, warum die Friedenssicherung in der ersten Hälfte unseres Jahrhunderts mißlang und in der zweiten zumindest prekär blieb.

Eine Antwort auf die Frage nach den Ursachen des Scheiterns der Friedenssicherung scheint der einzige Beitrag zu sein, den ein Historiker in diesem Bereich zu leisten vermag. Aber wenn es ihm gelingt, diese Ursachen begreiflich zu machen, leistet er damit vielleicht doch einen indirekten Beitrag zur Friedenssicherung selbst, indem er deren Voraussetzungen aufdeckt.

Der Reiz besteht dabei darin, daß es sich um eine Frage handelt, die der Historiker normalerweise nicht stellt. Normalerweise untersucht er nicht, warum etwas, nämlich die Sicherung des Friedens, nicht eingetreten ist, sondern er untersucht, warum etwas eingetreten ist, in unserem Falle das Gegenteil des Friedens, der Krieg. Der Reiz für einen Historiker besteht also darin, daß er seine normale Fragestellung gewissermaßen umkehrt und in der Geschichte nicht die Ereignisse, sondern die verpaßten Möglichkeiten untersucht.

Ich wähle für diese Untersuchung zunächst die Vorgeschichte des Zweiten Weltkrieges, weil er der bedeutendste in unserem Jahrhundert war und weil ich ihn gründlicher als andere Kriege studiert habe, und frage also: Warum konnte er nicht vermieden werden?

Darauf scheint es zunächst eine einfache Antwort zu geben, und sie lautet: Weil Hitler ihn nicht vermeiden *wollte* und weil seine Stellung in Deutschland ihm gestattete, seinen Willen durchzusetzen. Die Aussage, die in dieser Antwort enthalten ist, ist über allen Zweifel gesichert, und ich will sie nur deswegen noch einmal vortragen, weil sie gleichwohl immer noch bestritten oder in Frage gestellt wird: Hitler wollte den Krieg, und insbesondere seine beiden Kriege gegen Polen und gegen die Sowjetunion hatten kein Element von Präventivkrieg in sich.

Gerade am Rande des Historikerstreits des Jahres 1986 ist von verantwortlichen oder besser unverantwortlichen Meinungsführern in unserem Lande die Präventivkriegsthese vorgetragen oder doch insinuiert worden, und zwar mit dem Argument, Stalin habe Kriegsvorbereitungen getroffen. Selbst wenn dies zutreffen sollte, kann es offensichtlich nicht belegen, daß Hitler einen Präventivkrieg führte. Denn dabei kommt es allein darauf an, ob Hitler einem vermuteten Angriff zuvorkam. Stalins Absichten sind dabei ganz unerheblich, solange sie, was zweifellos nachgewiesen ist, Hitler nicht motivierten, und wer trotzdem Stalins vermutete Absichten anführt, um Hitlers Krieg als präventiven hinzustellen, verstößt sowohl gegen die Gesetze der Logik wie gegen die Ergebnisse der Forschung und damit gegen die Regeln verantwortlicher Meinungsäußerung.

Aber die Aussage, daß Hitler unprovoziert Krieg eröffnete, ist natürlich keine befriedigende Antwort auf die Frage, warum der Krieg nicht vermieden werden konnte. Denn die Sicherung des Friedens obliegt ja nicht denen, die Krieg wollen, sondern denen, die den Frieden sichern wollen. Die Frage muß also an die anderen gerichtet werden und lauten, warum sie Hitler nicht daran gehindert haben oder hindern konnten, seinen Willen zum Krieg durchzusetzen.

Darauf gibt es grundsätzlich zwei Antworten, und sie sind für jede Erörterung von Friedenssicherung von hoher Bedeutung. Die eine Antwort lautet: Weil sie den Krieg nicht verhindern wollten. Wer das nicht will und einen zum Krieg Entschlossenen gewähren läßt, kann in den meisten Fällen, zumindest für sich selbst, den Krieg verhindern. Das ist die Antwort der absoluten Pazifisten. Sie wollen unter keinen Umständen Krieg führen und verhindern ihn dadurch, daß sie sich nicht einmal dann verteidigen, wenn sie angegriffen werden. Allerdings riskieren sie dabei, und zwar bewußt, das Opfer eines Angreifers zu werden. Der absolute Pazifismus verhindert, genauer gesagt, nicht den Angriffskrieg, sondern lediglich die Verteidigung gegen ihn.

Während es auch in der Zeit vor dem Zweiten Weltkrieg in verschiedenen Ländern derart absolute Pazifisten gab, erlangten sie doch keinen Einfluß auf die Regierungen der Staaten. Alle Staaten waren entschlossen und trafen entsprechende Vorbereitungen, sich gegen einen Angriff zu verteidigen. Die meisten von ihnen hofften, auf diese Weise den Krieg verhindern zu können. Das ist die andere grundsätzliche Antwort, und aus ihr ergibt sich die entsprechende Frage, warum sie den Krieg nicht verhindern konnten.

Hier sind nun wiederum zwei Fälle der Eröffnung eines Krieges zu unterscheiden: der *Ausbruch* und die *Entfesselung,* mit anderen Worten, das ungeplante Eintreten oder die geplante Herbeiführung des Kriegszustandes. Da es sich beim Zweiten Weltkrieg um letzteren Fall handelt, wollen wir ihn zuerst behandeln. Wir sagen also, daß Hitler den Krieg geplant herbeiführte, und fragen, warum er daran nicht gehindert wurde.

Auf diese Frage gibt es natürlich keine einfache Antwort. Trotzdem will ich versuchen, nach gründlicher Untersuchung, ohne sie hier im einzelnen vorführen zu können, aus dem Wust der diplomatischen Verhandlungen diejenigen Elemente herauszulösen, die eine verhältnismäßig einfache Antwort ermöglichen.

Sie lautet: Die Westmächte, Britannien und Frankreich, versuchten zweimal, Hitler an der Entfesselung eines Krieges zu hindern, und zwar einmal im Jahre 1938 durch Entgegenkommen und das andere Mal im Jahre 1939 durch Abschreckung. Der erste Versuch gelang, der zweite mißlang.

Im Jahre 1938 beabsichtigte Hitler einen Krieg gegen die Tschechoslowakei. Die Westmächte antworteten darauf, indem sie Hitler entgegenkamen und auf der Münchner Konferenz vom 29. September 1938 die sudetendeutschen Gebiete der Tschechoslowakei auf Deutschland übertrugen. Hitler akzeptierte das Entgegenkommen und ließ von seiner Absicht ab, den Krieg zu eröffnen.

Im Jahre 1939 beabsichtigte Hitler einen Krieg gegen Polen. Die Westmächte antworteten darauf mit einer Garantieerklärung für Polen, das heißt, sie erklärten, im Falle einer Kriegseröffnung gegen Polen ihrerseits den Krieg gegen Deutschland zu eröffnen. Hitler akzeptierte diese Abschreckung nicht. Er eröffnete am 1. September 1939 den Krieg gegen Polen, und daraufhin eröffneten die Westmächte am 3. September 1939 den Krieg gegen Deutschland. So mißlang, in den einfachsten Worten ausgedrückt, die Verhinderung des Zweiten Weltkrieges.

Wenn man nun fragt, warum die versuchte Abschreckung ihre beabsichtigte Wirkung nicht erzielte, so muß die Antwort wohl lauten: weil sie nicht glaubhaft war. Hitler schloß zwar keineswegs aus, daß die Westmächte ihre Garantie vollziehen und den Krieg erklären würden. Aber er argumentierte in seiner Ansprache vor der Wehrmachtführung vom 22. August 1939 und glaubte wohl wirklich, daß sie zu einer erfolgreichen Führung des Krieges nicht in der Lage seien. Eine Blockade werde unwirksam, ein Angriff auf Westdeutschland unmöglich sein. »Wir werden den Westen halten«, sagte Hitler, »bis wir Polen erobert haben.« Danach würden die Westmächte nachgeben, denn England wolle einen langen Krieg nicht führen.

Wenn man sagt, daß die versuchte Abschreckung mißlang, weil sie nicht glaubhaft war, dann könnte man nachträglich und hypothetisch fragen, was hätte getan werden müssen, um sie glaubhaft zu machen. Auf diese Frage sind verschiedene Antworten möglich. Hitler argumentierte, die britische Aufrüstung sei ungenügend. Daraus könnte man folgern, daß die Westmächte stärker hätten aufrüsten müssen, um ihre Abschreckung glaubhaft zu machen. Hitler argumentierte ferner, daß Deutschland durch den Nichtangriffsvertrag mit der Sowjetunion vor einem Zweifrontenkrieg geschützt sei. Daraus könnte man folgern, daß die Abschreckung hätte umfassender sein müssen, um glaubhaft zu sein. Dies wäre möglicherweise der Fall gewesen, wenn sich die Sowjetunion der britisch-französischen Garantie angeschlossen hätte.

Ich will jetzt nicht erörtern, warum die Westmächte nicht stärker aufrüsteten oder warum die Sowjetunion sich der Garantie der Westmächte nicht anschloß. Auf diese Fragen kann der Historiker zwar durchaus plausible Antworten geben. Aber sie erklären nur, wie es zum Kriege kam, während unsere Frage doch ist, wie er hätte verhindert werden können.

Auf diese Frage kann ich nach langer Prüfung nur die Antwort geben, daß es unmöglich ist, die Eröffnung eines Krieges zu verhindern, wenn ein Staat entschlossen und in der Lage ist, einen Krieg zu eröffnen. In einer solchen Lage gibt es nur die eine Lösung, den Krieg mit Krieg zu beantworten und den Kriegstreiber mit Gewalt zu zwingen, den Krieg zu beenden. Das ist in der Tat die Geschichte des Zweiten Weltkrieges. Aber sie ist keine Antwort darauf, wie der Friede hätte gesichert und der Krieg hätte verhindert werden können.

Dazu hätte einerseits der Entschluß zum Kriege verhindert werden müssen. Aber daran kann kein Staat einen anderen hindern. Dies ist, mit anderen Worten, keine zwischenstaatliche, sondern eine innerstaatliche Möglichkeit. Nur die Bedingungen in Deutschland hätten Hitler daran hindern können, den Entschluß zum Krieg mit Aussicht auf Erfolg zu fassen.

Andererseits hätte man Deutschland nicht in die Lage kommen lassen dürfen, einen Krieg zu eröffnen. Aber dies ist aus zwei Gründen eine sehr theoretische Aussage, aus der praktische Folgerungen für eine Friedenssicherung kaum abgeleitet werden können. Denn wie hätte man verhindern können, Deutschland in diese Lage kommen zu lassen?

Erstens durch einen Krieg zu einem früheren Zeitpunkt. 1934 oder 1936 hätte Deutschland wohl mit geringerem Aufwand besiegt werden können als später. Aber Friedenssicherung will ja gerade Krieg verhindern, und zwar sowohl einen kurzen wie einen langen Krieg.

Zweitens hätte man Deutschland die Mittel vorenthalten müssen, einen Krieg zu eröffnen. Aber das erfordert ein Maß an Einmischung in die inneren Angelegenheiten eines Staates, das im Frieden kaum möglich ist. Außerdem ist nicht zweifelsfrei erkennbar, ob ein Staat zum Krieg entschlossen ist. Die Antwort wäre auch dann nur ein Präventivkrieg. Aber Friedenssicherung will den Krieg verhindern, und zwar auch den präventiven.

Man könnte noch ein weiteres Argument hinzufügen und sagen, daß Deutschland zwar in der Lage war, den Krieg zu eröffnen, aber nicht, ihn zu gewinnen. Das beweist nachträglich der Verlauf des Zweiten Weltkrieges. Das erkannte schon im voraus der Generalstabschef Beck, als er in einer Denkschrift vom 16. Juli 1938 argumentierte, ein Krieg gegen die Tschechoslowakei werde zum Eingreifen Frankreichs und Englands, also »zu einem europäischen oder einem Weltkrieg führen«, und ein solcher werde »nach menschlicher Voraussicht mit einer nicht nur militärischen, sondern auch allgemeinen Katastrophe für Deutschland endigen«.

Aber ein zum Krieg Entschlossener kann nicht einmal mit dem Argument, er sei nicht in der Lage, den Krieg zu gewinnen, davon abgehalten werden, ihn zu eröffnen. Auch dieses Mittel der Friedenssicherung, an die eigenen Interessen zu appellieren, versagte. Friedenssicherung muß damit rechnen, daß ein Kriegstreiber seine eigenen Interessen verkennt oder mißachtet. Gegen Verrückte ist ein Appell an die Vernunft wirkungslos.

Alle diese historischen Betrachtungen führen zu der pessimistischen Erkenntnis, daß Friedenssicherung gegenüber einem Kriegstreiber unmöglich ist. Er kann von der Eröffnung eines Krieges nicht abgehalten, sondern lediglich mit kriegerischen Mitteln zu dessen Beendigung gezwungen werden.

Glücklicherweise ist ein Fall wie derjenige Hitlers sehr selten. Hitler hatte nicht nur bestimmte Ziele, von denen er glaubte, sie nur mit Krieg erreichen zu können. Er machte auch gar nicht erst den Versuch, sie mit anderen Mitteln zu erreichen.

Sein erstes Ziel im Jahre 1938 war eben nicht, die sudetendeutschen Gebiete der Tschechoslowakei zu gewinnen, sondern den Krieg zu eröffnen. Desgleichen eröffnete er 1941 den Krieg gegen die Sowjetunion, ohne vorher den geringsten Versuch zu machen, seine Ziele mit anderen Mitteln zu erreichen. Das erklärt wohl, warum der Krieg die sowjetische Führung so unvorbereitet traf. Sie hatte offenbar erwartet, daß Deutschland zunächst Forderungen, möglicherweise in ultimativer Form, erheben und erst nach deren Ablehnung den Krieg eröffnen würde. So hatte sie selbst es im Jahre 1939 mit Finnland gemacht, und so erwartete sie es auch von Deutschland.

Die Erwartung war nicht unvernünftig, und vielleicht kann man sagen, daß Staaten in der Regel erst ihre Ansprüche anmelden und nur dann, wenn sie sie auf andere Weise nicht erreichen können, das Risiko eines Krieges auf sich nehmen. Da dieser Fall sehr viel häufiger ist, sollen sich unsere nächsten historischen Betrachtungen zur Friedenssicherung auf ihn erstrecken, und ich wähle wieder ein Beispiel aus der Geschichte des Zweiten Weltkrieges, nämlich das japanische.

Japan eröffnete den Krieg am 7. Dezember 1941 mit einem Angriff auf die amerikanische Flotte in Pearl Harbor. Aber es hatte das ganze Jahr hindurch oder noch länger mit der amerikanischen Regierung über seine Ziele verhandelt und sich erst zum Krieg entschlossen, als es sie mit anderen Mitteln nicht mehr erreichen zu können glaubte.

Um zu erklären, warum die Friedenssicherung in diesem Falle mißlang, müssen zunächst die Ziele Japans ermittelt werden. Sie können umschrieben werden als Sicherung des japanischen Besitzes auf dem chinesischen Festland, insonderheit in der Mandschurei, den Japan seit dem 19. Jahrhundert erworben hatte.

Die Anerkennung dieses Besitzes wurde von China seit der Revolution von 1911 bestritten. Um China zur Anerkennung zu zwingen, hatte Japan 1931 die Mandschurei annektiert, 1937 den Krieg gegen China eröffnet und war weit in das Land vorgedrungen, 1940 auch nach Französisch-Indochina.

Zu diesem Zeitpunkt griffen die Vereinigten Staaten ein und verhängten verschiedene Maßnahmen gegen Japan mit dem Ziel, Japan an einem weiteren Vordringen zu hindern. Die amerikanischen Maßnahmen liefen am Ende darauf hinaus, Japan überhaupt zum Rückzug vom chinesischen Festland zu zwingen.

Jetzt müssen wir fragen, warum die Vereinigten Staaten diesen Druck auf Japan ausübten und warum Japan schließlich darauf mit der Kriegseröffnung antwortete.

Die einfache Antwort auf die erste Frage lautet: Weil die Vereinigten Staaten es als ihr Interesse definierten, China vor einer Beherrschung durch Japan zu bewahren. Das war eine Fortsetzung der schon 1898 definierten *Open Door Policy*. Der chinesische Markt sollte allen Staaten offenstehen und nicht von einem einzelnen Staat wie Japan genutzt werden können.

Wenn dieser Grundsatz schon seit 1898 galt, ist zu fragen, warum Amerika im Jahre 1940 Druck ausübte, um ihm Geltung zu verschaffen. Die Antwort auf diese Frage lautet: Weil Deutschland und Italien in Europa einen ähnlichen Versuch unternahmen wie Japan in Ostasien. Deutschland hatte die Tschechoslowakei, Polen, Dänemark, Norwegen, die Niederlande, Belgien, Luxemburg und Frankreich erobert, Italien Äthiopien und Albanien.

Deutschland schien Europa, Italien das Gebiet um das Mittelmeer und Japan Ostasien seiner Herrschaft unterwerfen zu wollen, und so wie Britannien es nicht hinnehmen zu können glaubte, vom europäischen Markt und aus dem Mittelmeer verdrängt zu werden, so Amerika nicht vom ostasiatischen Markt.

Das heißt: Es waren die Ereignisse in Europa, die Amerika veranlaßten, seinem alten Anspruch auf einen ungeteilten Weltmarkt im Jahre 1940 mit verschärftem Druck Geltung zu verschaffen. In dem Anspruch stimmte Amerika mit Britannien überein und sah eine besondere Gefahr darin, daß die britischen Inseln dem deutschen Herrschaftsbereich einverleibt werden könnten.

Die Ereignisse in Europa hatten noch eine weitere Auswirkung auf die amerikanische Politik. Britannien hatte 1938 versucht, den Frieden in Europa durch Entgegenkommen zu sichern. Dieser Versuch hatte den Krieg nicht verhindert. Daraus zog Roosevelt den Schluß, einen entsprechenden Versuch in Asien für verhängnisvoll zu halten. »No Munich in Asia«, war seine Devise. Deswegen ging er sofort zur Politik der Abschreckung über und übte verschärften Druck auf Japan aus.

Aber auch Japan handelte unter dem Eindruck der Ereignisse in Europa. Es eröffnete den Krieg gegen Amerika erst, nachdem es sich versichert hatte, daß auch Deutschland und Italien Amerika den Krieg erklären würden, was sie bekanntlich vier Tage nach dem Angriff auf Amerika auch taten. Amerika würde also in einen Krieg sowohl in Asien wie in Europa verwickelt werden, und das steigerte die Zuversicht Japans, seine Ziele durchsetzen zu können.

Es war also die Interdependenz der Ereignisse in Asien und in Europa, die die Friedenssicherung in Asien mißlingen ließ. Das bestätigt eine Einsicht, die der Historiker auch sonst machen kann: Es ist selten ein Faktor allein, der ein wichtiges Ereignis verursacht. Ursächlich wird vielmehr die Koinzidenz, das mehr oder weniger zufällige Zusammentreffen von mehreren Faktoren, die unabhängig voneinander auftreten.

Das mag als eine allgemeine Lehre für Strategien der Friedenssicherung gelten können. Selten führt ein Faktor allein zu einem Krieg. Das ist nur dann der Fall, wenn ein Staat wie Hitlerdeutschland unter allen Umständen zum Kriege entschlossen ist. Häufiger ist der Fall der Koinzidenz von mehreren, unabhängig voneinander auftretenden Faktoren, wenn ein Staat wie Japan seine Ziele mit kriegerischen Mitteln durchsetzen zu können glaubt, weil seine Gegner in einen anderen Krieg verwickelt sind oder verwikkelt werden können und deswegen schwächer erscheinen, als sie ohne diese zweite Verwicklung wären.

Zur Friedenssicherung und ihrem Scheitern am Vorabend des Zweiten Weltkrieges ist nun aber ferner zu berücksichtigen, daß für Britannien und Amerika der Friede nicht die oberste Priorität war. Sie hatten Ziele – Britannien das Gleichgewicht der Mächte auf dem europäischen Festland, Amerika die »Offene Tür« auf dem chinesischen Festland, was man als das Ziel eines ungeteilten Weltmarktes zusammenfassen kann –, die sie zwar möglichst mit friedlichen, nötigenfalls aber auch mit kriegerischen Mitteln durchzusetzen bereit waren. Sie wollten zwar nicht den Krieg. Aber sie schlossen dieses Risiko auch nicht ganz aus, und zwar nicht nur für den Fall eines Angriffs auf ihr Territorium, sondern auch für den Fall, daß sie die Ziele, die sie für lebenswichtig hielten, mit anderen Mitteln nicht durchsetzen konnten.

Wäre der Friede die oberste Priorität für Britannien gewesen, hätte es Hitlerdeutschland in Polen einmarschieren lassen müssen. Weil aber die oberste Priorität nicht der Friede, sondern die Wahrung der eigenen Interessen war, erklärte es Deutschland den Krieg.

Das gleiche gilt für die Vereinigten Staaten. Wäre der Friede ihre oberste Priorität gewesen, hätte es Japan weiter nach China vordringen lassen müssen. Weil aber auch hier die Wahrung der eigenen Interessen eine höhere Priorität als der Friede hatte, übte Amerika Druck auf Japan aus und übernahm damit bewußt das Risiko, daß Japan einen Krieg eröffnete.

Wenn wir nun noch ein paar historische Betrachtungen zur Friedenssicherung in der Zeit nach 1945 anstellen wollen, so ist zunächst zu sagen, daß sich an dem eben geschilderten Grundsatz grundsätzlich nichts geändert hat. Die Großmächte handelten auch nach 1945 nach dem Grundsatz, daß nicht der Friede, sondern die Wahrung ihrer lebenswichtigen Interessen ihre oberste Priorität war.

Das wichtigste Mittel der Friedenssicherung blieb die Abschreckung. Ob es jedoch als Ursache dafür angesehen werden kann, daß es bisher in der zweiten Hälfte des Jahrhunderts zu Kriegen zwischen den Großmächten nicht kam, erscheint durchaus fraglich. Es ist nämlich nahezu unmöglich zu erklären, warum etwas nicht eintrat.

Wahr ist natürlich, daß die neuen nuklearen Waffen das Risiko eines Krieges noch einmal beträchtlich erhöhten. Ob sie aber den Frieden gesichert haben und sichern werden, ist keineswegs sicher.

Denkbar ist auch, daß die Großmächte andere Mittel zur Wahrung ihrer lebenswichtigen Interessen gefunden hatten. Dazu mag insbesondere die verhältnismäßig sehr klare Abgrenzung ihrer Herrschafts- und Einflußbereiche gehören. Während es in den dreißiger und vierziger Jahren nicht eindeutig klar war, ob die Grenze der britisch-französischen Hinnahmebereitschaft in Österreich, in der Tschechoslowakei oder in Polen lag oder die der amerikanischen in China oder in Französisch-Indochina, war es seit 1945 ganz klar, daß etwa ein sowjetischer Zugriff auf die Westsektoren von Berlin oder ein westlicher auf einen Teil des Ostblocks Krieg bedeuten würde.

Das mag dazu geführt haben, daß die Spannungen um Berlin 1948 und 1959 oder die in Ungarn 1956 und in der Tschechoslowakei 1968 ohne Krieg gelöst werden konnten. Das mag auch erklären, warum die Kriegsgefahr um so höher stieg, je unklarer die Abgrenzung war. Dazu kann auf Korea, Vietnam, Kuba und Afghanistan verwiesen werden. Daneben kann man Bereiche wie den Mittleren Osten und Afrika erkennen, in denen die Großmächte zwar Interessen haben, aber keine, die sie als lebenswichtig empfinden.

Während Kriege zwischen den Großmächten unterblieben, gab es sie in großer Zahl zwischen Nichtgroßmächten und auch zwischen einer Großmacht und Nichtgroßmächten wie zuletzt zwischen Britannien und Argentinien. Der Historiker ist hier jedoch wegen der sehr unterschiedlichen Ursachen und Anlässe und auch mangels zuverlässiger Untersuchungen zu verallgemeinernden Schlußfolgerungen nicht in der Lage.

Er kann nur sagen, daß der Friede jedenfalls insofern nicht sicherer geworden ist, als einige Staaten noch immer im Kriege ein erfolgversprechendes Mittel zur Durchsetzung ihrer Interessen erblicken, und er kann allenfalls fragen, warum diese Kriege sich nicht zu Kriegen zwischen Großmächten ausweiteten.

Prognosen gehören nicht zu den beruflichen Aufgaben des Historikers. Aber einige seiner Beobachtungen können so verallgemeinert werden, daß sie fast die Aussagekraft einer Prognose erlangen. Während die Bildung des Deutschen Bundes von 1815 den Krieg seiner Mitglieder von 1866 nicht verhinderte, machte die Bildung des Deutschen Reiches von 1871 einen Krieg zwischen seinen Mitgliedern unmöglich. Während die Bildung des Völkerbundes von 1919 den Zweiten Weltkrieg nicht verhinderte, macht die Bildung der Europäischen Gemeinschaft von 1958 einen Krieg zwischen ihren Mitgliedern mit an Sicherheit grenzender Wahrscheinlichkeit unmöglich. Daraus könnte die Prognose abgeleitet werden, daß hochgradige Integration von Staaten ein zuverlässiges Mittel der Friedenssicherung ist.

Freilich hat die hochgradige Integration der Schweiz von 1815 den Sonderbundskrieg von 1847 ebensowenig verhindert wie die hochgradige Integration der Vereinigten Staaten von 1789 den amerikanischen Bürgerkrieg von 1861. Es scheint gleichwohl eine vernünftige Prognose, daß integrierte Staaten untereinander kaum noch Krieg führen können.

Die Bildung der Organisation der Vereinten Nationen von 1945 hat Kriege zwischen ihren Mitgliedern nicht verhindert. So unbestreitbar diese Aussage ist, so kann ihr doch durchaus

die genau gegenteilige Aussage entgegengesetzt werden, daß die
UNO Kriege zwischen ihren Mitgliedern sehr wohl verhindert
hat, wenn auch nicht alle, so doch einige, deren Zahl man nicht
kennen kann.

So behält die historische Prognose ihre Aussagekraft, daß
Kriege um so mehr verhindert werden können, je höher die Integration der Staaten ist.

Zu besonderer Skepsis führen alle historischen Betrachtungen
von Nichtangriffsverträgen und von Rüstungsbeschränkungen.
Der Historiker kann viele Fälle nennen, in denen derlei Vereinbarungen Kriege nicht nur nicht verhindert, sondern sie geradezu
gefördert haben, wenn sie nicht überhaupt ihrer Vorbereitung
dienten.

Das kann natürlich keineswegs heißen, daß der Historiker von
solchen Maßnahmen abrät. Wohl aber kann es heißen, daß er rät,
sie nicht als zuverlässige Mittel der Friedenssicherung anzusehen.
Nicht Absichtserklärungen machen den Frieden sicher, sondern
die Einsicht, daß Krieg den eigenen Interessen mehr schadet als
nutzt, und vor allem die Unmöglichkeit, Krieg überhaupt führen
zu können.

Wenn es ein richtiger Schluß aus der Geschichte ist, daß diese
Unmöglichkeit vor allem durch die Integration der Staaten herbeigeführt werden kann, dann muß der Schluß für die Zukunft lauten, diese Integration zu steigern und zu erweitern. Es genügt
nicht, daß Staaten Kriege nicht mehr führen wollen. Sie müssen sie
nicht mehr führen können.

Der Briand-Kellogg-Pakt, mit dem ich begonnen habe, war eine
solche Willenserklärung und erwies sich als ein gänzlich ungenü-
gendes Mittel der Friedenssicherung. Ich beende meine historischen Betrachtungen, indem ich sage, daß die Staaten ihre Integration, das heißt ihre Abhängigkeit voneinander bewußt und planmäßig so steigern und so erweitern müssen, daß sie Kriege nicht
mehr führen können. Den Frieden sichern heißt den Krieg unmöglich machen.                                              (1987)

# Über den Umgang mit Vergangenheit

*Wir haben keine Geschichte, wir
machen sie uns. Wir haben eine
Vergangenheit und entwerfen uns
ein Bild von ihr.*

Alltäglich geht der Mensch mit Vergangenheit um. Jedes Heute
kommt aus einem Gestern, jeder Morgen aus der vorangegangenen Nacht. Die Gegenwart wird von der Vergangenheit bestimmt,
und der Mensch weiß das. Er weiß, daß sein Leben hervorgeht aus
dem, was früher war. Er mag seine Gegenwart bestehen und seine
Zukunft gestalten wollen. Er weiß, daß beides ohne seine Vergangenheit nicht gedacht werden kann. Und deswegen redet er unaufhörlich von ihr. Er erinnert sich ihrer und kann sie nie ganz vergessen. Er mag sie annehmen oder verdrängen. Er kann sie beschönigen, rechtfertigen und rühmen oder beklagen, verwerfen und ver-
fluchen. Aber was immer er mit ihr macht, sie bleibt ein wesentli-
cher, wenn nicht der wesentlichste Teil von ihm. Menschliches
Leben ist wesentlich Umgang mit Vergangenheit.

Was der Mensch aus ihr macht, heißt Geschichte. Geschichte
nennen wir das Bild, das wir uns von Vergangenheit machen.
Geschichte ist nicht das, was geschah. Das sagen wir zwar in der
Umgangssprache. Aber es ist nicht wahr, und das Wort Geschichte kommt wohl nicht einmal von »geschehen« her, sondern
eher von »schichten«. Geschichte ist Schichtwerk, die künstliche
Anordnung von Wissen über Vergangenheit. Geschichte ist geordnete Erinnerung, Bericht vom Geschehenen, und dem entspricht die andere umgangssprachliche Bedeutung des Wortes
besser: Geschichte heißt auch Erzählung.

Denn das Geschehen vergeht. Es wird Vergangenheit, und das Wort sagt, was es meint: Was geschehen ist, ist vergangen, ist untergegangen. Nur in dem Bild, das wir uns davon machen, in dem Bericht, den wir geben, in der Erinnerung und Erzählung lebt es fort. Insofern hat es doch einen tiefen Sinn, daß wir dem Wort Geschichte die doppelte Bedeutung von Geschehen und Erzählung geben. Wir sagen: Wir erleben Geschichte, und ebenso: Wir erzählen eine Geschichte. Denn nur indem wir sie uns oder anderen erzählen, erleben wir sie im Geiste noch einmal. Geschichte ist die Vergegenwärtigung von Vergangenheit.

Johann Gustav Droysen drückte diesen Sachverhalt in seiner »Historik« so aus: »Geschichte ist nicht die Summe der Geschehnisse, nicht aller Verlauf aller Dinge, sondern ein Wissen von dem Geschehenen und das so gewußte Geschehene. Ohne dies Wissen würde das Geschehene sein, als wäre es nicht geschehen. Denn soweit es äußerlicher Natur war, ist es vergangen; nur er-innert, soweit und wie es der wissende Geist hat, ist es unvergangen; nur gewußt ist es gewiß.«

Wir haben also keine Geschichte, wir machen sie uns. Wir haben eine Vergangenheit und entwerfen uns ein Bild von ihr. Das kann die Geschichte unseres Lebens sein, unserer Familie, unseres Dorfes oder unserer Stadt, jeder Gemeinschaft, der wir angehören, sei es eine Partei, eine Kirche, ein Unternehmen, ein Beruf oder was immer, und es kann nicht zuletzt die Geschichte unseres Landes oder der Menschheit sein.

Wir machen uns ein Bild übrigens nicht nur von der eigenen Vergangenheit, sondern auch von derjenigen anderer. Wir prüfen die Vergangenheit unserer Eltern, unserer Freunde und Partner, unserer Nachbarn und anderer Völker, weil wir vermuten, daß wir sie dann besser verstehen, so wie wir uns besser verstehen, uns selbst erkennen, ja eigentlich erst wir selbst werden, wenn wir unsere Vergangenheit prüfend vergegenwärtigen.

Unendlich vielfältig also ist der Umgang mit Vergangenheit. Wir alle üben ihn unaufhörlich, und grundsätzlich ist der Vorgang immer der gleiche, ob er nun im privaten oder im öffentlichen Leben, ob er einzeln, gemeinsam oder gar wissenschaftlich betrieben wird. Wir erinnern uns und erzählen davon, und jedesmal gehen wir mit Vergangenheit um. Fast jede Aussage, die wir machen, jede Lüge sogar ist ein Umgang mit Vergangenheit.

Man kann in die Vergangenheit nicht zurückkehren, man kann sie nicht betreten wie ein fernes Land, man kann sie nicht sehen. Man kann sie nur erinnern, sich ein Bild von ihr machen, sie vor dem geistigen Auge wiedererrichten. Sie ist nicht irgendwo, wo man sie finden könnte. Man muß sie erfinden. Geschichte ist Fiktion, und es ist irreführend, die Geschichten in den Bücherregalen in *fiction* und *non-fiction* zu unterteilen. Es gibt diesen Unterschied nicht, es gibt allenfalls Grade, die freilich erheblich sein können, der Fiktivität.

Deswegen gibt es auch nicht die Geschichte in der Einzahl, sondern nur Geschichten in der Mehrzahl. Denn es ist offensichtlich, daß jeder sich von seiner Vergangenheit und von der Vergangenheit anderer sein eigenes Bild macht. Wir mögen mit einigen in diesem Bilde übereinstimmen. Wir mögen einem Bilde, das einer von seiner oder einer anderen Vergangenheit entwirft, zustimmen. Daß aber alle jemals das gleiche Bild der Vergangenheit haben, ist nicht möglich.

Trotzdem wollen wir uns über die Vergangenheit verständigen. Sosehr wir uns gegenseitig ein gewisses Maß an Freiheit einräumen, uns so oder so zu erinnern, so stellen wir doch den Umgang mit Vergangenheit nicht in das unbegrenzte Belieben. Wir sagen, daß einer lügt, wenn er ein Bild entwirft, das unserem Bild eindeutig nicht entspricht. Und weil wir nicht der Lüge geziehen werden wollen, entwerfen wir, wenn wir erzählen, Bilder, denen die anderen zustimmen oder doch jedenfalls nicht eindeutig widersprechen können.

Das erreichen wir, indem wir unser Bild überprüfbar machen. Wir liefern Beweise, um es dem anderen zu ermöglichen, uns zu glauben. Wir lassen Rückfragen zu, sprechen über unser Bild, erörtern es und tragen Gründe vor, die den anderen veranlassen oder geradezu zwingen, uns zu glauben. Wir überzeugen ihn, damit er unserem Bild zustimmen kann, oder wir lassen uns von ihm überzeugen, bis wir ihm zustimmen können.

Umgang mit Vergangenheit ist also nicht unsere Sache allein. Wir sind zwar frei, uns Bilder zu machen, wie wir wollen. Aber wenn wir sie anderen vortragen, sind wir auf Glaubwürdigkeit angewiesen. Das ist ursprünglich kein moralisches Gebot, sondern eine einfache existentielle Notwendigkeit. Wir isolieren uns, wenn wir mit Vergangenheit in einer Art umgehen, die keinerlei Zustimmung mehr findet. Der öffentliche Umgang mit Vergangenheit vollzieht sich in Kommunikation, in Rede und Gegenrede, in Für und Wider, im Austausch von Argumenten, die überprüfbar sind und Zustimmung finden können.

Diese Notwendigkeit führte zur Entstehung einer eigenen Wissenschaft, der Geschichtswissenschaft. Es ist der Beruf der Historiker, Bilder von Vergangenheit zu entwerfen, die vollständig überprüfbar sind und deswegen allgemeine Zustimmung finden können.

Natürlich ist das nicht ohne weiteres möglich. Denn grundsätzlich verfährt der Historiker genauso wie jeder andere Mensch, der sich ein Bild von Vergangenheit macht. Auch er erzählt Geschichten, und das lateinische Wort *historia,* von dem er seine Berufsbezeichnung ableitet, hat in allen Sprachen, in die es übernommen wurde, dieselbe Doppelbedeutung von Geschehen und Erzählung wie Geschichte im Deutschen angenommen. Im griechischen Ursprung leitete es sich von »fragen« und »erforschen« ab. Am Ende läuft es auf dasselbe hinaus. *Historia* heißt wie Geschichte die ermittelte Kenntnis und geordnete Darstellung von etwas, im engeren Sinne von Vergangenheit.

Doch selbst wenn die Etymologie es nicht nahelegte, die Sache täte es allemal: Der Historiker hat ebensowenig wie irgend jemand sonst einen unmittelbaren Zugang zu Vergangenheit. Auch sein Zugang ist immer nur mittelbar. Auch er findet die Geschichte nicht vor. Er erfindet sie. Nur sind seinen Erfindungen engere Grenzen und strengere Maßstäbe gesetzt als denen der übrigen Menschen.

Gleichwohl ist Geschichtswissenschaft grundsätzlich nichts anderes als die professionelle Variante einer der allgemeinsten und banalsten menschlichen Betätigungen, nämlich der Erinnerung, und das mag auch erklären, warum der Beruf des Historikers wie kaum ein anderer fast keine spezifischen Kenntnisse und Fertigkeiten erfordert und daher seit jeher sehr erfolgreich auch von Laien ausgeübt worden ist.

Geschichtswissenschaft ist kontrollierter und kontrollierbarer Umgang mit Vergangenheit. Der Anspruch aber, seine Bilder von Vergangenheit zu kontrollieren und kontrollieren zu lassen, gilt für jedermann. Über die Methoden des Historikers braucht deswegen nicht viel gesagt zu werden. Es sind fast durchweg die Methoden anderer Wissenschaften.

Das einzige Material, das der Historiker vorfindet, sind die Quellen. Das ist natürlich ein bildlicher Ausdruck, aber wir definieren, was wir damit meinen, mit Paul Kirn: »Quellen nennen wir alle Texte, Gegenstände oder Tatsachen, aus denen Kenntnis der Vergangenheit gewonnen werden kann.« Quelle kann also etwa ein Schriftstück, eine Münze oder ein Flurname sein. Wichtig ist, daß alle Quellen, aus denen Kenntnisse über den zu untersuchenden Vorgang gewonnen werden können, berücksichtigt werden, und in der Tat besteht die Tätigkeit des Historikers weithin darin, eine vollständige Sammlung der Quellen zu erreichen. Wer einschlägige Quellen übersieht oder gar unterschlägt, verfehlt den Anspruch des Historikers.

Die Quellen benutzt er, um ein Bild der Vergangenheit herzustellen. Das Hauptproblem dabei ist, daß die Quellen selten eindeutig, sondern zumeist widersprüchlich sind, und die Kunst des Historikers, die er Quellenkritik nennt, besteht darin, ein Bild der Vergangenheit zu ermitteln, das der Wirklichkeit der Vergangenheit möglichst genau entspricht.

So entsteht eine Beschreibung. Sie ist, um das noch einmal zu sagen, ein Konstrukt des menschlichen Geistes. Der Historiker aber will nicht nur beschreiben, was war, sondern auch erklären, warum es so war. Er spricht dann von Ursachen. Ursachen indessen gibt es sowenig oder noch weniger als Vergangenheit. Vergangenheit immerhin gab es einmal, Ursachen gab es nie. Sie sind nichts als gedankliche Konstruktionen, die der Historiker benutzt, um das von ihm entworfene Bild der Vergangenheit verständlich zu machen.

Man erwarte also nicht zuviel von der sogenannten Objektivität der Geschichtswissenschaft. Objektivität ist ein irreführender Begriff. Es gibt sie eigentlich nicht, sondern es gibt nur den mehr oder weniger gelungenen Versuch des Historikers, unparteiisch zu sein. Das nun aber ist die größte Herausforderung für den Historiker wie für den Umgang mit Vergangenheit überhaupt: Gerechtigkeit für die Vergangenheit.

Nichts scheint selbstverständlicher als diese Forderung. Wer etwas ermitteln, verstehen und richtig beschreiben will, zumal etwas Umstrittenes (und fast alles, was eine Geschichte wert ist, ist umstritten oder war umstritten), der darf nicht vorher Partei ergriffen haben. Er muß wie der Untersuchungsrichter, mit dem der Historiker viel gemeinsam hat, beide Seiten hören, und zwar nicht einmal in erster Linie aus rechtlichen Erwägungen, sondern im Interesse der Untersuchung.

Nichts aber scheint auch schwieriger zu sein. Der Mensch sträubt sich dagegen, seiner Vergangenheit unparteiisch gegenüberzutreten. Er will sie beurteilen, will Partei ergreifen, und auch der Einwand, daß er dies ja tun könne, aber erst nachdem er sie erkannt habe, fruchtet nicht, und so bringt er sich um die Erkenntnis. Erkenne dich selbst, so ruft ihm der Philosoph entgegen. Aber der Mensch will es nicht und scheint es nicht einmal zu können.

Vielleicht kann er mit seiner Vergangenheit nur leben, wenn er sie seinen Bedürfnissen anpaßt, indem er sie beschönigt oder beklagt, entschuldigt oder beschuldigt. Die Geschichte muß eine

Moral haben, weil sie nur so genutzt werden kann, und einen Nutzen muß sie haben, weil sie weiterhelfen soll. Das Leben ist zu ernst, als daß es unparteiisch betrachtet werden könnte. Die Erkenntnis ist zugleich die Grundbedingung und die Feindin des Lebens.

Wenn das für den Umgang mit der eigenen Vergangenheit zutrifft, gilt es um so mehr, wenn auch nicht immer aus denselben Gründen, für die Vergangenheit der anderen. Auch hier scheint dem Menschen der Mittelweg zwischen Lob und Tadel versperrt zu sein. Zumal die Toten können sich nicht dagegen wehren, so oder so beurteilt zu werden, und das macht es um so unwiderstehlicher, ihnen Zensuren zu erteilen, obwohl sie sie doch nicht mehr beherzigen können.

Und es gilt von der Geschichtswissenschaft. Die Historiker mögen sich, wie Tacitus, ermahnen, *sine ira et studio* zu schreiben. Sie mögen sich von Max Weber belehren lassen, daß Werturteile in der Wissenschaft nicht möglich sind, weil Wissenschaft, da sie vollständig überprüfbar und allgemein verbindlich sein muß, nur beurteilen kann, was war und was ist, nicht aber, was sein soll. Die meisten Historiker, mit Tacitus angefangen, verstoßen nicht nur ständig gegen diese Einsichten, sie bestreiten sie häufig sogar ganz ausdrücklich.

Sollen sie etwa jemandem wie Hitler gegenüber unparteiisch sein? Sollen sie sich mit ihm, wie man sagt, identifizieren, um ihn zu verstehen? Heißt verstehen nicht am Ende verzeihen? Hat die Historie nicht das öffentliche Amt, den Menschen und zumal der Jugend zu sagen, was gut und was schlecht war in der Vergangenheit, damit man einen Nutzen davon haben kann in der Gegenwart und für die Zukunft? Und selbst wenn die Historiker nur sagen sollen, »wie es eigentlich gewesen«, könnten sie es, wenn sie es wollten?

»Übrigens ist mir alles verhaßt, was mich bloß belehrt, ohne meine Tätigkeit zu vermehren oder unmittelbar zu beleben.« Mit diesen Worten Goethes eröffnete Nietzsche seine berühmte unzeitgemäße Betrachtung »Vom Nutzen und Nachteil der Historie für das Leben« und sagte sogleich: »Nur soweit die Historie dem Leben dient, wollen wir ihr dienen.«

Aber ist das nicht eine Beschränkung der Freiheit der Wissenschaft und ihrer Verpflichtung zur Wahrheit? Was denn wollen wir zum Maßstab unseres Umgangs mit Vergangenheit machen: die Wahrheit oder das Leben? »Geschichte ist die geistige Form«, schrieb Johan Huizinga, »in der sich eine Kultur über ihre Vergangenheit Rechenschaft gibt.« Aber soll sie sich wirklich, und zwar rücksichtslos, Rechenschaft geben, oder soll sie dabei doch Rücksicht nehmen, auf das Leben etwa, die Moral oder auf andere wirkliche oder vermeintliche Werte?

Das sind Fragen nach dem öffentlichen Umgang mit Vergangenheit, die seit langem gestellt werden, aber ungeachtet ihres hohen Alters nichts von ihrer beunruhigenden Kraft eingebüßt haben, vielmehr an Aktualität eher zuzunehmen scheinen. Ausgesprochen oder unausgesprochen liegen sie mancher politischen Auseinandersetzung zugrunde. Wir wollen sie sorgfältig prüfen und Antworten geben, die unzulänglich sein mögen, jedoch keine Rücksicht auf Beifall oder Mißfallen nehmen.

Was das parteiische Urteil, das dem eigenen Interesse entsprechende Vorurteil also, anlangt, so ist zunächst der verbreiteten Ansicht zu widersprechen, es begegne vor allem in der Geschichte der eigenen Zeit, ergebe sich aus dem Mangel an zeitlicher Distanz und sei in der Geschichte weiter zurückliegender Zeiten nicht anzutreffen. Dazu bemerkte schon Ranke: »Die historische Unbefangenheit hängt nicht ab von Nähe oder Entfernung der Gegenstände, sie ist vielmehr abhängig von der inneren Erhebung des Gemütes über persönliche Interessen und die Wirkungen der Gegenwart; wer dafür keinen Sinn hat, wird die alte Geschichte so gut wie die neuere mit Gebilden seiner Phantasie bepflanzen, nach seiner Einbildung betrachten, nach seiner Parteiansicht gestalten.«

Wenn das Vorurteil also überall auftreten kann, wofür sich in

der Tat viele Beispiele anführen ließen, so ist alsdann zu fragen, ob
es denn überhaupt vermieden werden soll. Die Antwort kann nur
bejahend sein. Das Vorurteil muß vermieden werden, weil es die
Erkenntnis behindert, und weil das Ergebnis der Erkenntnis, die
wissenschaftliche Aussage, auch demjenigen zugänglich sein
muß, der berechtigterweise ein anderes Vorurteil hat. Die wissenschaftliche Aussage muß allgemeine Zustimmung finden können.

Das heißt nicht, daß der Wissenschaftler nicht Partei ergreifen
dürfe. Er hat ebenso wie jeder andere Mensch das Recht, Interessen zu vertreten, Meinungen zu äußern und sich zu Werten zu
bekennen. Er darf sagen, was seiner Ansicht nach sein soll. Nur
wenn er untersucht, was war oder was ist, dann muß er seine
Ansicht zurücktreten lassen, dann darf er ihr keinen Einfluß auf
seine wissenschaftliche Aussage einräumen. Und es spricht viel
dafür, daß dies nicht nur für den Wissenschaftler gilt, sondern für
jeden, der Vergangenheit erkennen will.

Die einzige gedankliche Operation, die man hier vornehmen
muß, ist die Trennung des Erkenntnisprozesses von der Meinungsäußerung. Diese hat zu unterbleiben, solange jener im
Gange ist, und zwar allein deswegen, weil sie seinen Erfolg gefährdet. Erstaunlicherweise wird diese einfache gedankliche Operation nur selten vorgenommen. Man hört immer wieder, der Wissenschaftler, der Historiker, auch der Journalist müsse neutral
sein. Er muß gar nicht neutral sein. Er sollte im Gegenteil seine
Meinungen unmißverständlich äußern, weil man dann um so klarer beobachten kann, ob sie seine Erkenntnisse beeinflußt haben
oder nicht. Aber offenbar ist das leichter gesagt als getan.

Das führt zu der nächsten Frage, ob parteiische Vorurteile im
Umgang mit Vergangenheit vermieden werden können. Die Erfahrung lehrt, daß das möglich ist. Als der katholische Kirchenhistoriker Joseph Lortz vor fast fünfzig Jahren eine Geschichte der
lutherischen Reformation veröffentlichte, der auch die protestan-
tischen Kirchenhistoriker zustimmen konnten, war der Beweis
geliefert. Und als vor zehn Jahren die französischen Historiker

Raymond Poidevin und Jacques Bariéty eine Geschichte der deutsch-französischen Beziehungen im 19. und 20. Jahrhundert vorlegten, der auch die deutschen Historiker fast vollständig zustimmen konnten, war das ein weiterer Beweis. Daneben gibt es vor allem spezielle Untersuchungen in großer Zahl, die allgemeine Zustimmung gefunden haben.

Freilich darf man den Befund nicht leichthin verallgemeinern und auch nicht übersehen, daß in den beiden genannten Fällen die zugrunde liegenden Gegensätze, sowohl der konfessionelle wie der deutsch-französische, ohnehin zurückgetreten und von anderen überlagert worden waren. Aber was einmal möglich war, kann es auch ein anderes Mal sein, und es schließt sich die Frage an, warum es so selten geschieht. Hier gibt es viele Gründe zu nennen.

Man kann zunächst an das Unvermögen der Historiker denken, ihren eigenen Vorsätzen zu entsprechen. Es gibt ja fast keinen, der nicht für sich in Anspruch nähme, unparteiisch zu sein, und doch so wenige, die dem Anspruch gerecht werden. Indessen tritt ein Abstand zwischen Anspruch und Wirklichkeit nicht nur bei Historikern auf, und so mag man sich mit dem Hinweis auf menschliche Schwäche begnügen.

Es kann aber nicht bezweifelt werden, daß die Schwierigkeit auch in der Sache begründet ist. Umgang mit Vergangenheit ist niemals einfach, und die Beschreibung oder gar Erklärung eines einigermaßen komplexen Zusammenhanges kann auf eine nahezu unendliche Vielzahl von Faktoren zurückgeführt werden, und entsprechend schwierig ist die Auswahl, die Gewichtung und die Überprüfung. Wenn die Auswahl aber aus einer sehr großen Menge getroffen werden muß, liegt die Versuchung nahe, sie so zu treffen, daß sie zugleich den eigenen Absichten dient oder den Absichten derjenigen, denen der Historiker dient.

Damit ist ein Umstand angesprochen, der noch einmal viele Fragen aufwirft: die Abhängigkeit oder Unabhängigkeit des Historikers und, noch allgemeiner, die Freiheit im Umgang mit Vergangenheit.

Einige dieser Fragen sind verhältnismäßig leicht zu beantworten. Es ist offensichtlich, daß viele, wenn nicht die meisten oder fast alle Historiker abhängig waren und sind. In früheren Zeiten arbeiteten sie durchweg gegen Entgelt im Dienste von Auftraggebern, waren Hofhistoriker, Hagiographen, Stadtschreiber, Ruhmredner und Propagandisten, und auch in der Gegenwart unterliegen sie in den meisten Staaten den Direktiven von Regierungen, Parteien und Behörden.

Die garantierte Freiheit von Historikern ist eher die Ausnahme als die Regel und gilt fast nur für Universitäten. Im übrigen ist sie ein Unterfall der Meinungs- und Pressefreiheit. Wir mögen noch so sehr hervorheben, daß kritische Geschichtswissenschaft nur unter den Bedingungen des freiheitlichen Rechtsstaates möglich ist. Wir können nicht übersehen, daß Freiheit im Umgang mit Vergangenheit vielfach behindert war und ist.

Hinderlich ist dabei nicht nur die tiefe Abneigung der Menschen, Vergangenheit vorurteilsfrei zu betrachten. Davon war schon die Rede. Hinderlich ist dabei auch das merkwürdige Interesse der Staaten an Geschichte. Es ist den Machthabenden niemals gleichgültig gewesen, welches Bild sich ihre Untertanen oder Bürger von der Vergangenheit machen. Sie überlassen das Urteil über ihre Taten nicht den anderen. Sie versuchen im Gegenteil sogar auf vielfältige Weise, das Bild zu bestimmen, das die Nachlebenden von ihnen haben sollen. Deswegen errichten sie Denkmäler, schreiben Memoiren, sortieren die Überlieferung und bedienen sich der Historiker.

Geschichte wird zum Herrschaftsinstrument. Dabei entfalten die Herrschenden die merkwürdige Neigung, darauf hinzuarbeiten, daß möglichst alle das gleiche, ein verbindliches Geschichtsbild haben. Konsens über die Vergangenheit gilt als Unterpfand der Stabilität von Herrschaft. Dem dient nicht nur der Geschichtsunterricht an den Schulen. Auch die Erwachsenen werden der

Konsensbildung unterzogen. Die verschiedensten Mittel staatlicher Beeinflussung von der Propaganda bis zur Vorschrift werden diesem Ziele dienstbar gemacht.

Es versteht sich, daß dies in autoritären und totalitären Staaten ganz unverhüllt geschieht. Dort werden nicht nur bestimmte Personen und Sachverhalte der Vergangenheit verbindlich verschwiegen, gewissermaßen aus der Erinnerung getilgt. Dort können auch Personen Jahre oder Jahrzehnte nach ihrem Tode von den Herrschenden »rehabilitiert«, gewissermaßen in die Erinnerung zurückberufen werden. Der Staat beansprucht wie selbstverständlich die Herrschaft auch über die Vergangenheit.

Solche Herrschaft kann in freiheitlichen und demokratischen Staaten natürlich nicht ausgeübt werden. Aber auch hier wird der Umgang mit der Vergangenheit nicht den Bürgern allein überlassen. Auch hier greift der Staat unaufhörlich in ihn ein. Er veranstaltet Gedenkfeiern, besonders zu bestimmten Jahrestagen (was übrigens auch im privaten Leben eine wichtige Form des Umgangs mit Vergangenheit ist), errichtet historische Museen und vermittelt den Bürgern auf vielerlei andere Weise das von ihm gewünschte Bild der Vergangenheit.

Freilich kann er es nicht allein bestimmen. Viele andere Institutionen wirken mit und machen in Konkurrenz ihren Einfluß geltend. Und doch entsteht so auch in pluralistisch verfaßten Gesellschaften eine mehr oder weniger einheitliche öffentliche Meinung über Vergangenheit. Das wird schon dadurch gefördert, daß die meisten Bürger gar nicht die Möglichkeit haben, sich eine eigene Meinung zu bilden. Gelegentlich entbrennen zwischen verschiedenen Meinungsführern, aber auch zwischen ihnen und dem Staat heftige Auseinandersetzungen darüber, welches Bild von Vergangenheit allgemeine Geltung haben soll. In besonders krassen Fällen verfallen stark abweichende Bilder einer umfassenden Ächtung oder werden sogar gesetzlich verboten.

Immer liegt diesem Prozeß der Meinungsbildung nicht nur die Neigung der Menschen zugrunde, sich über die Vergangenheit zu verständigen, sondern auch die Überzeugung, daß eine gewisse Übereinstimmung den Zusammenhalt der Gesellschaft fördert oder dafür sogar unerläßlich ist. Das führt dazu, daß den Historikern häufig eine herausgehobene Rolle zugewiesen wird. Sie geraten dadurch einerseits in die Versuchung, der manche erliegen, ihre Erzeugnisse der öffentlichen Meinung anzupassen, gewinnen aber andererseits auch die Möglichkeit, diese zu beeinflussen und zu ändern.

Dabei gibt es im allgemeinen keinen Streit darüber, daß die Änderung eine größere Annäherung an die Wirklichkeit der Vergangenheit bewirken soll. Umstritten ist allein, welches Bild der Wirklichkeit am nächsten kommt, und dabei geben häufig nicht wissenschaftliche Kriterien, sondern politische Interessen und Meinungen den Ausschlag.

Denn die Freiheitsrechte schützen zwar auch den Umgang mit Vergangenheit vor Behinderungen. Grundsätzlich hat jeder das Recht, sich ein Bild der Vergangenheit zu machen und es frei zu äußern und zu verbreiten. Aber zur reinen Privatsache wird dieser Prozeß dadurch auch in freiheitlichen Gesellschaften nicht. Der Umgang mit Vergangenheit ist eine zu ernste Sache, oder es wird ihm doch eine zu große Bedeutung beigemessen, als daß Staat und Gesellschaft ihn ohne weiteres den einzelnen überlassen.

Deswegen bleibt er heftig umstritten. Der Stolz und die Würde freier Menschen und freier Gesellschaften aber ist die Wahrheit im Umgang mit Vergangenheit. Es ist ihre Überzeugung, daß hier eine Wechselwirkung besteht. Freiheit ermöglicht Wahrheit, und Wahrheit schafft Freiheit.                    (1988)

# Zeitgeschichtliche Betrachtungen

# Begriff und Funktion der Zeitgeschichte

*Die Geschichte muß die Lehrmeisterin
der Zeitgeschichte bleiben.*

Zeitgeschichte ist so alt wie Geschichte. Was denn soll jemanden,
der Interesse an Geschichte hat, mehr interessieren als die Geschichte seiner Zeit? Keine Sprache aber hat ein so griffiges Wort
dafür wie die deutsche. So wie Zeitgenosse ist, wer mit einem
anderen gleichzeitig lebt, der *synchronos* oder *contemporaneus,*
so ist Zeitgeschichte, was gleichzeitig geschieht und erzählt wird,
*historia sui temporis.* Erstaunlicherweise ist bisher weder die Sache noch das Wort gründlich untersucht worden.[1] Besonders das
letztere ist notwendig, denn Wörter haben ihre eigene Geschichte
und wandeln ihre Bedeutung. Wir fassen zunächst die Geschichte
der Sache und die Geschichte des Wortes zusammen, soweit es
beim gegenwärtigen Kenntnisstand möglich und für unseren
Zweck nötig ist. Der Zweck unserer Untersuchung ist alsdann
eine Verständigung über den Begriff, eine Überlegung zu den Methoden und endlich eine Antwort auf die Frage nach der Funktion
der Zeitgeschichte in unserer Zeit.

## Geschichte der Sache

Zeitgeschichtsschreibung ist so alt wie Geschichtsschreibung
überhaupt. Aus ihr ist bei den Griechen die kritische Geschichtsforschung hervorgegangen, und in der Antike war beides nahezu
identisch. Das griechische Wort ἱστορία hatte ursprünglich mit
Vergangenheit nichts zu tun, sondern bezeichnete die aus eigener

Erfahrung gewonnene Erkenntnis.[2] Entsprechend nannte Herodot, den schon Cicero als *pater historiae* pries, sein Werk ἱστορίης ἀπόδεξις, Darlegung seiner Erkundungen. Er beschrieb die Ereignisse einer Zeit, über die noch einigermaßen zuverlässige Nachrichten zu erhalten waren, und widmete etwa ein Drittel seiner Darstellung dem Xerxeszug, also der Geschichte seiner Zeit.[3] Thukydides schrieb dann mit der Geschichte des Peloponnesischen Krieges, von Exkursen abgesehen, nur noch Zeitgeschichte und begründete mit der systematischen und kritisch vergleichenden Befragung von Augenzeugen nichts weniger als die historisch-kritische Methode überhaupt.[4] Der maßgebende Typ griechischer Geschichtsschreibung war seitdem überlokale, politisch-militärische Zeitgeschichte.[5]

Als Lehnwort ins Lateinische übernommen, behielt *historia* die Bedeutung von selbsterlebter Geschichte. Es bezeichnete, im Unterschied zur römischen Annalistik, entweder eine auf tiefere Zusammenhänge zielende oder eine zeitgeschichtliche Darstellung[6], und meistens ging beides ineinander über. Das Taciteische Werk teilte man in die »Historiae«, was oft mit Zeitgeschichte übersetzt wird[7], und die «Annales», die Geschichte früherer Zeit. Schon Polybios, dann Sallust, Livius und viele andere hatten entweder ausschließlich Zeitgeschichte geschrieben oder ihre weiter ausholenden Darstellungen in zunehmender Ausführlichkeit bis auf ihre Zeit fortgeführt und dort den Höhepunkt ihrer kritischen Forschung erblickt. Es ist keine Übertreibung zu sagen, daß die antike Geschichtsschreibung weithin und, was die Begründung der Methode betrifft, wesentlich Zeitgeschichtsschreibung war.[8]

Im Mittelalter erfuhr diese Tradition, großenteils unter dem Einfluß antiker Vorbilder, eine nahezu ununterbrochene Fortsetzung. Sosehr die Geschichtsschreibung im Zeichen von Weltgeschichte und Heilsgeschichte stand, so galt die größte Aufmerksamkeit und Ausführlichkeit aller bedeutenden Geschichtsschreiber von Gregor von Tours über Widukind von Korvei, Thietmar von Merseburg, Liudprand von Cremona, Lampert von Hersfeld und Adam von Bremen bis hin zu Otto von Freising doch jeweils der Geschichte ihrer eigenen Zeit, und bei der bürgerlichen Geschichtsschreibung des Spätmittelalters war es nicht anders.[9] Ausnahmen bildeten im Grunde nur die Heiligenviten, bei denen aber naturgemäß die historische Fragestellung in den Hintergrund trat. Der Schwerpunkt des kritischen Bemühens der mittelalterlichen Geschichtsschreiber lag auf der Behandlung der jüngsten und der erlebten Geschichte.[10]

Auch in der neueren Historiographie brach diese Tradition nichts ab.[11] Zu fragen ist daher nicht, wann Zeitgeschichtsschreibung einsetzt, sondern wann und warum sie verdrängt wurde. Fritz Ernst, der dieser Frage, allerdings hauptsächlich für den deutschen Bereich, als bisher einziger nachgegangen ist, hat gemeint, dieser Prozeß habe in Deutschland an der Wende zum 13. Jahrhundert begonnen, als sich in der Verwaltung eine stärkere Schriftlichkeit durchsetzte. Er habe sich in der Zeit vom 16. bis zum 18. Jahrhundert mit der Zunahme geheimer Kabinettspolitik und der Ablösung geschichtlicher Studien von der Beteiligung am Geschehenden gesteigert und seit 1800 mit der Herausbildung der historisch-philologischen Methode und dem Historismus seinen Höhepunkt erreicht.[12]

Das mag im großen so zutreffen, bedarf aber noch der Ausweitung über Deutschland hinaus und der Untersuchung im einzelnen. Mit diesem Vorbehalt sei immerhin erwähnt, daß die Geschichtsschreibung des italienischen Humanismus (Leonardi Bruni, Niccolò Machiavelli und Francesco Guicciardini) weithin der eigenen Zeit galt und daß sich gerade im 16. Jahrhundert die Gattung der *historiae sui temporis* durchsetzte.[13] Diese Werke mögen manchmal, aber nicht immer der Memoirenliteratur zugerechnet werden müssen. Im 17. Jahrhundert schrieben Franz Christoph Khevenhüller (1588–1650) und Philipp von Chemnitz (1605–1678) Zeitgeschichte des Dreißigjährigen Krieges, und auch im 18. Jahrhundert sind bedeutende Zeitgeschichtsschreiber in ganz Europa leicht zu finden.[14]

Für das 19. Jahrhundert hat Ernst Schulin das von Fritz Ernst gezeichnete Bild überzeugend korrigiert.[15] Von einer so gründlichen Ablehnung der Zeitgeschichte durch die Geschichtswissenschaft, wie Ernst sie festgestellt habe, könne keine Rede sein. Schulin verwies auf die zeitgeschichtlichen Vorlesungen von Niebuhr, Ranke und Droysen, auf Thiers und Michelet in Frankreich sowie auf Sybel, Treitschke und vor allem Gervinus in Deutschland. Ranke unterschied von der »neueren« die »neueste Geschichte« (1789–1815), fügte ihr noch die »Geschichte unserer Zeit« (nach 1815) hinzu und hielt darüber in seiner 45jährigen Lehrtätigkeit nicht weniger als dreißigmal Vorlesungen.[16]

Bei aller Rückbildung der Zeitgeschichtsschreibung und allen methodischen Bedenken der Zunft scheint dann schon der Tod Bismarcks neue Anstöße gegeben zu haben und danach der Erste Weltkrieg. Justus Hashagen war nicht allein, als er 1915 zur Rehabilitierung der Zeitgeschichte aufrief.[17] Die Geschichtsforschung der Zwischenkriegszeit war weithin von der Kriegsschuldfrage beherrscht, und was Deutschland betrifft, so lenkte erst der Nationalsozialismus den Blick eindeutig zurück auf eine Umschreibung der früheren und frühesten Geschichte.[18] Vielleicht war es dieser Umstand, der nach dem Zweiten Weltkrieg den Eindruck hervorrief, die Beschäftigung mit Zeitgeschichte sei neuartig und gewagt. Unbegreiflich bleibt gleichwohl, daß dabei die Berufung auf eine der ältesten Traditionen der Geschichtsschreibung fast völlig ausblieb.

In dem engen Rahmen dieses Aufsatzes mußte sich unser Überblick auf die skizzenhaftesten Andeutungen beschränken. Immerhin sollte er ins Gedächtnis zurückrufen können, daß die Beschäftigung mit der Geschichte der eigenen Zeit seit der Antike ununterbrochen zu den am stärksten gepflegten Bereichen der kritischen Geschichtsschreibung gehört. Es wäre dringend zu wünschen, daß die Geschichte der Geschichtsschreibung einmal und erstmals auch unter diesem Gesichtspunkt geschrieben würde.

*Geschichte des Wortes*

Zeitgeschichte ist wie viele andere Zusammensetzungen eine Wortbildung des Barock und seitdem ununterbrochen ein Bestandteil der deutschen Sprache. Sosehr dies mit Sicherheit gesagt werden kann, so muß doch hinzugefügt werden, daß unsere Untersuchung hier auf noch unsichererem Grunde steht als bei der Geschichte der Sache und fast allein auf Zufallsfunde angewiesen ist.[19] Die früheste bekannte Erwähnung findet sich 1657 bei dem Barockdichter Sigmund von Birken in einem Ehrengedicht auf das Erzhaus Österreich und darin auf Kaiser Matthias:

> Die Zeitgeschichten bezeugen es
> wie klüglich er allen
> so wohl seinen
> als des Reichs
> Unglücksfälle[n] vorgebeuget.[20]

In einem ähnlichen Gedicht Johann Christian Günthers (1695–1723) heißt es 1717:

> Die Falschheit miethet Lob und kauft den Zeitgeschichten
> Das Ohr der Nachwelt ab.[21]

Und auf ein gräfliches Hochzeitspaar dichtete Günthers Freund Daniel Wilhelm Triller (1695–1782) im Jahre 1744:

> Wiewohl hierzu ist ein Gedichte
> In seinem Umfang, viel zu klein;
> Genug, es glänzt ihr Ehrenschein
> Im Buch der grauen Zeitgeschichte.[22]

Der hohen Literatur scheint das Wort nicht zu entspringen. Gewiß aber war es schon im 17. Jahrhundert bekannt. 1691 ist es in Stielers Wörterbuch verzeichnet: »Zeitgeschichte / chronologica«.[23] Kinderling verdeutschte 1795 Chronik mit »Jahrbuch, Zeitbuch, Zeitgeschichte«.[24] Christian Friedrich Schwan

(1733–1815) übersetzte 1800 Zeitgeschichte ins Französische: »l'histoire qui rapporte les événemens du tems où l'on est«, und fügte unter dem Stichwort »Zeitbuch« hinzu: »die Zeitgeschichte; la chronique; l'histoire dressée suivant l'ordre des tems«.[25] Das führte, wie man vermuten darf, schon 1811 Joachim Heinrich Campe (1746–1818) zu dem Mißverständnis, Zeitgeschichte sei »1) Die Geschichte überhaupt, der Zeitfolge nach geordnet (chronologische Geschichte)«[26], und von da schleppte sich diese paradoxe Deutung in fast alle Betrachtungen zur Zeitgeschichte, obwohl außer bei Stieler kein Beleg dafür bekannt ist und es sich vermutlich um eine Verwechslung mit Zeitbuch handelte. Immerhin setzte Campe hinzu: »2) Die Geschichte einer gewissen Zeit, besonders unserer Zeit, wie auch, eine einzelne Geschichte unserer oder der gegenwärtigen Zeit«.[27]

Sehr hilfreich sind die Wörterbücher nicht. Auf was immer sie sich stützen mögen, unsere – zugegebenerweise wenigen – Belege sagen eindeutig, daß Zeitgeschichte die Geschichte der Zeit dessen ist, auf den das Wort bezogen wird, und das scheint anfangs eher ein anderer *(historia sui temporis)* als der Schreiber selbst *(historia mei temporis)* gewesen zu sein. So übersetzte Goethe 1803 die Vorrede des italienischen Herausgebers von Benvenuto Cellinis Autobiographie, sie habe »auf wichtige Epochen der damaligen Zeitgeschichte *[dell' Istoria universal di que' tempi]* Bezug«[28], und noch in Dichtung und Wahrheit sagte er (wohl 1830), er habe nach der Abfassung des Götz von Berlichingen »noch andere Punkte jener Zeitgeschichte in den Sinn genommen«.[29] Desgleichen sagte August Wilhelm Schlegel 1803: »Außer der Liebe war ein Hauptgegenstand der Provenzalen wie der Minnesinger die Zeitgeschichte.«[30] Diese Beispiele ließen sich mehren.[31]

Daneben erscheint dann, nach der Französischen Revolution und unter ihrem Einfluß, Zeitgeschichte mehr als Geschichte der eigenen Zeit. 1791 bemerkte der Aachener Journalist Peter Josef Franz Dautzenberg (1769–1828), die gegenwärtige Epoche liefere von Frankreich »für die Zeitgeschichte so mannichfaltigen und so merkwürdigen Stoff, daß ein Zeitungsblatt« oder ein »Zeitgeschichtschreiber«, wie Dautzenberg 1793 den Journalisten umschrieb, kaum alles aufzeichnen könne.[32] 1797 nannte sich eine Aachener Zeitung »Zeitgeschichte für Deutschland«[33], 1815 eine Geschichte Kölns seit 1794 »Zeitgeschichte«.[34] 1807 erschien in Oldenburg eine »Sammlung der wichtigsten Actenstücke zur neuesten Zeitgeschichte«, 1814 in Heidelberg ein »Allgemeines Diplomatisches Archiv für die neueste Zeitgeschichte«, 1821 in Stuttgart ein zweisprachiges »Diplomatisches Archiv für die Zeit- und Staatengeschichte« (mit der bemerkenswerten französischen Übersetzung: »pour l'histoire du tems et des états«), 1831 – nun schon unter dem Eindruck der Julirevolution – in Dresden eine Reihe in mehreren Bändchen mit dem Titel »Jetzt! Taschenbuch der Zeitgeschichte«.[35] Und noch 1849 benutzte Justinus Kerner mitten in einer abermaligen Revolution ausgerechnet da, wo er voller Abscheu vom »Terrorismus eines Marat und anderer Volkstyrannen« sprach, den Ausdruck »die französische Zeitgeschichte«.[36] Wurden hier Zeit- und Revolutionsgeschichte gleichgesetzt (so wie in Westdeutschland nach 1945 oftmals Zeitgeschichte und Nationalsozialismus), so begegnet bald auch wertfreier Gebrauch im Sinne von Tagesgeschichte. Besonders klar machte das der Freiherr vom Stein, als er 1831 um Übersendung von gewissen Pamphleten bat, da sie »zur Zeitgeschichte« gehörten, und kurz darauf nochmals mahnte, »da sie zur Geschichte des Tages gehören«.[37] Desgleichen schrieb Ranke 1838, die *Preußische Staats-Zeitung*, deren Leitung man ihm angetragen hatte, solle »ein Archiv für die gleichzeitige Geschichte« werden, und fügte bald danach hinzu: »für die Zeitgeschichte«.[38] Görres erwähnte 1847 unter der Überschrift »Zeitgeschichtliche Glossen« die »Pragmatik der Tagesgeschichte«[39], Hebbel lobte 1863 ein Memoirenwerk als »einen ganz vortrefflichen Beitrag zur Zeit- und Sittengeschichte«[40], und 1900 veröffentlichte Eduard von Hartmann seine politischen Kommentare unter dem Titel »Zur Zeitgeschichte«.

In die Wissenschaft dagegen drang der Begriff kaum ein. Nur in der Theologie setzte sich »Neutestamentliche Zeitgeschichte« als *terminus technicus* durch, nachdem Matthias Schneckenburger (1804–1848) ihn eingeführt hatte, der darunter »die gleichzeitige Geschichte [. . .] oder Geschichte der Zeit, in welcher die neutestamentlichen Begebenheiten vorfielen«, verstand.[41] Unter den Historikern benutzte Gervinus den Begriff verhältnismäßig häufig, meist übrigens ebenfalls mit einem Bezugszusatz wie »seine [eines mittelalterlichen Chronisten]«[42] oder »unsere Zeitgeschichte«[43] (seit 1815). Als Friedrich Engels 1895 »Die Klassenkämpfe in Frankreich 1848 bis 1850« von Marx wieder vorlegte, schrieb er in der Einleitung: »Die hiermit neu herausgegebene Arbeit war Marx' erster Versuch, ein Stück Zeitgeschichte vermittelst seiner materialistischen Auffassungsweise aus der gegebenen ökonomischen Lage zu erklären«, und fügte hinzu: »Bei der Beurteilung von Ereignissen und Ereignisreihen aus der Tagesgeschichte wird man nie imstande sein, bis auf die *letzten* ökonomischen Ursachen zurückzugehn. [. . .] Für die laufende Zeitgeschichte wird man daher nur zu oft genötigt sein, [. . .].«[44]

Auffälliger sind indessen die Abwesenheiten. Friedrich Kluges »Etymologisches Wörterbuch der deutschen Sprache« verzeichnete den Begriff von der 1. (1881) bis zur 20. Auflage (1967) nie. Moriz Heynes »Deutsches Wörterbuch« erläuterte 1906 immerhin: »Zeitgeschichte, f. Tagesgeschichte, Geschichte der Gegenwart«.[45] Während Eduard Fueter den Begriff schon 1911 vielfach benutzte[46], erschien er in Ernst Bernheims berühmtem »Lehrbuch der Historischen Methode« in keiner Auflage.[47] Justus Hashagen verwandte ihn natürlich.[48] Aber als Gerhard Masur 1928 auf dem Internationalen Historikerkongreß in Oslo über »Geschehen und Geschichte« sprach, kam er ohne das doch so naheliegende Wort Zeitgeschichte aus.[49]

Noch seltsamer ist die Geschichte des Wortes nach 1945. Es kam keineswegs sogleich in Gebrauch, obwohl von der Sache nun ständig die Rede war. In Peter Rassows wahrhaft einschlägigem

Vortrag »Der Historiker und seine Gegenwart« vom 12. Februar 1947 kam es nicht vor.[50] Sogar Hans Rothfels, der am 14. September 1949 auf dem Münchner Historikertag von den »beiden seltsam und so beziehungsreich koordinierten Ereignissen« des Jahres 1917 sprach, mit denen er vier Jahre später den Beginn der Zeitgeschichte begründete, nannte den Begriff damals noch nicht, obwohl er das Wort einmal gebrauchte (»nach dem zeitgeschichtlich üblichen Klischee«), aber bezogen auf 1848 und also noch einmal ganz im traditionellen Sinn![51] Dabei war schon am 1. März 1946 im sowjetischen Sektor von Berlin das »Deutsche Institut für Zeitgeschichte« gegründet worden[52], und am 20. Juli 1948 hatte sich die 1915 gegründete Weltkriegsbücherei in Stuttgart den Namen »Bibliothek für Zeitgeschichte« gegeben.[53]

In der bewegten Vorgeschichte des später berühmtesten Instituts für Zeitgeschichte in München aber, das das Wort endlich zum gängigen Begriff machen sollte, verfiel man erst spät und zögernd auf den heutigen Namen. Seit Ende 1945 war die Gründung im Gespräch; zahlreiche Bezeichnungen wurden vorgeschlagen.[54] Doch erst im Mai 1949 nannte Gerhard Ritter, einer der tätigsten Mitbegründer, erstmals den Begriff Zeitgeschichte. »Wir brauchen«, so schrieb er, »dringend ein deutsches Zentralinstitut für Zeitgeschichte, das die politische ebenso wie die militärische Geschichte des Dritten Reiches durch Sammlung, Sichtung, Ordnung und kritische Auswertung der in Deutschland noch vorhandenen und noch zu erschließenden Quellen vorbereiten muß.«[55] Die Ministerpräsidenten-Konferenz vom 5. August 1949 indessen entschied sich für die Bezeichnung »Deutsches Institut zur Erforschung des Nationalsozialismus« und fügte nur in einer Anmerkung hinzu, die Leitung des Instituts bitte, folgende Namensänderung in Erwägung zu ziehen: »Forschungsinstitut für neueste deutsche Geschichte»[56], womit der Rankesche Begriff wiederbelebt worden wäre. Ritter schlug im September, vielleicht als Kompromiß, vor: »Deutsches Institut für Zeitgeschichte oder: Forschungsinstitut für neueste deutsche Geschichte«.[57]

Zunächst jedoch setzten die Ministerpräsidenten sich durch. Am 1. August 1950 wurde das Institut nunmehr als »Deutsches Institut für Geschichte der nationalsozialistischen Zeit« offiziell begründet. Doch schon im Protokoll der konstituierenden Sitzung des Instituts vom 11. September 1950 hieß es: »Dem Ersuchen von Herrn Dr. Kroll [dem Generalsekretär] wurde zugestimmt, daß das Institut den Untertitel (für Telefonanfragen) ›Institut für Zeitgeschichte‹ führen dürfe.«[58] Und am 17. Mai 1952 beschlossen Kuratorium und Beirat, »daß der jetzige Untertitel allmählich fallen gelassen werden soll, so daß die offizielle Bezeichnung des Instituts künftig lautet: ›Institut für Zeitgeschichte München‹«.[59] Dreihundert Jahre nach seiner Entstehung hatte das Wort endlich den Durchbruch erzielt. Im Januar 1953 erschien das erste Heft der *Vierteljahrshefte für Zeitgeschichte*.

*Verständigung über den Begriff*

So pragmatisch und unreflektiert, wie der Begriff eingeführt worden war, begannen auch die *Vierteljahrshefte*. Zwar wurden sie mit einem immer wieder zitierten und nahezu klassisch gewordenen programmatischen Aufsatz von Hans Rothfels[60] eröffnet, und dieser forderte zugleich, die neue Zeitschrift müsse auch die Grundlagen der Zeitgeschichte überprüfen sowie methodische Grundsätze herausarbeiten[61], aber die folgenden Jahrgänge erfüllten – ungeachtet aller sonstigen Verdienste – diese Aufgabe ebensowenig wie, von wenigen Ausnahmen abgesehen, die nun reichlich sprießende übrige Literatur zum Problem der Zeitgeschichte. Im wesentlichen variierte sie die Grundgedanken von Rothfels, einschließlich aller Irrtümer und Ungereimtheiten.

Zu ihnen gehörte erstens, daß außer einer beiläufigen Erwähnung von Thukydides eine Berufung auf die Tradition der Zeitgeschichte und eine Auseinandersetzung mit ihr nicht stattfand[62]; vorherrschend blieb vielmehr die Auffassung, Zeitgeschichte sei etwas Neuartiges. Mitgeschleppt wurde zweitens die irrtümliche Bemerkung, das Wort sei nach der Französischen Revolution ent-

standen, und vor allem drittens die ungereimte Feststellung, es sei
»logisch und philologisch unbefriedigend«[63], »eine unvermittelte
Aneinanderkoppelung von zwei sich widersprechenden Begriffen«[64], »unglücklich«, weil widersprüchlich und tautologisch zugleich.[65] Denn, so lautete die ebenso unwiderlegliche wie banale
Begründung, Geschichte vollziehe sich immer in der Zeit. Mit
dem gleichen Recht jedoch könnte man Wörter wie Zeiterschei-
nung, Zeitgeist, Zeitgenosse, Zeitgeschmack, Zeitkritik, Zeitro-
man und viele andere tadeln, obwohl sie doch alle hohe literarische Vorbilder haben, und gerade die Analogie eröffnet den Weg
zum Verständnis.

Zeitgeschichte ist, wie schon die Geschichte des Wortes nahe-
legt, vermutlich nichts anderes als eine Übersetzung von *historia
sui temporis,* und zwar die schönste und prägnanteste, die zu
Recht den Neid anderer Sprachen erweckt, die umständlich nur
»zeitgenössische Geschichte« sagen können.[66] Genau dies ist gemeint oder war es doch jedenfalls, wie die angeführten Belege
zeigen. Zeitgeschichte ist Geschichte der Zeit dessen, auf den das
Wort bezogen wird, sei es ein anderer oder man selbst. So bedarf
das Wort in der Regel eines ausdrücklichen Bezuges: seine, meine,
unsere Zeitgeschichte. Wird er, wie nach der Französischen Revolution oder im gegenwärtig üblichen Sprachgebrauch, fortgelas-
sen, so ist Zeitgeschichte die Geschichte der Zeit dessen, der den
Ausdruck benutzt. In den fünfziger Jahren indessen wurde diese
überlieferte und einfache begriffliche Klarheit durch ein fast allgemein übernommenes Mißverständnis verwischt, das wiederum
erstmals von Rothfels formuliert worden war.

Er gab eine doppelte Definition. Zeitgeschichte, so schrieb er,
solle »hier als Epoche der Mitlebenden und ihre wissenschaftliche
Behandlung verstanden werden«, und dieser Begriff von Zeitgeschichte beruhe »auf der Ansicht, daß etwa mit den Jahren 1917
und 1918 eine neue universalgeschichtliche Epoche sich abzu-
zeichnen begonnen« habe.[67] Oft zitiert und rasch berühmt geworden, begründeten diese Sätze die weitverbreitete Anschauung,

Zeitgeschichte sei die Epoche seit 1917, vielleicht gar die von 1917 bis 1945[68], oder überhaupt allgemein datierbar. Rothfels selbst mag dies so genau nicht gemeint haben, aber zweifellos leistete er dem drohenden Mißverständnis Vorschub. Das Dilemma seiner Definition und der daraus abgeleiteten Praxis liegt in der Verwechslung oder Vermischung zweier terminologischer Ebenen, einer relativen und einer absoluten. Wenn Zeitgeschichte die Epoche (schon die Übernahme dieses Begriffs aus dem Bereich der Periodisierung war irreführend) der Mitlebenden ist, dann beginnt sie mit diesen und ist logischerweise nicht generell datierbar. Zeitgeschichte mag für Rothfels und seine Generation 1917 beginnen, aber natürlich kann das weder für frühere oder spätere Generationen noch auch nur für alle Mitlebenden von Rothfels gelten.

Das Dilemma wurde aus einem doppelten Grunde noch größer, weil einerseits die westdeutsche Zeitgeschichtsforschung zumeist 1945 innehielt und erst seit kurzem zögernd diese Schwelle überschreitet, während anderseits der ostdeutsche Zeitgeschichtsbegriff von Anfang an überwiegend die Zeit seit 1945 meinte.[69] In beiden Teilen des Landes entstanden zahlreiche Institute, Seminare, Lehrstühle und Kommissionen für Zeitgeschichte mit durchaus unterschiedlicher Begriffsbestimmung. Es mag den einen oder anderen trösten, daß immerhin das Dilemma ein gesamtdeutsches ist, aber hier wie dort geht es darauf zurück, daß der Sinn eines schönen alten Wortes entleert und verdreht wurde.

Nun hat Widerstand gegen gängig gewordene Sprachgebräuche immer etwas von Donquichotterie. Trotzdem soll hier noch einmal gewarnt und festgestellt werden: Zeitgeschichte ist nicht allgemein datierbar. Sie ist kein geeigneter Begriff der historischen Periodisierung. Sie bezeichnet vielmehr das Verhältnis eines Subjektes zur Geschichte. Martin Heidegger hat in seiner Probevorlesung 1915 gesagt, der Zeitbegriff in der Geschichte sei im Unterschied zur Physik, wo er Messung ermögliche, qualitativ[70], und das ist natürlich richtig. Gleichwohl dient die Zeit auch dem Historiker gelegentlich zur Messung, etwa des Abstandes zwischen ihm und seinem Gegenstand. Darin liegt das besondere methodische Problem der Beschäftigung des Historikers mit seiner Zeitgeschichte.

Bevor davon die Rede ist, sei gesagt, daß die prinzipielle Undatierbarkeit von Zeitgeschichte eine Reflexion über ihre jeweilige zeitliche Begrenzung nicht ausschließt. Fritz Ernst hat sie unterteilt in »Gegenwartschronistik« und »Gegenwartsvorgeschichte« bzw. »Zeit der Väter«[71], und Ernst Schulin hat dazu bemerkt, Zeitgeschichte scheine ihm überwiegend letzteres zu sein.[72] Das wird in der Regel zutreffen, muß es aber nicht in allen Fällen. Andere Definitionen reichen weiter: »Zeitgeschichte ist die Summe jüngst vergangener, das Leben der Zeitgenossen noch unmittelbar berührender Ereignisse.«[73] Oder: »Zeitgeschichte ist Geschichte, soweit sie für Probleme der Zeit, in der wir leben, Bedeutung hat.«[74] Daß diese Definition die Grenze zum Unbrauchbaren streift, zeigt eine Folgerung aus ihr: »Für den Tiefgläubigen, der auf die Wiederkunft Christi harrt, ist Lebenswandel und Tod des Herrn zeitgeschichtliches Ereignis.«[75] Damit löst sich der Unterschied von Geschichte und Zeitgeschichte auf. Aber die Notwendigkeit des Bezuges auf ein Subjekt wird klar. Am ehesten eröffnet sich der Zugang zu diesem Problem im Methodischen.

### Die Methoden der Zeitgeschichte

Zeitgeschichte (und gemeint ist nun immer die Zeitgeschichte des sie erforschenden Historikers) ist seit Hashagen und Rothfels vor allem zwei ständig wiederholten methodischen »Anzweifelungen«[76] ausgesetzt: es mangele ihr an Quellen, und es mangele ihr an Distanz. Zum ersten ist zu sagen, daß es bekanntlich viele Zeiten gibt, für die es in weit größerem Umfang an Quellen mangelt und die trotzdem seit langem für erforschbar gehalten werden. Jacob Burckhardt hat das zugrunde liegende Problem besser erkannt, als er den »Zeitgeschichtsdarsteller« vor dem Risiko warnte, »durch ein paar später geoffenbarte Hauptgeheimnisse überflüssig gemacht zu werden«.[77] Grundsätzlich aber teilt er auch dieses Risiko, so ernst es zu nehmen ist, mit anderen Historikern, die ebenfalls durch neue Quellenfunde oder neue Erkenntnisse überholt werden können.

Zur zweiten »Anzweifelung« hat schon Ranke bemerkt: »Die historische Unbefangenheit hängt nicht ab von Nähe oder Entfernung der Gegenstände, sie ist vielmehr abhängig von der inneren Erhebung des Gemütes über persönliche Interessen und die Wirkungen der Gegenwart; wer dafür keinen Sinn hat, wird die alte Geschichte so gut wie die neuere mit Gebilden seiner Phantasie bepflanzen, nach seiner Einbildung betrachten, nach seiner Parteiansicht gestalten.«[78] In Wahrheit ist der angebliche Mangel an Distanz kein Problem von parteiischen Vorurteilen, denen der Historiker überall erliegen kann, sondern von unvollständigen Kenntnissen. Zeitgeschichte, um noch einmal Jacob Burckhardt zu zitieren, »redet vom Anfang dessen, was noch fortwirkt und wirken wird, von dem Weltalter, dessen weitere Entwicklung wir noch nicht kennen«.[79] Die Schwierigkeit entsteht, weil das Ende noch offen und unbekannt ist. Unter Hinweis auf die mangelnde Distanz geht man ihr bequem aus dem Wege.

Grundsätzlich gibt es keine besondere Methodik der Zeitgeschichte. »Die Unterschiede«, so hat Alan Bullock richtig gesagt, »sind gradueller und nicht qualitativer Art, und die Methoden und die Schulung, die der Historiker erwirbt, um Vergangenheitsgeschichte zu entwirren, sind auf die Erforschung der Geschichte unserer eigenen Zeit ebenso anwendbar.«[80] Zeitgeschichte bietet ein paar spezifische Schwierigkeiten, aber dafür auch eine Reihe von methodischen Erleichterungen. Sie erschließt sich »weithin noch ohne Übersetzung«[81], jedenfalls bei räumlicher, sprachlicher und kultureller Nähe, und wo sie nicht gegeben ist, kann sie leicht hergestellt werden. Zeitgeschichte erleichtert »das Verständnis von Grundtatsachen, die nur in der Erinnerung von Zeitgenossen Spuren hinterlassen«.[82] Sie eröffnet die große Möglichkeit der Zeugenbefragung, die freilich nicht unproblematisch ist und als einziger Bereich der Zeitgeschichte einer (noch zu erarbeitenden) besonderen methodischen Schulung bedarf.

Vor allem aber vermag Zeitgeschichte das historische Verständnis zu fördern. Der Historiker kennt in der Regel das Ende der von ihm untersuchten Ereignisreihen und soll doch davon absehen können, um allen, auch den nicht verwirklichten Möglichkeiten gerecht zu werden. Zeitgeschichte ist überwiegend offene Geschichte und insofern eine unvergleichlich schulende Herausforderung für jeden Historiker. Karl Dietrich Erdmann hat sie ebenso schön wie überzeugend umschrieben: »Die Geschichtswissenschaft steht in einem eigentümlichen Spannungsverhältnis zu ihrem Gegenstand. Sie sucht ihm nahe zu sein und zugleich fern. Nahe, als ob die Toten noch lebten und ihre Zukunft noch offen sei – fern, als ob die noch lebenden Mitspieler jüngst vergangener Geschichte schon entrückt seien in den Bereich des eindeutig Gewesenen, des Unabhänderlichen. Was vergangen ist, holt sie in die Gegenwart, und das Gegenwärtige sieht sie an als das schon wieder Vergehende.«[83] Zeitgeschichte, so könnte man hinzufügen, ordnet die schon wieder vergehende Gegenwart in die Vergangenheit ein und schlägt damit Brücken des Verständnisses auch in die Zukunft. Wenn die Aufgabe des Historikers die Beschreibung und Erklärung von derlei Kontinuitäten ist, dann findet er hier einen methodischen Prüfstand ohnegleichen.

## Die Funktion der Zeitgeschichte in unserer Zeit

Der unerhörte Aufschwung, den die Zeitgeschichte insbesondere Deutschlands nach dem Ende des Zweiten Weltkrieges nahm, ist leicht erklärlich. Er wurde durch das einzigartige Zusammentreffen verschiedener Faktoren begünstigt. Das Interesse der Zeitgenossen war außerordentlich groß. Die deutschen Archive standen zuerst der anglo-amerikanischen und dann auch der deutschen und internationalen Forschung offen. Das Ende der Geschichte des Dritten Reiches war bekannt. Die Akteure waren von ihrer Pflicht zu Loyalität und Geheimhaltung befreit. Sie durften nicht nur reden, sie wollten es auch, um sich zu rechtfertigen. Es gab keine Hauptgeheimnisse mehr, und die Verwirklichung der Freiheitsrechte ermöglichte eine uneingeschränkte und überdies staatlich geförderte Forschung. Begreiflicherweise stürzten sich die Historiker daher in die Flut der Quellen und fragten nicht viel nach Methoden.

Denn die Lage war auch unter diesem Gesichtspunkt ungewöhnlich günstig. Die Geschichte des Dritten Reiches konnte, obwohl sie für die meisten Historiker Zeitgeschichte war, mit den hergebrachten Methoden der Vergangenheitsgeschichte, dem historisch-philologischen Aktenstudium, erforscht werden. Die Lage bot alle Vorteile der Vergangenheitsgeschichte und zugleich keinen der Nachteile von Zeitgeschichte. Was da erstmals unter diesem Namen mit soviel Aufwand und Erfolg betrieben wurde, war unter diesen Umständen, methodisch gesehen, eigentlich keine Zeitgeschichte. Der große Kontinuitätsbruch von 1945, sosehr er in Wirklichkeit ein nur scheinbarer gewesen sein mag, und die einzigartige Quellenlage schufen eine Ausnahmesituation, die wenig geeignet war, eine echte Zeitgeschichtswissenschaft zu begründen.

Inzwischen trennen uns nun dreißig Jahre und mehr, eine Generation, von diesen Ereignissen. Das Dritte Reich, von der Weimarer Republik zu schweigen, ist auch unter dem Gesichtspunkt des zeitlichen Abstandes zwischen dem Historiker und seinem Gegenstand für eine wachsende Zahl von Historikern zunehmend weniger Zeitgeschichte. Die Nachkriegsgeschichte aber ist wieder so unzugänglich wie gewöhnliche Zeitgeschichte. Die Archive sind für dreißig Jahre verschlossen, die Politiker zur Diskretion verpflichtet. Das Ende, der nächste große Einschnitt unserer Zeitgeschichte, ist unbekannt. Die Zeitgeschichtsforschung kehrt damit gewissermaßen zur Normalität zurück, und schon verlieren die Historiker, verwöhnt durch die Gunst der letzten Jahrzehnte, das Interesse an ihr und überlassen das Feld den Publizisten, Politologen und Juristen.[84] Das Gebhardtsche Handbuch der deutschen

Geschichte reicht bis 1945 und wird in neuer Auflage bis 1949 reichen. Rassows »Deutsche Geschichte im Überblick« überließ den letzten Abschnitt (1945–1955) einem Nichthistoriker. Diese Beispiele ließen sich mehren.

Die Funktion der Zeitgeschichte war in unserer Zeit weithin auch, was man die »Bewältigung der Vergangenheit« genannt hat, und insofern eine politische und volkspädagogische. Bisweilen konnte man den Eindruck haben, als werde Zeitgeschichte mit dieser Funktion gleichgesetzt. So notwendig und vielleicht sogar erfolgreich derlei Bemühungen waren, sie brachten gewisse Abhängigkeiten mit sich. Berechtigte Werturteile, zumal wenn sie in erzieherischer Absicht geradezu vermittelt werden sollten, verstellten mehr als einmal den Blick auf die Wirklichkeit. Obwohl es diese Schwierigkeit immer gegeben hat und immer geben wird, in der bisher bekannten Form dürfte sie zurücktreten oder verschwinden, und die Forschung wird gut daran tun, sich auf andere Gefährdungen einzurichten. Fast nichts wird in diesem Bereich noch so sein, wie es in den letzten drei Jahrzehnten war. Die Zeitgeschichte steht an einem Scheidewege.

Über ihre Funktion in der Zukunft nachzudenken, kann nicht mehr zu den Aufgaben dieses Aufsatzes gehören. Mit Sicherheit läßt sich auch bisher nur sagen, daß sie eine andere sein wird. Allgemein zwar kann sie wie eh und je sehr einfach mit Alexander Rüstows Buchtitel als Ortsbestimmung der Gegenwart umschrieben werden. Im einzelnen aber wird sie sich von der jetzigen Praxis unterscheiden müssen. Die erste Hälfte des 20. Jahrhunderts wird bald nicht mehr zur Zeitgeschichte gerechnet werden können, wenn wir sie als die Geschichte unserer Zeit verstehen wollen. Mit der Verlagerung auf andere Gegenstände, die nur mit anderen Mitteln erforscht werden können, wird sich auch die Funktion der Zeitgeschichte ändern.

Dabei verliert das Argument, es mangele an Quellen, aus einem doppelten Grunde zunehmend an Gewicht. Denn einerseits verschafft die enorme Publizität der Politik zumindest in demo-

kratischen Gesellschaften einen Ersatz für Archivalien, der
Geschichtsforschung durchaus zuläßt. Andererseits führt die
bekannte Umorientierung der historischen Methode von phi-
lologisch-textkritischer Quelleninterpretation zu sozialwissen-
schaftlichen Fragestellungen ohnehin dazu, Statistiken und
ähnlichem veröffentlichten Material einen höheren Aussage-
wert beizumessen als etwa diplomatischen Akten, und wahrscheinlich entspricht diese Akzentverlagerung auch veränderten Bedingungen in Staat und Gesellschaft. Insofern mag
Zeitgeschichte für die Wissenschaft auch die Funktion erhalten, als Prüfstand neuartiger Methoden zu dienen.

Wichtig ist jedenfalls, daß Zeitgeschichte eine historische Disziplin bleibt, und das heißt, daß sich die Historiker die Beschäftigung mit ihr nicht aus der Hand nehmen lassen dürfen. Denn
grundsätzlich gibt es nur eine historische Methode, und nur ihre
ständig vergleichende Anwendung in verschiedenen Bereichen der
Geschichte, nur die methodische Schulung an den gesicherteren
Abschnitten der Vergangenheitsgeschichte vermag der Zeitgeschichtsforschung wissenschaftlichen Rang zu verleihen. Die Geschichte muß die Lehrmeisterin der Zeitgeschichte bleiben. Zum
Glück gibt es dafür hervorragende und ermutigende Beispiele.

Einen Tag nach dem Staatsstreich von Louis Napoléon schrieb
Engels an Marx, es handele sich um eine »Travestie des 18. Bru-
maire«[85], und drei Monate später hatte Marx seine Schrift fertiggestellt, auf der die Geschichtsforschung noch heute beruht und
die außerdem der Ursprung einer der wichtigsten historischen
Theorien ist. Was Engels zur dritten Auflage schrieb, war keine
Übertreibung: »Dies eminente Verständnis der lebendigen Tagesgeschichte, dies klare Durchschauen der Begebenheiten, im Mo-
ment, wo sie sich ereignen, ist in der Tat beispiellos.«[86] Es nicht
beispiellos bleiben zu lassen, sondern dem Zeitgenossen das
gleichzeitige Ereignis mittels der historischen Methode verständlich zu machen, das ist die Funktion der Zeitgeschichte.

(1975)

# Zur Politik des Heiligen Stuhls
## im Zweiten Weltkrieg

### Ein ergänzendes Dokument

> *»Unsere Oberen wollen die Natur*
> *des wahren Konflikts nicht begreifen,*
> *und sie bestehen hartnäckig darauf,*
> *sich einzubilden, es handele sich um*
> *einen Krieg wie in früheren Zeiten.«*
>
> *Kardinal Tisserant*

Die Hintergründe der päpstlichen Politik im Zweiten Weltkrieg, fraglos ein wichtiges Kapitel der Zeitgeschichte, sind ebenso unzugänglich wie die Bestände des Vatikanischen Geheimarchivs, die darüber Auskunft geben könnten. Nur ein einziges Mal haben sie einem Bearbeiter, dem Monsignore Alberto Giovannetti, einem Beamten des päpstlichen Staatssekretariats, für ein Buch zur Verfügung gestanden, das im Jahre 1960 erschien.[1] Es ist eine offensichtlich offiziöse Verteidigungsschrift gegen verschiedene, schon gleich nach Kriegsende erhobene Vorwürfe[2], und sein wissenschaftlicher Wert liegt nahezu ausschließlich in den bisher unveröffentlichten Dokumenten, die es enthält. Es ist daher nur beschränkt in der Lage, die Diskussion, derentwegen es geschrieben wurde, aus dem Bereich der unbegründeten Vermutung auf gesicherten Boden zu führen.

Wenn im folgenden nun ein ergänzendes Dokument, ein bisher unveröffentlichter Brief des Kardinals Tisserant vom 11. Juni 1940, veröffentlicht wird, so geschieht es in eben dieser Absicht, die wissenschaftliche Erörterung auf eine festere Grundlage zu stellen. Deswegen scheint es zur Einführung in den historischen Zusammenhang und seine Problematik angebracht, zunächst das von Giovannetti entworfene Bild, das ja als einziges auf den Quellen beruht, nachzuzeichnen. Danach wird dann die Geschichte des ergänzenden Dokuments geschildert und schließlich dieses selbst zusammen mit einer knappen Interpretation und einem begleitenden Dokument veröffentlicht.

## »Der Vatikan und der Krieg«

Giovannetti beginnt seine Darstellung mit der Wahl Kardinal Eugenio Pacellis, des langjährigen Apostolischen Nuntius in Berlin (1920–1929) und damaligen Kardinalstaatssekretärs (1930–1939), zum Papst am 2. März 1939 und führt sie, von einigen Ausnahmen abgesehen[3], bis zum Zusammenbruch Frankreichs im Juni 1940. Beim Amtsantritt von Pius XII. waren die Beziehungen zwischen Deutschland und dem Heiligen Stuhl sehr gespannt. Die Enzyklika Pius' XI. vom 14. März 1937 (»Mit brennender Sorge«) hatte die Auseinandersetzung mit dem Nationalsozialismus weltweit bekanntgemacht und damit zugleich verschärft.[4] Bei seinem Staatsbesuch in Italien im Mai 1938 hatte Hitler den für Staatsoberhäupter dabei traditionellerweise üblichen Besuch beim Papst demonstrativ unterlassen[5], und im Oktober hatte die Reichsregierung sogar erwogen, ihren Botschafter beim Vatikan abzuberufen.[6]

Pius XI. kommentierte die Ereignisse der internationalen Politik mit unbekümmertem Freimut. Das Münchener Abkommen nannte er nach Giovannetti einen »capitombolo«, einen Purzelbaum Frankreichs und Großbritanniens vor den Gebietsforderungen Hitlers.[7] Bei seiner letzten Begegnung mit leitenden Staatsmännern, nämlich mit dem britischen Premierminister Chamberlain und dessen Außenminister Lord Halifax, am 13. Januar 1939 äußerte er sich noch einmal kritisch zu dieser Übereinkunft. Er sei zwar Gott dankbar, so sagte er, für die Erhaltung des Friedens, aber er müsse auch hinzufügen, er hätte gewünscht, »es möchten von dem glücklichen Ausgang nicht nur der große Friede Europas und der Welt Nutzen ziehen, sondern auch der innere Friede, der Friede der Seelen und der Gewissen von so vielen Millionen Katholiken in Deutschland, deren schwerste Betrübnisse wir tagtäglich verfolgen und teilen«.[8]

Pius XII. versuchte demgegenüber, die internationale Politik und die Beziehungen zu Deutschland auf diplomatischem Wege zu entspannen. Vielleicht unter dem Eindruck günstiger deutscher Pressekommentare anläßlich seiner Wahl und auf Anraten des deutschen Episkopats richtete er schon am 6. März 1939, noch vor seiner Krönung, ein wohlwollendes Handschreiben an Hitler, das dieser indessen erst am 29. April mit einem nichtssagenden Brief beantwortete.[9]

Inzwischen hatte sich die Lage mit der Besetzung Prags durch Deutschland und Albaniens durch Italien weiter verschärft. Zu dieser Zeit leitete Pius XII. eine diplomatische Sondierung ein mit dem Ziel, schließlich Frankreich, Deutschland, England, Italien und Polen zu einer Konferenz über die schwebenden Fragen einzuladen.[10] Der Papst schien an eine Art zweiter Münchener Konferenz zu denken, freilich diesmal unter Einschluß des hauptsächlichen Streitobjektes, nämlich Polens, aber unter Ausschluß wiederum der Sowjetunion, zu der der Heilige Stuhl allerdings auch keinerlei Beziehungen hatte. Es war jedenfalls gerade die Erinnerung an München, die die Anregung suspekt machte.[11] Sie stieß bei allen fünf vorgesehenen Teilnehmern auf höfliche Ablehnung, und so wurde die Einladung offiziell niemals ausgesprochen. Frankreich regte statt dessen »eine Enzyklika oder eine Ansprache über die Freiheit und Würde der menschlichen Person ...«, über die politischen und sozialen Häresien« an[12], aber auf diese Anregung ging der Papst seinerseits nicht ein.

Indessen setzte Pius XII. seine vielfältigen diplomatischen Unternehmungen zur Erhaltung des Friedens fort. Er war durch seine Vertreter in den Hauptstädten Europas sehr gut über die zunehmende Verschlechterung der Lage unterrichtet und benutzte seine Autorität, um allenthalben zum Frieden und vor allem zur Mäßigung zu raten. Am 24. August 1939 rief er in einer Rundfunkrede noch einmal zum Verhandeln auf.[13] Als auch das nichts nutzte, schaltete sich die Kurie mit verstärktem Nachdruck in die Verhandlungen selbst ein. Sie regte einen »Burgfrieden« in der deutsch-polnischen Minderheitenfrage an[14], unterstützte den Vorschlag eines fremden Diplomaten, aus dem Korridor einen unabhängigen Staat »etwa nach der Art der Fürstentümer Monaco und Liechtenstein« zu machen[15], und übermittelte dem polnischen Staatspräsidenten trotz schwerer Bedenken und offenbar erst nach einer persönlichen Entscheidung des Papstes selbst den Vorschlag Mussolinis, Polen möge sich der Rückkehr Danzigs in das Reich nicht widersetzen und direkten Verhandlungen mit Deutschland über den Korridor und die Minderheitenfrage zustimmen.[16] In den letzten Augusttagen scheint Pius XII. sogar erwogen zu haben, selbst nach Berlin und Warschau zu fliegen, um persönlich eine Beilegung der Zwistigkeiten zu versuchen.[17] Am 1. September begann der Krieg.

Nach dem Ende des Polenfeldzuges stellte sich das Problem der deutschen Grausamkeiten in diesem Lande, von denen der Vatikan alsbald erfuhr. Schon zu Ende September beklagte der Papst die Sterbenden, »die nicht alle zur kämpfenden Truppe gehörten«[18], und in seiner ersten Enzyklika (»Summi Pontificatus«) vom 20. Oktober sprach er erneut vom Blut auch solcher, »die nicht Kämpfer sind«.[19] Konnten sich diese Bemerkungen auch etwa noch auf die Opfer des Bombenkrieges oder sowjetischer Grausamkeiten beziehen, so hat doch kurz darauf im Vatikan kein Zweifel mehr geherrscht. Am 29. November sprach der Apostolische Nuntius in Berlin, Monsignore Cesare Orsenigo, im Auswärtigen Amt von den Grausamkeiten der Gestapo, auf die er von deutscher Seite aufmerksam gemacht worden war, und forderte eine eingehende und strenge Untersuchung, freilich, wie er betonte, nicht im Auftrage des Heiligen Stuhls, sondern »als einfacher Privatmann«.[20] Aber natürlich setzte er die Kurie unverzüglich von seinem Schritt und seinen Informationen in Kenntnis. Im August 1941 protestierte Orsenigo, wie Giovannetti berichtet, erstmals namens des Heiligen Stuhls gegen schwere Verletzungen der kirchlichen Freiheit im Warthegau.[21]

Inzwischen erfaßte der Krieg immer mehr Länder. Am 30. November 1939 begann der sowjetische Angriff auf Finnland. Die Stellungnahme des Vatikans war eindeutig; der *Osservatore Romano* schrieb sogleich: »Dieser einseitige Bruch des Nichtangriffspaktes mit Finnland ist ein augenfälliger Beweis für die aggressiven Absichten Rußlands: Es hat den erstbesten Vorwand gewählt, um die letzten Bande zu zerschneiden, die es noch an das Völkerrecht gebunden hielten.«[22] Am 2. Dezember nannte das Blatt den sowjetischen Angriff ein »kalt berechnetes Verbrechen« und am 18. Februar 1940 noch einmal »die zynischste Aggression der modernen Zeit«.[23] Als am 9. April die Besetzung Dänemarks und der Angriff auf Norwegen begannen, berichtete der *Osservatore* darüber unter der Überschrift »Die Neutralen in den Krieg hineingerissen – Deutscher Angriff auf zwei neutrale Länder« und nannte kurz darauf den norwegischen Widerstand noch einmal ausdrücklich »ehrenhaft«.[24] Vier Wochen später war die Reihe an Belgien, Holland und Luxemburg. Pius XII. hatte sogleich nach dem Angriff, wie Giovannetti schreibt, »in persönlichster Initiative Befehl gegeben, einen energischen Protest vorzubereiten«, der noch am gleichen Abend im *Osservatore Romano* veröffentlicht werden sollte.[25] Aber obwohl Kardinalstaatssekretär Luigi Maglione den Text schon verfaßt hatte, wurde er nicht veröffentlicht, sondern der Papst schickte statt dessen persönliche Telegramme an die Souveräne der drei überfallenen Länder.[26] Als diese Botschaften bereits abgesandt waren, ersuchten die französische und britische Regierung den Heiligen Stuhl »um eine ausdrückliche Verurteilung der Aggression«; sie wurden auf die Lektüre der Telegramme verwiesen.[27]

Mit besonderem Nachdruck und in immer wiederholter Bemühung hatte Pius XII. seit August 1939 versucht, wenigstens Italien zu einer Politik der Neutralität zu überreden.[28] Aber auch das war vergebens. Am 22. Mai 1940 erklärte der Unterstaatssekretär im italienischen Innenministerium, Guido Buffarini-Guidi, dem Apostolischen Nuntius in Rom, Monsignore Borgongini-Duca, der Eintritt Italiens in den Krieg sei nunmehr beschlossene Sache[29], und am 10. Juni erfolgte tatsächlich die italienische Kriegserklärung an Frankreich und England.

Die Sorge des Papstes galt nun dem Wunsch, Rom möchte zur Offenen Stadt erklärt werden. Noch am Tage der italienischen Kriegserklärung ersuchte der Heilige Stuhl die französische und die englische Regierung, »das neutrale Hoheitsgebiet des Vatikanstaates zu achten und auch die Stadt Rom angesichts ihres heiligen Charakters von jeder Kriegshandlung zu verschonen«.[30] Die französische Regierung antwortete am 18. Juni zustimmend auf jedes der beiden Verlangen[31], aber sie hatte bereits am Tage zuvor um Waffenstillstand gebeten, befand sich auf der Flucht in Bordeaux, und so hatte ihre Zustimmung bestenfalls noch die Bedeutung einer höflichen Geste. Die britische Regierung hatte schon am 16. erwidert, sie beabsichtige in keiner Weise, die Vatikanstadt anzugreifen, hinsichtlich Roms jedoch müsse sie ihr Verhalten von demjenigen Italiens abhängig machen.[32] Daraufhin wandte sich der Heilige Stuhl an die italienische Regierung und erfuhr, diese »handele schon richtig«.[33] Als aber im August italienische Flugzeuge sich vorübergehend an den Luftangriffen gegen England beteiligten, stellte sich das Problem von neuem und beschäftigte die Kurie bis zum Kriegsende. Giovannetti bemerkt dazu: »Eine wahre diplomatische Schlacht setzte daraufhin [am 10. Juni 1940] ein: vielleicht war es die beachtlichste, sicherlich die zäheste und in einigen Augenblicken die geradezu verzweifelste all jener, die die Staatssekretarie während des Krieges durchzufechten hatte.«[34]

Das Buch Giovannettis, das nicht lange nach dem Tode von Pius XII. unter dem Pontifikat von Johannes XXIII. erschien, endet mit der Schilderung dieser Ereignisse und schließt nur noch einige Ausblicke und Schlußbemerkungen an. Wir sind der Darstellung kommentarlos gefolgt und haben nur in den Anmerkungen auf einige weitere Quellen verwiesen, die die Darstellung in allem Wesentlichen und in mancher Einzelheit bestätigen. So ergeben sich die großen Züge der päpstlichen Politik in jenen Jahren mit ziemlicher Klarheit und Sicherheit. Papst Pius XII. hat unermüdlich verhandelt, um den Krieg zu verhindern, und er hat nach Kriegsbeginn ebenso unermüdlich gemahnt, den Krieg zu beenden oder doch wenigstens zu humanisieren. Seine politische Grundüberzeugung war dabei die Befürchtung, der »gottlose und umstürzlerische Kommunismus« werde den Krieg dazu benutzen, um »dem christlichen Europa den Todesstoß versetzen zu können«.[35]

Giovannettis Darstellung ist im übrigen vielleicht weniger einheitlich, als sie auf den ersten Blick erscheinen könnte und als in einer offensichtlich offiziösen Schrift erwartet werden würde. Manche Nuance scheint eher angedeutet als ausgesprochen zu sein. Ebenso scheint das Buch bei aller Zustimmung nicht ganz frei von Kritik. Eines, so schreibt Giovannetti, hätte Pius XII. »sich vielleicht noch vorzuwerfen, und das war: zuviel Zurückhaltung gezeigt zu haben gegenüber dem, was in Polen vorgefallen war«.[36] Wiederholt weist Giovannetti auch auf Meinungsverschiedenheiten zwischen dem Papst und »angesehenen Persönlichkeiten« hin, von denen mehrere etwa die »Exkommunikation Hitlers wegen seiner Verletzung der belgischen und holländischen Neutralität verlangten«.[37] Aber Giovannetti hatte schon in der Einleitung hervorgehoben: »Wie Pius XII. sich weigerte, sich einem antikommunistischen Kreuzzug zur Verfügung zu stellen, so gedachte er auch nicht, bei einem antinazistischen mitzutun, wiewohl Anregungen dazu von angesehenster Seite ergingen.«[38]

Man darf in derartigen Andeutungen wohl einen Hinweis auch auf unterschiedliche Auffassungen innerhalb des Vatikans, wie es sie sicherlich zu allen Zeiten gegeben hat, erblicken. In diesen Fragenkreis der Meinungsbildung innerhalb der Kurie führt der Brief des Kardinals Tisserant als ein ergänzendes Dokument, über dessen Herkunft und Geschichte nun einige Worte am Platze sind.

*Der Brief des Kardinals*

Unmittelbar nach dem Zusammenbruch Frankreichs im Juni 1940 setzte ein großzügig und planmäßig angelegter deutscher Anschlag auf den französischen Kulturbesitz ein. Er erstreckte sich auf öffentliche Museen sowie private, vor allem jüdische, Kunstsammlungen, aus denen zahllose Stücke nach Deutschland entführt wurden, auf Bibliotheken insbesondere der Logen, deren Bestände einer zu gründenden »Hohen Schule« der nationalsozialistischen Forschung, Lehre und Erziehung dienstbar gemacht wurden, und auf die Archive, in denen Jahre hindurch deutsche Historiker und Archivare im Auftrag der Reichsregierung arbeiteten, exzerpierten und photokopierten. Einige Aspekte dieses Unternehmens, das wie in den anderen besetzten Gebieten vor allem mit dem Namen Alfred Rosenbergs verknüpft ist, sind gelegentlich in der Literatur dargestellt worden.

Ein Aspekt indessen hat dabei fast keinerlei Aufmerksamkeit gefunden, obwohl er in einer der grundlegenden einschlägigen Anordnungen Hitlers ausdrücklich erwähnt ist. In einem Schreiben von Generaloberst Wilhelm Keitel, dem Chef des Oberkommandos der Wehrmacht, vom 5. Juli 1940 heißt es nämlich unter anderem, der Führer habe angeordnet, auch »die Kanzleien der hohen Kirchenbehörden ... nach gegen uns gerichteten politischen Vorgängen zu durchforschen und das in Betracht kommende Material beschlagnahmen zu lassen«. Zuständig für diese Aufgabe war »die Geheime Staatspolizei – unterstützt durch die Archivare des Reichsleiters Rosenberg«.[39]

Über diese Aktion und ihr Ergebnis ist bisher so gut wie nichts bekannt, da beides wohl im sorgsam gehüteten und auch heute noch schwer erforschbaren geheimpolizeilichen Bereich verblieb. Um so aufschlußreicher auch für die Geschichte des Dritten Reiches ist der folgende Hergang. Denn es kann nur in Ausführung dieser Anordnung Hitlers gewesen sein, daß den deutschen Behörden bei der Durchsuchung des erzbischöflichen Palais in Paris jener Brief des Kardinals Tisserant in die Hände fiel, den Heydrich am 25. September 1940 an Lammers übersandte. Heydrich war ja der unmittelbare Vorgesetzte der zuständigen Geheimen Staatspolizei, denn diese war administrativ nichts weiter als das Amt IV des Reichssicherheitshauptamtes, dessen Chef er war.[40]

Das Schreiben Heydrichs freilich, das hier mitveröffentlicht wird (Dokument Nr. 1), ist für die Mentalität seines Verfassers weitaus bezeichnender als für den Brief, den er interpretiert. Als versierter Geheimdienstmann kann er in dem Kardinal nur seinesgleichen erblicken. Die angeblich »von Kardinal Tisserand[41] im Dienst der Alliierten übernommene Agentenrolle« dürfte allein seiner absonderlichen Phantasie entsprungen sein. Denn zu der Vorhersage, Italien werde eines Tages seinem Achsenpartner Deutschland in den Krieg folgen, bedurfte es schon zu Ende August 1939 wahrlich keiner »nachrichtendienstlichen Verbindungen«, und die militärischen Anlagen in Rom dürften den »militärischen Stellen der Alliierten« ebenso gut bekannt gewesen sein wie jedermann sonst, der sich dafür interessierte, ganz abgesehen davon, daß ein Kardinal zur Weitergabe einer solchen »Meldung« kaum den Erzbischof von Paris[42] in Anspruch genommen hätte, da ihm doch im Vatikan der direkte Kontakt zu Vertretern der Alliierten jederzeit möglich war. Das Schreiben stellt Heydrichs Intelligenz kein gutes Zeugnis aus, sollte aber vielleicht auch eher einer unartikulierten Hetze gegen die katholische Kirche Vorschub leisten. Jedenfalls verkannte Heydrich die Bedeutung des Briefes, der immerhin auch für die nationalsozialistische Führung interessante Meinungsverschiedenheiten innerhalb der Kurie deutete, vollkommen.

Der dürftigen Interpretation entspricht die weitere Geschichte. Lammers, als Chef der Reichskanzlei mit vielerlei Dingen beschäftigt, scheint der Sache nicht viel Interesse abgewonnen zu haben. Er ließ sie zunächst einmal vier Wochen auf sich beruhen und schickte erst am 20. Oktober, vermutlich um überhaupt etwas zu »veranlassen«, den ganzen Vorgang (in Photokopien) an den

Reichsaußenminister, und zwar ohne weiteren Kommentar, nur mit der grotesken Angabe, es handele sich um einen Brief Tisserants »über die militärische Lage«, und mit dem Zusatz, vielleicht empfehle es sich, »die italienische Regierung vom Inhalt dieses Briefes zu unterrichten«.[43]

Im Auswärtigen Amt war das Interesse nicht größer. Ribbentrop antwortete überhaupt nicht, sondern ließ die Photokopie an seine Botschaft in Rom weiterreichen. Dort wurde sie dem Kabinettschef des italienischen Außenministers Graf Ciano, dem Gesandten Anfuso, »zur Kenntnis gebracht«, der dafür mit dem Bemerken dankte, Tisserant »sei der italienischen Regierung schon lange als bösartiger Intrigant und Hetzer bekannt und werde überwacht«. So jedenfalls berichtete Botschafter von Makkensen dem Auswärtigen Amt am 8. November 1940, das diesen Bescheid seinerseits Lammers am 16. November »abschriftlich ... zur Kenntnis« übersandte.[44] Damit war der bürokratische Kreis geschlossen, und die ganze Angelegenheit wurde »zu den Akten« gelegt. Es ist für die oberflächliche und irrige Einschätzung des Dokuments bezeichnend, daß der Vorgang nicht etwa unter dem Stichwort »Kirche« oder »Heiliger Stuhl«, sondern unter »Frankreich« abgelegt wurde, und damit mag es zusammenhängen, daß er erst jetzt im Zusammenhang einer Arbeit über die deutsche Frankreichpolitik im Zweiten Weltkrieg zufällig wiedergefunden wurde.

*Eine Interpretation*

Der Brief des Kardinals Tisserant vom 11. Juni 1940 (Dokument Nr. 2) ist mit einer Schreibmaschine geschrieben und handschriftlich unterzeichnet. Er umfaßt zwei Seiten. In der linken oberen Ecke der ersten Seite ist das Wappen des Kardinals abgedruckt mit seiner Devise »Ab oriente et occidente«.[45]

Eugène (oder mit italienischem Vornamen: Eugenio) Tisserant wurde am 24. März 1884 in Nancy geboren. Er bildete sich in Paris zum Orientalisten aus und ging, 1907 zum Priester geweiht, im Jahre 1908 nach Rom. Dort arbeitete er in der Abteilung für orientalische Handschriften der Vatikanischen Bibliothek und lehrte zugleich Assyriologie. Während des Ersten Weltkrieges diente er in der französischen Armee. Nach Kriegsende nach Rom zurückgekehrt, wurde er 1919 stellvertretender und 1930 Pro-Präfekt der Vatikanischen Bibliothek; er ist heute ihr Protektor und Kardinal-Bibliothekar der Heiligen Römischen Kirche. 1926 wurde er Berater und 1936 Sekretär der Kongregation für die Orientalische Kirche, der er noch heute angehört. Papst Pius XI. ernannte ihn am 15. Juni 1936 zum Kardinal. Im Jahre 1940 gehörte er somit zu den führenden Persönlichkeiten am Heiligen Stuhl, freilich mehr auf theologischem als auf politischem Gebiet. Er war damals Mitglied von fünf Kongregationen (*per la Chiesa Orientale, della disciplina dei Sacramenti, de Propaganda Fide, dei Riti* und *dei Seminari e delle Università degli Studi*) sowie des Obersten Gerichtshofes und Vorsitzender der päpstlichen Kommission für biblische Studien.[46]

Der Adressat seines Briefes ist in den überlieferten Texten nicht genannt, weder im Brief selbst noch in dem Schreiben Heydrichs.[47] Er läßt sich indessen aus Form und Inhalt mit großer Wahrscheinlichkeit erschließen. Aus der Anrede (Éminentissime et vénéré Seigneur[48]) und dem Titel (Éminence) geht hervor, daß es sich dabei ebenfalls um einen Kardinal gehandelt haben muß.[49] Einige Formulierungen (»unsere Feinde«, »unsere Krankenhäuser«) legen die Annahme nahe, der Adressat sei ebenso wie der Absender Franzose, worauf auch die Sprache, in der der Brief abgefaßt ist, hindeutet. Schließlich geht aus dem Dank Tisserants für angebotene Gastfreundschaft in Paris sowie aus der Bemerkung Heydrichs, der Brief sei im erzbischöflichen Palais in Paris gefunden worden, hervor, daß der Adressat in Paris gewohnt haben muß. Nach alldem kann es kaum einen Zweifel geben, daß der Brief Tisserants an den Erzbischof von Paris, Suhard, den einzigen Kardinal, auf den alle übrigen Hinweise passen, gerichtet war.

Emmanuel Suhard wurde am 5. April 1874 in Brains-sur-les-
Marches (Département de la Mayenne) geboren. Er wurde 1928
Bischof von Bayeux und 1930 Erzbischof von Reims. Papst
Pius XI. ernannte ihn am 16. Dezember 1935 zum Kardinal. Am
11. Mai 1940, also am Tage nach dem Beginn des Westfeldzuges,
wurde er Erzbischof von Paris. Er hatte dieses Amt mithin erst
etwas mehr als drei Wochen inne, als er am 4. Juni jenen Brief an
Tisserant richtete, auf den dieser am 11. antwortete. Daraus mag
sich auch erklären, daß der neue Erzbischof seine Gastfreundschaft angeboten hatte. Im Jahre 1940 war Kardinal Suhard Mitglied dreier Kongregationen beim Heiligen Stuhl (*della disciplina
dei Sacramenti, dei Religiosi* und *dei Seminari e delle Università
degli Studi*); zweien von ihnen gehörte auch Tisserant an. Suhard
war die ganze Besatzungszeit hindurch Erzbischof von Paris und
ist am 30. Mai 1949 gestorben.[50]

Zum Verständnis des Briefes ist alsdann sein Datum von Bedeutung. Italien hatte, wie bereits erwähnt, am 10. Juni 1940 Frankreich und Großbritannien den Krieg erklärt und eröffnete am
folgenden Tage, auf den der Brief Tisserants datiert ist, die
Kampfhandlungen an der Alpenfront. Tisserant schrieb also in
den ersten Stunden des italienisch-französischen Krieges aus Rom
an einen Landsmann in Paris. Daraus mag sich manche Formulierung seines Briefes erklären. Wir haben schon hervorgehoben,
daß zur Vorhersage dieser Ereignisse keine besonderen Informationen vonnöten waren. Warum Tisserant allerdings in diesem
Zusammenhang gerade den 28. August 1939 nennt, bleibt unklar
und läßt eher auf ungenaue Informationen schließen. Denn gerade in diesen Tagen seit dem 25. August war es zur schwersten
deutsch-italienischen Vertrauenskrise der unmittelbaren Vor-
kriegszeit gekommen.[51]

Mussolini hatte erklärt, Italien sei zu einem Kriegseintritt nicht
bereit, und im Vatikan war das nicht unbekannt geblieben. Papst
Pius XII. hatte jedenfalls dem britischen Vertreter beim Heiligen
Stuhl gerade am 27. August gesagt, er halte im Falle eines Krieges

die italienische Beteiligung keineswegs für sicher.[52] Freilich hatte
Mussolini am selben Tage Hitler wenigstens zugesagt, den Schein
zu wahren, indem er an der französischen Grenze Truppen zusam-
menzöge[53], und es ist denkbar, daß Tisserant seine Schlüsse derartigen Meldungen entnahm. Denkbar ist natürlich auch, daß er sich
im Juni 1940, zehn Monate später, hinsichtlich des Datums einfach
irrte oder verschrieb und etwa an den Abschluß des deutsch-itali-
nischen Stahlpaktes (22. Mai 1939) oder des deutsch-sowjetischen
Vertrages (23. August 1939) dachte. Die einfachste Erklärung indessen liegt vermutlich in der schon erwähnten Tatsache, daß
Tisserants Arbeitsgebiet eher die Theologie als die Diplomatie
war.

Dafür spricht auch der weitere Inhalt des Briefes. Zwar ist seine
Interpretation der deutschen Grausamkeiten in Polen ungewöhnlich treffend, treffender noch, als nach den in den Vatikan gelan-
genden, sehr genauen Berichten angenommen werden konnte.
Denn wir wissen erst seit kurzem, daß es sich bei diesen Morden in
Polen nicht etwa um Exzesse untergeordneter Stellen wie der SS
handelte, sondern um eine von Hitler selbst angeordnete systema-
tische Vorbereitung einer künftigen deutschen Polenpolitik, die
letztlich tatsächlich auf eine Depolonisierung Polens hinauslief.[54]
So genau Tisserant hier also einen grundlegenden Wesenszug der
Hitlerschen Politik richtig erriet, so war es doch anderseits eine,
wiewohl verständliche, Verkennung, die gleichen Absichten auch
hinsichtlich Frankreichs anzunehmen oder sie gar auch der Politik
Mussolinis zu unterstellen. Die Lebensraumexpansion galt im wesentlichen nur für den Osten, obwohl es natürlich richtig ist, daß
sowohl Hitler wie Mussolini auch beträchtliche Aspirationen auf
französisches Territorium hegten, wo sich dann, wie etwa in
Lothringen und im Elsaß, die Methoden der in Polen geübten
Praxis stark annähern sollten, und insofern war Tisserants Warnung nur allzu berechtigt.

Verfehlt aber war gewiß die Annahme, Hitler habe seine Theorien nach dem Vorbild des Islam gebildet. Seine Vorbilder, die zu

erörtern hier nicht der Ort ist, sind anderswo zu suchen. Auch war die Mutter von Rudolf Heß nicht Muselmanin, sondern eine Deutsche namens Adelheid Clara Heß, geb. Münch, aus Hof in Bayern gebürtig und evangelisch-lutherischen Glaubens.[55] Der Irrtum Tisserants findet leicht seine Erklärung in der bekannten Tatsache, daß Rudolf Heß als Sohn eines deutschen Kaufmanns im ägyptischen Alexandrien geboren wurde. Moslems aber hat es deswegen in seiner Familie nie gegeben.[56]

Indessen liegt die Bedeutung des Briefes ja nicht in den Dingen, über die sich heute jedermann besser informieren kann als der Briefschreiber damals, sondern in denjenigen, die auch heute noch der Forschung verschlossen sind. In dieser Hinsicht ist der Brief ein aufschlußreiches Zeugnis für eine Meinungsverschiedenheit zwischen einem Kardinal und einem Papst, wie es deren gewiß immer viele gegeben hat. Insofern ist der Brief auch vermutlich gar keine Seltenheit, sondern er ist es nur deswegen, weil er als einziger seiner Art und seiner Zeit schon jetzt zugänglich ist. Außerdem gibt er den Blick frei auf gewisse Alternativen zur päpstlichen Politik im Zweiten Weltkrieg.

Der Brief berichtet von Vorwürfen und (abgelehnten) Vorschlägen. Dreierlei wirft Tisserant dem Papst vor. Er und seine engsten Berater (so muß wohl die Formulierung »nos gouvernants« verstanden werden) weigern sich, diesen Krieg als das anzusehen, was er ist, nämlich ein Raub- und Ausrottungskrieg und kein traditioneller Konflikt. Mehr noch: der Heilige Stuhl denkt mehr an sich selbst als an die Welt. Und dann der Gipfel: man verläßt sich darauf, daß Rom Offene Stadt sein und man infolgedessen im Vatikan nichts auszustehen haben wird. Die Steigerung der Vorwürfe ist unverkennbar. Sie geht von Fehleinschätzung über Indifferenz bis zum Egoismus. Entsprechend steigern sich die Ausdrücke: Weigerung (»s'obstinent«), traurig (»triste«), eine Schande (»une ignominie«). Dabei wird der regierende Papst mit seinem Vorgänger verglichen.

Nach dem überwiegend politischen ersten Teil des Briefes

könnte man erwarten, daß politische Vorschläge folgen würden. Aber nichts von alledem. Tisserant führt seine politischen Betrachtungen sogleich auf ihren religiösen Kern zurück, auf das Gewissen. Die Pflicht, dem Gewissen zu gehorchen, sieht er in einen Konflikt geraten mit der Pflicht, den Befehlen der politischen Führer zu gehorchen. Nicht einen demonstrativen Protest, nicht eine diplomatische Demarche an die Regierenden also wünscht er, sondern einen Hirtenbrief an die Gläubigen über das, was sie um ihres Seelenheils willen tun und unterlassen müssen. »Denn das ist der Lebensnerv des Christentums.« Papst Pius XII. hat, nach dem Brief zu urteilen, die Vorschläge Tisserants abgelehnt, sowohl den offenbar mehrfach vorgetragenen, eine Enzyklika zu erlassen, wie auch den, den Kardinal nach Frankreich zu entsenden. Das hat in Tisserant eine fühlbare Bitterkeit gegen den Papst entstehen lassen.

Schon allein deswegen wird der Historiker sich gut hüten, die Interpretation zu forcieren. Der Brief stellt ein Einzelstück dar, in dem die andere Seite, die möglicherweise ebenfalls gute Gründe für ihre Einstellung hatte, nicht zu Wort kommt. Ein wenig kann hier die Darstellung Giovannettis weiterhelfen. Aus dem Vergleich ergibt sich dann ein Gegensatz zwischen einer eher diplomatischen Haltung, der es um den Frieden der Welt geht, und einer religiösen, für die der Friede der Gewissen im Mittelpunkt steht. Dieser Konflikt ist in der Kirchengeschichte keineswegs neu, sondern gleichsam immanent in ihr angelegt. Aber er eröffnet der Diskussion eine neue Blickrichtung und ist jedenfalls in der Lage, das Buch Giovannettis, das darauf nicht eingeht, in dieser Richtung zu ergänzen.

Unser ergänzendes Dokument bleibt gleichwohl Fragment. Die größeren Zusammenhänge sind noch nicht bekannt. Das verstärkt nur den Wunsch, über das Fragment hinaus, das den Irrtum nicht ausschließt, die ganze Wahrheit zu ergründen. Kein anderer als Papst Pius XII. selbst hat 1955 dem in Rom versammelten Internationalen Historikerkongreß mitgeteilt, er prüfe gegenwärtig die Möglichkeit, auch jüngere Akten des Vatikanischen Geheimarchivs der Forschung zugänglich zu machen.[57] »Es wäre vielleicht so ungeschickt nicht, wie es aussieht«, schrieb Ranke über eben diese Frage im Jahre 1834, »denn keine Forschung kann etwas Schlimmeres an den Tag bringen, als die unbegründete Vermutung annimmt und als die Welt nun einmal für wahr hält.«[58]

(1963)

*Dokument Nr. 1*[59]

Der Chef der Sicherheitspolizei       Berlin SW 68, den 25. Sep. 1940
und des SD                      Wilhelmstraße 102

An den
Reichsminister Dr. Lammers
Berlin W 8,
Voßstr. 4.

Betr.: Brief des Kardinals Tisserand[60] über die militärische Lage.
Anlg: – 1 –

Sehr verehrter Herr Reichsminister!
    Bei der Durchsuchung des erzbischöflichen Palais in Paris wurde u. a. der anliegende Brief des französischen Kurien-Kardinals Tisserand, datiert vom 11. Juni 1940, aufgefunden, aus dem nicht nur die starke politische Initiative des in Rom amtierenden Kardinals, sondern auch die von Kardinal Tisserand im Dienst der Alliierten übernommene Agentenrolle in eindeutigster Weise erkennbar ist.
    In der Einleitung weist der Kardinal auf die von ihm bereits im Dezember v. Js. erteilte Unterrichtung des Generals Georges[61] über die Entwicklung der militärischen Lage hin, die ihm zweifellos nur aufgrund seiner nachrichtendienstlichen Verbindungen möglich gewesen sein dürfte.
    Der Hinweis des Kardinals auf seine äußersten Bemühungen, den Papst zu einer entschiedeneren Stellungnahme zu bewegen, beweist, wie

sehr Kardinal Tisserand, dessen Einfluß auf die vatikanische Politik unter Pius XI. man nachrühmte, er ersetze Frankreich ganze Armeekorps, gleich den französischen Kardinälen Baudrillart[62] und Marchetti[63], in seiner kirchlichen Stellung die Machenschaften einer ausschließlich französischen Politik betrieben hat bzw. betreibt.

In diesem Zusammenhang kann die unter Berufung auf ein Wort Mussolinis gegebene Charakterisierung der deutschen und italienischen Kriegsziele und die schneidende Kritik über die mangelnde Entschluß- und Erkenntniskraft der alliierten Regierungen nicht anders als der Versuch gewertet werden, die verantwortlichen Stellen der Alliierten zu einer radikaleren Kriegsführung aufzuputschen.

Darüber hinaus stellt die zweifellos zur Weitergabe an die militärischen Stellen der Alliierten bestimmte Meldung über die militärischen Befestigungen und Anlagen der italienischen Hauptstadt und über den angeblichen Mißbrauch des Roten Kreuzes als Tarnung für militärische Objekte sowie die zynische Aufforderung, das Genfer Kreuz nicht mehr zu respektieren, »weil es unsere Hospitäler nicht schützt«, einschließlich des eklatanten Verrates militärischer Geheimnisse und der niederträchtigen Verleumdung der Achsenmächte, eine ganz und gar unerhörte Provokation dar.

In Anbetracht des schwerwiegenden Inhalts des Schreibens erlaube ich mir, Ihnen eine Fotokopie des Tisserand-Briefes zu überreichen.

[gez.] Heydrich

*Dokument Nr. 2*[64]

(L. S.)                                                    Rome, le 11 juin 1940

ʹminentissime et vénéré Seigneur,

J'ai reçu hier la lettre que Votre Éminence m'a adressée le 4. Grand merci pour la bonté que Votre Éminence veut bien me manifester; si nous survivons à l'épreuve, volontiers je profiterai lors de mes passages à Paris de l'hospitalité que vous m'offrez. Mais qu'arrivera-t-il d'ici là? J'avais prévu dès le 28 août ce qui est arrivé hier, et ja l'avais dit au Général Georges[65], lorsque je l'ai rencontré à la fin de décembre. Comment pourrons-nous résister à ce nouveau danger? Que Dieu nous aide, et vous aide!

Il ne faut d'ailleurs pas que les Français se fassent d'illusion: ce que leurs ennemis veulent, c'est leur destruction. Les journaux italiens, ces jours-ci étaient pleins de textes de S. E.[66] Mussolini disant: nous sommes prolifiques, et nous voulons des terres! et cela veut dire des terres sans habitants. L'Allemagne et l'Italie s'appliqueront donc à la destruction des habitants des régions occupées, comme ils ont fait en Pologne. Au lieu de mourir sur le champ de bataille, il faudra donc que les Français meurent à petit feu, les hommes séparés de leurs femmes, et les enfants épargnés peut-être, pour servir d'esclaves aux vainqueurs, car tel est le droit de la guerre pour nos ennemis. Nos gouvernants ne veulent pas comprendre la nature du vrai conflit et ils s'obstinent à s'imaginer qu'il s'agit d'une guerre comme dans l'ancien temps. Mais l'idéologie fasciste et l'hitlé-rienne ont transformé les consciences de jeunes, et les moins de 35 ans sont prêts à tous les délits pour la fin que leur chef commande.

J'ai demandé avec insistance au Saint Père depuis le début de décembre de faire uns encyclique sur le devoir individuel d'obéir au dictamen de la conscience, car c'est le point vital du christianisme, tandis que l'isla-misme, qui a servi de modèle aux théories d'Hitler, grâce au fils de la musulmane Hess, remplace la conscience individuelle par le devoir d'o-béir aux ordres du prophète ou de ses successeurs aveuglément.

Je crains que l'histoire n'ait à reprocher au Saint-Siège d'avoir fait une politique de commodité pour soi-même, et pas grand chose de plus. C'est triste à l'extrême, surtout quand on a vécu sous Pie XI. Et tout le monde se fie sur ce que Rome ayant été déclarée ville ouverte personne de la curie n'aura rien à souffrir; c'est une ignominie. D'autant que la Secrétairerie d'Etat et le Nonce ont persuadé aux religieuses en grand nombre et aux religieux de ne pas partir[67], afin de fournir à l'Italie des otages. Mais pourtant Rome est un camp retranché, entouré d'une ceinture de forts, qui ont toujours été occupés par des troupes et il y a deux grandes fabriques d'armes, une cartoucherie et un atelier de réparation d'artille-rie! Mais ceux-ci[68], comme les Allemands cacheront leurs états-majors sous la croix de Genève, que les Franco-anglais devraient déclarer ne plus reconnaître, puisqu'elle ne protège pas nos hôpitaux.

Je vis dans l'inutilité la plus complète, rentenu ici, tandis que j'avais demandé au S. Père de m'envoyer en France. Je prie pour vous, Éminence, et beaucoup. Veuillez me croire Votre très dévoué en N. S.[69]

[gez.] Eugène Card. Tisserant

*Übersetzung*[70]

(L. S.)                                                    Rom, den 11. Juni 1940

Hochwürdigster und verehrter Herr,
Ich habe gestern den Brief erhalten, den Eure Eminenz am 4. an mich gerichtet haben. Vielen Dank für die Güte, die Eure Eminenz mir zu beweisen geruhen; wenn wir die Prüfung überleben, werde ich bei meinen Reisen nach Paris gern von der Gastfreundschaft Gebrauch machen, die Sie mir anbieten. Aber was wird bis dahin geschehen? Ich hatte seit dem 28. August vorhergesehen, was gestern geschehen ist, und ich hatte es dem General Georges[71] gesagt, als ich ihn zu Ende Dezember traf. Wie werden wir dieser neuen Gefahr widerstehen können? Möge Gott uns helfen und Ihnen helfen!
Die Franzosen sollen sich übrigens keine Illusionen machen: was ihre Feinde wollen, das ist ihre Vernichtung. Die italienischen Zeitungen sind in diesen Tagen voll von Äußerungen von S. E.[72] Mussolini, die besagen: wir sind fruchtbar, und wir wollen Land! und das soll heißen, Land ohne Bewohner. Deutschland und Italien werden sich daher die Vernichtung der Bewohner der besetzten Gebiete angelegen sein lassen, wie sie es in Polen gemacht haben. Statt auf dem Schlachtfeld zu sterben, werden die Franzosen also auf kleinem Feuer sterben müssen, die Männer getrennt von ihren Frauen, und die Kinder vielleicht geschont, um den Siegern als Sklaven zu dienen, denn das ist für unsere Feinde das Kriegsrecht. Unsere Oberen wollen die Natur des wahren Konflikts nicht begreifen, und sie bestehen hartnäckig darauf, sich einzubilden, es handele sich um einen Krieg wie in früheren Zeiten. Aber die faschistische Ideologie und die hitlerische haben das Gewissen der jungen Menschen verwandelt, und die unter 35 Jahren sind zu allen Untaten bereit für den Zweck, den ihr Führer befiehlt.
Ich habe den Heiligen Vater seit Anfang Dezember beharrlich gebeten, eine Enzyklika zu erlassen über die Pflicht jedes einzelnen, dem Ruf des Gewissens zu gehorchen, denn das ist der entscheidende Punkt des Christentums, während der Islam, der dank dem Sohne der Muselmanin Heß den Theorien Hitlers als Vorbild gedient hat, das individuelle Gewissen durch die Pflicht ersetzt, den Befehlen des Propheten und seiner Nachfolger blindlings zu gehorchen.
Ich fürchte, die Geschichte wird dem Heiligen Stuhl vorzuwerfen haben, er habe eine Politik der Bequemlichkeit für sich selbst verfolgt, und

nicht viel mehr. Das ist äußerst traurig, vor allem wenn man unter Pius XI. gelebt hat. Und jedermann verläßt sich darauf, daß, nachdem Rom zur Offenen Stadt erklärt ist, an der Kurie niemand etwas zu leiden haben wird; das ist eine Schande. Zumal da das Staatssekretariat und der Nuntius die Nonnen in großer Zahl und die Mönche überredet haben, nicht fortzugehen[73], um Italien Geiseln zu stellen. Rom aber ist ein befestigtes Lager, umgeben von einem Festungsgürtel, der immer von Truppen besetzt gewesen ist, und es gibt hier zwei große Waffenfabriken, eine Patronenfabrik und eine Artillerie-Reparaturwerkstatt! Diese aber[74] werden wie die Deutschen ihre Stäbe unter dem Kreuz von Genf verbergen, so daß die Franzosen und Engländer erklären sollten, sie anerkennten es nicht mehr, da es unsere Krankenhäuser nicht schützt.

Ich lebe in der vollkommensten Nutzlosigkeit, hier zurückgehalten, während ich den Hl. Vater gebeten hatte, mich nach Frankreich zu entsenden. Ich bete für Sie, Eminenz, und zwar viel. Ich bin Ihr in Unserem Herrn ganz ergebener

[gez.] Eugène Card. Tisserant

# Die deutsche Kriegserklärung an die Vereinigten Staaten vom Dezember 1941

*Die Kriegserklärung war ein Schritt,
den Krieg, der in der Hauptsache ein
Eroberungskrieg gegen die Sowjetunion
war und blieb, zusammen mit Japan
trotz allem gewinnen zu können.*

Am Donnerstag, dem 11. Dezember 1941, um 14.18 Uhr empfing der deutsche Reichsaußenminister Joachim von Ribbentrop in seinem Arbeitszimmer in der Berliner Wilhelmstraße den amerikanischen Geschäftsträger, Botschaftsrat Leland B. Morris, und verlas ihm stehend eine Erklärung, die damit endete, daß sich »Deutschland von heute ab als im Kriegszustand mit den Vereinigten Staaten von Amerika befindlich« betrachte. Die Begegnung dauerte drei Minuten.[1] Um 15 Uhr trat der Großdeutsche Reichstag zusammen und hörte eine Rede Hitlers, der in dieser die Kriegserklärung bekanntgab.[2] Während er sprach, übergab der deutsche Geschäftsträger in Washington, Botschaftsrat Hans Thomsen, um 15.30 Uhr deutscher Sommerzeit (9.30 Uhr Ortszeit) dem Leiter der Europa-Abteilung des Department of State, Ray Atherton, eine Note, die denselben Wortlaut hatte wie die von Ribbentrop verlesene Erklärung.[3] Damit befanden sich die beiden Staaten zum zweiten Mal in ihrer Geschichte im Kriege miteinander. Doch während er 1917 von Amerika erklärt worden war, ging die Erklärung 1941 von Deutschland aus.

Was die deutsche Regierung zu diesem Schritt bewog, ist auch vierzig Jahre später noch immer ungeklärt und umstritten. In der Tat scheint die Frage nicht leicht zu beantworten, warum Deutschland sich, während sein Feldzug gegen die Sowjetunion im Schnee vor Moskau steckenblieb und Britannien nach wie vor unbesiegt war, genau jene Großmacht zum weiteren Gegner machte, deren Eingreifen es im Ersten Weltkrieg erlegen war. Es ist daher zumeist vermutet worden, der Entschluß entziehe sich einer überzeugenden Erklärung, habe den eigenen Interessen der deutschen Führung nicht entsprochen, sondern sei ein mehr oder weniger unüberlegter Ausdruck von Verzweiflung oder Größenwahn gewesen, ja Hitler habe damit seinen Untergang gleichsam herbeirufen wollen. Welche Gründe auch immer angeführt werden, der Forschungsstand ist, obwohl die überlieferten Quellen seit langem zugänglich sind, von Ratlosigkeit gekennzeichnet.[4]

Da der Entschluß zur Kriegserklärung von Hitler getroffen wurde, muß jede Untersuchung von seinen außenpolitischen Vorstellungen und seiner Einschätzung der Lage im Jahre 1941 ausgehen. Dabei muß vor allem der Hergang der Entschlußbildung so genau wie möglich nachgezeichnet werden.

Hitlers Außenpolitik folgte einem schon in den zwanziger Jahren aufgestellten Plan.[5] Ihr oberstes Ziel war ein Eroberungskrieg gegen die Sowjetunion. Die Überlegungen, wie er zu gewinnen sei, galten dabei von Anfang an weniger dem eigentlichen Gegner, der unter einem deutschen Angriff rasch zusammenbrechen würde, als vielmehr den anderen Mächten, die allein den Erfolg gefährden könnten. Es mußte daher eine gegen Deutschland gerichtete Koalition, wie sie im Ersten Weltkrieg bestanden hatte, oder gar ein Krieg an mehreren Fronten verhindert werden. Zu diesem Zweck sollten Italien und Britannien durch Zugeständnisse zur Hinnahme der deutschen Machterweiterung bewogen werden. Frankreich hingegen mußte militärisch ausgeschaltet werden, ehe der Krieg gegen die Sowjetunion begonnen werden konnte. Den Vereinigten Staaten und Japan maß Hitler ursprünglich keine große Bedeutung bei.

Während die Verständigung mit Italien gelang, mißlang sie mit Britannien. Unter diesem Eindruck bezog Hitler erstmals Japan in seine Planungen ein. Es sollte die britische Aufmerksamkeit von Europa nach Ostasien ablenken. Wenn es Deutschland gelänge, so schrieb Ribbentrop in seiner »Notiz für den Führer« vom 2. Januar 1938, im Verein mit Italien und Japan »seine Bündnispolitik so zu gestalten, daß eine deutsche Konstellation einer englischen stärker oder vielleicht ebenbürtig gegenübersteht, wäre es möglich, daß England lieber doch noch einen Ausgleich versucht«.[6] Als es gleichwohl am 3. September 1939 an der Seite Frankreichs in den Krieg eintrat, hoffte Hitler, es werde einlenken, wenn es seinen Verbündeten verlöre und vom Festland vertrieben werde. Der Westfeldzug von 1940 erhielt so den doppelten Zweck, Frankreich zu schlagen und Britannien zu entmutigen.

Obwohl dieses Ziel nur zur Hälfte erreicht wurde, entschloß Hitler sich danach, die Sowjetunion im Mai 1941 anzugreifen und binnen fünf Monaten zu besiegen. Unter den gegebenen Umständen erhielt auch der Ostfeldzug einen doppelten Zweck, nämlich einerseits sogenannten Lebensraum zu erobern und andererseits Britannien endgültig zu entmutigen. »Englands Hoffnung«, so sagte Hitler in einer Besprechung am 31. Juli 1940, »ist Rußland und Amerika. Wenn Hoffnung auf Rußland wegfällt, fällt auch Amerika weg, weil [auf den] Wegfall Rußlands eine Aufwertung Japans in Ostasien in ungeheurem Maß folgt.«[7] Englands letzte Hoffnung sei dann getilgt, und auch Amerika werde nicht eingreifen, zumal wenn Japan unter dem Eindruck des deutschen Sieges über die Sowjetunion eine aktive Politik in Ostasien betreibe.

Während der Vorbereitung des Ostfeldzuges galten Hitlers Sorgen ungeachtet seiner Siegesgewißheit wiederum vor allem den anderen Mächten, die Deutschland behindern oder die Sowjetunion unterstützen könnten. Diese Gefahr war um so größer, je länger der Feldzug dauerte. Besonders für den Fall, daß er wider Erwarten im Jahre 1941 nicht beendet werden konnte, waren britische und amerikanische Eingriffe der verschiedensten Art zu befürchten. Tatsächlich unterstützten die Vereinigten Staaten ja die britischen Kriegsanstrengungen in zunehmendem Maße. Beide Mächte konnten aber durch Japan in Ostasien gebunden und von Europa abgelenkt werden.

Diesem Zweck diente der am 27. September 1940 geschlossene Dreimächtepakt zwischen Deutschland, Italien und Japan.[8] Er besagte, daß die drei Staaten sich mit allen Mitteln unterstützen würden, falls einer von den Vereinigten Staaten angegriffen werden sollte. Er garantierte somit, daß Amerika im Falle seines Kriegseintritts einen Zweifrontenkrieg sowohl im Atlantik wie im Pazifik führen mußte oder, anders ausgedrückt, daß Deutschland eine ungeteilte amerikanische Intervention wie im Ersten Weltkrieg nicht zu befürchten brauchte. Der Zweck des Dreimächtepaktes war, die Vereinigten Staaten davon abzuhalten, an der Seite Britanniens in den Krieg einzutreten.

Hitler jedoch genügte diese Abschreckung noch nicht. Er drängte Japan daher, um zusätzliche Sicherheit zu erlangen, die britischen Positionen in Ostasien anzugreifen. »Es müsse Deutschlands Ziel sein«, sagte er am 15. Februar 1941 bei einer Besprechung der Angriffspläne gegen die Sowjetunion, »Japan sobald wie möglich zum aktiven Handeln im Fernen Osten zu veranlassen. [...] Es müsse sich in den Besitz von Singapore und aller Rohstoffgebiete setzen, die es für die Fortsetzung des Krieges, besonders wenn Amerika eingreife, brauche.«[9] In einer Weisung über Zusammenarbeit mit Japan vom 5. März wiederholte er diesen Gedanken mit der Begründung: »Starke englische Kräfte werden dadurch gebunden, das Schwergewicht der Interessen der Vereinigten Staaten von Amerika wird nach dem Pazifik abgelenkt.«[10]

Japan indessen ging auf Hitlers Anregung nicht ein. Statt dessen eröffnete es im Frühjahr 1941 Verhandlungen mit den Vereinigten Staaten, die dem japanischen Vordringen in China und Indochina mit verschiedenen Maßnahmen entgegengetreten waren.[11] Kam hier ein Ausgleich zustande, wurde ein japanischer Angriff auf Singapore noch weniger wahrscheinlich und war Amerika wieder ganz für Europa frei, zumal wenn Japan den Dreimächtepakt aufkündigen oder offensichtlich nicht zu seinen Verpflichtungen stehen sollte. In dieser bedrohlichen Lage erweiterte Hitler seine Dreimächtepaktgarantie an Japan und versprach dem japanischen Außenminister Matsuoka Yōsuke bei dessen Besuch in Berlin im März und April 1941, Deutschland werde sowohl in einen japanisch-sowjetischen wie einen japanisch-amerikanischen Konflikt sofort und bedingungslos eingreifen.[12]

In diesen Gesprächen drängten die Deutschen den Japaner nicht nur erneut und unermüdlich zu einem Angriff auf Singapore. Sie deuteten auch mehr oder weniger verhüllt an, daß ein deutsch-sowjetischer Krieg bevorstehe. Auf den ersten Blick mochte es in der Tat verlockend erscheinen, Japan für eine Beteiligung an diesem Krieg zu gewinnen. Würde die Sowjetunion zugleich im Westen und im Osten angegriffen, waren ihre Überlebenschancen noch geringer, als sie ohnehin eingeschätzt wurden. Tatsächlich aber legte Hitler darauf nur einen untergeordneten Wert. Das vorrangige deutsche Ziel war immer noch, daß Japan Britannien in Ostasien angriff und dadurch zugleich auch Amerika abschreckte. Nur weil Japan zu zögern schien, erweiterte Hitler seine Beistandszusagen, um es überhaupt zu einem Kriegseintritt zu bewegen, sei es gegen Britannien, was der wünschenswerteste Fall war, oder gegen die Sowjetunion oder gegen Amerika, was nach wie vor am wenigsten erwünscht erschien.

An dieser Rangfolge änderte sich in den nächsten Wochen nichts. Der japanische Botschafter in Berlin, Ōshima Hiroshi, wurde wiederholt auf den bevorstehenden Kriegsbeginn hingewiesen und gewann den Eindruck, wie er am 16. April berichtete, »daß man vielleicht doch wünscht, daß Japan sich direkt an einem Krieg gegen die Sowjetunion beteiligt«.[13] Ähnlich meldete er nach einem Empfang bei Hitler am 3. Juni, er sei zu dem Urteil gekommen, »daß man eine japanische Mitwirkung wünscht«.[14] Man muß jedoch bezweifeln, daß Ōshima Hitler richtig verstand oder verstehen wollte. Richtiger klingt jedenfalls, was er nach einer Unterredung mit Ribbentrop vom 4. Juni berichtete: »Welche Haltung Japan in diesem Falle [eines deutsch-sowjetischen Krieges] einnähme, überließe man selbstverständlich unseren Überlegungen, jedoch würde man deutscherseits eine Mitwirkung Japans im Kampf gegen die Sowjetunion begrüßen, falls sich mit Rücksicht auf die Ausrüstung Schwierigkeiten bei dem Vorstoß nach Süden ergäbe.«[15] So notierte sich am 8. Juni auch der Staatssekretär im Auswärtigen Amt, Ernst von Weizsäcker, die deutsche Auffassung: »Nachdem ihm [Ōshima] nun klarer gesagt oder geworden ist, daß die Frage Rußland akut wird, scheint er dafür sorgen zu wollen, daß Japan dann, wenn nicht nach Singapore, wenigstens gegen Wladiwostok geht.«[16]

Wenn nicht Singapore, dann wenigstens Wladiwostok – das war noch immer die Reihenfolge, und an letzter Stelle stand nach wie vor ein Kriegseintritt Amerikas. Japan sollte es nicht angreifen und Deutschland jede Herausforderung vermeiden. Das erklärte Hitler dem Oberbefehlshaber der Kriegsmarine, Großadmiral Erich Raeder, noch einmal am 21. Juni: »Führer wünscht bis Erkennbarwerden Auswirkung ›Barbarossa‹ d. h. für einige Wochen unbedingte Vermeidung jeder Zwischenfallmöglichkeit mit U.S.A.«[17]

Am nächsten Tag, dem 22. Juni 1941, überfiel Deutschland, wegen des Balkanfeldzuges um einige Wochen später als ursprünglich vorgesehen, die Sowjetunion. In der japanischen Führung sprach sich Matsuoka alsbald für eine Beteiligung seines Landes aus, konnte sich aber nicht durchsetzen und trat am 16. Juli zurück.[18] Deutschland hingegen, höchst beunruhigt über die fortgehenden japanisch-amerikanischen Verhandlungen, drängte jetzt mit Nachdruck auf einen Kriegseintritt Japans gegen die Sowjetunion. In diesem Sinne wirkte Ribbentrop auf Ōshima ein und gab am 28. Juni seinem Botschafter in Tōkyō, Eugen Ott, eine entsprechende Weisung: Ein Vorstoß nach Süden mit Richtung auf Singapore sei und bleibe zwar von »großer Bedeutung«. Da Japan hierauf aber zur Zeit noch nicht vorbereitet sei, solle es ohne Zögern gegen Sowjetrußland vorgehen. »Damit würde es auch den Rücken für den Vorstoß nach dem Süden frei bekommen.« Und dann folgte wieder die alte deutsche Überlegung: »Es kann damit gerechnet werden, daß die schnelle Niederringung Sowjetrußlands, zumal wenn sich Japan von Osten her daran beteiligt, das beste Mittel sein wird, um die Vereinigten Staaten von der absoluten Sinnlosigkeit eines Eintritts in den Krieg auf seiten des dann völlig isolierten und der mächtigsten Kombination der Erde gegenüberstehenden Englands zu überzeugen.«[19]

Damit wurde deutlich, daß der japanische Kriegseintritt noch immer hauptsächlich zur Abschreckung Amerikas gewünscht wurde und erst in zweiter Linie als Waffenhilfe gegen die Sowjetunion, die Deutschland zu dieser Zeit noch allein niederwerfen zu können glaubte. Diese Einstellung bestätigte sich abermals, als amerikanische Streitkräfte am 7. Juli Island besetzten. Für die deutsche Marine bedeutete dies »stärkste Auswirkung und Beeinträchtigung eigener Kampfführung im Atlantik«.[20] Als Raeder jedoch zwei Tage später von Hitler die »politische Entscheidung« erbat, »ob die Besetzung Islands als Kriegseintritt der USA zu betrachten oder als Provokation aufzufassen sei, die ignoriert werden solle«, erfuhr er, »daß ihm [Hitler] alles daran liege, den Kriegseintritt der USA noch 1–2 Monate hinauszuschieben, da einerseits der Ostfeldzug mit der gesamten Luftwaffe [...] durchgeführt werden müsse und da andrerseits die Wirkung des siegreichen Ostfeldzuges auf die Gesamtlage, wahrscheinlich auch auf die Haltung der USA, ungeheuer groß sein werde«. Er wolle daher »jeden Zwischenfall weiterhin vermieden wissen«.[21]

Japan aber zögerte. Besorgt fragte Ribbentrop am 10. Juli seinen Botschafter in Tōkyō: »Haben Sie den Eindruck, daß man in Japan vielleicht geneigt sein könnte, doch eine – allerdings sehr kurzsichtige – Politik zu treiben, die darauf hinausliefe, durch einen Ausgleich mit Amerika dieses auf lange Zeit in einem europäischen Krieg zu fesseln, um, ohne selbst mit Amerika in offenen Konflikt zu kommen, in Ostasien freie Hand zu haben, die chinesischen Dinge in Ordnung zu bringen und sich im Süden weiter auszubreiten?« Um so dringender bat er Ott, »auf den schnellstmöglichen Kriegseintritt Japans gegen Rußland hinzuwirken«.[22]

In dieser bedrohlichen Lage schaltete sich Hitler selbst noch einmal ein und empfing Ōshima am 14. Juli in seinem Hauptquartier. »Wenn wir«, so sagte er, »überhaupt die USA aus dem Krieg heraushalten könnten, dann nur durch die Vernichtung Rußlands und dann nur, wenn Japan und Deutschland zugleich und eindeutig auftreten.«[23]

Die Vereinigten Staaten aus dem Krieg herauszuhalten, war noch immer das oberste Ziel der deutschen Japanpolitik. Daran änderte sich auch nichts, als Amerika immer unverhohlener an die Seite Britanniens trat und auch die Sowjetunion unterstützte. Im August trafen Präsident Roosevelt und Premierminister Churchill zusammen und verkündeten gemeinsam die Atlantik-Charta, in der von der »endgültigen Vernichtung der Nazi-Tyrannei« die Rede war. Am 11. September erließ Roosevelt sogar einen Schießbefehl gegen Schiffe der Achsenmächte und erläuterte ihn in einer außerordentlich ernsten Rundfunkansprache. Hitler aber forderte selbst jetzt noch äußerste Zurückhaltung. Als Raeder ihm am 17. September die neue Lage im Atlantik erklärt hatte, verzeichnete er als Ergebnis der Besprechung: »Auf Grund eingehender Darlegung der Gesamtlage (Ende September große Entscheidung im Russenfeldzug) bittet Führer, dahin zu wirken, daß bis etwa Mitte X [Oktober] keine Zwischenfälle im Handelskrieg sich ereignen.« Schon vorbereitete Gegenanweisungen an die deutschen Unterseeboote wurden daraufhin wieder zurückgezogen.[24]

In der deutschen Führung wuchs derweilen das Mißtrauen gegen Japan, das noch immer mit Amerika verhandelte. Hitler wollte auf den japanischen Kriegseintritt nicht mehr »drücken, um nicht den Eindruck zu erwecken, als brauchen wir den Japaner«.[25] Ribbentrop ließ der japanischen Regierung am 13. September sogar die Drohung übermitteln, »daß ein Weitergehen Roosevelts auf dem Wege der Aggression gegen die Achsenmächte zwangsläufig zum Kriegszustand zwischen Deutschland und Italien einerseits und Amerika andererseits führen müsse und

daß dies den im Dreimächtepakt vorgesehenen Bündnisfall auslösen und den sofortigen Eintritt Japans in einen solchen Krieg
gegen Amerika zur Folge haben würde«. Er verlangte, daß Japan
in Washington »eine entsprechende Erklärung übermittelte«.[26]
Japan sollte also wenigstens zur Verhinderung eines amerikanischen Kriegseintritts beitragen und wurde überdies darauf hingewiesen, daß seine Ausgleichsverhandlungen mit Amerika schon
deswegen bald gegenstandslos werden könnten, weil es zu seiner
Beistandsverpflichtung nach dem Dreimächtepakt stehen müsse.

Der Monat Oktober verging, ohne daß sich eine Änderung der
japanischen Haltung abzeichnete. Botschafter Ott berichtete am
4. von »einer gewissen Ratlosigkeit über die einzuschlagende Politik« und von dem wachsenden Gefühl, »um einen Konflikt mit
den Vereinigten Staaten nicht herum zu kommen«.[27] Von dem
neuen Kabinett unter Ministerpräsident General Tōjō Hideki,
das am 18. sein Amt angetreten hatte, konnte er am 20. wenigstens melden, daß in ihm »die auf eine Verständigung mit Amerika hinarbeitenden Kräfte, namentlich der Wirtschaft, abge-
schwächt« seien.[28] Aber noch am 31. mußte er nach einer Unterredung mit dem neuen Außenminister Tōgō Shigenori mitteilen,
daß über die von Deutschland am 13. September verlangte verschärfte Warnung an die USA »ein Beschluß noch nicht gefaßt
sei«.[29] Die deutsche Regierung schwieg sich aus. Erst am 9. November meldete sich Ribbentrop wieder und ließ seine Einschätzung übermitteln, »Japan könne im Augenblick ohne das Risiko
eines bewaffneten amerikanischen Eingreifens jeden Vorstoß im
Ostraum wagen«.[30] Während der Begriff »Ostraum« offenließ,
ob die Sowjetunion oder die britischen Positionen in Ostasien
gemeint waren, ließ die Formulierung im übrigen erkennen, daß
die deutsche Seite noch immer eine Einbeziehung Amerikas in den
Krieg nicht wünschte.

Dann endlich kamen Zeichen aus Japan. Am 5. November berichtete Botschafter Ott »mit Vorbehalt« von einer »vorsichtigen
Fühlungnahme der [japanischen] Marine betreffend eine deutsche

Zusage, im Falle eines japanisch-amerikanischen Krieges keinen Sonderfrieden oder Waffenstillstand zu schließen«[31], und am 18. meldete er, der Chef der Abteilung Fremde Heere im japanischen Generalstab, General Okamoto Kiyofuku, habe, »augenscheinlich in höherem Auftrage«, dem deutschen Militärattaché gegenüber »mit der Bitte um Weiterleitung« folgendes zur Sprache gebracht: »Die Entsendung Kurusus[32] stellt einen letzten Versuch dar, das japanisch-amerikanische Verhältnis zu bereinigen. Der japanische Generalstab rechnet nicht damit, daß eine friedliche Regelung möglich sei. Die dann erforderliche japanische Selbsthilfe werde voraussichtlich den Kriegseintritt der USA nach sich ziehen. [...] Der japanische Generalstab sähe die beste gegenseitige Unterstützung darin, daß beide Staaten, Deutschland und Japan, sich verpflichten, einen Waffenstillstand oder Frieden nicht vereinzelt, sondern nur gemeinsam zu schließen.«[33] Dies war eine eigentümliche Frage. Der japanische Generalstab schien nicht zu wissen, daß Hitler längst die Zusage gegeben hatte, in einen japanisch-amerikanischen Konflikt sofort und bedingungslos einzutreten. Statt nämlich diese Zusage nun abzurufen, bat Japan nur darum, die beiden Staaten sollten ihre Kriege nicht einzeln beenden, und das konnte sich, da Deutschland nicht im Kriege mit Amerika war, nur auf Britannien und die Sowjetunion beziehen. Offenbar suchte Japan eine ähnliche Abschirmung in Europa, wie Deutschland sie seit langem in Ostasien erstrebte.

Das Telegramm Otts mit der Bitte »um grundsätzliche Weisung« ging am frühen Morgen des 19. November in Berlin ein.[34] Am 21. antwortete Ribbentrop, der Botschafter selbst oder der Militärattaché sollten dem General Okamoto mündlich sagen, sie hätten nach Berlin berichtet »und hörten, daß dort der Gedanke, Waffenstillstand und Frieden nur gemeinsam zu schließen für den Fall, daß, ganz gleich aus welchem Grunde, Japan oder Deutschland in einen Krieg mit den USA verwickelt werden, als ein selbstverständlicher empfunden werde und daß man durchaus geneigt wäre, in einer für diesen Fall zu treffenden Vereinbarung Entspre-

chendes niederzulegen«.[35] Das war, auf eine vorfühlende Frage,
eine unverbindliche Antwort. Allerdings hatte Ribbentrop sogleich auch den Fall eines deutsch-amerikanischen Kriegszustandes einbezogen und die Sicherheit einer formalen Vereinbarung
verlangt. Schon am 23. antwortete Ott.[36] Er hatte die Weisung
seines Ministers zunächst durch den Militärattaché ausführen lassen, dann aber Okamoto auf dessen Wunsch auch selbst empfangen, und dieser hatte den Dank von Ministerpräsident und Kriegs-
minister Tōjō überbracht. Damit befand man sich auf der höchsten Führungsebene. Okamoto hatte gesagt, er »sei sehr erfreut,
noch einmal bestätigt zu finden, daß Deutschland Japan bei einer
Auseinandersetzung mit den Vereinigten Staaten nicht im Stich
lassen werde«. Dann berichtete Ott weiter: »Er [Okamoto] bitte
um Mitteilung, ob nach meiner Auffassung sich demnach
Deutschland im Falle einer japanischen Kriegseröffnung gegen die
Vereinigten Staaten ebenfalls mit diesen im Kriege befindlich betrachten werde.«

Jetzt waren die Japaner also einen Schritt weiter gegangen. Offenbar ermutigt von der zusagenden Antwort Ribbentrops fragten sie nun nach der deutschen Bereitschaft, in einen japanisch-
amerikanischen Krieg einzutreten. Deutlich sprach Okamoto dabei von japanischer Kriegs*eröffnung,* denn der umgekehrte Fall
einer amerikanischen Kriegseröffnung war ja durch den Dreimächtepakt gedeckt. Allerdings überging Okamoto mit Still-
schweigen, ob auch Japan seinerseits sich verpflichten würde, in
einen deutschen Krieg gegen Amerika einzutreten, und er bezog
sich wiederum nicht auf die deutsche Garantie vom April, die also
auch der japanischen Regierung unbekannt zu sein schien, sondern fragte (das war der Sinn seiner Worte), ob Deutschland auch
in einen von Japan ausgelösten Krieg gegen Amerika eintreten
werde, obwohl es dazu vertraglich nicht verpflichtet sei. Damit
war die entscheidende Frage aufgeworfen und Deutschland einer
Möglichkeit gegenübergestellt, die es bisher mit allen Mitteln zu
vermeiden gesucht hatte.

Tatsächlich wissen wir, obzwar Ribbentrop es nicht wissen konnte, daß das oberste japanische Führungsorgan, die Verbindungskonferenz zwischen der Regierung und den Streitkräften, am 12. November für den Fall der Unvermeidlichkeit des Krieges beschlossen hatte, Deutschland und Italien in Kenntnis zu setzen und die folgenden Vereinbarungen auszuhandeln: »(a) Beteiligung Deutschlands und Italiens am Krieg gegen die Vereinigten Staaten; (b) keiner der beiden wird Sonderfrieden schließen«.[37] In seiner abtastenden Fühlungnahme hatte Okamoto erst nach (b) und dann nach (a) gefragt. Im japanischen Protokoll folgt dann eine wichtige Anmerkung: »Falls Deutschland verlangt, daß wir am Krieg gegen die Sowjetunion teilnehmen, werden wir antworten, daß wir vorerst nicht beabsichtigen, in diesen Krieg einzutreten. Selbst wenn dies zu einer Lage führen sollte, durch die Deutschland seinen Kriegseintritt gegen die Vereinigten Staaten verzögert, kann man daran nichts ändern.«[38]

Dies also waren die Gedanken der Japaner. Ribbentrop aber ließ ihre Anfrage nun unbeantwortet und scheint auch mit Hitler nicht besprochen zu haben, welche Haltung Deutschland im Falle eines offenbar bevorstehenden japanisch-amerikanischen Krieges einnehmen solle. Das ist erstaunlich, zumal da Ribbentrop einerseits Hitlers Zusage vom April und andererseits dessen Wunsch kannte, nicht in einen Krieg mit den Vereinigten Staaten verwikkelt zu werden. Er hätte auch reichlich Gelegenheit gehabt, den Widerspruch zu klären. Denn Hitler kam am 27. November für drei Tage nach Berlin, um an den Feierlichkeiten aus Anlaß der Verlängerung des Antikominternpaktes teilzunehmen. Gemeinsam empfingen die beiden in diesen Tagen nacheinander die nach Berlin gekommenen Vertreter der Verbündeten. Nichts jedoch deutet darauf hin, daß Hitler die japanische Anfrage bewußt war. Im Gespräch mit dem finnischen Außenminister am 27. bemerkte er statt dessen: »Wenn die USA in den Krieg eintreten, so würde in kürzester Zeit auch Japan im Kriege sein.«[39] Dabei lag die umgekehrte Frage doch näher, ob Deutschland im Kriege mit den USA sein würde, wenn Japan in ihn einträte. Aber Hitler schien seiner alten Linie zu folgen, den Kriegseintritt der USA zu fürchten und vermeiden zu wollen.

Am 28. abends empfing Ribbentrop den japanischen Botschafter Ōshima, und nun wird die Quellenlage vollends rätselhaft. Nach der nicht vollständig erhaltenen deutschen Aufzeichnung, die einen großen Teil des Gespräches, allerdings nicht das Ende wiedergibt, kamen weder Ribbentrop noch Ōshima auf die Frage Okamotos zu sprechen.[40] Ōshima scheint dazu keinen Auftrag gehabt zu haben. Zwar sprachen die beiden unter mancherlei anderem auch von der Möglichkeit eines japanisch-amerikanischen Krieges, und Ribbentrop riet sogar: Da Japan um die Auseinandersetzung mit Amerika nicht herumkommen werde, solle man »die Amerikaner heute ruhig anpacken«. Doch sagte er mit keinem Wort, und Ōshima fragte auch nicht danach, wie Deutschland sich in einem solchen Falle verhalten werde. So jedenfalls steht es in der, wie gesagt, nicht ganz vollständig überlieferten deutschen Aufzeichnung. Sehr anders liest sich die Sache in einem angeblichen Telegramm Ōshimas vom 29. nach Tōkyō, das freilich nur in einer vom amerikanischen Nachrichtendienst aufgefangenen Fassung vorliegt. Ihm zufolge soll Ribbentrop am Schluß der Unterredung erklärt haben: »Sollte Japan in einen Krieg gegen die Vereinigten Staaten verwickelt werden, würde Deutschland natürlich unmittelbar in den Krieg eintreten. Es gebe absolut keine Möglichkeit, daß Deutschland unter solchen Umständen einen Sonderfrieden mit den Vereinigten Staaten schlösse. Dazu sei der Führer entschlossen.«[41]

Damit wäre die Frage Okamotos unzweideutig beantwortet gewesen, und die beiden Staaten hätten mit der Formulierung ihrer Vereinbarungen beginnen können. Sie taten dies jedoch keineswegs, und daraus sowie aus einer Reihe anderer Umstände ergibt sich zwingend, daß das angebliche Telegramm Ōshimas den Tatsachen nicht entspricht.[42] Einerseits sagte Hitler am Tage nach dem Gespräch zwischen Ribbentrop und Ōshima, am

29. November, dem italienischen und dem spanischen Außenminister wiederum, er sei »überzeugt, daß bei einem Kriegseintritt Amerikas auch Japan seinerseits gegen Amerika vorgehen werde«[43], ging also abermals von der der Okamoto-Frage entgegengesetzten Reihenfolge aus. Andererseits sagte der japanische Außenminister Tōgō am 30. in Tōkyō dem deutschen Botschafter Ott, Japan »hoffe, daß gegebenenfalls Deutschland und Italien gemäß dem Dreimächtepakt Japan zur Seite stehen würden«.[44] Wenn er indes Ōshimas Telegramm bekommen hätte, hätte er nicht mehr zu hoffen und sich auf den Dreimächtepakt zu beziehen brauchen, sondern sich auf die deutsche Zusage berufen können.

Vollends unglaubwürdig wird das Ōshima-Telegramm im Lichte der folgenden Ereignisse. Am 29. November hatte die Verbindungskonferenz in Tōkyō beschlossen, die japanischen Botschafter in Berlin und Rom sollten nunmehr, nachdem die Kriegseröffnung feststand (die japanischen Schiffe waren am 26. ausgelaufen, der Termin des Angriffs auf Pearl Harbor war auf den 7. Dezember festgesetzt), angewiesen werden, die nötigen Vereinbarungen über den Kriegseintritt und das Verbot eines Sonderfriedens herbeizuführen.[45] Aus unbekannten Gründen verzögerte sich die Demarche der Botschafter, obwohl größte Eile geboten schien, um einige Tage, und unsere Kenntnis wird weiter dadurch beeinträchtigt, daß die deutschen Akten über die Vorgänge dieser Tage nur bruchstückhaft überliefert sind.[46]

Sicher ist jedenfalls, daß der japanische Botschafter in Rom sich seines Auftrages am Mittwoch, dem 3. Dezember, um 11.30 Uhr bei Mussolini und Außenminister Graf Galeazzo Ciano entledigte.[47] Es spricht viel dafür, nicht zuletzt protokollarische Rücksicht, daß die Demarche in Berlin zur selben Zeit erfolgte, obwohl Ōshima nach dem Kriege erklärte, er habe sie schon am 2. ausgeführt.[48] Aber diese Unsicherheit ist ohne große Bedeutung. Wichtiger ist, daß seit der Anfrage Okamotos vom 23. November und seit der angeblichen Zusage Ribbentrops vom 28. offenbar noch immer nichts abgesprochen worden war.

Wir halten uns zunächst an die Demarche in Rom, weil sie eindeutig überliefert ist. Botschafter Horikiri Zembei verlas und übergab eine Erklärung seiner Regierung, in der ausgeführt wurde, die Vereinigten Staaten hätten in den Verhandlungen der letzten sechs Monate von Japan den Verzicht auf den Dreimächtepakt verlangt, damit dieses Italien und Deutschland nicht unterstützen würde, wenn Amerika in den europäischen Krieg einträte. Japan habe dies abgelehnt.[49] Dann fügte der Botschafter hinzu, der »Ausbruch eines Konfliktes zwischen Japan und den Vereinigten Staaten und damit auch Großbritannien« sei »nunmehr als möglich und in unmittelbarer Frist bevorstehend anzusehen«, und die japanische Regierung verlange unter Berufung auf die diesbezügliche Klausel des Dreimächtepaktes, »daß die italienische Kriegserklärung unmittelbar folge«. Sie verlange weiter, »daß ein Abkommen gezeichnet werde, auf Grundlage dessen beide Regierungen sich verpflichten, mit den Vereinigten Staaten und auch nicht mit dem britischen Imperium weder einen Waffenstillstand noch einen Sonderfrieden abzuschließen«. Dazu übergab Horikiri einen Textentwurf in französischer Sprache mit folgendem Wortlaut[50]:

Le Gouvernement Impérial du Japon et le Gouvernement de l'Italie font la déclaration suivante:

Les deux Gouvernements s'engagent à ne conclure, sans accord parfait entre eux, ni d'armistice ni de paix soit avec les Etats-Unis d'Amérique soit avec l'Empire Britannique, leurs ennemis communs.

En foi de quoi, les soussignés ont signé la présente Déclaration et y ont apposé leurs cachets.

Fait en deux exemplaires, en langues japonaise et italienne, à … le … ème jour du … ème mois de la seizième année de Shōwa, correspondant au … mille neuf cent quarante et un (Vingtième année de l'ère fasciste).

Schließlich erklärte der Botschafter, »daß zum gleichen Zeitpunkt entsprechende Verlangen an die Reichsregierung herangebracht würden«. Mussolini erwiderte, er sei zur Unterzeichnung des Abkommens bereit, beabsichtige aber »hinsichtlich dieses Punktes wie auch hinsichtlich der Kriegserklärung [...] sich mit der Reichsregierung zu beraten und seine eigene Aktion mit der ihrigen in Übereinstimmung zu bringen«.

Über die Demarche in Berlin und die Reaktion Ribbentrops sind, wie gesagt, die deutschen Akten nicht erhalten. Es gibt lediglich Aussagen Ōshimas aus der Nachkriegszeit, die besagen, Außenminister Ribbentrop habe am 2. Dezember erklärt, vor Erteilung einer Antwort müsse er Hitler konsultieren, der an der Front sei und den er im Augenblick nicht erreichen könne, und er habe am 3. erneut gesagt, er habe mit Hitler keine Fühlung nehmen können, werde aber versuchen, ihn am nächsten Tage im Führerhauptquartier zu erreichen. Obwohl er selbst mit dem japanischen Vorschlag einverstanden sei und gleiches auch von Hitler annehme, könne eine offizielle Antwort erst nach Zustimmung Hitlers erteilt werden.[51]

Auf den ersten Blick erscheinen auch diese Auskünfte unglaubwürdig. Ganz abgesehen davon, daß Hitlers Entscheidung ja angeblich schon am 28. November getroffen worden war, was sich jetzt erneut als unzutreffend erweist, erscheint es zweifelhaft, daß der deutsche Außenminister in einer so wichtigen Frage seinen Führer zwei Tage lang nicht erreichen konnte. Wahr ist freilich, daß Hitler tatsächlich am 2. Dezember an die südliche Ostfront nach Taganrog geflogen war, daß er am 3. in sein Hauptquartier bei Rastenburg zurückkehren wollte, schlechtes Wetter ihn jedoch daran hinderte, so daß er auf dem Rückflug in Poltawa übernachten mußte und folglich erst am 4. wieder im Führerhauptquartier eintraf.[52]

Selbst für die unwahrscheinliche Behauptung Ribbentrops, er habe Hitler in dieser Zeit nicht erreichen können, gibt es einen gewissen Beleg. Hitlers Kammerdiener Heinz Linge, der an dem

Flug teilnahm, hat nämlich nach dem Kriege erzählt, Hitler habe in Poltawa, »abgeschnitten von der Außenwelt, ohne Nachrichtenverbindung, eingesperrt in ein altes baufälliges, verwanztes Schloß, Hunderte von Kilometern vom Führerhauptquartier und der Reichskanzlei entfernt, [...] Höllenqualen bei dem Gedanken [erlitten], was sich inzwischen dort abspielen könnte«.[53] Dies erscheint um so glaubwürdiger, als sich in diesen Tagen mit der Krise an der Ostfront eine schwere Krise in der obersten Heeresführung verband.

Vor allem aber bestätigt der weitere Verlauf der Ereignisse, die nun wieder in den deutschen Akten überliefert sind, die zunächst kaum glaublichen Auskünfte Ōshimas und Ribbentrops. Hitler flog, wie gesagt, am 4. Dezember in Poltawa ab und kehrte im Laufe dieses Tages nach Ostpreußen zurück. Dort endlich muß Ribbentrop ihn telefonisch erreicht haben, und jetzt muß die Entscheidung gefallen sein.

Denn um 21.30 Uhr wurde der deutsche Botschafter in Rom, Hans Georg von Mackensen, im Auftrage Ribbentrops aus Berlin angerufen und vorgewarnt, er werde »im Laufe der nächsten Stunden drahtlich einen Auftrag erhalten«, den er noch in der Nacht bei Ciano und gegebenenfalls dem Duce auszuführen habe. Der Auftrag traf um 1.30 Uhr in Rom ein, »und zwar unverziffert«. Als er ganz aufgenommen worden war, begab sich Mackensen um 2.20 Uhr zu Ciano in dessen Wohnung, las ihm, »da bei der Kürze der Zeit eine italienische Übersetzung schriftlich nicht mehr anzufertigen war, den deutschen Text mündlich auf italienisch« vor und erhielt umgehend die italienische Zustimmung, die um 2.45 Uhr nach Berlin mitgeteilt wurde, so daß der japanische Botschafter den von den beiden Achsenmächten gebilligten Text um 4 Uhr erhalten und nach Tōkyō weiterleiten konnte.[54]

Was hier in höchster Eile am Abend des 4. Dezember aufgesetzt und in der Nacht zum 5. vereinbart worden war, war der Entwurf eines Abkommens mit folgendem Wortlaut[55]:

Angesichts des immer stärker in Erscheinung tretenden Willens der Vereinigten Staaten von Amerika und Englands, mit allen ihnen zu Gebote stehenden Machtmitteln eine gerechte Neuordnung zu vereiteln und dem deutschen, dem italienischen und dem japanischen Volke die Lebensmöglichkeiten abzuschneiden, haben sich die Deutsche Regierung, die Italienische Regierung und die Japanische Regierung zur Abwehr dieser die Existenz ihrer Völker bedrohenden Gefahren über folgende Bestimmungen geeinigt:

Artikel 1.   Falls zwischen Japan und den Vereinigten Staaten von Amerika der Kriegszustand eintritt, werden sich Deutschland und Italien sofort auch ihrerseits als im Kriegszustand mit den Vereinigten Staaten befindlich betrachten und diesen Krieg mit allen ihnen zur Verfügung stehenden Machtmitteln führen.
Falls zwischen Deutschland und Italien einerseits und den Vereinigten Staaten von Amerika andererseits der Kriegszustand eintritt, wird sich Japan sofort auch seinerseits als im Kriegszustand mit den Vereinigten Staaten befindlich betrachten und diesen Krieg mit allen ihm zur Verfügung stehenden Machtmitteln führen.

Artikel 2.   Deutschland, Italien und Japan verpflichten sich, im Falle eines gemäß Artikel 1 dieses Abkommens von den drei Mächten gemeinsam gegen die Vereinigten Staaten von Amerika geführten Krieges ohne volles gegenseitiges Einverständnis keinen Waffenstillstand oder Frieden mit den Vereinigten Staaten zu schließen.
Sie übernehmen die gleiche Verpflichtung auch hinsichtlich eines Waffenstillstandes oder Friedens mit England für den Fall, daß zwischen Japan und England der Kriegszustand eintritt.

Artikel 3.   Die drei Regierungen sind darüber einig, daß dieses Abkommen auf das strengste geheim gehalten wird. Sie werden jedoch die von ihnen in Artikel 2 übernommene Verpflichtung in einer noch zu verabredenden Form bekanntgeben, sobald sich Deutschland, Italien und Japan gemeinsam im Kriegszustand mit den Vereinigten Staaten von Amerika oder England oder mit diesen beiden Mächten befinden.

Artikel 4.   Dieses Abkommen tritt sofort mit seiner Unterzeichnung in Kraft und bleibt ebenso lange wie der am 27. September 1940 abgeschlossene Dreimächtepakt in Geltung.

Dieser deutsche Textentwurf war erheblich ausführlicher als der japanische. Vor allem verpflichtete er auch Japan, in einen deutsch-amerikanischen und italienisch-amerikanischen Krieg einzutreten. Das hob Ciano sogleich hervor, indem er sagte: »Absatz 2 des Artikels 1 erschiene ihm sogar eine erfreuliche Erweiterung zu unseren Gunsten.«[56] Im gleichen Sinne notierte sich Weizsäcker am 6. Dezember: »Ich finde, daß wir [zu dem japanischen Verlangen] nicht nein sagen können, im 2. Punkt [Kriegseintritt] aber Reziprozität fordern müssen. Entsprechend ist verhandelt worden. Heute kommen wir wohl zum Abschluß.«[57]

Es ist nicht überliefert, ob das Abkommen formal unterzeichnet oder durch die Ereignisse de facto in Geltung gesetzt worden ist. Am Sonntag, dem 7. Dezember, abends wurde in Berlin bekannt, daß der japanische Überfall auf Pearl Harbor erfolgt war. Damit waren die deutschen Zweifel zerstreut, ob Japan wirklich in den Krieg eintreten würde. Die deutsche Kriegserklärung indessen erfolgte nicht »sofort«. Hitler und Ribbentrop legten vielmehr Wert darauf, zuvor den bekanntzugebenden Nichtsonderfriedensvertrag zu vereinbaren. Das entsprach zwar dem Artikel 3 des Abkommens, verstieß aber im strengen Sinne gegen den Artikel 1, und dieser Widerspruch im Text zeigt noch einmal, daß die deutsche Führung die japanische Kriegseröffnung nicht so rasch erwartet hatte. Jedenfalls mußte nun wiederum in großer Eile das zweite Abkommen ausgehandelt werden.

Am Montag, dem 8. Dezember, übergab Ribbentrop Ōshima einen entsprechenden Entwurf und übermittelte ihn am Abend auch an Ott nach Tōkyō, und zwar mit der Bitte, dort auf eine so zeitige Zustimmung zu drängen, daß die Unterzeichnung in Berlin spätestens am Mittwoch vormittag erfolgen könne. Denn das Abkommen solle »eventuell in einer besonderen Form bekanntgegeben werden«,[58] Dabei handelte es sich um die Reichstagssitzung, zu deren Vorbereitung Hitler am Dienstag morgen nach Berlin kam.[59] Am selben Tage befahl er, alle einschränkenden Bestimmungen für die Seekriegführung aufzuheben und die USA »nun-

mehr als feindlich anzusehen«.[60] Die Kriegserklärung war eine
beschlossene Sache, und die deutsche Seite fürchtete jetzt, daß ihr
die amerikanische Regierung zuvorkäme.[61] Außenminister Tōgō
indessen wünschte, das Abkommen durch einige erläuternde Zusätze zu ergänzen, die erst am Dienstag um 22.10 Uhr in Berlin
eintrafen.[62] Ribbentrop erklärte sich am Mittwoch damit einverstanden und bat nochmals, »mit größtem Nachdruck darauf zu
dringen«, daß die Bevollmächtigung Ōshimas zur Unterzeichnung »nunmehr ohne jeden weiteren Verzug erfolgt und jedenfalls spätestens bis Mittwoch mittag deutscher Zeit hier ein-
trifft«.[63] Inzwischen war nämlich alles vorbereitet und der deutsche Geschäftsträger in Washington bereits angewiesen, die
Kriegserklärung am Donnerstag zu übergeben.[64]

Dann endlich erhielt Ōshima seine Vollmacht, und daraufhin
konnte der Nichtsonderfriedensvertrag am Donnerstag, dem
11. Dezember, vermutlich unmittelbar vor der Überreichung der
Kriegserklärung, von Ribbentrop, dem italienischen Botschafter
Dino Alfieri und von Ōshima unterzeichnet werden. Noch am
selben Nachmittag gab Hitler das Abkommen am Schlusse seiner
langen Reichstagsrede bekannt, indem er die Bestimmungen Wort
für Wort vorlas. Der amtliche Text erschien im Reichsgesetzblatt
und hatte folgenden Wortlaut[65]:

### Abkommen zwischen Deutschland, Italien und Japan

In dem unerschütterlichen Entschluß, die Waffen nicht niederzulegen, bis der gemeinsame Krieg gegen die Vereinigten Staaten von
Amerika und England zum erfolgreichen Ende geführt worden ist,
haben sich die Deutsche Regierung, die Italienische Regierung und
die Japanische Regierung über folgende Bestimmungen geeinigt:

### Artikel 1

Deutschland, Italien und Japan werden den ihnen von den Vereinigten Staaten von Amerika und England aufgezwungenen Krieg mit
allen ihnen zu Gebote stehenden Machtmitteln gemeinsam bis zum
siegreichen Ende führen.

## Artikel 2
Deutschland, Italien und Japan verpflichten sich, ohne volles gegenseitiges Einverständnis weder mit den Vereinigten Staaten von Amerika noch mit England Waffenstillstand oder Frieden zu schließen.

## Artikel 3
Deutschland, Italien und Japan werden auch nach siegreicher Beendigung des Krieges zum Zwecke der Herbeiführung einer gerechten Neuordnung im Sinne des von ihnen am 27. September 1940 abgeschlossenen Dreimächtepakts auf das engste zusammenarbeiten.

## Artikel 4
Dieses Abkommen tritt sofort mit seiner Unterzeichnung in Kraft und bleibt ebensolange wie der Dreimächtepakt vom 27. September 1940 in Geltung.

Die Hohen Vertragschließenden Teile werden sich rechtzeitig vor Ablauf dieser Geltungsdauer über die weitere Gestaltung ihrer im Artikel 3 dieses Abkommens vorgesehenen Zusammenarbeit verständigen.

Zur Urkund dessen haben die Unterzeichneten, von ihren Regierungen gehörig bevollmächtigt, dieses Abkommen unterzeichnet und mit ihren Siegeln versehen.

Ausgefertigt in dreifacher Urschrift, in deutscher, italienischer und japanischer Sprache, in Berlin am 11. Dezember 1941 – im XX. Jahre der Faschistischen Ära – entsprechend dem 11. Tage des 12. Monats des 16. Jahres der Ära Syōwa.

von Ribbentrop
Dino Alfieri
Ōshima

Wenn wir jetzt zu unserer Eingangsfrage zurückkehren, warum Deutschland den Vereinigten Staaten am 11. Dezember 1941 den Krieg erklärte, so ist zunächst festzustellen, daß die Antwort auf Vermutungen angewiesen bleibt. Allerdings stehen sie nun auf gesichertem Boden. Vor allem können sie ausschließen, daß Hitler durch den japanischen Kriegseintritt zu dem Entschluß bewogen wurde, den Vereinigten Staaten den Krieg zu erklären. Es

waren vielmehr zwar kurze, aber zielstrebige Vertragsverhand-
lungen zwischen Deutschland und Japan vorausgegangen, und
alle Vermutungen haben sich an den beiden vor der Kriegserklärung geschlossenen Abkommen auszurichten.

Hitler hatte einen Krieg mit Amerika lange zu vermeiden gewünscht, und zwar auch noch nach Roosevelts Schießbefehl vom
11. September, der einen begreiflichen Vorwand für eine Kriegserklärung hätte liefern können. Wenn die deutsche Note vom
11. Dezember und auch Hitler selbst in seiner Reichstagsrede diesen Befehl ein Vierteljahr später zur Begründung anführten, so
kann dies der wahre oder zumindest der einzige Beweggrund nicht
gewesen sein. Tatsächlich verhehlte Hitler im übrigen den Zusammenhang mit der japanischen Politik nicht, und sie stand unzweifelhaft im Mittelpunkt der deutschen Entschlußbildung.

In diesem Zusammenhang hatte Hitler, gerade um Amerika aus
dem Krieg herauszuhalten, seit dem Frühjahr 1941 ständig gewünscht, daß Japan in ihn einträte, und zwar am besten gegen
Britannien und am zweitbesten gegen die Sowjetunion. Nur in der
Sorge, daß Japan weder das eine noch das andere täte, hatte Hitler
schon im März Matsuoka die Zusage gegeben, Japan auch in
einen Krieg gegen Amerika folgen zu wollen. Es könnte daher die
einfache Erklärung gegeben werden, daß Hitler konsequent blieb
und im Dezember seine Zusage vom März in die Tat umsetzte,
und weithin scheint diese Erklärung überzeugen zu können.

Indessen genügt sie nicht ganz. Die Lage war im Dezember eine
andere als im März. Inzwischen war klargeworden, daß die Sowjetunion im Jahre 1941 nicht mehr besiegt werden konnte. Lag
es angesichts dieser schweren militärischen Krise noch immer im
deutschen Interesse, den japanischen Kriegseintritt zu wünschen
und ihm eine Kriegserklärung an die Vereinigten Staaten folgen zu
lassen? Würde ein japanischer Kriegseintritt, der bevorzustehen
schien, nicht auch dann eine Entlastung oder zumindest Ablen-
kung zur Folge haben, wenn Deutschland Amerika nicht den
Krieg erklärte? Würde Amerika nicht seine Herausforderungen

im Atlantik einstellen oder einschränken müssen, wenn es von Japan angegriffen worden wäre?

Ribbentrop mag so gedacht haben. Sicher ist jedenfalls, daß er die Frage des Generals Okamoto vom 23. November nicht beantwortete, bis die Japaner am 2. oder 3. Dezember dringlich auf sie zurückkamen. Erst dann bemühte er sich um eine Entscheidung Hitlers und erhielt sie mit der wahrscheinlich durch dessen Frontflug verursachten Verzögerung am 4. Dezember. Es bleibt offen, ob er Hitler tatsächlich aus technischen Gründen zunächst nicht erreichen konnte. Aus seinem anfänglichen Ausweichen könnte abgeleitet werden, daß er statt des unsicheren Funkweges ein ausführlicheres Ferngespräch mit dem Führerhauptquartier bevorzugte, um Hitler seine Bedenken darzulegen, daß er den Krieg mit Amerika immer noch oder gerade jetzt vermeiden und insbesondere keine Nichtsonderfriedensverpflichtung eingehen wollte, weil sie auch einen Sonderfrieden mit Britannien ausschloß.[66]

Wie dies auch gewesen sein mag, Hitler entschied am 4. Dezember, auf das japanische Verlangen einzugehen. Allerdings begnügte sich die deutsche Seite nun nicht mit einer einfachen Zusage, mit der Japan zufrieden gewesen wäre, sondern verlangte eine vertragliche Festlegung mit gegenseitiger Verpflichtung. Daran also muß Hitler oder Ribbentrop gelegen gewesen sein, und das zeigt, daß sie noch mit der Möglichkeit rechneten, es könne eher zu einem deutsch-amerikanischen als zu einem japanisch-amerikanischen Kriege kommen. Als dann die Verpflichtung vertraglich festgelegt und der japanische Kriegseintritt erfolgt war, schritt Deutschland nicht sofort zur Kriegserklärung, sondern verlangte jetzt den vorherigen Abschluß des Nichtsonderfriedensvertrages. Ihm muß ein besonderer Wert beigemessen worden sein, der auch in der betonten Hervorhebung durch Hitler in seiner Reichstagsrede zum Ausdruck kam.

Dies scheint nun vor dem Hintergrund von Hitlers allgemeinen Überlegungen eine überzeugende Erklärung seiner Beweggründe gerade auch in der Lage vom Dezember 1941 zu eröffnen. Mit dem Scheitern eines raschen Sieges über die Sowjetunion war auch sein ganzes bisheriges Kriegskonzept gescheitert. Der Krieg verwandelte sich aus einer Serie von Blitzfeldzügen in einen Abnutzungskrieg, wie es der Weltkrieg von 1914–1918 gewesen war. Damals war Rußland im vierten Kriegsjahr zusammengebrochen und hatte den Friedensvertrag von Brest-Litowsk schließen müssen, der Deutschland einen gewaltigen Raumgewinn im Osten eintrug. Trotzdem hatte es den Krieg verloren, und zwar militärisch vor allem infolge des amerikanischen Eingreifens.

Es lag nahe, daß Hitler im Dezember 1941 eine ähnliche Entwicklung vorhersah: Rußland war besiegbar, Amerika würde eingreifen. Deutschland aber brauchte den Krieg nicht zu verlieren, wenn Japan in ihn eintrat. Japan konnte Amerika an einem vollen Eingreifen in Europa hindern. Es konnte den Teil der amerikanischen und britischen Streitkräfte binden, die 1918 so knapp den Ausschlag gegeben hatten. Dazu jedoch mußte es in den Krieg eintreten und durfte nicht vorzeitig aus ihm austreten. Diesem Zweck dienten die beiden Abkommen. Das Geschäft bestand darin, daß Japan sich gegen den Preis des deutschen Kriegseintritts verpflichtete, keinen Sonderfrieden zu schließen.

Von Hitlers Standpunkt aus war dies keine unvernünftige Überlegung, und es gibt keinen Anlaß, seine Beweggründe in Verzweiflung oder Größenwahn oder gar Lust am Untergang zu suchen. Die Kriegserklärung an die Vereinigten Staaten war ein zweckentsprechender Schritt, den Krieg, der in der Hauptsache ein Eroberungskrieg gegen die Sowjetunion war und blieb, zusammen mit Japan trotz allem gewinnen zu können. Dieser Krieg war wahnsinnig, aber der Wahnsinn hatte immer noch Methode.

(1981)

# Wenn der Anschlag gelungen wäre ...

*Auch eine Regierung Beck-Goerdeler
hätte bedingungslos kapitulieren
und alle Forderungen der Alliierten
erfüllen müssen.*

Natürlich ist die Annahme unsinnig; der Anschlag ist nicht gelungen, und Mutmaßungen darüber, was geworden wäre, wenn ..., sind in jedem Falle zumindest verwegen. Andererseits gibt es kaum ein Gespräch über den 20. Juli, in dem die Frage nicht aufkäme. Sie wird auch an den Historiker gerichtet. Er selbst darf sie strenggenommen nicht stellen, aber er muß sich ihr stellen, muß etwas dazu sagen können, und er kann es auch. Seine Erkenntnisse befähigen ihn, die Möglichkeiten einer Entwicklung jedenfalls annäherungsweise abzuschätzen, zwischen ganz unwahrscheinlichen und weniger unwahrscheinlichen Vermutungen zu unterscheiden. Mehr allerdings kann er nicht leisten, und wenn mehrere Historiker die Frage miteinander erörterten, würden sie zu sehr unterschiedlichen Ergebnissen gelangen. Sicherheit also ist nicht zu erwarten, bestenfalls eine größere Klarheit über Art und Bedeutung des Unternehmens.

Wenn eine solche Mutmaßung nicht in völlige Beliebigkeit ausarten soll, ist die erste Voraussetzung eine möglichst genaue Bestimmung dessen, was gefragt werden soll. Was soll unter einem Gelingen des Anschlags verstanden werden? Offensichtlich sind ganz verschiedene Antworten denkbar. Wir wollen zwei von ihnen untersuchen. Die erste Annahme soll lauten: Hitler wäre am 20. Juli 1944 getötet worden. Die zweite Annahme soll lauten: Die Regierungsgewalt in Deutschland wäre auf die Widerstandsbewegung übergegangen. Diese zweite Annahme bedarf noch einer näheren Eingrenzung. Wir wollen sie zunächst zurückstellen und mit der ersten Annahme beginnen, das unmittelbare Ziel des Anschlags wäre erreicht worden.

Das ist nicht ganz und gar aus der Luft gegriffen. Stauffenbergs Bombe tötete immerhin vier Personen, eine am selben Nachmittag, zwei am 22. Juli; eine vierte starb am 1. Oktober. Wir wollen also nur annehmen, statt des Stenographen Berger wäre Hitler selbst gestorben, und zwar wie jener noch am Nachmittag des 20. Juli und ohne das Bewußtsein wiedererlangt zu haben. Im übrigen gehen wir vom wirklichen Fortgang aus: Stauffenberg verließ das Hauptquartier, flog nach Berlin zurück und traf gegen 16.30 Uhr in der Bendlerstraße ein, als gerade das erste Fernschreiben der Verschwörer hinausging, das mit den Worten begann: »Der Führer Adolf Hitler ist tot.« Unsere Annahme soll also nur sein, daß diese Behauptung richtig gewesen wäre.

Zweifellos hätte dies den Staatsstreich erleichtert. Generaloberst Fromm, der Befehlshaber des Ersatzheeres und Stauffenbergs unmittelbarer Vorgesetzter, hatte schon kurz vor 16 Uhr von Keitel erfahren, Hitler sei nur unwesentlich verletzt. Fromm verweigerte daraufhin die Mitarbeit, die deswegen so wichtig war, weil seine Dienststelle von den Verschwörern für die Absendung der Befehle vorgesehen war. Wie Fromm sich verhalten hätte, wenn Hitler tot gewesen wäre, ist bereits wieder eine offene Frage. Aber sie ist nicht ausschlaggebend. Denn die Verschwörer setzten Fromm fest und räumten damit dieses Hindernis aus dem Wege. Die vorbereiteten Befehle gingen hinaus.

Bedeutender war schon, daß Major Remer vom Wachbataillon in Moabit, während er seine Befehle ausführte, zu Goebbels gebracht wurde und dort gegen 19 Uhr das berühmte Telephongespräch mit Hitler führte. Obwohl der Staatsstreich zu diesem Zeitpunkt schon gescheitert war, ist die Frage wichtig, wie Goebbels sich verhalten hätte, wenn er Remer nicht so leicht durch Hitlers Stimme hätte überzeugen können. Hier kommt eine weitere und diesmal fundamentale Unsicherheit in unsere Rechnung. Niemand kann sagen, welchen Schock die Nachricht vom Tode Hitlers bei den Führern des Dritten Reiches ausgelöst und wie ihre Reaktion ausgesehen hätte. Gleichwohl ist die Annahme nicht grundlos, daß Goebbels den Major Remer auch in diesem Falle mit allen Mitteln von der weiteren Ausführung der Befehle abzuhalten versucht hätte und daß er damit durchaus Erfolg hätte haben können.

Das entscheidende Machtzentrum aber war in jedem Falle nicht Berlin, sondern das Führerhauptquartier bei Rastenburg. Göring, Himmler und Ribbentrop hatten an der mittäglichen Lagebesprechung nicht teilgenommen. Sie befanden sich jedoch in ihren eigenen Hauptquartieren in der Nähe. Man rief sie alsbald herbei, und es ist sehr wahrscheinlich, daß man sie auch und gerade dann herbeigerufen hätte, wenn Hitler tot gewesen wäre. Immerhin wußte jeder, daß Hitler in seiner Reichstagsrede vom 1. September 1939 Göring zu seinem Nachfolger bestimmt hatte, und viele wußten, daß Hitler diese Bestimmung in einem Erlaß vom 29. Juni 1941 noch einmal bestätigt hatte. Nicht zuletzt deswegen hatte Stauffenberg das Attentat mehrfach verschoben, weil nach der festen Überzeugung einiger Verschwörer mit Hitler zugleich auch Göring und Himmler beseitigt werden mußten. Dieser Plan war vernünftig, aber nicht ausführbar gewesen.

Unsere Annahme deckt sich also insofern mit der Wirklichkeit, als Göring, Himmler und Ribbentrop sowie Bormann, Keitel, Jodl und andere führende Personen kurz nach dem Attentat am selben Ort zusammentrafen; einige Stunden später kam auch Dönitz hinzu. Im Falle von Hitlers Tod wäre Göring der neue Führer gewesen, das hieß Reichspräsident, Reichskanzler, Parteivorsitzender, Oberster Befehlshaber der Wehrmacht, Oberbefehlshaber des Heeres – alles in einer Person und dazu noch Oberbefehlshaber der Luftwaffe sowie Inhaber aller seiner übrigen Ämter. Himmler war Reichsinnenminister und verfügte über SS und Polizei, großenteils auch über die Waffen-SS, Ribbentrop über das

Auswärtige, Bormann über die Parteiorganisation, Keitel über das OKW, Dönitz über die Marine. Man darf sagen, daß die Machthaber des Reiches dort versammelt waren.

Nun war ihr Verhältnis zueinander keineswegs harmonisch, sondern von Rivalitäten und Gegensätzen gekennzeichnet. Der Tod Hitlers mußte folglich nahezu zwangsläufig Diadochenkämpfe auslösen, und zumal Görings Stellung wäre aus persönlichen Gründen und wegen seiner ungeheuren Ämterhäufung gewiß nicht unumstritten geblieben. Kaum etwas rechtfertigt aber die Annahme, daß die Diadochenkämpfe schon an diesem Nachmittag oder in den folgenden Tagen ausgebrochen wären. Weit mehr spricht im Gegenteil dafür, daß die Erschütterung über den Tod Hitlers, die äußerst kritische Lage an den Fronten und gerade das wechselseitige Mißtrauen, das Eigenmächtigkeiten erschwerte, diesen Führungskreis zunächst geeint hätten. Mit großer Wahrscheinlichkeit hätte er sich zur Wehr gesetzt.

Über welche Macht verfügten demgegenüber die Verschwörer? Über ein paar umstrittene, zudem schlecht funktionierende Kommandozentralen in Berlin und an einigen anderen Plätzen. Es ist kaum vorstellbar, daß sie einen Kampf mit der Rastenburger Gruppe gewinnen oder auch nur einige Tage hätten aushalten können. Was ihnen entgegenstand, war der vom Führer bestimmte Nachfolger, war der ganz überwiegende Teil des eingefahrenen staatlichen Machtapparates und war nicht zuletzt – schrecklich, aber leider wahr – die Mehrheit der deutschen Bevölkerung.

Wir besitzen zu dieser Frage eine ziemlich genaue Untersuchung. Die Historikerin Marlis Steinert hat vor einigen Jahren unter dem Titel »Hitlers Krieg und die Deutschen« eine Studie über »Stimmung und Haltung der deutschen Bevölkerung im Zweiten Weltkrieg« veröffentlicht. Darin heißt es zum 20. Juli wörtlich: »Einhellig geht aus den Meldungen der ersten Tage hervor, daß die Mehrzahl der Deutschen, nicht nur die Nationalsozialisten und die Unentschiedenen, sondern auch viele ihrer Kritiker, den Tyrannenmord inmitten eines als Existenzkampf begriffenen Krieges ablehnten.«

Gewiß war Meinungsforschung damals nicht so entwickelt wie heute. Aber das Regime sammelte doch fortwährend ungeschminkte Stimmungsberichte, und es ist dieses Material, auf das Frau Steinert sich stützt. Daraus geht eindeutig hervor, daß die Verschwörer außer in Kreisen der früheren Eliten, aus denen sich das Gros der Widerstandsbewegung ohnehin rekrutierte, und außer bei der Intelligenz auf keinerlei Zustimmung oder Unterstützung rechnen konnten. Das Attentat führte im Gegenteil sogar zu einer vorübergehenden Stärkung des Regimes, und während auch hier niemand sagen kann, welche Auswirkung der Schock über den Tod Hitlers gehabt hätte, spricht doch viel dafür, daß die Unterstützung der Bevölkerung eher seinen Nachfolgern als seinen Gegnern zuteil geworden wäre.

Gerade unter den Bedingungen einer Diktatur spielt in diesem Zusammenhang die Verfügung über die Massenkommunikationsmittel, über Rundfunk und Presse, eine wichtige Rolle. Wenn wir davon ausgehen, daß die Rastenburger Gruppe zum Kampf gegen die Verschwörer angetreten wäre, dann müssen wir daraus folgern, daß sie sich auch auf diesem Felde durchgesetzt hätte. Ihre Vertreter saßen in allen Schlüsselpositionen, waren bekannt oder sogar populär und im Umgang mit Propaganda ebenso geübt wie skrupellos. Die Verschwörer hatten ihnen auch hier wenig entgegenzusetzen.

Wer also nicht Wunschvorstellungen, sondern begründeten Vermutungen folgen will, der kommt um die Schlußfolgerung nicht herum, daß der Anschlag des 20. Juli auch dann gescheitert sein dürfte, wenn das Attentat auf Hitler gelungen wäre. Vermutlich wäre es entgegen einer hier und da geäußerten Meinung nicht einmal zu einem Bürgerkrieg oder ähnlichen Auseinandersetzungen gekommen, und wenn doch derartiges an einigen Stellen geschehen wäre, zu einem eher raschen als langwierigen Sieg der bisherigen Machthaber. Das ist, auch über unser Gedankenspiel hinaus, eine wichtige Einsicht.

Eine andere Frage ist, wie die Nachfolger Hitlers den Krieg fortgeführt hätten oder wie dieser ohne ihn fortgegangen wäre. Ein aufschlußreicher Hinweis dazu ergibt sich aus den Vorfällen in Frankreich. Dort war in diesen Tagen nach der alliierten Invasion vom 6. Juni 1944 der deutsche Abwehrkampf auf dem Höhepunkt, und dort handelte einer der entschlossensten Widerstandskämpfer, der General Karl Heinrich von Stülpnagel, seines Zeichens Militärbefehlshaber in Frankreich. Er ließ am Abend des 20. Juli mit Hilfe ihm ergebener Truppen in Paris alle SS- und SD-Leute, zwölfhundert an der Zahl, festnehmen, und gleichzeitig appellierte er an den Oberbefehlshaber der an der Invasionsfront kämpfenden Armeen, den Generalfeldmarschall von Kluge, den Krieg im Westen sofort entweder durch Verhandlungen oder sogar eine Kapitulation zu beenden. Das entsprach den Plänen mehrerer Verschwörer. Man wollte den Kampf mit den Westmächten abbrechen, um die Ostfront um so wirkungsvoller verteidigen zu können, wo sich die Rote Armee den Reichsgrenzen näherte, so daß man in Ostpreußen schon das Donnern der sowjetischen Artillerie hören konnte.

Kluge, gleichfalls ein wenn auch unentschlossener Oppositioneller, lehnte das Ansinnen Stülpnagels ab, unter anderem wohl auch deswegen, weil er wußte, daß Hitler noch lebte. »Ja, wenn das Schwein tot wäre«, soll er ausgerufen haben. Damit ist aber noch nicht gesagt, daß er im Falle von Hitlers Tod anders gehandelt hätte, und selbst wenn er es getan hätte, wären die Folgen wohl nur gering gewesen. Von der Reaktion der Westmächte, von der noch die Rede sein muß, einmal ganz abgesehen, hätte die Rastenburger Gruppe den Marschall vermutlich unverzüglich abgesetzt und auch Offiziere gefunden, die ihn an der Ausführung seines Entschlusses gehindert hätten. Die eine oder andere Störung der Front hätte sich vielleicht nicht vermeiden lassen, aber diese Front stand ohnehin vor dem Zusammenbruch. Eine notdürftige Stabilisierung gelang erst Wochen später kurz vor den Reichsgrenzen, und sie dürfte auch Hitlers Nachfolgern gelungen sein, wenn sie sie gewollt hätten.

Damit eröffnet sich ein neuer Aspekt unserer Mutmaßungen, wie sie überhaupt immer verwickelter und damit unsicherer werden, je mehr sie sich vom Tage des Attentats entfernen. Denn mit jedem Tage tritt eine bis ins Unendliche sich vermehrende Zahl von Variationsmöglichkeiten ins Bild. Jede gesetzte Annahme hätte, wäre sie eingetreten, die Wirklichkeit an zahllosen Stellen verändert, und jede weitere Annahme müßte alle diese Veränderungen einbeziehen. Es ergibt sich, mit anderen Worten, eine vollkommen grenzenlose Verästelung unserer Mutmaßungen, der wir nur durch eine starke Verallgemeinerung unserer Betrachtung begegnen können.

Am 20. Juli 1944 war der Krieg militärisch für Deutschland zweifellos bereits verloren, und nur Hitlers Hartnäckigkeit hat ihn noch um neuneinhalb weitere Monate verlängert. Es ist zum Beispiel kaum vorstellbar, daß irgendein anderer als er den Starrsinn für die aussichtslose Ardennenoffensive vom Dezember 1944 aufgebracht hätte. Wie sich Göring oder Himmler oder Ribbentrop ohne Hitler verhalten hätten, ist nur sehr schwer zu sagen. Alle drei haben später an Kapitulationsverhandlungen gedacht, und die Vermutung ist nicht unbegründet, daß sie im Falle von Hitlers Tod den Weg zu derartigen Verhandlungen schon früher beschritten hätten. Was sich daraus hätte ergeben können, wollen wir später untersuchen, weil diese Voraussetzung auch unter unserer zweiten Annahme gegeben gewesen wäre.

Sie lautet wie erinnerlich: Die Regierungsgewalt in Deutschland wäre auf die Widerstandsbewegung übergegangen. Wie wir gesehen haben, hat diese Annahme einen wesentlich geringeren Wahrscheinlichkeitsgrad als die erste. Hitler hätte von Stauffenbergs Bombe durchaus getötet werden können. Doch damit wären die Verschwörer, wie gesagt, noch keineswegs an der Macht gewesen. Wenn wir diesen Fall trotzdem setzen wollen, weil er der historisch viel belangreichere ist, dann müssen wir eine ganze Reihe von Unwahrscheinlichkeiten in unsere Rechnung einführen.

Noch einmal: gegen die Rastenburger hätten die Verschwörer sich vermutlich nicht durchsetzen können. Da aber die Geschichte stets mehr Phantasie hat als der menschliche Verstand, wollen wir den unwahrscheinlichen Fall setzen, die Nachfolger des toten Hitler hätten sich aus irgendwelchen Gründen veranlaßt gesehen, die Macht auf Beck und Goerdeler zu übertragen, ähnlich wie die italienischen Faschisten im Juli 1943 Marschall Badoglio beauftragt hatten, den Krieg zu beenden.

Bei dieser Annahme müssen wir von den Zielen der deutschen Widerstandsbewegung und von den Zielen der Alliierten sprechen und beide in einen mutmaßlichen Zusammenhang zueinander bringen. Dabei müssen wir von den Gegebenheiten zu etwa Ende Juli 1944 ausgehen. Der Stand der alliierten Kriegszielplanung läßt sich für diese wie für jede andere Zeit verhältnismäßig genau angeben, und es ist auch anzunehmen, daß er sich durch den Tod Hitlers und einen Machtwechsel in Deutschland nicht nennenswert geändert hätte. Die Ziele der deutschen Widerstandsbewegung lassen sich dagegen nur mit ungleich größeren Schwierigkeiten festlegen. Das ergibt sich nicht nur aus den Existenzbedingungen einer Verschwörung in einem Polizeistaat. Es folgt auch aus der sehr großen Uneinheitlichkeit dieser Bewegung, in der ganz verschiedene Planungen nebeneinander bestanden.

Immerhin läßt sich feststellen, daß vor allem Goerdeler lange Zeit erstaunlich optimistische Vorstellungen gehabt hatte. Er war noch 1943 der Meinung gewesen, daß es einer Regierung unter seiner Führung gelingen werde, in diplomatischen Verhandlungen mit den Alliierten einen ehrenvollen Frieden ohne Besetzung und ohne Gebietsabtretungen abzuschließen. Das war vermutlich schon damals ganz unrealistisch gewesen, und im Juli 1944 hatte auch Goerdeler viel von seinem früheren Optimismus verloren. Nach der Invasion in Frankreich und nach den großen Erfolgen der sowjetischen Sommeroffensive begannen er und andere daran zu zweifeln, daß noch mehr erreichbar sei als eine bedingungslose Waffenstreckung. Beck meinte am 13. Juli, er mache sich nun keine Illusionen mehr, Deutschland sei besiegt, die totale Besetzung nicht zu verhindern, und ihm bliebe nur die undankbare Aufgabe, ein deutscher Badoglio zu werden.

Noch deutlicher hat der Generalmajor Henning von Tresckow diese Überzeugung ausgedrückt. Seine später vielzitierten Worte lauteten: »Das Attentat muß erfolgen, coûte que coûte. Sollte es nicht gelingen, so muß trotzdem in Berlin gehandelt werden. Denn es kommt nicht mehr auf den praktischen Zweck an, sondern darauf, daß die deutsche Widerstandsbewegung vor der Welt und vor der Geschichte den entscheidenden Wurf gewagt hat. Alles andere ist daneben gleichgültig.«

Das Ziel des Anschlags beschränkte sich demnach auf die sofortige Beendigung des Krieges und auf die mehr moralische Tatsache, daß Hitler von deutscher Hand gestürzt würde. Was immer andere noch geplant, gedacht oder gehofft haben mögen, unsere Kenntnis der alliierten Kriegszielplanung zwingt uns zu dem Schluß, daß diese äußerst resignierte Einschätzung der Lage richtig war. Vermutlich wäre sie schon viel früher geboten gewesen. Präsident Roosevelt hatte bereits im Januar 1943 die bedingungslose Kapitulation Deutschlands gefordert, und gerade in den Tagen nach dem Attentat, am 25. Juli 1944, wurde der erste Entwurf einer entsprechenden Urkunde fertiggestellt. Darin beanspruchten die Alliierten die höchste Regierungsgewalt in Deutschland. Man muß annehmen, daß sie diese Urkunde auch einer Regierung Beck-Goerdeler unterbreitet hätten.

Die Alliierten hatten sich ferner auf der Konferenz von Teheran im November und Dezember 1943 sowie in weiteren Verhandlungen bereits auf die Grundzüge ihrer Nachkriegspolitik geeinigt. Deutschland sollte auf den Gebietsstand von Ende 1937 beschränkt, möglicherweise in verschiedene Teile zergliedert und jedenfalls zunächst vollständig besetzt werden. Ostpreußen und die Gebiete östlich der Oder sollten abgetrennt, die dort lebenden Deutschen ausgesiedelt werden. Auch wenn die späteren Konferenzen von Jalta und Potsdam dies und jenes noch ändern sollten, so lag das wirkliche Nachkriegsschicksal Deutschlands doch schon im Juli 1944 in deutlichen Umrissen fest.

Es gibt keinen vernünftigen Grund für die Annahme, daß die deutsche Widerstandsbewegung dieses Schicksal hätte abwenden oder auch nur mildern können. Die Haupthoffnung einiger Verschwörer, die Westmächte von der Sowjetunion zu trennen, hatte keine reale Grundlage. Amerika und England waren am Fortbestand der Allianz interessiert, weil sie die Sowjetunion bei der Begründung der Organisation der Vereinten Nationen und für die Niederringung Japans benötigten. Deutschland konnte demgegenüber keinen nennenswerten Vorteil anbieten.

So bleibt nur der Schluß, daß auch eine Regierung Beck-Goerdeler bedingungslos hätte kapitulieren und alle Forderungen der Alliierten hätte erfüllen müssen. Vermutlich wäre sie nach einer Übergangszeit sogar ebenso beseitigt worden wie im Mai 1945 die Regierung Dönitz. Darauf deutet nicht nur eine entsprechende Bemerkung auf der späteren Konferenz von Jalta hin. Dafür spricht auch, daß sich diese Regierung weithin aus Angehörigen der besonders verhaßten preußischen Offizierskaste zusammensetzte. Mit ihrer Beseitigung wären auch nahezu alle innenpolitischen Planungen der Widerstandsbewegung gegenstandslos geworden.

Wer all dies nüchtern feststellt, darf gleichwohl nicht den Schluß daraus ziehen, es hätte zwischen einer angenommenen Kapitulation im Juli oder August 1944 und der wirklichen Kapitulation im Mai 1945 überhaupt keine Unterschiede gegeben. Die Folgen wären im Gegenteil doch sehr anders gewesen. Der Hauptunterschied hätte natürlich darin bestanden, daß der Krieg in Europa um etwa neun Monate eher zu Ende gewesen wäre. Wenn man sich vor Augen führt, welche ungeheuren Todesopfer und Zerstörungen gerade die letzten Kriegsmonate forderten, dann kann man diesen Vorteil gar nicht hoch genug einschätzen. Hier ist an vielerlei zu denken, nicht nur an die Kampfhandlungen und die Luftangriffe auf deutsche Städte; auch Warschau wäre das Schlimmste erspart geblieben, die Judenmorde hätten eher aufgehört, die Vertreibung der Ostdeutschen wäre im Sommer statt im Winter vor sich gegangen und so weiter.

Viele in der Widerstandsbewegung erblickten einen weiteren Vorteil des Anschlags darin, daß Deutschland sich auf diese Weise von seinem Tyrannen und seiner Schande selbst befreite, statt dies seinen Feinden zu überlassen. Wer eine solche Ansicht teilt, der muß natürlich sofort hinzufügen, daß eine Ermordung Hitlers am 20. Juli 1944 mit Sicherheit die Entstehung einer neuen Dolchstoßlegende begünstigt hätte. Sie hat in den ersten Nachkriegsjahren ohnehin bestanden und hätte in diesem Falle weit mehr Glauben gefunden, vielleicht die Wiederbegründung der Demokratie zutiefst erschwert und vergiftet. Sogar Goerdeler selbst hat diese Gefahr gesehen und sich gefragt, ob denn die Widerstandsbewegung in die Entwicklung noch eingreifen sollte, »anstatt die Verantwortung sich klar herausbilden zu lassen«.

Auf diesen und ähnlichen Gedankengängen kommen heutzutage viele zu dem Schluß, es sei für die deutsche Demokratie besser, daß der Anschlag gescheitert ist. Sie denken dabei auch an die konservativen, teils schlicht rückständigen, etwa ständestaatlichen Vorstellungen eines großen Teils der Widerstandsbewegung, die mitsamt ihren Trägern die Begründung der Bundesrepublik nur belastet hätten. Wahr ist ja immerhin, daß die ursprüngliche Opposition gegen Hitler 1944 längst beseitigt war und daß die Verschwörer des 20. Juli nur deswegen überhaupt noch handeln konnten, weil sie das Regime mittrugen oder doch anfänglich mitgetragen hatten. Aber es hat natürlich auch etwas in hohem Maße Anstößiges, wollten wir auf der einen Seite den Mut und die sittliche Kraft der Verschwörer rühmen und uns auf der anderen Seite dazu beglückwünschen, daß sie gescheitert sind.

Indessen ist dies nicht eine Fragestellung, bei der die Wissenschaft helfen könnte. Sie kann nicht entscheiden, ob der Anschlag des 20. Juli 1944 hätte gelingen sollen. Sie kann endgültig nicht einmal entscheiden, ob er hätte gelingen können. Ihre Hauptaufgabe ist, zu beschreiben, wie es dazu kam, und zu erklären, warum es so und nicht anders kam. Über dies hinaus kann sie bestenfalls hoffen, die Phantasie zu zügeln, die sich ausmalen möchte, was geworden wäre, wenn der Anschlag gelungen wäre. Erbaulich ist diese Mithilfe nicht, eher ernüchternd und insofern vielleicht doch nützlich.                                                           (1974)

# Hitlers Herrschaft in der deutschen Geschichte

*Hitlers Herrschaft war eine Unterbrechung*
*des Ganges der deutschen Geschichte,*
*vergleichbar einem GAU,*
*einem größten anzunehmenden Unfall*
*in einem Kernkraftwerk.*

Wenn man den Ort von Hitlers Herrschaft in der deutschen Geschichte bestimmen will, muß man zunächst erklären, wie Hitler an die Macht gelangen konnte. Denn nur so kann man erfahren, ob er den Gang der deutschen Geschichte fortsetzte oder unterbrach, ob seine Herrschaft ihr Ergebnis, ihr vielleicht sogar zwangsläufiges Ergebnis oder, wie man meist abwehrend sagt, ein Betriebsunfall war.

Es versteht sich von selbst, daß diese Frage im knappen Rahmen einer Vortragsstunde nicht erschöpfend beantwortet werden kann. Ich werde mich daher darauf beschränken, einige Mißverständnisse und Fehlurteile zu bestreiten und, wenn es mir gelingt, zu widerlegen, die in der Öffentlichkeit und auch unter Historikern noch vorherrschen. Was ich Ihnen anbiete, sind ein paar bewußt herausfordernde Gegensätze, aus denen ich am Schluß eine ebenso herausfordernde Erklärung ableiten will.

Ausgesprochen oder unausgesprochen bestehen die meisten Erklärungen von Hitlers Machtantritt aus verschiedenen Antworten auf die Frage, warum *die* Deutschen dem Nationalsozialismus erlagen und Hitler die Herrschaft übertrugen. Die Antworten mögen den Mangel an demokratischen Traditionen oder die Interessen von bestimmten Klassen oder noch andere Faktoren hervorheben, die zugrundeliegende Frage ist fast immer die gleiche: Was war der Fehler, den die Deutschen machten?

Diese Frage beruht jedoch auf einer unzutreffenden Annahme. *Die* Deutschen insgesamt übertrugen Hitler nicht die Herrschaft. In freien Wahlen stimmten niemals mehr als 37,3 Prozent der Deutschen für Hitler. Das war im Juli 1932, und im November desselben Jahres sank diese Zahl auf 33,1 Prozent. Selbst nach der Machtübernahme, im März 1933, stimmten die meisten Deutschen nicht für Hitler, sondern nur 43,9 Prozent von ihnen.

Zwei Drittel aller Deutschen, die zur Wahl gingen, gaben Hitler freiwillig niemals ihre Stimme. Man kann sehr wohl fragen, warum so viele es taten. Aber es ist offensichtlich, daß keine Antwort auf diese Frage je hinreichend erklären kann, wie er an die Macht gelangte. Auf Wunsch der Mehrheit geschah es jedenfalls nicht, und deswegen ist die Frage, warum *die* Deutschen Hitler die Herrschaft übertrugen, eine falsche Frage.

Offenbar muß die Frage, wie Hitler an die Macht gelangen konnte, anders gestellt werden. Wie das geschehen kann, ist eine komplizierte Sache, die ich dadurch vereinfache, daß ich ein weiteres verbreitetes Fehlurteil bestreite und widerlege. Es wird noch immer weithin angenommen, daß das Ende der Weimarer Republik durch einen Kampf gekennzeichnet gewesen sei zwischen denjenigen, die wie etwa Brüning die Demokratie erhalten, und denjenigen, die Hitler und die Nationalsozialisten an die Macht kommen lassen wollten. In Wirklichkeit ging es jedoch keineswegs um diese Entscheidung. Die wirkliche Frage war nicht, ob die Demokratie durch die Diktatur Hitlers, sondern ob sie durch ein autoritäres Regime ersetzt werden sollte, das am Ende zur Wiederherstellung der Monarchie führte.

Die Weimarer Republik war lange gekennzeichnet durch einen Kampf um die Staatsgewalt zwischen zwei Gruppen oder Klassen, die ich mit einer gewissen Vereinfachung kurz die Monarchisten und die Demokraten nenne. Als Monarchisten bezeichne ich diejenigen, die bis 1918 die Staatsgewalt innegehabt hatten, organisiert in den konservativen und nationalliberalen Parteien, gestützt auf den Adel und die Großbourgeoisie. Als Demokraten bezeichne ich die damalige Opposition, die Sozialdemokraten, die Linksliberalen und mit gewissen Einschränkungen das katholische Zentrum, also die Arbeiterklasse und das Kleinbürgertum. Sie waren in der Bismarckzeit bekämpft worden, die Liberalen im preußischen Verfassungskonflikt, das Zentrum im Kulturkampf und die SPD in der Sozialistenverfolgung. 1917 hatten sie sich zur Friedensresolution zusammengeschlossen, 1918 die Staatsgewalt übernommen und 1919 die Weimarer Verfassung geschaffen.

Natürlich ging der Kampf nicht nur um die Wiederherstellung der Monarchie, sondern vor allem um die Staatsgewalt. Unter Staatsgewalt verstehe ich die Möglichkeit, die Gesetze und Richtlinien zu erlassen, die das staatliche Leben regeln, indem der Staatsapparat sie ausführt. Er besteht aus den Verwaltungsbehörden, der Armee, der Polizei, der Justiz. Sie alle sind weisungsgebunden, auch die Justiz, insofern die Staatsgewalt ihr die Gesetze vorschreibt, nach denen sie Recht spricht.

So ist immer Politik gemacht worden. Jemand muß bestimmen, welche Steuern erhoben werden sollen, und dann werden andere sie eintreiben. Jemand muß entscheiden, wofür die Steuereinnahmen ausgegeben werden sollen, und dann wird der Staatsapparat entweder Straßen bauen oder Waffen kaufen oder tun, was immer die Staatsgewalt anordnet. Einer muß die Gesetze geben, andere werden sie anwenden. Die Staatsgewalt beschließt Krieg, die Armee führt ihn. Die eine Instanz trifft die Entscheidungen, die andere führt sie aus. Das ist das Grundverhältnis von Staatsgewalt und Staatsapparat. Das ist die Grundlage aller politischen Auseinandersetzungen.

Die Hauptfrage für den Historiker ist, wie Staatsgewalt erworben wird. In einer parlamentarischen Demokratie wird sie in Wahlen erworben, und diejenigen, die die Mehrheit gewinnen, bilden die Regierung und üben die Staatsgewalt aus. In anderen Staatsformen und zumal in der Vergangenheit wurde und wird die Staatsgewalt auf verschiedene Weise erworben, etwa durch Erbfolge, Revolutionen, Staatsstreiche und so weiter. Aber grundsätzlich war das Problem immer gleich, und allgemein kann man mit Marx und Engels sagen, daß die Staatsgewalt üblicherweise im Besitz der wirtschaftlich führenden Klasse war und ist.

In Deutschland ging es um die Frage, ob die Staatsgewalt von den Monarchisten oder von den Demokraten ausgeübt werden sollte. Bis 1918 hatten die Monarchisten sie ausgeübt. Aber sie hatten schon lange nicht mehr die Mehrheit. Spätestens seit 1890 hatten die Demokraten die Mehrheit. In der letzten Vorkriegswahl 1912 hatten sie sogar 63,5 Prozent der Stimmen erhalten. Trotzdem konnten sie unter den Bedingungen der Reichsverfassung von 1871 die Staatsgewalt nicht übernehmen. Erst als die Verfassung im Oktober 1918 geändert wurde, konnten die Demokraten die Regierung bilden. Soweit handelte es sich um einen sozusagen normalen Wechsel im Besitz der Staatsgewalt. Die Mehrheit löste die Minderheit ab.

Aber dann, bei der Reichstagswahl von 1920, verloren die Demokraten die Mehrheit und sollten sie niemals wiedererlangen. Das war von geradezu epochaler Bedeutung. Es war das vielleicht entscheidendste Ereignis der neueren deutschen Geschichte, insofern hier die Weichen für den weiteren Gang gestellt wurden. Die Ursache des Verlusts der Mehrheit war die Spaltung der SPD. Die beiden abgespaltenen Gruppierungen, die USPD und die KPD, erhielten zusammen 20 Prozent der Stimmen. Wären auch sie der SPD zugefallen, hätten die Demokraten 63,6 Prozent erhalten und damit genau ihren Stand von 1912 bewahrt.

Von da an hatten weder die Demokraten noch die Monarchisten die Mehrheit. Unter den Bedingungen einer parlamentarischen Verfassung hieß das, daß die Staatsgewalt nicht klar im Besitz einer der beiden führenden Gruppen der Gesellschaft war. Das war die Grundbedingung der Weimarer Republik. Man kann auch sagen, daß der Kampf um die Staatsgewalt in ein Patt geführt hatte.

Die Monarchisten errangen einen Erfolg, als Hindenburg, der in den letzten Kriegsjahren ihr eigentlicher Führer gewesen war,

1925 zum Reichspräsidenten gewählt wurde. Die Ursache seines Sieges war wiederum die Spaltung der SPD. Die Kommunisten hatten auch im zweiten Wahlgang einen eigenen Kandidaten aufgestellt, und dieser erhielt 6,4 Prozent der Stimmen. Wären auch sie den Demokraten zugefallen, hätten diese den Präsidenten gestellt, und man kann lange darüber nachdenken, wie die deutsche Geschichte verlaufen wäre, wenn der Präsident, der Hitler zum Reichskanzler ernannte, nicht gewählt worden wäre.

Die Demokraten gewannen verlorenen Boden zurück, als sie bei den Wahlen von 1928 fast die Mehrheit wiedererlangten und ein Sozialdemokrat Reichskanzler wurde. Mit dem Rücktritt dieser Regierung im März 1930 trat der Kampf in seine entscheidende Phase ein. Zu dieser Zeit war Hitler noch kein Faktor; seine Partei hatte 2,6 Prozent der Stimmen. Das war eine Splitterpartei, die unter den heutigen Bedingungen einer Fünfprozentklausel nicht einmal im Parlament vertreten gewesen wäre.

Die Monarchisten benutzten die Gelegenheit des Rücktritts der Regierung, um nun endlich die Staatsgewalt zurückzugewinnen, die sie bis 1918 innegehabt hatten. Das war das oberste Ziel der drei nun folgenden Präsidialregierungen unter Brüning, Papen und Schleicher. Aber dieses Ziel war sehr schwer zu erreichen. Die Präsidialregierungen hatten allesamt keine Mehrheit und konnten vom Reichstag abgesetzt werden. Sie stützten sich allein auf den Reichspräsidenten, der ihnen die Staatsgewalt verschaffte, indem er seine Notstandsvollmachten nach Artikel 48 der Verfassung und sein Recht nach Artikel 25 anwandte, den Reichstag jederzeit aufzulösen. So konnten die Monarchisten zwar mit Mühe und Not regieren, aber ihr Ziel nicht erreichen.

Was sie letztlich erstrebten, war die Rückkehr zu dem Grundsatz der Verfassung von 1871, der es ihnen ermöglicht hatte, die Staatsgewalt auszuüben, ohne die Mehrheit zu haben. Dahinter standen natürlich sehr handfeste Interessen. Im Vordergrund stand aber eine Änderung der Verfassung von 1919. Darum ging der Kampf. Er scheiterte jedoch kläglich. Brüning konnte seiner

Absetzung durch den Reichstag nur entgehen, weil die SPD ihn stützte, und wurde im Mai 1932 deswegen von Hindenburg entlassen. Papen wurde im September 1932 vom Reichstag abgesetzt.

Als Schleicher im Januar 1933 das gleiche Schicksal bevorstand, wurden die Nationalsozialisten an der Regierung beteiligt. Sie waren in drei Reichstagswahlen, die die Monarchisten vorzeitig herbeigeführt hatten, um an der Macht zu bleiben, zu einem politischen Faktor geworden. Sie sollten den Monarchisten nun die Massenbasis verschaffen, die diese selbst nicht hatten.

Aber der Pakt mit den Nationalsozialisten hatte noch einen anderen Teil. Hitler stellte in Aussicht, mit verfassungsändernder Mehrheit ein Ermächtigungsgesetz durchzubringen, mit dem die Gesetzgebung vom Parlament auf die Regierung übertragen werden würde. In der Regierung aber hatten die Monarchisten eine solide Mehrheit. Damit würden sie endlich erreichen, was sie immer erstrebt hatten, nämlich wieder die Staatsgewalt ausüben zu können, ohne die Mehrheit im Parlament zu haben. Das war der Grund, weswegen Hitler zum Reichskanzler ernannt wurde.

Aber auch dieser Versuch scheiterte kläglich. Hitler weigerte sich, in die Dienste der Monarchisten zu treten, und diese erwiesen sich als unfähig, ihre Vorstellungen durchzusetzen. So erwarb Hitler die Staatsgewalt und errichtete seine Diktatur. Das ist eine andere lange Geschichte, die ich hier nicht erzählen kann. Statt dessen will ich einige Bemerkungen über die Grundlage seiner Macht anfügen.

Hitler verdankte seine Macht zuerst seinen Anhängern in der NSDAP und seinen Wählern. Da sie aber nur ein Drittel der Nation ausmachten, waren sie allein nicht stark genug gewesen, ihn an die Macht zu bringen. Er verdankte sie zweitens den Monarchisten, die ihn ernannt hatten. Sie aber wollten nicht, was er wollte.

So wurde Hitler von zwei Gruppierungen getragen, von denen jede nicht nur lieber allein regiert hätte, es aber nicht konnte, sondern deren Interessen und Ziele in vielem unterschiedlich und sogar entgegengesetzt waren. Er lief daher Gefahr, eine von ihnen oder sogar beide zu enttäuschen und so ihre Unterstützung zu verlieren. Indessen machte er aus dieser Schwäche einen Vorteil, indem er sie beide zugleich befriedigte und gegeneinander ausspielte. Auf diese Weise erlangte er eine außerordentliche Handlungsfreiheit. Ungefähr fünf Jahre später war er von den beiden Gruppen, die ihn an die Macht gebracht hatten, mehr oder weniger unabhängig.

Die so entstandene Alleinherrschaft ermöglichte es ihm, die Ziele zu verwirklichen, die er sich in den zwanziger Jahren gesetzt hatte. Es waren nur zwei: ein Eroberungskrieg gegen Rußland und die Entfernung der Juden. Diese Ziele hatten in seinen Wahlkämpfen keine Rolle gespielt, und daraus läßt sich der sichere Schluß ziehen, daß seine Wähler nicht deswegen für ihn gestimmt hatten. Fast ebenso sicher ist der Schluß, daß auch später die Mehrheit nicht für seine Ziele war. Hitlers Möglichkeit, seine Ziele in die Tat umzusetzen, beruhte größtenteils auf jener Handlungsfreiheit, die er durch die besondere Art gewonnen hatte, in der er zur Macht gelangt war. Gleichwohl beruhte sie auch auf gewissen Voraussetzungen.

Im internationalen Zusammenhang darf nicht übersehen werden, daß Japan und Italien zu ungefähr derselben Zeit ähnliche Eroberungskriege führten. Im nationalen Zusammenhang ist darauf zu verweisen, daß Deutschlands Stellung in Europa nach 1918 stärker war als vor 1914. Damals nämlich war Deutschland vom französisch-russischen Bündnis umklammert gewesen. Mit der Oktoberrevolution von 1917 war diese Klammer jedoch zerbrochen, und Deutschland hatte seitdem eine größere außenpolitische Handlungsfreiheit als vor dem Ersten Weltkrieg. Die meisten Deutschen, traumatisiert von der Niederlage, erkannten diesen Vorteil nicht. Die Außenpolitiker schon der Weimarer Republik aber erkannten ihn durchaus, und noch wichtiger ist, daß Hitler ihn erkannte, indem er sein außenpolitisches Programm gerade auf die Möglichkeit gründete, die Verbündeten von 1914 gegeneinander auszuspielen.

Was Hitlers anderes Ziel, die Entfernung der Juden, angeht, so beruhte es gewiß auf dem weitverbreiteten Antisemitismus. Indessen haben gründliche Untersuchungen kürzlich die allgemeine Annahme widerlegt, der Antisemitismus sei in Deutschland und zumal in der Weimarer Republik besonders ausgeprägt gewesen. Es habe, so lauten diese Ergebnisse, zwar ein vages Gefühl des Unbehagens an den Juden gegeben. Aber um 1928 sei der Antisemitismus in Deutschland auf dem Wege zu dem allmählichen natürlichen Ende gewesen, dem er auch anderswo in der zivilisierten Welt entgegengehe.

In der Tat gab es in Deutschland keine Pogrome wie in Rußland, keine Dreyfus-Affäre wie in Frankreich, und auch der österreichische Antisemitismus schien ausgeprägter als der deutsche. Der amerikanische Historiker George L. Mosse hat diesen Befund 1975 mit einer zugespitzten Hypothese zu verdeutlichen versucht. Wenn man, so sagte er, Leuten im Jahre 1914 erzählt hätte, daß innerhalb einer Generation die meisten europäischen Juden ermordet sein würden, wäre ihre Antwort höchstwahrscheinlich gewesen: Die Franzosen sind zu jedem Verbrechen fähig. Man könnte sich auch vorstellen, füge ich hinzu, daß die Leute die Russen, die Polen oder die Österreicher verdächtigt hätten. Die Deutschen wären ihnen wohl zuletzt eingefallen.

Es läßt sich heute mit großer Sicherheit sagen, daß die Auslösung sowohl des Krieges wie des Mordes an den europäischen Juden weder den Interessen noch den Wünschen der meisten Deutschen entsprach. Hitler wurde nicht von äußeren Umständen oder drängenden Massen genötigt, das zu tun, was er tat. Er drängte vielmehr seinerseits, das tun zu können, was er tun wollte, und es war die besondere Struktur seiner Herrschaft, die ihn dazu befähigte.

Damit ist die oft erörterte Frage nach der Kontinuität oder Diskontinuität der deutschen Geschichte und nach dem Ort von Hitlers Herrschaft in ihr aufgeworfen. Ich halte diese zwei Begriffe zwar nicht für besonders nützlich, denn Geschichte ist immer kontinuierlich und doch voll von jeweils erklärungsbedürftigen Unterbrechungen. Aber ich übernehme sie, um ihre Anwendung zu diskutieren und daran eine Erklärung anzuschließen.

Die These von der Kontinuität ist vorherrschend, und es kann in der Tat nicht fraglich sein, daß Hitler aus der deutschen Geschichte kam. Er kam ja nicht als landfremder Eroberer ins Land. Hier bildete er seine Weltanschauung. Hier errang er die Staatsgewalt. Hier fand er die Bedingungen vor, hier erhielt er die Möglichkeiten, das zu tun, was er tun wollte. Zu fragen ist also nicht, ob er aus der deutschen Geschichte kam, sondern wie dieser Weg verlief. Die Gegenthese von der Diskontinuität, daß Hitler eine Unterbrechung, ein sogenannter Betriebsunfall war, wird zumeist aus moralischen Gründen verworfen, weil sie die Schuld und Verantwortung verkleinert und die Deutschen entschuldigt. Aber offensichtlich können wissenschaftliche Erklärungen nicht aus moralischen Gründen, sondern müssen aus den Ergebnissen der Forschung und aus den Quellen hervorgehen. Es ist nicht die Aufgabe des Historikers, Ansichten zu belegen, die für moralisch oder volkspädagogisch wertvoll gehalten werden. Wie also steht es mit der These von der Diskontinuität, wenn sie ohne jede apologetische Tendenz vorgetragen wird? Ist sie auch dann noch zu verwerfen?

Wenn man einmal hypothetisch annimmt, der Weg hätte von der Weimarer sogleich zur Bonner Republik geführt ohne jene zwölf Jahre dazwischen, dann kann man sich leicht Kontinuitätsthesen vorstellen, die besagen, daß dies der kontinuierliche Weg der deutschen Geschichte gewesen sei von den Revolutionen von 1848/49 über die Wahlerfolge der Demokraten am Ende des 19. Jahrhunderts bis hin zum endgültigen Sieg der Demokratie im Jahre 1919.

Wenn andererseits Hitlers Herrschaft in der Kontinuität der deutschen Geschichte stehen soll, wie kann man dann ihre vollständige Rechtlosigkeit, ihre beispiellose Brutalität und Kriminalität und zumal den einzigartigen Mord an den europäischen Juden erklären? Derartiges hatte es zuvor nicht gegeben. Wie auch kann man dann erklären, daß die angebliche Kontinuität sich nach 1945 nicht fortsetzte, sondern mit Hitlers Tod plötzlich und beinahe vollständig abbrach und in Westdeutschland eine stabile Demokratie entstand? Wenn es, mit anderen Worten, eine Kontinuität von Friedrich dem Großen und Bismarck zu Hitler gibt, warum gibt es keine von Hitler zu Konrad Adenauer und Willy Brandt?

Daher wage ich die Behauptung: Hitlers Herrschaft war eine Unterbrechung des Ganges der deutschen Geschichte, vergleichbar einem GAU, einem größten anzunehmenden Unfall in einem Kernkraftwerk. Ein solcher Unfall wird zumeist definiert als die Koinzidenz, das heißt das gleichzeitige und zufällige Zusammentreffen von mehreren voneinander unabhängigen Faktoren, nämlich von strukturellen Mängeln, von akzidentellen Umständen und von menschlichem Versagen, und wenn man schon einen solchen bildlichen Vergleich wählen will, wie ja auch die Kontinuitätsthese und viele andere historische Erklärungen bildliche Vergleiche sind, dann kann man damit Hitlers Herrschaft, wie mir scheint, ganz gut erklären.

Wenn man die Geschichte als eine Folge von Klassenkämpfen um den Besitz der Staatsgewalt betrachtet, dann ergibt sich, daß bisweilen alte Klassen abtreten und neue aufsteigen. Im Zuge dieser Entwicklung wird notwendigerweise irgendwann eine Stufe erreicht, auf der die aufsteigende und die absteigende Klasse ungefähr gleich stark sind. Das ist, wie die Geschichte zeigt, immer ein kritischer Zeitraum. Dann kann die Staatsgewalt den beiden kämpfenden Klassen entgleiten und auf einen Alleinherrscher übergehen. Das klassische Beispiel in der neueren europäischen Geschichte ist der Absolutismus. Weitere Beispiele sind die

Herrschaften Napoleons I. und Napoleons III. in Frankreich. In der deutschen Geschichte wurde eine solche Stufe im letzten Drittel des 19. Jahrhunderts erreicht. Die Klasse der Monarchisten, wie ich sie definiert habe, stieg ab, ohne die Staatsgewalt schon aufzugeben. Die Klasse der Demokraten stieg auf und verlangte die Staatsgewalt für sich. Das war sozusagen das strukturelle Problem der deutschen Gesellschaft.

Es war zu erwarten, daß dieser Kampf irgendwann durch den endgültigen Sieg der aufsteigenden Klasse entschieden worden wäre. In Deutschland wurde er jedoch durch zwei kurzfristige exogene Ereignisse verzögert und erschwert. Das eine war die Niederlage Deutschlands am Ende des Ersten Weltkrieges. Es bewirkte, daß den Demokraten unerwartet plötzlich die Staatsgewalt zufiel, und es rief die Entstehung der NSDAP und übrigens auch der KPD hervor. Das andere war die Weltwirtschaftskrise. Es steigerte den Massenzulauf zum Führer der NSDAP. Man könnte auch sagen, der Übergang der Staatsgewalt von den Monarchisten auf die Demokraten habe sich unter besonders ungünstigen Verhältnissen vollzogen oder sei durch sie erschwert worden. Das waren sozusagen die akzidentellen Umstände.

In dieser Lage wurde Hitler an der Regierung beteiligt, und zwar von einigen Vertretern der absteigenden Klasse, die auf diese Weise die ihnen entgleitende Staatsgewalt wieder in ihren festen Besitz zu bringen hofften. Ihre Hoffnung aber, Hitler für ihre Interessen benutzen zu können, zerschlug sich. Das war weithin menschliches Versagen. Wenn Papen und Hugenberg politisch begabter, mutiger und entschlossener gewesen wären, hätten sie Hitler noch im März 1933 überstimmen und überlisten können. Es ist ein weitverbreitetes Fehlurteil, sie hätten Hitler die Macht überantwortet, weil sie wollten, was er wollte. In Wahrheit hatten sie andere Endziele als er, waren aber kläglich unfähig, ihre Zielvorstellungen durchzusetzen.

Keiner dieser Faktoren darf vereinzelt zur Erklärung angeführt werden, weder das langfristige Strukturproblem noch die kurzfristigen Umstände noch das menschliche Versagen. Das jedoch geschieht in den meisten Erklärungen. Wer von einem lange angelegten Sonderweg der deutschen Geschichte spricht, der schließlich zu Hitlers Herrschaft geführt habe, der erkennt zwar einige langfristige Bedingungen, verkennt aber einige andere Faktoren, ohne die der Vorgang nicht gedacht werden kann. Wer andererseits, was auch viele noch immer tun, Hitlers Herrschaft auf den Ausgang des Ersten Weltkrieges und die Weltwirtschaftskrise zurückführt, der erkennt auch etwas Richtiges, verkennt aber, daß dieser Faktor nur vor dem Hintergrund des strukturellen Problems zur Katastrophe führen konnte. Niederlagen und Wirtschaftskrisen haben auch andere Gesellschaften erfahren, ohne deswegen auf den deutschen Weg von 1933 bis 1945 zu geraten. Wer schließlich das menschliche Versagen als alleinige Ursache anführt, der übersieht, daß es häufig auftritt, ohne die in diesem Falle eingetretenen Auswirkungen zu haben.

Die hier vorgetragene Erklärung ist also nicht monokausal. Aber das ist eine ziemlich banale Feststellung. Obwohl viele Erklärungen, und zumal die in der Öffentlichkeit umlaufenden, noch immer so verfahren, nimmt bei genauerer Betrachtung niemand im Ernst an, ein so komplexes Phänomen wie der deutsche Nationalsozialismus könne auf eine einzige Ursache zurückgeführt werden. Weniger banal ist hingegen die Behauptung, daß diese Erklärung auch nicht multikausal in dem Sinne ist, daß die verschiedenen angeführten Ursachen ihrerseits in einem ursächlichen Zusammenhang standen. Sie werden nicht einfach addiert.

Der besondere Vorzug des Vergleichs mit einem GAU scheint mir vielmehr im Begriff der Koinzidenz zu liegen. Er macht deutlich, daß die verschiedenen Faktoren je ihre einzelnen Ursachen hatten und nur deswegen das eingetretene Ergebnis bewirkten, weil sie zufällig zur gleichen Zeit auftraten. Daß Deutschland gerade dann die Niederlage im Ersten Weltkrieg erfuhr, als der Klassenkampf um den Besitz der Staatsgewalt auf dem Höhepunkt war oder sich ihm näherte, das muß jedenfalls nicht notwendig auf die gleiche Ursache zurückgeführt werden. Noch weniger bestand ein Zusammenhang zwischen dem menschlichen Versagen der monarchistischen Politiker im Jahre 1933 und den Problemen, die sie zu lösen versuchten. Und daß die Nationalsozialisten in dieser Lage über einen Führer verfügten, der von ungewöhnlicher Skrupellosigkeit war, das kann gleichfalls nicht hinreichend mit der Struktur der deutschen Gesellschaft erklärt werden.

Es war das Zusammentreffen von verschiedenen voneinander unabhängigen Faktoren, das den größten anzunehmenden Unfall verursachte. Auch andere Unfälle werden übrigens von den Unfallforschern so erklärt, und man muß sich wundern, wie wenig die Geschichtsforscher von dieser Analogie Gebrauch machen. Gewiß können sie die Ergebnisse ihrer Forschung auch auf andere Weise vortragen. Aber ebenso gewiß benutzen sie immer wieder bildliche Vergleiche, wenn sie etwa vom Ausbruch einer Revolution oder von der Entfesselung eines Krieges reden. Unter diesen Vergleichen scheint mir derjenige mit dem Koinzidenzbegriff aus der Unfallforschung einen besonders hohen Erkenntniswert beanspruchen zu können.

Und warum sollten wir uns die Hitlerzeit eigentlich nicht mit dem Bilde von einem gewaltigen Betriebsunfall veranschaulichen? Ist es denn etwa die Regel und nicht die Ausnahme von katastrophalen Ausmaßen, daß eine Gesellschaft in völlige Rechtlosigkeit verfällt, sich in einen aussichtslosen Krieg verwickelt, dabei ihren Staat zerstört und nicht zuletzt einzigartige Verbrechen verübt?

Damit werden Schuld und Verantwortung sowenig geleugnet wie bei einem jeglichen Unfall. Die Verantwortung für eine Handlung trägt selbstverständlich derjenige, der die Handlung ausführt, und insofern die Verantwortung für die Handlungen einer Regierung vom Staatsvolk geteilt wird, fällt sie ebenso selbstverständlich auf das deutsche Volk. Alle Völker tragen im Guten wie im Bösen die Folgen ihrer Geschichte.

Auch bei Unfällen wird nach Schuldigen gesucht und werden

die Schuldigen bestraft. Das Bild vom größten anzunehmenden Unfall bietet aber der Geschichtsbetrachtung noch einen weiteren Vorteil. Es vermag zu veranschaulichen, daß solche Vorfälle selten auf bösen Willen oder menschliches Versagen allein zurückgeführt werden können, sondern auch auf strukturelle Mängel und akzidentelle Umstände und auf deren Koinzidenz mit schuldhaftem Versagen. Kein ernsthafter Historiker wird die Ereignisse der Vergangenheit allein auf den Willen der handelnden Personen zurückführen. Der Vergleich mit der Unfallforschung vermag ihn daran ständig zu erinnern. Sie arbeitet nicht mit dem Begriff des Verhängnisses, sondern ermittelt im rationalen Prozeß die Faktoren, ohne die der Vorgang nicht gedacht werden kann.

Wenn der Historiker ebenso verfährt, darf er gleichwohl nicht übersehen, daß er sich seinem Gegenstand immer nur annähern kann, ohne ihn voll zu erfassen. Am Ende ist das, was er eine Erklärung nennt, nicht viel mehr als ein unsicherer, jederzeit der Revision unterworfener Versuch, Vergangenheit so zu beschreiben, daß sie vom kritischen Verstand nachvollzogen werden kann. Wohl bei keinem Stück der Vergangenheit ist diese Bescheidung angemessener als bei der Herrschaft Hitlers in der deutschen Geschichte.                                                    (1988)

# Geschichtliche Grundlagen der Bundesrepublik Deutschland

*Als dieser Staat vier Jahre nach dem Ende des Krieges gebildet wurde, unterschied er sich von dem früheren Deutschen Reich nicht nur durch den von den Siegermächten zugewiesenen neuen Raum, sondern auch durch eine neugegliederte Bevölkerung.*

Die erste Grundlage eines Staates ist sein Raum. Nichts prägt wahrscheinlich auf die Dauer die Bewohner und ihre Einrichtungen mehr als die Lage des Landes, der Boden mit seinen Schätzen, die Verkehrsmöglichkeiten, das Klima, kurz, die Gesamtheit der räumlichen Bedingungen. So eindeutig sie vorgegeben sind, sie wechseln im Laufe der Zeit, ändern ihre Wirkung, und gerade die deutsche Geschichte bietet dafür eindringliche Belege.

Das Staatsgebiet der Bundesrepublik Deutschland umfaßt ziemlich genau die westliche Hälfte des früheren Deutschen Reiches, etwa 53 Prozent der Fläche von 1937, etwa 46 Prozent derjenigen von 1871. Die Grenzen sind weder natürlich noch Sprachgrenzen; fast überall wird jenseits von ihnen deutsch gesprochen. Dafür umschließen sie anders als früher außer einigen Dänen keine nationalen Minderheiten mehr, es sei denn, man rechne die ausländischen Arbeiter dazu. Der Grenzverlauf ist ein Ergebnis der Geschichte, und es hat Bedeutung, daß er zu sehr verschiedenen Zeiten enstanden ist.

Die ältesten Grenzen sind die zu den Niederlanden und zur Schweiz; sie gehen auf den Westfälischen Frieden von 1648 zurück und sind seitdem so gut wie unverändert gelieben. Diejenigen zu Belgien, zu Frankreich und Österreich (und damit seit 1918/19 zur Tschechoslowakei) folgen nach mancherlei Hin und Her heute wieder mehr oder weniger einem Verlauf, der zur Zeit des

Wiener Kongresses von 1815 festgelegt wurde. Über hundert Jahre alt ist auch die Grenze zu Luxemburg, das 1867 aus dem deutschen Staatsverband ausschied. Helgoland kam 1890 hinzu, und im Westen ist die jüngste Grenze diejenige zu Dänemark, die 1920 aus einer Volksabstimmung hervorging.

Ganz anders im Osten. Während alle übrigen Grenzen – soweit sie, was vielfach geschah, noch einmal verändert worden waren, wieder auf geschichtliche Vorbilder zurückgeführt wurden – ganz und gar unbestritten sind und im übrigen unter den Bedingungen des westeuropäischen Zusammenschlusses viel von ihrer einstigen Bedeutung verloren haben, ist die Ostgrenze der Bundesrepublik Deutschland neuartig, ohne Vorläufer in der Vergangenheit, nicht anerkannt und nur in stark eingeschränktem Maße durchlässig. Sie ist ein Ergebnis des Zweiten Weltkrieges und mehr noch der nachfolgenden Entzweiung der Siegermächte. Erst seit kurzem weiß man etwas genauer, wie sie entstand.[1]

Es war ein Planungausschuß der britischen Regierung, der diese Linie am 24. September 1943 erstmals auf einer Karte verzeichnete. Das entsprang unter dem Eindruck der deutschen Niederlagen bei Stalingrad und in Nordafrika vom Frühjahr 1943 sowohl militärischen wie politischen Überlegungen. Der Stab, der die für 1944 vorgesehene Landung in Frankreich vorbereitete, erwog die Möglichkeit, die deutsche Westfront könne schon vorher so dünn werden oder Deutschland gänzlich zusammenbrechen, daß eine plötzliche Rückkehr auf das Festland möglich und nötig würde. Er schlug für diesen Fall eine Festlegung von Zonen vor, in die die verbündeten Streitkräfte einrücken sollten, und zwar dergestalt, daß die amerikanische Invasionarmee, weil sie in Nordirland und Westengland Aufstellung genommen hatte, auf dem rechten Flügel durch Frankreich nach Südwestdeutschland eindrang, die britische links davon durch die Niederlande nach Nordwestdeutschland, während die sowjetische Armee Ostdeutschland besetzte. Die politischen Überlegungen gingen von der Sorge aus, Deutschland könne ganz von der Sowjetunion erobert werden, ehe die Westmächte deutschen Boden betreten hätten. In diesem Falle würde eine vorherige Vereinbarung über Besatzungszonen wenigstens gewisse Rechtsansprüche sichern. Mit Rücksicht auf die günstigeren Verkehrsverbindungen beanspruchte auch dieser Plan für Britannien die nordwestliche Zone.

Die Grenzziehung folgte sehr einfachen Grundsätzen. Das deutsche Staatsgebiet in den Grenzen von 1937 sollte, abzüglich von Ostpreußen sowie möglicherweise Oberschlesien und einem Teil Pommerns, die Polen zugedacht waren, in drei ungefähr gleich große Zonen eingeteilt werden, und zwar so, daß mit der Ausnahme von Preußen die Länder und Provinzen nicht zerschnitten wurden; Berlin sollte gemeinsam besetzt werden. Daraus ergab sich der Grenzverlauf ohne Schwierigkeit. Dies war auch mit der amerikanischen Regierung besprochen worden, ohne indessen dort viel Aufmerksamkeit zu erregen, und als nach der Moskauer Außenministerkonferenz vom Oktober 1943 ein Dreimächteausschuß für mit dem Kriegsende zusammenhängende Fragen, die Europäische Beratende Kommission in London, gebildet worden war, waren es wiederum die Briten, die vorangingen und schon auf der zweiten Sitzung am 15. Januar 1944 ihre Karte unterbreiteten.

Hinter der britischen Entschlossenheit verbarg sich gleichwohl eine gewisse Unsicherheit. Im Foreign Office waren Zweifel geäußert worden, ob sich die Russen, weil sie eine vielfach größere Armee als die Anglo-Amerikaner in Europa unterhielten, mit der Besetzung eines Drittels von Deutschland zufriedengeben würden. Noch mehr Sorge bereitete der Anspruch auf die Nordwestzone, weil bekannt war, daß Präsident Roosevelt sie mit verschiedenen Gründen für die Vereinigten Staaten forderte. Schließlich gab es Bedenken, ob überhaupt eine Karte übergeben werden sollte, und Gladwyn Jebb, der Vorsitzende des Planungsausschusses, meinte, diese Karte, in diesem Augenblick unterbreitet, könne sich als von erheblicher Bedeutung in der Geschichte Europas erweisen. Der britische Vertreter in der Europäischen Beratenden

Kommission, Sir William Strang, sparte daher bei der Übergabe nicht mit einschränkenden Bemerkungen: es handele sich nur um einen Diskussionsbeitrag, er könne noch abgeändert werden, seine Regierung sei nicht darauf festgelegt.

So mag man auf britischer Seite überrascht gewesen sein, als die Sowjetunion den Vorschlag am 18. Februar fast vollständig annahm. Ihr Vertreter überreichte einen Text, der die britische Karte überaus genau mit Worten umschrieb. In Braunschweig, wo die Kartenzeichner eine Grenzbegradigung eingetragen hatten, sollten die Briten demnach sogar ein Stück erhalten, das sie gar nicht beanspruchten. Ein Versehen indessen ließen die Sowjets, über deren Absichten sonst nichts bekannt ist, nicht ungenutzt. Weil die britische Linie in Schleswig-Holstein auf dem Festland endete, fiel nach dem sowjetischen Text die Insel Fehmarn mitsamt einer gegenüberliegenden kleinen Landspitze in die sowjetische Zone. Dagegen erhoben die Briten Einspruch, aber nur, um Schleswig-Holstein ungeteilt zu lassen, und als sie schon einlenken wollten, zumal da ihnen die Sowjets im übrigen so weit entgegengekommen waren, da gaben diese ihrerseits am 19. Juni 1944 plötzlich nach.

Der amerikanische Vertreter in der Kommission, ungeachtet heftigen Drängens ohne Weisung von seiner Regierung gelassen (in Washington lähmte ein Kompetenzkonflikt die zuständigen Ämter), beteiligte sich an den Erörterungen kaum, und so konnte am 12. September 1944 ein erstes Protokoll über die Besatzungszonen unterzeichnet werden. Die Westgrenze der sowjetischen Zone, schon bisher unproblematisch, war danach nie mehr umstritten. Offen blieb hingegen lange, ob die Nordwestzone an Britannien oder die Vereinigten Staaten fallen sollte. Roosevelt gab seinen Anspruch schließlich auf, als er Bremen und Bremerhaven erhielt und die amerikanisch-britische Zonengrenze ganz neu festgelegt wurde. Sie änderte sich noch einmal, als nach schwierigen Verhandlungen aus den Westzonen ein französisches Besatzungsgebiet herausgeschnitten wurde. Erst in Jalta, im Februar 1945, erzielten die Regierungschefs ein endgültiges Übereinkommen.

Es mag wie ein schlechter Witz der Geschichte anmuten, daß von allen diesen Zonengrenzen die allein geschichtsträchtige die geringsten Schwierigkeiten bereitete. Man muß sich jedoch vergegenwärtigen, daß jedenfalls die Westmächte (von den sowjetischen Planungen wissen wir, wie gesagt, nichts) damals nur eine Übergangsregelung im Auge hatten. Lange war überlegt worden, ob Deutschland überhaupt ganz besetzt werden sollte, und als dies beschlossen worden war, ob nicht eine gemischte Besetzung ohne Zonen vorzuziehen sei, und auch nachdem dies als unpraktisch verworfen worden war, ging man immer noch von einer auf ein paar Jahre befristeten Besetzung aus, bis der Friedensvertrag eine endgültige Regelung auferlegen würde. Eine dauernde Teilung Deutschlands, über die viel nachgedacht worden war, war mit dem britischen Vorschlag nicht beabsichtigt, und wenn es doch dazu kommen sollte, erschien die Linie damals recht günstig. Denn während die Sowjets anscheinend schon zum Einmarsch nach Deutschland ansetzten, war die anglo-amerikanische Landung in Frankreich frühestens im Mai 1944 möglich und ihr Ausgang durchaus ungewiß.

So entstand die spätere Ostgrenze der Bundesrepublik Deutschland aus einer Übergangsregelung, der die nachfolgende Entwicklung Dauer verlieh. Sie ging nicht aus der deutschen Geschichte hervor, außer daß diese in den Zweiten Weltkrieg geführt hatte, und nichts in der deutschen Geschichte deutete auf diese Grenze hin. Später gelegentlich angestellte Betrachtungen, Westdeutschland sei auf das Gebiet vor der mittelalterlichen Ostsiedlung oder des napoleonischen Rheinbundes zurückgeführt worden, sind künstlich und im einzelnen zudem unzutreffend. Über die Elblinie, die übrigens niemals eine Grenze gewesen war, war die Geschichte seit einem Jahrtausend hinweggegangen, und der Rheinbund war nicht nur eine rasch vorübergegangene Erscheinung gewesen, zu ihm hatte auch Sachsen gehört.

Aber wenn die Ostgrenze der Bundesrepublik auch willkürlich ist und weder geschichtlichen oder natürlichen Gegebenheiten noch dem Wunsch der Bevölkerung entspricht, so ist sie darin doch keine Ausnahme. Grenzen sind immer wieder von fremdem Willen auferlegt, oft sehr lange nur unter Widerspruch hingenommen worden, und doch haben sich auch in ihnen und sogar in zerrissenen Staaten immer wieder Gesellschaften gebildet, die dann ein eigenes Bewußtsein der Zusammengehörigkeit entwickelten.

Damit ist die zweite Grundlage eines Staates angesprochen, das Volk. Es ist weniger leicht zu bestimmen als der Raum, und vor allem kann es anders als dieser nicht mit einem Federstrich geändert werden. Es bewahrt auch in neuen Grenzen alte Gewohnheiten und paßt sie nur langsam an. Zumal in seiner gesellschaftlichen Gliederung ist es geschichtlich gewachsen. Das allerdings heißt auch, daß es Veränderungen unterworfen ist, nahezu unmerklichen Übergängen ebenso wie plötzlichen Umbrüchen. Insofern das Volk der Bundesrepublik Deutschland ein Teil der deutschen Nation ist, ist es ein Ergebnis der deutschen Geschichte und aus ihr am besten zu begreifen.

Die deutsche Geschichte ist vor allem darin eigenartig, daß sie später als die der meisten benachbarten Völker zur Bildung eines neuzeitlichen Nationalstaates geführt hat, und dieser Umstand bewirkte seinerseits eine eigenartige Entwicklung der deutschen Gesellschaft. Ausschlaggebend war dabei ein mehrfacher Wechsel der räumlichen Bedingungen. Deutschland war so lange reich und mächtig, wie die großen Handelsstraßen es durchzogen. Doch mit den überseeischen Entdeckungen verlagerte sich der Weltverkehr mehr oder weniger plötzlich auf die Meere. Das führte dazu, daß die am Atlantik gelegenen Länder, zuvor eher Randgebiete, zu See- und Kolonialmächten aufstiegen. Während Portugal erst und Spanien, dann die Niederlande, England und Frankreich wirtschaftlich entwickelte und politisch geeinte Staaten wurden, entfaltete sich in Deutschland, bis auf einen schmalen Küstenstreifen ohne Zugang zu den Weltmeeren, zerrissen zusätzlich durch die Glaubensspaltung, statt wirtschaftlicher Blüte und staatlicher Einigung die Vielfalt der kleinen Fürstentümer und Städte, und selbst Österreich und Preußen erreichten den Rang der Seemächte nicht.

Aus dieser Entwicklung ergab sich auch, daß in Deutschland der Aufstieg des Bürgertums, der neuen gewerbetreibenden Klasse zwischen Adel und Bauern, der im ausgehenden Mittelalter zumal in den großen Städten des Reiches in vollem Gange gewesen war, sich verlangsamte und zum Stillstand kam, während er in Westeuropa beschleunigt fortschritt, so daß die Bourgeoisie dort den Staat in ihre Hände nehmen konnte. Die französische Beourgeoisie etwa enteignete und entmachtete in der Revolution von 1789 den Adel und die Kirche, zerschlug damit das auf Landbesitz gegründete alte Regime des Feudalismus und riß die Staatsgewalt an sich, um sie für ihre Zwecke einzusetzen.

Zu Beginn des 19. Jahrhunderts glich die Eisenbahn den Standortnachteil der deutschen Wirtschaft aus, nachdem schon unter der napoleonischen Kontinentalsperre der Landverkehr wieder an Bedeutung gewonnen hatte. Nun kam auch in Deutschland die Industrialisierung in Gang und mit ihr der Aufstieg der Bourgeoisie. Was sie zu ihrer weiteren Entfaltung brauchte, waren statt der hinderlichen territorialen Zersplitterung ein gemeinsamer Markt, statt der verwirrend vielfältigen Rechts- und Währungssysteme eine einheitliche Verfassung und die Verfügung über die Staatsgewalt oder – mit den Schlagworten der Zeit – Einigkeit und Recht und Freiheit. Zweimal kämpfte die Bourgeoisie in Deutschland für diese Ziele, in der Revolution von 1848/49 und im preußischen Verfassungskonflikt von 1860–1866. Beide Male erreichte sie sie nicht oder vielmehr nicht ganz, und gerade der halbe Erfolg hatte weitreichende Folgen.

Der Fehlschlag der Revolution hatte mehrere Gründe, die sich allesamt aus den besonderen geschichtlichen Bedingungen ergaben. Einerseits war die Bourgeoisie nicht entwickelt und folglich nicht stark genug, um der Führungsschicht des landbesitzenden Adels und ihrem Anhang in Armee und Verwaltung die Macht entreißen zu können. Andererseits war sie nicht entschlossen genug, weil die Angst vor der entstehenden Arbeiterschaft und deren Forderungen sie in die Arme des Adels zurücktrieb, um mit ihm gemeinsame Sache zu machen. Schließlich erwies sich die Vielfalt der Staaten als nachteilig; war die Revolution in einem gelungen, konnte sie von einem anderen niedergeworfen werden.

Gleichwohl kam es nach dem Scheitern der Revolution nicht zur vollständigen Wiederherstellung der alten Ordnung. Die wirtschaftliche Einigung wurde großenteils verwirklicht. Der von Preußen geführte Zollverein umschloß 1853 alle deutschen Staaten außer Österreich, Mecklenburg, Holstein und den Hansestädten. Damit bestand das in der Paulskirche erstrebte Kleindeutschland wenigstens als Wirtschaftsgebiet, als gemeinsamer Markt. Die Bourgeoisie hatte ferner nunmehr eine politische Vertretung ihrer Interessen, die liberale Partei, und die meisten Bundesstaaten hatten eine Verfassung und ein Parlament, und darin wiederum hatten die Liberalen dank des sie begünstigenden ungleichen Wahlrechts zumeist die Mehrheit.

Mit diesen Waffen verweigerten sie in Preußen dem König und seiner Regierung die Zustimmung zum Staatshaushalt. Darum ging es im sogenannten Verfassungskonflikt. Hätte der König nachgegeben, so wäre der Bourgeoisie ein entscheidendes Mitbestimmungsrecht eingeräumt und der Weg geöffnet gewesen zur Bildung einer parlamentarischen, von der bürgerlichen Mehrheit abhängigen Regierung. Lange wogte der Kampf unentschieden hin und her. Beide Seiten waren ungefähr gleich stark. In dieser Lage berief der König 1862 Otto von Bismarck zum preußischen Ministerpräsidenten.

Damit begann ein überaus verwickeltes und folgenreiches Kräftespiel in drei Etappen. Bismarck, ein besonders selbstbewußter Vertreter des Landadels und zugleich preußischer Großmachtpolitiker, wandte sich zunächst von der ausweglos erscheinenden Innenpolitik ab, erstrebte statt dessen die Vorherrschaft Preußens in Deutschland und spielte dabei die Bourgeoisie gegen den Hauptwidersacher Österreich aus, indem er ein Nationalparlament versprach, das der Vielvölkerstaat nicht zulassen konnte. So kam es 1866 zum Krieg und in ihm zum preußischen Sieg von Königgrätz. Diesen Erfolg spielte Bismarck alsdann gegen die Bourgeoisie aus, indem er nun die nachträgliche Bewilligung der Staatshaushalte verlangte. Darüber spaltete sich die Bourgeoisie. Ein Teil erblickte seinen Nutzen darin, sich auf den Boden der geschaffenen Tatsachen zu stellen; der andere verharrte in der Opposition. Im selben Zuge aber spielte Bismarck auch noch die Massen gegen die Bourgeoisie aus, indem er das gleiche Wahlrecht zum Reichstag einführte.

So entstand 1867 der Norddeutsche Bund und daraus nach dem Krieg mit Frankreich 1871 das Deutsche Reich. Es ergab sich aus der verwickelten Entstehungsgeschichte, daß es auf einer eigentümlich gemischten Führungsschicht beruhte. Regierung, Verwaltung und Armee unterstanden weiterhin den Fürsten, getragen zunächst von der agrarischen Adelsklasse, organisiert in der Konservativen Partei. Unterstützt aber und zunehmend mitgetragen wurden sie von der industriellen Klasse der Bourgeoisie, die ihrerseits in der Nationalliberalen Partei organisiert war, dem rechten Flügel der gespaltenen Liberalen. Statt einer Klasse herrschten in diesem Staate mithin deren zwei. Natürlich hatten sie vielfach unterschiedliche Interessen, aber da sie auch beide ihren Nutzen aus der neuen Ordnung zogen, gelang ihnen immer wieder ein friedlicher Ausgleich, zumal angesichts der von ihnen gleichermaßen empfundenen Bedrohung durch den Aufstieg der Arbeiterklasse.

Es war indessen vermutlich gerade dieser Ausgleich, der das Reich in jene außenpolitische Lage hineintrieb, der es im Ersten Weltkrieg erlag. Der Adel war um den Schutz seiner Landwirtschaft gegen Wettbewerb mit dem Ausland bemüht, die Bourgeoisie erstrebte eine Steigerung des Außenhandels und dazu See- und Kolonialmacht. Das eine belastete die Beziehungen zum agrarischen Rußland, das andere, zumal der Bau einer starken Flotte, forderte Britannien heraus. Da nun aber als Folge des Ausgleichs beide Wege zugleich beschritten wurden, trieb das eine Rußland in die Arme Frankreichs, das wegen des Verlustes von Elsaß-Lothringen ohnehin feindlich eingestellt war, und das andere Britannien in das Lager beider. Der Ausgleich verhinderte eine Option. So war Deutschland schließlich mit Österreich-Ungarn allein und aus Angst, auch diesen Verbündeten noch zu verlieren, 1914 zu mehr bereit, als das nationale Interesse gestattete.

Am Ende des Ersten Weltkrieges trat die alte Führungsschicht zurück. Die bisherige Opposition, die schon im letzten Vorkriegsreichstag die Mehrheit gehabt hatte, ohne sie geltend machen zu können, übernahm die Regierung, schloß sich zur Weimarer Koalition zusammen und gab dem Lande eine neue Verfassung. Bestehend aus den Sozialdemokraten, dem katholischen Zentrum und den demokratischen Liberalen, hatte diese Gruppierung ungeachtet ihrer Gegensätze untereinander eine gemeinsame Erfahrung. Hier waren jene drei Parteien vereint, die Bismarck nacheinander im preußischen Verfassungskonflikt, im Kulturkampf und in der Sozialistenverfolgung bekämpft hatte. Sie vertraten vor allem die Klassen der Arbeiter und der Kleinbürger, die bisher von der Teilhabe an der Staatsgewalt ausgeschlossen gewesen waren.

Im Umbruch der Niederlage schien sich zunächst die deutsche Geschichte zu wiederholen. Wie einst die Bourgeoisie spaltete sich jetzt vollends die Arbeiterklasse. Wie einst die bürgerliche Revolution scheiterte jetzt die sozialistische. Wie einst die Nationalliberalen versuchten jetzt die Sozialdemokraten, in die bestehende Gesellschaftsordnung, statt sie umzustürzen, hineinzuwachsen. Hier aber endet die Analogie. Es ist das Kennzeichen der Weimarer Republik und die Hauptursache ihres Untergangs, daß sowohl die Demokratisierung als auch nur ein Ausgleich, wie er unter Bismarck gelungen war, nach 1918 mißlang. Die bisher führenden Klassen des Adels und der mit ihm verbundenen Bourgeoisie, organisiert jetzt in der Deutschnationalen und Deutschen Volkspartei, verweigerten sich. Sie waren zur Anerkennung des neuen Staates, zur Teilung der Staatsgewalt nicht bereit. Das hatte mehrere Gründe, die man im plötzlichen Verlust der Führungsstellung, in der unverwundenen Niederlage und in mancherlei anderem unschwer finden kann. Entscheidend war, daß die beiden jetzt bestehenden Hauptgruppen der deutschen Gesellschaft sich auf eine allseits anerkannte Staatsordnung noch weniger zu einigen vermochten als die früheren im Reich von 1871.

Gewiß kamen unter dem Eindruck der außerordentlichen Nachkriegsschwierigkeiten sowie der Gefährdungen von außen und im Innern wiederholt Koalitionen zustande. Besonders die in der Mitte der Klassengegensätze stehende Deutsche Volkspartei und ihr Vorsitzender Gustav Stresemann übernahmen die Rolle des Vermittlers. Auch die Wahl des royalistischen Generalfeldmarschalls von Hindenburg zum Staatsoberhaupt der Republik war Ausdruck eines Vermittlungsversuchs. Doch mit dem Bruch der letzten Großen Koalition während der Weltwirtschaftskrise im Jahre 1930 scheiterte der Ausgleich endgültig. Die Parteien vermochten, obschon nach den Mehrheitsverhältnissen dazu imstande, eine Regierung nicht mehr zu bilden. Sie überließen die Staatsgewalt dem Reichspräsidenten.

Man hat gesagt, die Parteien seien dem Staat davongelaufen. Wahr ist, daß keine der beiden großen Gruppen der deutschen Gesellschaft stark genug war, den Staat zu führen, daß aber jede wohl stark genug war, die andere an der Führung des Staates zu hindern. Wieder war ein ungefähres Gleichgewicht der Kräfte eingetreten, aber diesmal war, anders als 1862, auch keine mehr in der Lage, einen starken Mann wie Bismarck ins Spiel zu bringen. Damit war das Land unregierbar geworden. Das ist, wie derartige Fälle in der Geschichte zeigen, häufig die Stunde eines von den Klassen mehr oder weniger unabhängigen Alleinherrschers. Wenn es ihm gelingt, die sich gegenseitig blockierenden

Gruppen gegeneinander auszuspielen, kann er unter besonderen Umständen mit der Zustimmung der Massen die Staatsgewalt an sich reißen.

Genau so kam Hitler an die Macht. Zulauf fand er zunächst bei der Menge der in den Wirtschaftskrisen Verelendeten, bei den Verängstigten und Verzweifelten. Ihnen versprach er mit der überredenden Kraft seiner Worte die Erlösung, ihnen zeigte er die scheinbar Schuldigen. Zugleich richtete der Doppelname seiner Partei sich an die mächtigen, aber führungsunfähigen Klassen. Als national konnte sich die eine, als sozialistisch die andere angesprochen fühlen. Das Schlagwort von der Volksgemeinschaft verhieß die Überwindung ihrer Uneinigkeit. Und doch reichte dies noch nicht. In freien Wahlen gaben nie viel mehr als ein Drittel der deutschen Wähler Hitler ihre Stimme. Erst als die Deutschnationalen sich auf seine Seite schlugen, übertrug ihm der Reichspräsident 1933 die Regierung.

Es war der besondere Zustand der deutschen Gesellschaft in diesem Augenblick, der die Diktatur ermöglichte. Es war nicht, wie oft gesagt wurde, die Niederlage im Kriege mit ihren zweifellos schweren Folgen, die die Weimarer Republik aber am Ende fast ganz bewältigt hatte. Es war auch nicht die verheerende Weltwirtschaftskrise, die andere Staaten überwanden, ohne die Demokratie aufzugeben. Sosehr dieses und anderes unterstützend gewirkt haben mag, maßgeblich war es das lähmende Patt zwischen den politischen Führungsgruppen, das Hitler mit den Stimmen der Verelendeten und der Hilfe der Konservativen an die Herrschaft über den herrenlos gewordenen Staat brachte.

Diese Ausgangslage verlieh ihm die Alleinherrschaft und ein beträchtliches Maß an Handlungsfreiheit. Er bewahrte sie sich, indem er wiederholt die Klassen gegeneinander ausspielte. Er zerschlug die meisten ihrer Organisationen und beraubte sie damit ihres Einflusses. Seine konservativen Helfer schob er alsbald beiseite, gewann aber die Armee für sich, indem er 1934 die bewaffnete Macht seiner Partei opferte, nicht ohne zugleich seine eigene

Polizei zu verstärken. Am meisten stützte er sich auf die Bourgeoisie, ohne ihr allerdings ein Mitspracherecht bei seinen Entscheidungen einzuräumen, so daß er nicht der Vertreter dieser Klasse genannt werden kann. Seine engeren Mitarbeiter und Gehilfen, obwohl auch sie ohne viel Einfluß in dieser Alleinherrschaft, kamen weithin aus dem Kleinbürgertum. Widerstand brach er mit Gewalt und Schrecken oder, häufiger noch, lähmte ihn durch glänzende Erfolge zumal auf dem Felde der Außenpolitik. So trieb er das Volk in den längst geplanten Krieg, in die schlimmsten Verbrechen, die die Geschichte kennt, und schließlich in einen beispiellosen Zusammenbruch.

Das Ergebnis dieser Herrschaft war zunächst, was Deutschland betrifft, die Besetzung des Staatsgebietes durch fremde Mächte, waren große Gebietsverluste, Menschenopfer und Zerstörungen, gefolgt von der Teilung des Landes. Es war die Auflösung des Staates und das Ende des Reiches. Das Ergebnis war aber auch eine gewisse Einebnung der Klassenunterschiede. Ganz folgenlos war das Schlagwort von der Volksgemeinschaft nicht geblieben. Obwohl die Besitzverhältnisse außer bei den Juden nicht angetastet worden waren, hatte sich die Gleichschaltung schon in den Friedensjahren und zumal im Kriege nicht nur auf die Einrichtungen erstreckt, sondern auch erweiterte Aufstiegsmöglichkeiten und eine größere Durchlässigkeit gesellschaftlicher Schranken bewirkt. Unter der Herrschaft Hitlers war die deutsche Gesellschaft abermals eine andere geworden.

Das Ausmaß dieser Veränderungen ist umstritten. Ihre Beurteilung wird nämlich dadurch erschwert, daß sie sich auf dieser Stufe der Entwicklung nicht mehr voll auswirken konnten, weil sie im Zusammenbruch am Ende des Zweiten Weltkrieges eine unmittelbare Fortsetzung und außerordentliche Steigerung erfuhren. Aus den gewaltigen Bevölkerungsverschiebungen infolge der Flucht und der Vertreibung aus Ostdeutschland und Osteuropa ging eine ganz neuartige Gliederung der deutschen Gesellschaft hervor.

Dies mag die dritte und wichtigste Grundlage der Bundesrepublik Deutschland genannt werden. Als dieser Staat vier Jahre nach dem Ende des Krieges gebildet wurde, unterschied er sich von dem früheren Deutschen Reich nicht nur durch den von den Siegermächten zugewiesenen neuen Raum, sondern auch durch eine neugegliederte Bevölkerung. Beides zusammen wirkte sich aus und trennte von den geschichtlich überlieferten Zuständen. Gesellschaftliche Veränderungen vollziehen sich zumeist als Folge des Wechsels von wirtschaftlichen Gegebenheiten in langsamen Übergängen. Sie können aber auch in der Gestalt eines plötzlichen Umsturzes kommen. Das ist zumal in Revolutionen der Fall, wenn sie von umfassenden Enteignungen oder der Ausrottung von ganzen Klassen begleitet sind. In Deutschland hat auch 1945 keine Revolution stattgefunden. Der Umsturz der gesellschaftlichen Gliederung war darum nicht weniger einschneidend.

Zunächst einmal schuf schon die Begrenzung der Bundesrepublik Deutschland auf nur die Hälfte, und zwar die westliche Hälfte des früheren Reichsgebietes, neuartige räumliche Bedingungen. Da die Industrialisierung im 19. Jahrhundert vor allem vom Westen ausgegangen war und dort die reichsten Kohlevorkommen sowie günstige Verkehrsverhältnisse gefunden hatte, war Westdeutschland die stärker industrialisierte Reichshälfte. Gewiß waren auch in Sachsen und Schlesien Industriegebiete entstanden, aber im ganzen waren die östlichen Landesteile mehr auf Landwirtschaft ausgerichtet. Das verwies die Bundesrepublik nach der Abtrennung der Ostgebiete auf den Weg einer gesteigerten Industrialisierung, anfänglich vor allem wiederum durch die Ruhrkohle gefördert. Freilich waren die Kriegszerstörungen beträchtlich. Sie hatten jedoch die Wohnungen schwerer getroffen als die Industrieanlagen. Denn diese waren in den letzten Jahren derart ausgeweitet worden, daß sie bei Kriegsende immer noch ungefähr den Umfang von 1938 hatten. Dies trug dazu bei, daß die industrielle Produktion schon 1950 den Vorkriegsstand erreichte und sich in den folgenden zehn Jahren verdoppelte.

Es steigerte die Wirkung dieser Ausgangslage, daß der Raum bald eine neuartige politische Funktion erhielt. Da die Teilung des Landes sich aus der Spaltung der Welt in zwei große Machtblöcke ergab und diese in einen scharfen Gegensatz zueinander traten, erhielt Westdeutschland die Rolle eines Vorpostens der Westmächte im Kalten Krieg. In dem Maße, wie er sich verschärfte, stieg das westliche Interesse an der westdeutschen Lebens- und Leistungsfähigkeit.

Die Sieger verzichteten daher nicht nur verhältnismäßig rasch auf Reparationen, sondern leisteten im Zeichen des 1947 ausgerufenen amerikanischen Marshall-Planes sogar wirtschaftliche Hilfe und förderten die Wiederherstellung einer staatlichen Ordnung. Bei ihrer Entstehung war die Bundesrepublik infolgedessen erheblich weniger von wirtschaftlichen Folgen der Niederlage belastet, als es die Weimarer Republik gewesen war und die DDR es war. Der Krieg in Korea, der sich 1950 ebenfalls aus dem Ost-West-Gegensatz ergab, führte dann zu einer ersten Hochkonjunktur.

Was alsdann die Bevölkerung anbelangt, so entstand die Bundesrepublik auch in dieser Hinsicht auf neuartigen Voraussetzungen, und zwar sowohl der Zahl der Bewohner wie ihrer gesellschaftlichen Gliederung nach. Festzustellen ist zunächst eine ganz außerordentliche Bevölkerungszunahme. Auf dem Gebiet der späteren Bundesrepublik hatten 1939 etwa 40 Millionen Menschen oder 58 Prozent der damaligen Reichsbevölkerung, bezogen auf die Grenzen von 1937, gelebt. Obwohl von ihnen 2,3 Millionen durch Kriegseinwirkungen getötet worden waren, zählte die Bevölkerung schon 1946 fast 44, 1950 fast 48 und 1960 fast 54 Millionen Menschen. In das Gebiet der Bundesrepublik strömten nämlich allein bis 1950 acht Millionen Vertriebene und 1,6 Millionen Flüchtlinge. Ihr Anteil machte danach 20 Prozent der westdeutschen Bevölkerung aus und stieg bis 1960 auf nahezu ein Viertel. Selten haben Staaten eine derartige Zuwanderung erfahren, zudem ohne nennenswerte sprachliche und kulturelle

Assimilationsschwierigkeiten, die in solchen Fällen gewöhnlich auftreten.

Sosehr dies anfänglich eine Belastung war, im Zuge des Aufschwungs steigerte es die Leistungsfähigkeit der Wirtschaft. Damit wurde ein Neuaufbau der zerstörten Städte und Dörfer möglich und angesichts der Bevölkerungszunahme in einem Umfang nötig, der über einen Wiederaufbau, über eine einfache Beseitigung der Kriegsschäden weit hinausging. Er vollzog sich unter einer Art von unbekümmertem Überdruck, der die besiedelte Landschaft nicht nur erweiterte, sondern ihr auch ein weithin ganz neues Aussehen gab und vielfach Reste der Vergangenheit, die den Krieg überdauert hatten oder wiederherstellbar gewesen wären, einebnete. Im Zuge dieses Neuaufbaus, der seinerseits den wirtschaftlichen Aufschwung beflügelte, wurde die Eingliederung der Flüchtlinge und Vertriebenen möglich und ungeachtet der noch erhobenen Ansprüche auf die abgetrennten Gebiete auch verwirklicht.

Es ist leicht einzusehen, daß all dies zu einer tiefgreifenden Veränderung der überlieferten gesellschaftlichen Gliederung führen mußte. Jede Flucht und jede Vertreibung wie auch manche andere Kriegseinwirkung war mit einer Enteignung verbunden, mit einer Entwurzelung aus überkommenen Verhältnissen und oft auch mit einem Verlust der bisherigen sozialen Stellung. Zumal die an den Boden gebundenen Klassen der Landbesitzer und der Bauern verloren ihre Grundlage und wechselten, da sie eine gleiche nur in Ausnahmefällen wiederfanden, zwangsläufig ihre Rolle in der Gesellschaft. Indem nun in der Bundesrepublik nahezu jeder vierte Einwohner in einer solchen Lage war und diese Millionenschar, aus den angestammten örtlichen Zusammenhängen gerissen, verstreut neu angesiedelt und eingegliedert wurde, ergab sich mit Notwendigkeit die beschleunigte Fortsetzung und Verstärkung der ansatzweise schon vor 1945 eingeleiteten Einebnung der Klassenunterschiede. Es entstand eine neuartige Gesellschaft.

Aus ihr wiederum ging eine neuartige politische Ordnung hervor. Es wurden Volksparteien gebildet, die nur noch in zunehmend geringerem Maße als Vertretungen von Klassen angesehen werden können. Inbesondere die konservativen und liberalen Parteien, die 1918 nur ihre Namen, nicht aber ihre Anhängerschaft gewechselt hatten, wurden in dieser Form nicht wiedergegründet. Die Zentrumspartei verschwand, wozu außer den Erfahrungen der Vergangenheit auch beigetragen haben mag, daß die beiden christlichen Konfessionen in der Bundesrepublik anders als im früheren Reich ungefähr gleich stark sind. In der Übergangszeit entstandene Flüchtlings- und Vertriebenenparteien lösten sich mit der Eingliederung ihrer Wähler wieder auf. Die Parteien der Bundesrepublik unterscheiden sich vor allem in ihrer klassenunabhängigen Wählbarkeit von denjenigen, die noch die Weimarer Republik gekannt hatte.

Es ist ferner eine in der deutschen Geschichte gleichfalls ganz neuartige Erscheinung, daß alle großen Parteien die Verfassung als gemeinsam verbindliche Grundlage der staatlichen Ordnung anerkennen. Opposition war früher großenteils immer auch Opposition gegen die Staatsordnung schlechthin gewesen, sei es gegen den monarchischen Obrigkeitsstaat oder gegen die demokratische Republik. Die politischen und sozialen Auseinandersetzungen in der Bundesrepublik werden dagegen übereinstimmend auf dem Boden des Grundgesetzes ausgetragen. Gewiß haben dazu auch neuartige Verfassungs- und Wahlrechtsvorschriften beigetragen, und gewiß ist die Übereinstimmung wie überhaupt die gesellschaftliche Integration auch durch den geschichtlich erfahrenen und allgemein empfundenen Gegensatz zur politischen Ordnung im Osten erleichtert worden. Im wesentlichen jedoch dürfte all dies ein Ergebnis der im Zusammenbruch von 1945 eingetretenen Einebnung der früheren Klassenunterschiede sein.

Die Gesellschaft der Bundesrepublik ist deswegen keine egalitäre Gesellschaft. Sie kennt vielmehr beträchtliche Ungleichheiten in den Vermögensverhältnissen und auch noch immer in den Bildungs- und Aufstiegschancen, obwohl diese erweitert worden sind. Die Wirtschaftsordnung hat den überlieferten Gegensatz von Kapital und Arbeit bestätigt. Allerdings hat Deutschland im Unterschied zu anderen westlichen Staaten immer schon einen gemischten Kapitalismus gehabt mit einem privaten wie staatlichen und genossenschaftlichen Anteil etwa im Bank- oder Verkehrswesen und in anderen Bereichen. Überdies verliert aber der Gegensatz zwischen Kapital und Arbeit an politischer Bedeutung, indem die Arbeiter durch die gestiegene wirtschaftliche Macht der Gewerkschaften und durch neuartige gesetzliche Regelungen wie das in den Anfängen stehende Mitbestimmungsrecht mehr Möglichkeiten gewonnen haben, ihre Ansprüche durchzusetzen. Es muß überhaupt fraglich erscheinen, ob Begriffe wie Klasse und Klassenkampf, die sich bei der Erklärung der Vergangenheit wie auch vieler Gesellschaften der Gegenwart so vorzüglich bewähren, noch geeignet sind, die Wirklichkeit der Bundesrepublik zu erfassen.

Hier ist eine demokratische Gesellschaft entstanden. Was das bedeutet, wird am besten vor dem Hintergrund der geschichtlichen Entwicklung verständlich. Die feudalistische Gesellschaft beschränkte die Teilhabe an der Staatsgewalt im wesentlichen auf den landbesitzenden Adel, und sie war insoweit eine geschlossene Gesellschaft, als sie sich grundsätzlich allein durch Geburt ergänzte und nur in Ausnahmefällen nichtadelige Mitglieder aufnahm. Auch die bürgerliche Gesellschaft beanspruchte anfangs mit Hilfe des ungleichen Wahlrechts die Staatsgewalt möglichst ausschließlich für die Bourgeoisie. Diese aber stand Aufsteigern immer offen und setzte sich ja überhaupt nur aus solchen zusammen. Es bereitete ihr gewöhnlich keine Schwierigkeiten, das von anderen geforderte und eingeführte gleiche Wahlrecht hinzunehmen, und sie machte es schließlich zur Grundlage ihrer Staatsordnungen. Damit war der Übergang zur demokratischen Gesellschaft freigegeben, in der grundsätzlich alle Schichten an der Staatsgewalt teilhaben und sie gemeinsam oder im einvernehmlich durch Wahlen geregelten Wechsel ausüben.

Die deutsche Gesellschaft hat diese Entwicklung von der feudalistischen über die bürgerliche zur demokratischen Gesellschaft noch weit weniger als andere Gesellschaften in gerader Linie zurückgelegt. Die Begründung der bürgerlichen Gesellschaft mißlang unter den besonderen Bedingungen der deutschen Geschichte, und es entstand um 1871 die eigentümliche Mischform. In der Weimarer Republik scheiterte der Übergang zur demokratischen Gesellschaft, und dieser Fehlschlag führte zu der besonderen Form der deutschen Diktatur. In deren Zusammenbruch erfolgte ein plötzlicher Umsturz der gesellschaftlichen Gliederung, und daraus ging auf den besonderen geschichtlichen Grundlagen der Bundesrepublik Deutschland eine demokratische Gesellschaft hervor. (1983)

# Blick über die Grenzen

# Der Eintritt Japans und Deutschlands
# in die Weltpolitik

*Keine Tatsache scheint die Ähnlichkeit der Geschichte der drei Spätimperalisten Japan, Deutschland und Italien in höherem Maße begründet zu haben als die Gleichzeitigkeit des Eintritts in die Weltpolitik.*

## Eine japanische Gesandtschaft bei Bismarck

Knapp vier Jahre nach der Meiji-Restauration in Japan und elf Monate nach der deutschen Reichsgründung begab sich eine große japanische Gesandtschaft unter Führung des Außenministers Tomomi Iwakura im Dezember 1871 auf die Reise um die Welt und gelangte über San Francisco, Washington und London im März 1873 auch nach Berlin. Sie sollte eine Aufhebung der »ungleichen Verträge« erreichen. Während die Auskünfte der amerikanischen und der britischen Regierung enttäuschend ausgefallen waren, erhielt die Delegation in der deutschen Hauptstadt immerhin einen ermutigenden Unterricht in Realpolitik.

»Alle Staaten der Erde«, so belehrte Reichskanzler Otto von Bismarck die Japaner anläßlich eines Empfangs am 15. März 1873, »verkehren höflich und freundschaftlich, aber das ist alles nur rein äußerlich. In Wahrheit denken die Regierungen ganz anders: von dem stärkeren Staate wird immer ein Druck auf den schwächeren ausgeübt, der kleinere wird vom großen verachtet. Wie Sie wissen, war unser Preußen, als ich noch jung war, arm und schwach; von Jugend auf war es mein beständiger Gedanke: wir müssen emporkommen und groß werden. Das Völkerrecht bezweckt, die rechtliche Ordnung der einzelnen Staaten zueinander aufrechtzuerhalten; wenn aber ein großes Reich Differenzen mit einem anderen Staate hat, dann wird es alles dem Völkerrecht entsprechend machen, vorausgesetzt, daß dies für es vorteilhaft ist; wenn dies aber nicht der Fall ist, dann will es vom Völkerrecht nichts wissen und vertritt seine Ansprüche mit Gewalt. Das kleine Land kann aber mit Gewalt gar nichts ausrichten und muß immer nach den Bestimmungen des Völkerrechts handeln. Das kleine Reich befindet sich deshalb immer im Nachteil und in einem traurigen Zustande und kann sich nicht mit eigener Macht schützen.«

Nach einem stolzen Hinweis auf die Erfolge Preußens schloß Bismarck: »England und Frankreich haben im Auslande immer Eroberungen gemacht und ihren Kolonialbesitz vergrößert, worüber sich andere Staaten sehr ärgern. Aller Freundlichkeit der europäischen Mächte kann man kein Vertrauen entgegenbringen. Die Zustände in Ihrem Lande, meine Herren, sind so, wie sie vor Jahren hier in Preußen waren. Ich kann mich in die Verhältnisse ganz gut hineindenken, weil ich in einem kleinen und schwachen Lande, das sich langsam auf den heutigen Standpunkt emporgeschwungen hat, geboren bin. Wir schützen unsere Rechte und unsere Selbsterhaltung. Japan befindet sich in derselben Lage, und wegen dieser Verhältnisse müssen wir besonders freundschaftlich verkehren.«[1]

Es ist nicht bekannt, ob den Japanern der Widerspruch des letzten Satzes zu den vorangegangenen Ausführungen auffiel. Tatsache ist jedenfalls, daß auch die deutsch-japanischen Beziehungen immer von den so eindrucksvoll geschilderten Grundsätzen der Realpolitik beherrscht waren. Japan bekam einen Anschauungsunterricht davon, als es 1895 von Deutschland im Verein mit Rußland und Frankreich gezwungen wurde, die soeben erworbene Liaotung-Halbinsel wieder herauszugeben; Deutschland erfuhr dies, als es 1914 von Japan seiner ostasiatischen Besitzungen beraubt wurde.

Im übrigen bedurften die Japaner der Bismarckschen Belehrungen nicht. Gerade die Vorläufer und Führer der Meiji-Restauration wußten sehr wohl, daß allein Macht die Welt regiert. So hatte Nobuhiro Satō schon vor der gewaltsamen Öffnung des Landes

im Jahre 1854 vorgeschlagen, Japan solle auf das sich abzeich-
nende Vordringen Rußlands und Englands mit tiefgreifenden inneren Reformen antworten und diesen dann Expansionen nach
China, Siam und Indien folgen lassen, um den Engländern entgegenzutreten. Einige Zeit später entwarf Shōin Yoshida, einer der
großen geistigen und politischen Wegbereiter der Meiji-Restauration, ein ähnliches Programm, das die Kolonisierung von Hok-
kaidō und danach die Inbesitznahme der Kurilen, Kamtschatkas,
Koreas, der Mandschurei, Formosas und der Ryūkyūs vorsah.[2]

Außenminister Iwakura mußte sich mit dieser Art von expansi-
ver Machtpolitik sogar während seiner Gesandtschaftsreise beschäftigen. Noch in Berlin erfuhr er, daß eine Gruppe innerhalb
der japanischen Führungsschicht die gewaltsame Eroberung Koreas vorbereitete und dabei nicht einmal einen möglichen Krieg
mit Rußland scheute. Nachdem er nach Tōkyō zurückgekehrt
war, vereitelte er das Unternehmen mit der Begründung, daß zunächst die innere Konsolidierung im Vordergrund stehen müsse.[3]
Er hätte sich darüber mit Bismarck unterhalten können, der nur
zwei Jahre zuvor die Forderung, Deutschland solle im Frankfurter
Frieden die Abtretung französischer Kolonien verlangen, mit der
gleichen Begründung abgewiesen hatte. Deutscher Kolonialbesitz
erschien ihm damals »wie der seidne Zobelpelz in polnischen
Adelsfamilien, die keine Hemden haben«.[4]

*Ähnlichkeiten und ungleiche Voraussetzungen*

Die beiden Vorfälle enthüllen eine Ähnlichkeit, deren die neuere
Geschichte Deutschlands und Japans erstaunlich viele aufweist.
Beide Länder traten erst um 1870 in die Weltpolitik ein. Aus
dieser Verspätung ergaben sich ähnliche Formen des Wettbe-
werbs mit den älteren Nationalstaaten. Sowohl Japan wie
Deutschland erfuhren eine rasche Bevölkerungszunahme und
Verstädterung, betrieben eine erfolgreiche Modernisierung und
Industrialisierung und erreichten nach etwa gleich kurzer Zeit den
Rang von Großmächten. Beide waren zunehmend vom Außen-

handel abhängig. Japan empfand die Ähnlichkeit selbst und
wählte für seine Verfassung sowie für andere Einrichtungen preußisch-deutsche Vorbilder. Beide Staaten waren konstitutionelle
Monarchien mit starker Führung und ausgeprägtem Berufsbeam-
tentum. Beide maßen dem Militärwesen besonderen Wert bei.
Streng disziplinierte Staatstreue genoß höheres Ansehen als die
Verwirklichung bürgerlicher Freiheiten.

Beide Länder machten territoriale Eroberungen. Beide waren
vom Ausgang des Ersten Weltkrieges enttäuscht, obwohl Japan
zu den Siegern und Deutschland zu den Besiegten gehörte. Beide
parlamentarisierten nach 1918 ihr Herrschaftssystem und gerieten zugleich in eine wirtschaftliche und politische Instabilität.
Beide wurden von der Weltwirtschaftskrise besonders hart getroffen-
fen. Beide ersetzten danach das parlamentarische Regime durch
ein autoritäres. Beide verließen 1933 den Völkerbund. Beide waren betont antikommunistisch, verbündeten sich 1936 im Anti-
kominternpakt und schlossen dennoch Nichtangriffs- oder Neu-
tralitätsverträge mit der Sowjetunion.

Beide beschritten den Weg einer gewaltsamen Veränderung des
territorialen Status quo und gerieten dadurch in Gegensätze zu
den Westmächten. Beide eröffneten 1941 einen Krieg gegen die
Vereinigten Staaten. Miteinander verbündet, erstrebten sie beide
die Errichtung eines weithin ähnlichen Großreiches. Sowohl das
Großdeutsche oder Großgermanische Reich wie die japanische
Großostasiatische Gemeinsame Wohlstandssphäre (Daitōa
kyōeiken) schlossen, anders als frühere Kolonialreiche, unmittelbar an das Mutterland an. Beide Versuche endeten 1945 in einem
vollständigen Zusammenbruch. Sowohl Westdeuschland wie Japan waren danach beträchtlichem amerikanischen Einfluß ausgesetzt, erhielten wieder eine parlamentarische Demokratie, erlebten einen raschen Wiederaufschwung und gehören heute beide zu
den führenden Wirtschaftsmächten der Welt.[5]

Gewiß lassen sich auch Unterschiede feststellen ebenso wie
Ähnlichkeiten eines der beiden Länder mit dritten. Wie immer

aber der Vergleich eingeschränkt, erweitert oder verfeinert wird, die deutsch-japanischen Ähnlichkeiten bleiben außerordentlich auffallend. Was hat sie begründet? Unter Begründung soll im folgenden sowohl die Herausbildung wie die Verursachung der Ähnlichkeiten verstanden werden. Wann sind sie entstanden und warum? Diese Fragen scheinen notwendig, denn die Ähnlichkeiten sind ja keineswegs selbstverständlich. Der Vergleich bedarf, wenn er nicht auf eine zwar in manchem aufschlußreiche, am Ende jedoch unbegreifliche Kuriositätensammlung hinauslaufen soll, einer nachprüfbaren Erklärung.

Auf den ersten Blick scheint es, als hätten die Ähnlichkeiten erst um 1870 mit den beiden gleichzeitigen Ereignissen der Meiji-Restauration in Japan und der deutschen Reichsgründung eingesetzt. Tatsächlich waren die Voraussetzungen sowohl in geographischer wie kultureller und historischer Hinsicht höchst ungleich. Japan ist eine einem Kontinent vorgelagerte Inselgruppe und insofern im europäischen Bereich eher mit Britannien vergleichbar, Deutschland dagegen ein Land in der Mitte eines Kontinents. Insulare und kontinentale Lage aber bedingen gewiß eher Unterschiede als Ähnlichkeiten. Zudem machten und machen die überwiegend gebirgigen japanischen Inseln nur weniger als ein Fünftel der Gesamtfläche für landwirtschaftliche Nutzung und nur einige Ebenen für zusammenhängende Bebauung geeignet. Die Abwesenheit größerer Flüsse erschwerte vor der Einführung der Eisenbahnen den Binnenverkehr. Die Bodenschätze waren bis auf wenige Kohle- und Erzvorkommen überaus spärlich. Deutschland ist von Natur reicher, von großen Strömen durchzogen und auch viel stärker auswärtigen Einflüssen ausgesetzt.

Daß der kulturelle Hintergrund eines ostasiatischen, von China und dem Buddhismus beeinflußten Landes und eines westeuropäischen mit seiner jüdisch-christlichen und griechisch-römischen Überlieferung höchst ungleich war, bedarf keiner Worte. Insofern Modernisierung und Industrialisierung weithin Verwestlichung bedeuten, ist unter den historischen Voraussetzungen vor allem von Gewicht, daß Japan sich seit der Mitte des 17. Jahrhunderts unter den Tokugawa in einem einzigartigen Vorgang bewußt nahezu vollständig von der geistigen, wissenschaftlichen und technologischen Entwicklung des Westens ausgeschlossen hatte. Bekanntlich war, von wenigen Ausnahmen abgesehen, mehr als zwei Jahrhunderte hindurch jeder Verkehr mit dem Ausland verboten. Japan hatte seine Insularität gewissermaßen selbst potenziert. Deutschland dagegen hatte, obzwar in seiner wirtschaftlichen und staatlichen Entwicklung hinter den Staaten mit einem breiteren Zugang zum Atlantischen Ozean zurückgeblieben, an der übrigen westlichen Entwicklung seit je teilgenommen und zu ihr beigetragen. Es behauptete schon vor der Reichsgründung einen beachtlichen Platz in der Metalltechnologie sowie in der elektrischen, der chemischen und einigen anderen Industrien.[6]

Vor diesem überaus unterschiedlichen Hintergrund vollzog sich alsdann der gleichzeitige Eintritt der beiden Länder in die Weltpolitik. Die chronologische Parallelität ist in der Tat eindrucksvoll. In Deutschland verwirklichte sich nach der gescheiterten nationalen Revolution von 1848/49 seit der Neubegründung des Zollvereins unter preußischer Führung im Jahre 1853 die zunächst handelspolitische, dann wirtschaftliche und schließlich staatliche Einigung des Landes, die mit der Begründung des Norddeutschen Bundes 1867 und des Deutschen Reiches 1871 ihren Abschluß fand.[7] In Japan setzte sich seit der Übergabe des amerikanischen Ultimatums durch Kommodore Matthew C. Perry im Jahre 1853 mit der Wiedereröffnung des Landes jene tiefgreifende Umgestaltung der nationalen Politik durch die in der sogenannten Meiji-Restauration 1868 ihren jedenfalls staatsrechtlichen Abschluß fand.[8] In denselben anderthalb Jahrzehnten betraten die beiden Nationen den Weg in ihre neuere Geschichte, der von so vielen Ähnlichkeiten gekennzeichnet sein sollte. Wer sich mit der Feststellung nicht begnügen, sondern auch wissen will, was die Ähnlichkeit begründet hat, wird zunächst die beiden Vorgänge etwas genauer beschreiben müssen.

## Reichsgründung und Meiji-Restauration

Die Begründung des deutschen Einheitsstaates war das Ergebnis eines jahrzehntelangen vorwiegend inneren Machtkampfes. Vereinfacht gesagt, standen sich darin auf der einen Seite die alte Führungsschicht des grundbesitzenden Adels mit seiner politischen Speerspitze, den Landesfürsten, und auf der anderen Seite die neue Klasse der Bourgeoisie gegenüber, deren wachsende Macht in Handel, Handwerk und Gewerbe lag. Ihr Interesse war die Schaffung eines gemeinsamen Marktes, frei von Binnengrenzen und den anderen überlieferten Behinderungen einer sich rasch entwickelnden Wirtschaft.

Der bedeutendste Versuch dieser Art war in der Revolution von 1848/49 gescheitert. Die deutsche Bourgeoisie war anders als etwa die französische nicht entwickelt und stark genug gewesen, um ihr Ziel zu erreichen. Die politische Macht blieb in den Händen des Adels. Er war an einer nationalen Einigung nicht interessiert und erblickte darin sogar eine Gefahr, weil sie seine überlieferte Machtstellung verringern oder gar aufheben mußte. Die Reichsgründung kam unter diesen Umständen dadurch zustande, daß das ohnehin am meisten industrialisierte Preußen in Fortsetzung seiner antiösterreichischen Expansionspolitik unter Bismarcks Führung die bürgerliche Einheitsforderung verwirklichte, zugleich aber die politische und militärische Vorherrschaft des grundbesitzenden Adels aufrechterhielt. So entstand jener eigentümliche Staat, in dem Adel und Bourgeosie nebeneinander lebten und gediehen.[9]

Die Meiji-Restauration gehört demgegenüber zunächst einmal in einen anderen geschichtlichen Zusammenhang, nämlich den der Ausdehnung des Westens über die Welt. Die westlichen Staaten, damals vor allem Portugal und Spanien sowie die Niederlande, hatten aus kommerziellen und religiösen Gründen schon die Selbstabschließung Japans unter den Tokugawa, die ja auf ihre Vertreibung vom japanischen Markt hinauslief, nicht gern hingenommen, und es war wohl auch auf den Niedergang der iberischen Kolonialmächte sowie auf die Fesselung Europas durch seine Kriege im 17. Jahrhundert zurückzuführen gewesen, daß die Abschließung überhaupt gelang. Im 19. Jahrhundert sah Japan sich einem erneuten Vorstoß des Westens ausgesetzt. Immer gebieterischer verlangten nun vor allem das nach China vordringende Britannien sowie Rußland und Amerika, nachdem sie ihre pazifische Gegenküste erreicht hatten, einen Zugang zum japanischen Markt. Es war mehr Zufall, daß schließlich Amerika das Land öffnete und die anderen Mächte nachdrängten; früher oder später hätte die Reihenfolge auch eine andere sein können. Da Japan sich mit seiner Selbstabschließung auch selbst wehrlos gemacht hatte, mußte es sich fügen und antwortete auf die unabänderliche Tatsache mit jener umfassenden Reformpolitik, die man als Meiji-Restauration im weiteren Sinne bezeichnet, also mit einer Modernisierung und Industrialisierung nach westlichem Vorbild.

So weit scheinen die beiden Vorgänge nicht nur nicht ähnlich, sondern geradezu entgegengesetzt zu sein. Der Gleichzeitigkeit scheint keine Gleichartigkeit zu entsprechen. Japans Öffnung wurde gegen seinen Willen von außen erzwungen. Deutschland, dessen Markt dem Ausland längst offenstand, mußte eher mit einem Widerstand der anderen Mächte gegen seine Reichsgründung rechnen, und sie gelang nur, weil Preußen Österreich und Frankreich zu besiegen sowie Rußland und Britannien aus dem Spiel zu halten vermochte. Mit dem geöffneten Japan erstand den Großmächten ein erwünschter Handelspartner, mit dem geeinten Deutschland hingegen ein unerwünschter Konkurrent und zudem eine Gefährdung des europäischen Gleichgewichts. Immerhin war das Deutsche Reich sogleich das Land mit der zweitgrößten Bevölkerung, der zweitgrößten Steinkohleproduktion und der wahrscheinlich stärksten Armee in Europa.

Gleichwohl ist damit die unterschiedliche Verursachung der beiden Vorgänge noch nicht vollständig erwiesen. Es ist nämlich eine der Forschung seit langem bekannte und inzwischen wohl-begründete Tatsache, daß die Meiji-Restauration zwar durch den Vorstoß des Westens ausgelöst, aber keineswegs durch ihn allein verursacht wurde. Das Tokugawa-Regime *(bakufu)*, das zweieinhalb Jahrhunderte für Stabilität gesorgt hatte, geriet zunehmend in innere Schwierigkeiten und büßte seine so lange unangefochtenen Machtstellung ein. Seit dem 18. Jahrhundert vollzog sich in der einst ganz überwiegend agrarisch-aristokratischen Gesellschaft eine beträchtliche Zunahme der Manufaktur, des Bergbaus und des Binnenhandels sowie ein Übergang zur Geldwirtschaft. Die diese Entwicklung tragende Schicht waren die in der überlieferten konfuzianischen Klasseneinteilung besonders benachteiligten städtischen Händler *(chōnin)*. Sie litten noch immer unter mancherlei Beschränkungen, wurden nun aber reicher und gewannen damit, zum Teil als Gläubiger der verschuldeten Adligen *(samurai)*, an Einfluß.[10]

Schon seit fünfzig Jahren haben japanische und in ihrer Nachfolge auch westliche Historiker in dieser Entwicklung, ausgesprochen oder unausgesprochen, einen mit der europäischen Geschichte vergleichbaren Vorgang erblickt, und ihre Deutung ist bis heute weit verbreitet. Der Ausgangspunkt ist natürlich ein Vergleich oder eine Gleichsetzung der *chōnin* mit der europäischen Bourgeoisie. Auf dieser Grundlage sind verschiedene Interpretationen der Meiji-Restauration versucht worden. Ihnen zufolge stand Japan aufgrund des Wachstums der *chōnin* um die Mitte des 19. Jahrhunderts am Vorabend einer bürgerlichen Revolution, die jedoch nicht oder nicht ganz gelang. Nach einer Auffassung gingen der japanische Feudaladel und die japanische Bourgeoisie eine Koalition miteinander ein und begründeten in der Meiji-Restauration einen halb feudalistischen und halb kapitalistischen Staat. Nach einer anderen Auffassung gelang es einer Gruppe, die ungefähr gleich starken Klassen des Feudaladels und der Bourgeoisie gegeneinander auszuspielen und auf diesem Gleichgewicht jene absolute Meiji-

Monarchie zu errichten, deren Träger die Bürokratie und die Armee waren.[11]

Es ist nicht schwer, hinter diesen Deutungen europäische Vorbilder zu entdecken, die vor allem auf Karl Marx und Friedrich Engels zurückgehen. Hinter der Gleichgewichtsthese steckt offensichtlich das Modell des Bonapartismus, das Marx zuerst zur Erklärung der Machtergreifung Louis Bonapartes entwickelte und das Engels später auch auf die Bismarcksche Reichsgründung anwandte. Die Koalitionsthese scheint gleichfalls von einer Interpretation der deutschen Entwicklung abgeleitet. Beide Deutungen lassen sich sogar miteinander verbinden und auf die deutsche Geschichte anwenden. Man kann die Reichsgründung mit guten Gründen sowohl als bonapartistische Diktatur Bismarcks wie als eine Art von Bündnis zwischen Feudaladel und Bourgeoisie ansehen.

Die Frage ist nur, ob das auch für die japanische Entwicklung gilt. Zweifellos ist die behauptete Entsprechung faszinierend. Meiji-Restauration und Reichsgründung wären demnach nicht nur gleichzeitige, sondern in vielem auch gleichartige und durch eine ähnliche Entwicklung verursachte Vorgänge: In beiden Ländern entstand unter den Bedingungen von adligem Feudalismus ein bürgerlicher Kapitalismus, dessen tragende Klasse zwar nicht stark genug war, sich ganz durchzusetzen, aber doch stark genug, um entweder eine Koalition mit dem Feudaladel einzugehen oder eine bonapartistische Diktatur auszulösen. Wenn diese Thesen sich halten ließen, wäre damit eine fundamentale Ähnlichkeit der deutschen und der japanischen Sozialgeschichte bis zurück ins 18. Jahrhundert nachgewiesen, aus der dann nahezu alle späteren Ähnlichkeiten ursächlich abgeleitet werden könnten, was übrigens, wie sogleich zu zeigen sind wird, die angeführten Historiker und ihre Schüler auch tun.

Die Thesen sind indessen starken und berechtigten Einwänden ausgesetzt. Da ist zum einen das allgemeine methodische Bedenken, das sich immer gegen die Übertragung von an einem Gegenstand gebildeten Begriffen auf einen anderen richten muß. Kann man die *chōnin* wirklich mit der Bourgeoisie vergleichen? Sie waren vorwiegend Händler und Finanziers, kaum Industrielle, und vor allem versuchten sie nie ernsthaft, dem Feudaladel die politische Macht zu entreißen, wie es die deutsche Bourgeoisie in der Revolution von 1849/49 tat.[12] In Japan gab es abgesehen von Bauernaufständen überhaupt wenig sozialen Antagonismus, wie er am Vorabend einer Revolution üblich ist.[13] Da ist ferner der Einwand, daß es in Japan keinen bonapartistischen Diktator gab. An seine Stelle eine Gruppe zu setzen, verstößt gegen wesentliche Merkmale des Marxschen Bonapartismus-Modells, das einen charismatischen Führer erfordert.

Vor allem aber wird der Vergleich durch die Haupttatsachen der Meiji-Restauration nicht bestätigt. Die Schwierigkeiten des Tokugawa-Regimes bestanden nicht im Aufkommen einer neuen Klasse, sondern in Gegensätzen innerhalb der bestehenden Führungsschicht. Die *chōnin* waren in dem nach 1853 einsetzenden inneren Machtkampf weder unmittelbar noch mittelbar von Bedeutung. Die Führer der Meiji-Restauration waren ebenso Adlige *(samurai)* wie ihre Gegner. Sie stammten aus den nie ganz in das *bakufu* integrierten, stets abseits gebliebenen und entsprechend behandelten Adelsherrschaften Westjapans (aus den sogenannten *tozama han*) und bestanden vor allem aus dem niederen Adel entstammenden tüchtigen jüngeren Verwaltungsbeamten. Sie wollten das Tokugawa-Regime stürzen, beriefen sich dabei auf den Kaiser, meinten aber ihre eigene Machtübernahme. Sie verfochten zunächst keineswegs, was sie später verwirklichten. Während nämlich das *bakufu* die Annahme des amerikanischen Ultimatums und die Öffnung des Landes befürwortete, griff die Meiji-Gruppe das Regime wegen dieser Einstellung scharf an und brachte es gerade dadurch zu Fall. Es scheint, als habe sie in dem Ultimatum vor allem anderen ein Mittel gesehen, die schwierige Lage des *bakufu* noch schwieriger zu machen und es dadurch zu beseitigen.

Erst danach schwenkte sie auf dessen ursprüngliche Linie ein und setzte nun, um mit der Herausforderung durch den Westen fertig zu werden, gesellschaftliche Veränderungen durch, die sich vor allem gegen den Adel auswirkten. Die überlieferte Macht-stellung der Landesherren *(daimyō)* in ihren Herrschaftsgebieten *(han)* wurde aufgelöst, indem die Regierung das Land neu in Prä-fekturen oder Départements *(ken)* einteilte. Mit der Grundsteu-erreform beanspruchte die Regierung die vordem den *daimyō* zustehenden Abgaben für sich, was ungeachtet von zunächst ge-währten Abfindungen am Ende einer wirklichen Enteignung gleichkam. Damit und mit der Einführung der allgemeinen Wehrpflicht wurde auch die einstige Vorrangstellung der *samu-rai* aufgehoben, obwohl die Meiji-Gruppe überwiegend selbst aus *samurai* bestand. Nicht Klasseninteressen waren offenbar maßgebend, sondern der Wunsch einer durch regionale Her-kunft untereinander und mit einigen Hofadligen verbundenen Gruppe, den Staat in ihre Gewalt zu bekommen und ihn zu stär-ken.[14]

Sicherlich ist der eingebürgerte Begriff der Restauration zur Beschreibung des Vorgangs besonders ungeeignet, ja irrefüh-rend. Richtig daran ist nur, daß der Kaiser in den Mittelpunkt der japanischen Politik zurückkehrte, äußerlich veranschaulicht durch seinen Residenzwechsel von Kyōto nach Tōkyō. Im übri-gen änderte sich seine Stellung kaum. Er hat nie die Macht aus-geübt, die ihm Rhetorik und Verfassung zuschrieben. Er war, schwächer als ein europäischer konstitutioneller Monarch, im-mer in den Händen der jeweils herrschenden Gruppe und konnte nur in den wenigen Fällen, in denen sie sich nicht einigte, den Ausschlag geben wie Kaiser Hirohito im August 1945.

Nicht viel zutreffender als der Begriff der Restauration ist der der Revolution, zumal wenn man nach europäischem Vorbild darunter versteht, daß eine neue Klasse wirtschaftlich erstarkt und auf dieser Grundlage die politische Herrschaft erlangt. Das japanische Wort für Meiji-Restauration *(Meiji ishin)* besagt sowohl Wiederherstellung (der kaiserlichen Herrschaft) wie Erneuerung. Zutreffend spricht man daher von Meiji-Reform.

In den entscheidenden Merkmalen scheint sich eine Ähnlichkeit mit dem gleichzeitigen Vorgang in Deutschland nicht nachweisen zu lassen. Die zunächst bestechende Übertragung eines Erklärungsmodells aus der europäischen Geschichte, das dort seine Berechtigung erwiesen hat, findet in den Tatsachen der japanischen Entwicklung keine hinreichende Bestätigung. Die Meiji-Restauration war eine von außen ausgelöste Machtübernahme durch eine regional bestimmte Gruppe von *samurai*-Beamten, die eine tiefgreifende Veränderung der Gesellschaftsstruktur durchsetzte. Die deutsche Reichsgründung könnte demgegenüber als eine durch das Aufkommen einer neuen Klasse ausgelöste Machterweiterung eines Territorialstaates bezeichnet werden, der die Einheit des Gesamtstaates vollendete, die hergebrachte Gesellschaftsstruktur aber gerade nicht veränderte.

## Modernisierung und Aufstieg zu Großmächten

Nach 1870 betrieben die beiden Länder eine erfolgreiche Modernisierung und Industrialisierung und erreichten nach etwa gleich kurzer Zeit den Rang von Großmächten. Gewöhnlich werden in dieser Entwicklung drei Hauptähnlichkeiten erblickt: Die Modernisierung wurde »im allgemeinen nicht von den bürgerlichen Kräften von unten, sondern von den halbfeudalen Eliten (Junker und Samurai) getragen«. Anfänglich bestand gegenüber anderen Industrienationen ein beträchtlicher Rückstand. Er wurde überstürzt aufgeholt, und wegen der ungewöhnlichen Schnelligkeit und der Ungleichmäßigkeit dieser Entwicklung entstanden schwer zu lösende soziale und politische Strukturprobleme, »welche zur unpolitischen Radikalisierung der Ideologien und dadurch zur Störung der demokratischen Entwicklung in beiden Ländern beitrugen«.[15]

Zweifellos trifft die erste Behauptung auf Deutschland nicht zu. Modernisierung und Industrialisierung wurden dort keineswegs

von den Junkern, sondern durchaus von der Bourgeoisie getragen.
Der Adel stellte zwar die politische und militärische Führungsschicht, betätigte sich aber im übrigen nach wie vor hauptsächlich
in der Landwirtschaft. Industrie, Banken und Handel waren größtenteils in den Händen der Bourgeoisie. Mit fortschreitender Industrialisierung gewann sie sogar zunehmend politischen Einfluß,
etwa durch ihre parlamentarische Vertretung im Reichstag, die
Nationalliberale Partei. Die Politik des Reiches bestand mehr und
mehr aus einem Ausgleich zwischen den agrarischen Interessen
des Adels und den kapitalistischen Interessen der Bourgeoisie. So
einigten sich die beiden Gruppen 1879 auf die Einführung der
Schutzzollpolitik, die die eine zum Schutz ihrer Agrar- und die
andere zum Schutz ihrer Industrieprodukte wünschte.

Seit den achtziger Jahren waren beide Gruppen ungefähr gleich
stark. Ihr fortgesetzter Ausgleich blieb nicht ohne Auswirkung
auf die Außenpolitik. Die Interessen des Adels trieben Rußland in
die Arme Frankreichs, die Interessen der Bourgeoisie mit ihrer
Export-, Kolonial- und Flottenpolitik forderten Britannien heraus, und so entstand jene diplomatische Konstellation, der
Deutschland im Ersten Weltkrieg erlag.[16]

Die Modernisierung und Industrialisierung in Japan wurde
maßgeblich vom Staat getragen. Seine Führungsschicht, die Meiji-
Gruppe, bestand zwar vorwiegend aus *samurai,* kann aber nicht
mit der Gesamtheit dieser Klasse gleichgesetzt werden, zumal da
sie ja aufgelöst worden war. Richtig ist, daß frühere *samurai* viele
Regierungsaufträge erhielten und folglich zahlreiche Industrielle
und Bankiers stellten. Das ergab sich jedoch nicht aus ihrem Klas-
sencharakter, sondern aus ihrem hohen Bildungsstand, der sie in
den Augen der Regierung zur Erledigung der gestellten Aufgaben
besonders empfahl. Im übrigen gerieten auch viele *chōnin* in wirtschaftliche Führungspositionen. Der entscheidende Unterschied
zu Deutschland ist aber der, daß die Regierung bis etwa zum
Ersten Weltkrieg die Leitung der Wirtschaftspolitik fest in ihrer
Hand hielt. Sie setzte die Prioritäten und traf die wesentlichen

Entscheidungen. Sie brauchte dabei weder auf eine industriell-bürgerliche Klasse Rücksicht zu nehmen, noch mußte sie ihr einen Einfluß auf die Außenpolitik einräumen. Sie hatte auch keine eigenen Klasseninteressen zu vertreten, sondern konnte sich ganz der großen Aufgabe der Stärkung des Reiches widmen, was sie mit ebenso bemerkenswertem Geschick wie Erfolg tat.

Daß Japan und Deutschland um 1870 einen Rückstand gegenüber älteren Industrienationen aufwiesen, ist unbestreitbar. Es wäre jedoch ein Irrtum, von der Annahme auszugehen, dieser Rückstand sei vergleichbar groß gewesen. Deutschland hatte vielmehr einen gewaltigen Vorsprung. Hier war die Industrialisierung die Ursache der Reichseinigung, in Japan dagegen war sie die Folge der Meiji-Reform. Dies wird durch die wirtschaftlichen Daten exakt bestätigt. Wenn man den Periodisierungen von Walt W. Rostow folgt, dann trat der sogenannte Take-off in Deutschland zwischen 1850 und 1873 ein, in Japan dagegen erst zwischen 1878 und 1900.[17] Noch drastischer kennzeichnet William W. Lockwood den Abstand, wenn er sagt, die wirtschaftliche Lage Japans im Jahre 1930 habe auffällige Parallelen mit derjenigen Deutschlands von 1880 aufgewiesen.[18]

Ein aufschlußreicher Indikator ist der Eisenbahnbau. In Deutschland begann er 1835 und hatte 1870 eine Streckenlänge von nahezu 20 000 km erreicht. Im selben Jahr wurde in Japan die erste Eisenbahnlinie gebaut, und die deutsche Streckenlänge von 1870 erreichte Japan erst um 1930.[19] Die Eisenbahnen und die dazugehörige Schwerindustrie waren geradezu die Leitsektoren der deutschen Industrialisierung, während die gleiche Aufgabe in Japan von der Landwirtschaft wahrgenommen wurde. Der Anteil der industriellen Fertigwaren an der Gesamtausfuhr betrug 1873 in Deutschland schon 38%, in Japan erst etwa 2%; 1913 war er hier auf 63% gestiegen, in Japan auf etwas über 30%.[20] Japans wichtigste Devisenquelle war bis 1930 die Seide, die auch deswegen so vorteilhaft war, weil sie keine Rohstoffeinfuhren erforderte. Die Landwirtschaft erbrachte 1870 90% und 1890 immer noch 60% der gesamten japanischen Staatseinnahmen.[21] Der Produktionszuwachs beruhte in den ersten Jahrzehnten nach der Meiji-Restauration nicht wie in Deutschland auf der Industrialisierung, sondern auf einer Ertragssteigerung der Landwirtschaft.

Besonderer Beliebtheit erfreut sich die nahezu allgemein übernommene weitere These, Deutschland und Japan hätten diesen – wie gezeigt wurde, sehr unterschiedlich großen – Rückstand ungewöhnlich schnell und überstürzt aufgeholt. Auch sie findet indessen bei näherer Prüfung in den Wachstumsdaten keine Bestätigung. Wenn man noch einmal den Angaben von Rostow folgt, dann benötigte Britannien für seinen Take-off 19 Jahre (1783–1802), Frankreich 30 (1830–1860), die Vereinigten Staaten 27 (1843–1860), Deutschland 23 (1850–1873), Japan 22 (1878–1900) und Rußland 24 (1890–1914). Vom Abschluß der Take-off-Periode bis zum Erreichen der sogenannten Reife dauerte es in Britannien 48 Jahre (1802–1850), in Frankreich 50 (1860–1910), in den Vereinigten Staaten 40 (1860 bis 1900), in Deutschland 37 (1873–1910), in Japan 40 (1900-1940) und in der Sowjetunion 36 (1914–1950). Man mag andere Periodisierungen zugrunde legen, in keinem Falle läßt sich eine nennenswerte Sonderstellung Deutschlands und Japans beobachten. Wenn die These aber keine Stütze findet, dann kann sie natürlich auch nicht die aus ihr abgeleiteten Schlußfolgerungen erklären.

## Der deutsche und der japanische Expansionismus

Was Japan und Deutschland (und übrigens auch Italien, das zur selben Zeit seine nationalstaatliche Einigung erhielt) um 1870 tatsächlich miteinander verband und zugleich von den anderen großen Staaten der Erde unterschied, war ihr gleichzeitiger Eintritt in die Weltpolitik. Deutschland hatte zuvor nicht daran teilnehmen können, weil es noch gar nicht existierte. Japan hatte daran nicht teilnehmen wollen, weil der Verzicht auf jede Außenpolitik ein axiomatischer Grundsatz des Tokugawa-Regimes war. In dieser Hinsicht waren sie wirklich gleich.

Dies bedeutete vor allem, daß sie an der Verteilung der Erde nicht teilgenommen hatten. Ihr Herrschaftsraum überschritt um 1870 nicht ihr nationales Territorium im engeren Sinne – mit der Einschränkung, daß Deutschland die preußischen Expansionen in polnisches und dänisches Gebiet geerbt und seine Einigung mit einer Expansion auf Kosten Frankreichs verbunden hatte. Diese Erwerbungen waren jedoch überaus geringfügig, wenn man sie damit vergleicht, daß sich die europäischen Atlantik-Anlieger Portugal und Spanien, die Niederlande, England und Frankreich seit dem Zeitalter der Entdeckungen riesige überseeische Kolonialreiche angegliedert und daß sowohl Rußland wie die Vereinigten Staaten ihr ursprüngliches Staatsgebiet quer durch ihren jeweiligen Kontinent bis an die Küsten des Pazifik ausgedehnt hatten.

Es kennzeichnet bekanntlich die Geschichte der beiden Nachzügler (und die Italiens), daß sie diesen Rückstand in einer bis 1945 nur gelegentlich unterbrochenen Anstrengung aufzuholen versuchten. Japan übernahm schon 1874 unter stillschweigender Duldung Chinas die Ryūkyū-Inseln, 1875 in einem Abkommen mit Rußland die Kurilen und ferner die Bonin-Inseln. 1876 erzwang es in einem Verfahren, das sehr an das amerikanische Vorgehen von 1853/54 gegenüber Japan erinnerte, die Öffnung von zwei koreanischen Häfen, und die Durchdringung Koreas zog sich von da an bis zur vollständigen Eingliederung im Jahre 1910 wie ein roter Faden durch die japanische Außenpolitik. Das führte zu Schwierigkeiten sowohl mit China wie mit Rußland und letzten Endes zu den beiden großen Kriegen der Meiji-Zeit. Sie endeten jeweils mit beträchtlichen territorialen Gewinnen. China verzichtete im Frieden von Shimonoseki vom April 1895 auf seine Ansprüche auf Korea und trat Formosa (Taiwan) sowie die Liaotung-Halbinsel an Japan ab. Rußland anerkannte im Frieden von Portsmouth, New Hampshire, vom September 1905 die japanische Vorherrschaft in Korea und trat Liaotung, das Japan

1895 wieder hatte herausgeben müssen, sowie Südsachalin (Kara-futo) ab.

Dies waren Kriegserfolge und Landgewinne, wie Deutschland sie nicht verbuchen konnte. Japan hatte erst über das große, aber schwache China und dann sogar über die weiße Großmacht Rußland glänzende Siege errungen. Deutschland hatte zwar seine neuere Geschichte mit einem Sieg über die Großmacht Frankreich eröffnet, ja seine Gründung auf deren Boden ausgerufen, aber danach keine weiteren Kriege geführt. Es hielt sich nach 1871 bemerkenswert zurück oder wurde vielmehr von Bismarck zurückgehalten, und noch 1880 scheiterte eine Erwerbung auf den Samoa-Inseln am Einspruch des Reichstages. 1884 beschritt es dann aber ebenfalls den Weg der Ausdehnung, erwarb zunächst umfangreiche Kolonien in Afrika und stieß bald danach in den Pazifischen Ozean vor, wo es 1885 einen Teil Neuguineas (Kaiser-Wilhelms-Land) mit dem vorgelagerten Bismarck-Archipel und die Marshall-Inseln übernahm; 1898 pachtete Deutschland von China Kiautschou, 1899 schließlich kaufte es aus der spanischen Konkursmasse die Karolinen nebst den Palau-Inseln und die Marianen (außer Guam, das die Vereinigten Staaten in Besitz genommen hatten) und erwarb zwei Samoa-Inseln, so daß das Reich alsdann über einen Kolonialbesitz gebot, der jedenfalls an Größe nur dem britischen und französischen nachstand.

Der deutsche und der japanische Expansionismus unterschieden sich in mancherlei Hinsicht. Japan errang die meisten Erwerbungen in Kriegen, Deutschland die seinen in vorsichtigen Absprachen mit den Großmächten. Japan wagte sich rascher und zupackender auf die Bahnen des Imperialismus, was übrigens angesichts seines Rückstandes in der Industrialisierung eine Ableitung aus dem Kapitalismus zweifelhaft erscheinen läßt. Es verfolgte von Anfang an eine Expansionspolitik in seiner unmittelbaren Nachbarschaft, während Deutschland sich weit vom Mutterland entfernt ausdehnte und eine kontinentale Expansion erst in den beiden Weltkriegen unternahm. Der japanische Expansionismus war, zumindest bis 1905, überwiegend defensiver oder präventiver Natur. Er entsprang der Überzeugung, daß nur die eigene Expansion den Zugriff anderer Mächte auf Japan verhindern könne. Für Deutschland waren zunächst Handels- und sogar innenpolitische und erst nach 1890 auch welt- und seemachtpolitische Beweggründe maßgebend.

Ungeachtet dieser und anderer Unterschiede ist die grundsätzliche Gleichartigkeit oder doch Ähnlichkeit der japanischen und der deutschen Expansionspolitik natürlich augenfällig, und sie ist es um so mehr, wenn man auch ihre noch stärker gleichgerichtete Fortsetzung im Ersten und vor allem im Zweiten Weltkrieg in die Betrachtung einbezieht. Wirft man nun die Frage auf, was diese Übereinstimmung begründet hat, so ist zunächst mit besonderem Nachdruck hervorzuheben, daß es sich hier, soweit es die Zeit bis 1918 betrifft, nicht um eine deutsche oder japanische Besonderheit handelt. Nach 1870 und noch einmal verstärkt nach 1890 befand sich die ganze Welt im Zustand des Imperialismus, und nur nach ihren Möglichkeiten unterschieden betrieben alle Mächte territoriale Expansion. Auf die Aufteilung Afrikas, an der Britannien und Frankreich einen hervorragenden Anteil hatten, folgte 1898 das Ausgreifen der Vereinigten Staaten in den karibischen und pazifischen Raum, Rußland drang weiter in Asien vor, und selbst Italien nahm mit seinen schwachen Kräften an diesem Wettbewerb teil. Der Erste Weltkrieg ließ noch einmal die verschiedensten territorialen Ambitionen wiederaufleben, und bis auf die Vereinigten Staaten erweiterten sich alle Sieger, so gut sie konnten, auf Kosten der Besiegten.

Daraus folgt, daß es für diesen Zeitabschnitt weder erforderlich noch möglich ist, nach spezifischen Ursachen der japanischen und deutschen Expansion zu suchen. Es genügt die Feststellung, daß die beiden Staaten schon bald nach ihrem Eintritt in die Weltpolitik stark genug waren, an dem allgemeinen imperialistischen Wettbewerb teilzunehmen. Sie taten es im wesentlichen aus keinem anderen Grunde als die anderen Mächte auch, und nur wenn sie es nicht getan hätten, wäre eine besondere Untersuchung notwendig. So aber ist ihr Imperialismus nichts als ein Unterfall des weltweiten und bedarf einer spezifischen Erklärung nicht, ja verbietet sie geradezu. Die Erforschung der allgemeinen Ursachen des Imperialismus ist eine überaus wichtige Aufgabe der Wissenschaft und hat seit Hobson und Lenin schon viele Erklärungen und Theorien hervorgebracht. Der deutsche und der japanische Fall sind in diesem Zusammenhang wichtig, die Frage nach den Ursachen ist aber nicht an diese beiden allein zu richten.

*Der Spätimperialismus und seine Ursachen*

Eine ganz andere und diesmal allerdings in höchstem Maße spezifisch deutsche und japanische (und italienische) Frage ist es, warum diese Mächte ihre Expansion nach dem Ersten Weltkrieg und besonders in den dreißiger und vierziger Jahren auch dann noch und sogar verstärkt fortsetzten, als zumindest die westlichen Großmächte zu einer Politik der Verteidigung des territorialen Status quo übergegangen waren, so daß sie den drei Mächten entgegentraten und sie schließlich nicht nur niederwarfen, sondern auch aller ihrer Erwerbungen seit 1870 beraubten. Diese Frage nach den besonderen Ursachen des deutsch-japanisch-italienischen Spätimperialismus scheint bis in die Anfänge der Geschichte der drei Staaten zurückzuweisen, denn die Ausgangslage nach dem Ersten Weltkrieg war ja ungleich. Deutschland war besiegt worden und hatte außer seinen Kolonien auch Teile seines Reichsgebietes verloren. Japan und Italien gehörten zu den Siegern und konnten, wenn auch nicht im gewünschten Umfang, territoriale Gewinne verbuchen. Die weitere Entwicklung der drei Staaten aber verlief erstaunlich gleichartig. Alle drei hatten wirtschaftliche und soziale Nachkriegsschwierigkeiten, errichteten autoritäre Regime, waren betont antikommunistisch und forderten den territorialen Status quo heraus. Der neue Expansionismus richtete sich zunächst allenthalben gegen Nichtgroßmächte, der japanische gegen China, der italienische gegen Äthiopien, der deutsche gegen die Tschechoslowakei und Polen. Das rief die Eindämmungspolitik der Westmächte hervor und führte schließlich zum Krieg der Großmächte untereinander. In dessen Verlauf erstrebten die drei Spätimperialisten, miteinander verbündet, die Errichtung eines gleichartigen Großreiches, Japan die Großostasiatische Gemeinsame Wohlstandssphäre *(Daitōa kyōeiken)*, Deutschland das Großdeutsche oder Großgermanische Reich in Mittel- und Osteuropa, Italien ein neues Römisches Reich *(Impèro Romano)* am Mittelmeer und in Afrika.[22]

Die Geschichte der drei Spätimperialisten weist viele Ähnlichkeiten auf, die im Zweiten Weltkrieg ihren Höhepunkt erreichten. Was die Ähnlichkeiten ursprünglich begründet hat, scheinen aber nicht, wie am deutschen und japanischen Fall gezeigt worden ist und am italienischen gezeigt werden könnte, die Vorgänge der Nationsbildung um 1870 oder der Modernisierung und Industrialisierung gewesen zu sein; diese waren zu unterschiedlich, als daß sie die zunehmend gleichartigere Entwicklung bis 1945 und darüber hinaus erklären könnten. Gewiß gab es immer wieder einzelne Entsprechungen, die etwa Japan selbst empfand, als es preußisch-deutsche, aber übrigens auch britische und französische Vorbilder wählte. Keine Tatsache indessen scheint die Ähnlichkeit in höherem Maße begründet zu haben als die Gleichzeitigkeit des Eintritts in die Weltpolitik. Nur in diesem Punkte sind die Anfänge der neueren deutschen und japanischen (und italienischen) Geschichte uneingeschränkt vergleichbar. Daß nach 1853 Japan geöffnet und Deutschland geeint wurde, hat keine gleichen Ursachen. Die Gleichzeitigkeit des sich daraus ergebenden Eintritts in die Weltpolitik war zufällig, aber darum nicht weniger folgenreich.                                                        (1977)

# Gandhi als indischer Politiker

*Das unabhängige Indien ist den Weg Nehrus
gegangen und nicht denjenigen Gandhis...
Die Inder mochten ihre englischen Anzüge
verbrennen oder die englischen Gerichtshöfe
boykottieren. Sie konnten die Eisenbahnen
nicht wieder entfernen und die Städte
nicht mehr auflösen.*

Wer nach Gandhis Rolle in der indischen Politik fragt, muß zuerst
den Umfang und das Gewicht dieser Frage einschränken. Gandhi
ist natürlich nicht voll zu erfassen, wenn man ihn nur als Phänomen der indischen Politik betrachtet. Seine größte Leistung liegt
jenseits der indischen sowie jeder Politik. In erster Linie ist er ein
Phänomen der indischen Religiosität und sogar, da es nationale
oder regionale Religiosität ihrem Wesen nach nicht gibt, jeder
Religiosität, vergleichbar am Ende nur Moses, Buddha oder Franz
von Assisi. Freilich ist er in besonderer Weise ein Vertreter und
Erneuerer der hindustischen Religiosität, für die seit jeher die
Regelung der zwischenmenschlichen Beziehungen wichtiger war
als für andere Religionen, und es ist dieser soziale Bereich, in dem
man, im hundertsten Jahr nach seiner Geburt, den hauptsächlichen Ertrag von Gandhis Lebenswerk zu suchen hat. In diesem
Sinne stand für Gandhi die Autonomie des Gewissens im Mittelpunkt aller seiner Bemühungen. Es ist bezeichnend, daß Gandhi
auch seine zentralen politischen Begriffe auf den einzelnen Menschen und sein Gewissen bezog. *Satyagraha* war für ihn das Fest-
halten an der Wahrheit: »Wahrheit, *satya,* schließt Liebe ein, und
Festigkeit, *agraha,* vermittelt die Idee der Kraft und ist darum
gleichbedeutend mit dieser. So begann ich, die indische Bewegung
*satyagraha* zu nennen, das heißt die Macht, die aus der Wahrheit
und der Liebe, oder der Gewaltlosigkeit, geboren ist.«

Im gleichen Sinne war *swaraj* Selbstherrschaft, aber nicht in erster Linie als Selbstregierung der indischen Gesellschaft, sondern als Herrschaft des einzelnen Menschen über sein Selbst. So warf Gandhi auch der britischen Kolonialherrschaft nicht in erster Linie die politische und wirtschaftliche Unterwerfung Indiens vor, sondern die menschliche Verelendung der einzelnen Inder. Das Hauptziel aller seiner Anstrengungen war nicht die indische Gesellschaft in ihren konstitutionellen und institutionellen Aspekten, sondern der indische Mensch. In erster Linie wollte er nicht Indien befreien, sondern die Inder. Entsprechend hieß es in seinem »Aufbauprogramm« von 1941: »Völlige Unabhängigkeit mit wahrhaftigen und gewaltlosen Mitteln bedeutet die Unabhängigkeit jedes einzelnen, und sei er der Ärmste der Nation, ohne Unterschied in bezug auf Rasse, Farbe oder Glauben.«

Seine hauptsächliche Aufmerksamkeit und Fürsorge galt daher den in besonderer Weise Abhängigen, und das waren unter den damaligen Verhältnissen die Unberührbaren und die Frauen. Jeder weiß, was Gandhi für sie getan hat. Ihre Befreiung war wichtiger als die Befreiung Indiens, und hier handelte es sich nicht um eine Befreiung von irgendwelchen Belastungen der britischen Fremdherrschaft, sondern um eine Befreiung von den Lasten der eigenen indischen Überlieferung. Auch war dies keine in erster Linie politische, sondern eine soziale und menschliche Frage, und insofern ist Gandhi viel weniger Politiker als vielmehr religiöser und sozialer Erneuerer. Wer also nach Gandhis Rolle in der indischen Politik fragt, muß von vornherein wissen, daß er so nur einen Teil des ganzen Gandhi erfaßt.

Selbstverständlich aber war Gandhi auch, schon allein wegen seines ungeheuren politischen Einflusses, ein Phänomen der indischen Politik. Politiker und Staatsmann im engeren Sinne war er freilich nie. Er hat, außer gelegentlich im Kongreß, unmittelbar politische Macht niemals ausgeübt, und vor allem hat er nach der Erlangung der Unabhängigkeit ein politisches Amt nicht übernommen. Was für eine Art von Politiker also war er? Vielleicht wird die Frage einfacher, wenn man sie auf dem Wege eines Vergleichs zu beantworten versucht, und dann scheint sich, obwohl es viele überraschen und vielleicht sogar schockieren mag, derjenige mit Karl Marx anzubieten. Auch Marx hat nie politische Macht, wohl aber ungeheuren Einfluß ausgeübt. Der Vergleich reicht indessen noch weiter. Auch Marx wollte nicht in erster Linie eine bestimmte Gesellschaft befreien, sondern den verelendeten Menschen.

Obwohl Marx dies auf eine sehr andere Weise als Gandhi tat, bietet der Vergleich doch einen fruchtbaren und nützlichen Ansatz zum Verständnis von Gandhi als Politiker. Die Basis des Werkes von Marx war eine Analyse der bestehenden Gesellschaft, und mit größer werdendem Abstand erscheint dies sogar mehr und mehr als seine bedeutendste Leistung. Die modernen Sozialwissenschaften sind ohne ihn kaum noch denkbar. Was diejenigen Politiker tun, die sich heute auf Marx berufen, hat oft mit dem ursprünglichen Marxismus nur noch sehr wenig gemein. Marx hat aber gezeigt, wie man die bürgerliche Industriegesellschaft des Westens und die Lage der Lohnabhängigen in ihr verstehen kann, und er hat daraus bestimmte politische Schlüsse gezogen, deren Richtigkeit und Anwendbarkeit hier nicht zu untersuchen sind. Die Leistung von Marx war, mit anderen Worten, eine dreifache: Er lieferte eine Analyse der bestehenden Gesellschaft, er entwarf eine Utopie der neuen Gesellschaft, und er zeigte Methoden, wie seiner Ansicht nach aus der bestehenden die neue Gesellschaft hervorgehen konnte.

Wenn wir nun mit dem Ergebnis unseres Vergleichs von Marx zu Gandhi zurückkehren, so müssen wir zuerst sagen, daß Gandhis Problem im einzelnen ein ganz anderes war. Denn er hatte es nicht mit der westlichen Industriegesellschaft zu tun, sondern mit der indischen Gesellschaft und mit ihren nur ihr eigenen historischen und sozialökonomischen Voraussetzungen. Insofern wäre also eine einfache Übernahme der Überlegungen von Marx für Indien vollkommen unmöglich gewesen, und sie ist es, nebenbei gesagt, auch heute noch. Andererseits aber war das allgemeine und grundsätzliche Problem von Marx demjenigen Gandhis sehr ähnlich. Auch er mußte, wie übrigens jeder politische Reformer seiner Art, von einer Analyse der bestehenden Gesellschaft ausgehen, eine Utopie der neuen Gesellschaft entwerfen und Methoden zur Veränderung der Gesellschaft aufzeigen. In der Tat erweist jede Beschäftigung mit Gandhi, daß er ganz genau so verfuhr. Aber er tat es auf eine sehr persönliche Weise und setzte sehr eigentümliche Akzente.

Zweifellos legte er das Hauptgewicht auf die Methoden. Es ist oft und sehr zu Recht hervorgehoben worden, daß Gandhis politische Theorie in erster Linie eine Methodenlehre ist. Immer wieder gab er in höchst erfinderischer Weise Hinweise und Beispiele, wie der bestehende Zustand der Gesellschaft verändert werden konnte. Nichtzusammenarbeit und bürgerlicher Ungehorsam, Gewaltlosigkeit und Fasten sind die wichtigsten allgemeinen Beiträge seiner politischen Theorie, und sie beziehen sich allesamt auf die Methodenlehre. Von den vielen praktischen Einzelvorschlägen, wie etwa bei der Kampagne gegen die Salzsteuer, soll hier gar nicht erst die Rede sein.

Wie entscheidend wichtig für Gandhi die Methoden waren, zeigt sich nirgendwo besser als daran, daß er sie zum Gegenstand einer moralischen Reflexion erhob. »Deine Anschauung«, so schrieb er schon 1908 in seinem Manifest »*Hind Swaraj*«, »daß keine Verbindung zwischen den Mitteln und dem Zwecke bestehe, ist sehr falsch. Selbst Männer, die für religiös gehalten wurden, haben diesen Fehler begangen und sich großer Verbrechen schuldig gemacht.« Der theoretische Kern von Gandhis praktischer Methodenlehre und vielleicht sein bedeutendster Beitrag überhaupt war, daß nicht nur die politischen Ziele, sondern auch die politischen Mittel moralisch gerechtfertigt sein mußten. Daß der Zweck, und sei er noch so gut, die Mittel nicht heiligen könne, war eine seiner entscheidendsten Grundüberzeugungen.

Natürlich verfügte Gandhi auch über eine Utopie der neuen

Gesellschaft. Niemand kann eine bestehende Gesellschaft verändern, ohne eine Vision, sie sei bewußt oder unbewußt, von dem zu haben, was er anstrebt. »Ich strebe auch nach einer neuen Ordnung der Dinge«, pflegte er zu sagen. Seine Vision des neuen Indien deckte sich vielfach mit seinem Bild des alten Indien: eine dörfliche, selbstgenügsame Gesellschaft. Daraus entstand die bekannte Kontroverse mit Nehru um den Vorrang von Dorf oder Stadt im zukünftigen Indien. Nirgends fand sie einen dramatischeren Ausdruck als in dem Briefwechsel der beiden nach dem Ende des Zweiten Weltkrieges.

»Ich bin davon überzeugt«, so schrieb Gandhi an Nehru am 5. Oktober 1945, »daß, wenn Indien die Freiheit erlangt und durch Indien auch die Welt, es früher oder später erkannt werden muß, daß die Menschen in Dörfern leben müssen, nicht in Städten – in Hütten und nicht in Palästen. Millionen Menschen werden in den Städten und Palästen nie im Frieden miteinander leben können. Ich bin der Meinung, daß es ohne Wahrheit und Gewaltlosigkeit nur zu einer Vernichtung der Menschheit kommen kann. Man kann jedoch Wahrheit und Gewaltlosigkeit nur in der Einfachheit des Dorflebens verwirklichen, und die Einfachheit manifestiert sich am besten im Spinnrad und dem, was das Spinnrad bedeutet. Ich darf mich nicht davon einschüchtern lassen, daß die Welt heute den falschen Weg geht. Vielleicht wird Indien auch diesen Weg gehen und schließlich wie die sprichwörtliche Motte von den Flammen verzehrt werden, um die es wilder und wilder tanzt. Es ist jedoch meine Pflicht, bis zu meinem letzten Atemzug Indien und durch Indien die Welt vor diesem Unheil zu bewahren zu versuchen.«

Nehru wußte natürlich sehr genau, was Gandhi meinte, und er antwortete ihm vier Tage später: »Ich glaube nicht, daß Indien wirklich unabhängig sein kann, wenn es nicht ein technisch entwickeltes Land ist.« Gandhi ließ sich nicht überzeugen. Er schrieb in seiner Erwiderung vom 13. November 1945 noch einmal: »Der Mensch ist nicht für ein Leben in der Isolation geboren, er ist in erster Linie ein soziales Wesen – zugleich unabhängig und abhängig von anderen. Keiner soll die anderen ausnutzen. Wenn wir die besten Bedingungen für eine solche Lebensweise erarbeiten wollen, sehen wir uns gezwungen, das Dorf oder nennen wir es die kleine überschaubare Gruppe, die im Idealfall sich selbst mit dem Lebensnotwendigen versorgen kann und durch die Bande der Zusammenarbeit und des Aufeinanderangewiesenseins verbunden ist, als Grundeinheit der Gesellschaft anzusehen.«

Das unabhängige Indien – daran gibt es heute nicht mehr den geringsten Zweifel – ist den Weg Nehrus gegangen und nicht denjenigen Gandhis, und in diesem Punkt ist Gandhi gewiß gescheitert. Das ist um so erstaunlicher, als Gandhi nach der Erlangung der Unabhängigkeit die größere Autorität besaß und als Nehru keinen Zwang anwendete, um Indien auf seinen Weg zu führen. Warum aber folgte Indien in dieser Hinsicht nicht dem Mahatma? Warum erlitt Gandhi, mit anderen Worten, als indischer Politiker in dieser wichtigen Grundsatzfrage einen Fehlschlag? Um diese Frage beantworten zu können, ist vielleicht wiederum ein Vergleich nützlich.

Als Japan nach 1853 von den westlichen Mächten zwangsweise geöffnet wurde und aus der Isolierung der Tokugawa-Zeit heraustrat, da hatte es die Wahl, entweder wie China an seinen traditionellen Lebensformen festzuhalten oder den Weg einer an westlichen Vorbildern orientierten Modernisierung und Industrialisierung zu beschreiten. Nach allem, was wir wissen, handelte es sich dabei um eine wirkliche Alternative, um die innerhalb der japanischen Führungsschicht erbittert gerungen wurde. Japan entschied sich 1868 nach einigem Zögern für die zweite Möglichkeit und betrat den Weg des Meiji-Programms. Als Gandhi jedoch 1908 sein erstes politisches Manifest veröffentlichte, hatte Indien diese Wahl schon seit langem nicht mehr. Ob dies nun gut oder schlecht für Indien war (und weil man Indien die freie Entscheidung vorenthielt, muß man es eher für schlecht halten), die britische Herrschaft hatte in Indien, und zwar bei weitem nicht nur durch den

Bau der Eisenbahnen, bereits Tatsachen geschaffen, die unumkehrbar waren und jeder weiteren Entwicklung der indischen Gesellschaft den Weg vorschrieben.

Insofern war die erwähnte Dorf-Stadt-Kontroverse zwischen Gandhi und Nehru eine äußerst theoretische Angelegenheit. Indien war bereits zu Anfang dieses Jahrhunderts keine dörfliche Subsistenzwirtschaft mehr, sondern eine arbeitsteilige. Viele Millionen Inder lebten bereits in riesigen Städten und konnten sich selbst mit dem Lebensnotwendigen, wie Gandhi sagte, nicht mehr versorgen, ohne auf andere angewiesen zu sein. Die Inder mochten ihre englischen Anzüge verbrennen oder die englischen Gerichtshöfe boykottieren. Sie konnten die Eisenbahnen nicht wieder entfernen und die Städte nicht mehr auflösen. Eine auch nur oberflächliche Analyse der bestehenden Gesellschaft hätte ergeben, daß eine Rückkehr zu den früheren Zuständen, wie ideal sie auch gewesen sein mochten, vollkommen unmöglich war. Gandhi aber nahm, anders als Marx – und hier kehren wir zu unserem früheren Vergleich zurück –, diese Analyse nicht vor, und daß er es nicht tat, mag seinen politischen Mißerfolg zu einem Teil erklären.

Im Lichte dieser Einsicht müssen wir nun unsere Feststellung, Indien sei den Weg Nehrus und nicht denjenigen Gandhis gegangen, ein wenig modifizieren. In Wirklichkeit nämlich ging Indien gar nicht den Weg Nehrus, sondern denjenigen, den ihm die unumkehrbaren Tatsachen und seine eigene Entwicklung vorschrieben. Nur war Nehrus Analyse der bestehenden Gesellschaft richtig, diejenige Gandhis aber nicht.

Zum Vergleich kann als ein weiteres Beispiel die politische Theorie Mao Tse-tungs angeführt werden. Obwohl er von der marxistisch-leninistischen Theorie ausging, erkannte er doch, daß jedenfalls die Entwicklung einer Schwerindustrie, wie sie in der Sowjetunion auf der Grundlage der vorrevolutionären Industrialisierung verwirklicht worden war, auf die Verhältnisse der bestehenden chinesischen Gesellschaft nicht paßte. Aus dieser Analyse deduzierte er die Utopie eines vorerst jedenfalls vorwiegend agrarischen Sozialismus. Indem Gandhi eine entsprechende Analyse versäumte, entfaltete er eine Utopie, die auf die Verhältnisse der bestehenden indischen Gesellschaft nicht oder nicht mehr paßte.

Es mag an dieser Stelle angefügt werden, daß Indien in der Frage einer vorrangigen Entwicklung der Schwerindustrie oder der Landwirtschaft nach 1947 möglicherweise wirklich die Wahl hatte. In dieser Frage traf Nehru, wahrscheinlich unter dem Eindruck von westlichen Theorien, die Entscheidung, und in dieser Hinsicht ist die Feststellung richtig, Indien sei den Weg Nehrus gegangen. Was indessen Gandhi angeht, so ist es überaus bezeichnend, daß er über diese wichtige und möglicherweise echte Alternative gerade nicht stritt. Er stritt vielmehr über Alternativen, die in Wirklichkeit gar nicht bestanden.

Es ist in diesem Zusammenhang sehr charakteristisch, daß Gandhi zwar – wie allgemein bekannt ist – anderen Religionen und ihren Zeugnissen wie dem Islam und dem Christentum, auch anderen religiösen und philosophischen Schriftstellern wie Tolstoj, Rousseau, Ruskin und Thoreau viel Interesse und Verständnis entgegenbrachte, daß er sich aber niemals gründlich mit anderen politischen und sozialreformerischen Vorstellungen auseinandersetzte, weder mit den westlich-sozialistischen, was immerhin Nehru und seine Freunde taten, noch und vor allem nicht mit den doch viel näherliegenden asiatischen wie dem Meiji-Programm, demjenigen Sun Yat-sens und anderen, was ernsthaft übrigens erstaunlicherweise niemand in Indien tat. Der mangelnde Kontakt Indiens zu den anderen großen asiatischen Emanzipationsbewegungen und ihren politischen Theorien ist, nebenbei gesagt, ganz generell ein Phänomen, das der Beachtung wert ist.

Natürlich handelt es sich hier nicht darum, Gandhi einen Vorwurf zu machen oder Kritik an ihm zu üben. Das wäre schon deswegen töricht, weil Gandhis Lebenswerk abgeschlossen ist und nicht mehr geändert werden kann. Hier geht es nur darum, Gandhi in seiner Rolle als indischer Politiker zu begreifen und seine politische Leistung in der richtigen Perspektive zu sehen.

Wir waren davon ausgegangen, daß ein politischer Reformer seiner Art die dreifache Aufgabe einer Analyse, einer Utopie und einer praktischen Methodenlehre zu erfüllen habe. Gandhi legte den größten Wert auf die Entwicklung der Methoden, vernachlässigte jedoch die Analyse fast vollkommen. Gleichwohl hatte er, auch wenn er sie selten ausdrücklich und im einzelnen formulierte, eine Utopie der neuen indischen Gesellschaft. Wenn eine solche Utopie aber verwirklichbar sein soll, muß sie in einem gewissen Zusammenhang mit der Analyse stehen, und daß das bei Gandhi nur sehr begrenzt der Fall war, mag seine Fehlschläge als indischer Politiker erklären. Aus dieser Erkenntnis ergibt sich vor allem die Schlußfolgerung, daß Gandhi mit den angeführten Gegenbeispielen von Marx bis Mao am Ende doch nicht zu vergleichen ist. Damit hat sich unsere eingangs ausgesprochene Bemerkung noch einmal bestätigt, daß man Gandhi nicht voll erfassen kann, wenn man ihn nur als Phänomen der indischen Politik betrachtet. Er war zugleich weniger und unendlich viel mehr.

Gandhi hat die Einheit der indischen Gesellschaft zugleich erleichtert und erschwert. Er hat sie erleichtert, weil er von nahezu allen Indern ungeachtet ihrer zahllosen sonstigen Meinungsverschiedenheiten als die große Vaterfigur anerkannt wurde. Diese einigende Funktion übt er noch heute aus; er ist eines der wichtigsten Bande, das Indien zusammenhält. Zugleich aber hat Gandhi die indische Einheit auch erschwert, weil sein moralischer Rigorismus nicht von dieser Welt und für diese Welt war und vor allem weil er im großen Entwurf keine Möglichkeit praktischer Politik aufzeigte. Nur muß man in diesem Zusammenhang hinzufügen, daß er das eigentlich auch gar nicht wollte. Er verkündete unerreichbar hohe Ideale, war hinreißend erfinderisch auf dem Gebiet der politischen Taktik, zeigte sich aber beispielsweise an Fragen der künftigen indischen Verfassung und ihrer politischen Institutionen erstaunlich wenig interessiert, obwohl er dann wieder sehr enttäuscht sein konnte, daß sein Begriff der Gewaltlosigkeit in die Verfassung nicht aufgenommen wurde. Im ganzen jedoch zeigt all dies nur, daß sein Hauptinteresse ganz anderen Bereichen des menschlichen Lebens galt.

Gandhi ist, so dürfen wir schließen, in erster Linie kein indischer Politiker, sondern vor allem eine moralische Potenz von geradezu zyklopischem Ausmaß und erst insofern auch ein Phänomen der indischen Politik. Unermüdlich forderte er Sitte und Anstand, auch im politischen Leben und gerade auch bei der Ausrichtung der politischen Mittel auf die politischen Zwecke. Darum ist Indien zu beneiden. Welcher andere Staat der Welt hat eine solche Gestalt als Zentralfigur seines politischen Lebens aufzuweisen? In erster Linie ist Gandhi ein religiöser und sozialer Erneuerer und als solcher ein ständiger Mahner in der indischen Politik. »Das Licht hat uns verlassen«, sagte Nehru nach der Ermordung Gandhis am 30. Januar 1948, aber dann verbesserte er sich und fuhr fort: »Nein, das ist falsch, denn das Licht, das in diesem Lande schien, war kein gewöhnliches Licht. Tausend Jahre später wird dieses Licht in diesem Lande immer noch gesehen werden, und die Welt wird es sehen.«

Das Licht leuchtet noch immer. In der Politik aber geht es um das Machbare. Was Indien braucht, ist eine Brücke zwischen Gandhi und der indischen Wirklichkeit.          (1969)

# Grundtatsachen der Geschichte Algeriens

*Nachdem sich das Wunder der
Arabisierung Algeriens nicht in Gestalt
seiner Französisierung wiederholt hat,
ist die algerische Frage wieder bei
der seit über einem Jahrhundert
betriebenen französischen Siedlungspolitik angelangt.*

Ein Blick auf die Geschichte Algeriens, der zum Verständnis des gegenwärtigen Konfliktes beitragen soll, stößt zunächst auf die Schwierigkeit, daß dieses Land erst seit verhältnismäßig kurzer Zeit eine Einheit bildet, während noch heute nachwirkende geschichtliche Ereignisse bereits viele Jahrhunderte zurückliegen. Sogar der Name ist nur wenig mehr als ein Jahrhundert alt; er findet sich offiziell erstmals in der Verordnung König Ludwig Philipps von Frankreich vom 31. Oktober 1838[1] über die Einrichtung der Zivilverwaltung in den Gebieten, die die Franzosen acht Jahre zuvor besetzt und zunächst aus Verlegenheit »französische Besitzungen im Norden Afrikas« genannt hatten. Auch der Name der Stadt Algier, von der die Landesbezeichnung abgeleitet wurde und nach der die türkische Regentschaft geheißen hatte, reicht nicht sehr weit zurück; er stammt aus dem 16. Jahrhundert, als Chaireddin Barbarossa vier der Stadt, die in der Antike Icosium und im Mittelalter von den Arabern Mesrana genannt worden war, vorgelagerte kleine Inseln (arabisch: *al-Dschesair:* die Inseln) mit dem Festland verband und damit den Grund zum Hafen Algier legte.

Will man die Geschichte des heute Algerien genannten Gebietes gleichwohl über die französische und die türkische Zeit hinaus zurückverfolgen, so muß man sie im Rahmen des größeren Maghreb betrachten. Der Maghreb (arabisch: *al-Maghrib:* der

Westen) ist der – von Mekka aus gesehen – westliche Teil des Verbreitungsgebietes der arabischen Kultur und wird im Norden vom Mittelmeer, im Westen vom Atlantik, im Süden von der Sahara und im Osten von der libyschen Wüste begrenzt.[2] Er umfaßt demnach heute den Westteil des Königreichs Libyen, die Republik Tunesien, Algerien, das Königreich Marokko und einige französische und spanische Saharagebiete bis zu den Grenzen des Schwarzen Afrika. Aber auch der Begriff des Maghreb reicht nur bis zur arabischen Eroberung, also höchstens bis ins 7. Jahrhundert zurück, und für die davorliegende Zeit ist überhaupt keine historisch-politische Bezeichnung mehr vorhanden, so daß man zu einer geographischen greifen und von Nordwestafrika sprechen muß.

Die Geschichte Nordwestafrikas ist eine ununterbrochene Kette von Eroberungen und Fremdherrschaften. Nacheinander sind die Berber, die Phönizier, die Römer, die Vandalen, die Byzantiner, die Araber, die Türken und die Franzosen in dieses Land gekommen, haben es einem mehr oder weniger starken Einfluß ausgesetzt und zumeist wieder verloren. Keinem der Invasoren ist die Bildung eines dauerhaften und unangefochtenen Staatswesens gelungen, und nur drei von ihnen – die Berber, die Araber und die Franzosen – haben das Land und seine Bewohner nachdrücklicher geprägt. Die wichtigste Tatsache der algerischen Geschichte aber ist, daß die Einheimischen aus eigenem Antrieb niemals eine politische Einheit geschaffen haben.

Die Invasionen lassen sich in zwei große Gruppen teilen: in eine orientalische, von Osten und eine okzidentalische, von Norden kommende. Sie haben einander in mehrfachem Wechsel abgelöst. Auf die Berber und die Phönizier aus dem Osten folgten die Römer, Vandalen und Byzantiner aus dem Norden, darauf die Araber und die Türken wiederum aus dem Osten und schließlich die Franzosen, die sich – wie übrigens die Italiener in Libyen (1911–1942) – zum Teil ganz ausdrücklich als die Fortsetzer der römischen Tradition in Nordwestafrika empfanden, wie man auch heute gelegentlich auf das französische Argument stoßen kann, Frankreich führe in Algerien einen Kampf für Europa.

Die »orientalischen« Invasionen haben insgesamt mindestens dreimal so lange gedauert wie die »okzidentalischen«, und sie haben so unumstürzliche Tatsachen des gegenwärtigen Algerien geschaffen wie seine Berberisierung, seine Islamisierung und seine Arabisierung. Die etwa acht Jahrhunderte »lateinischer« Beherrschung – unterbrochen allerdings durch die vandalische Episode – haben hingegen außer Ruinen keine Spuren von Bedeutung hinterlassen, und was das Ergebnis der jetzt 130 Jahre währenden französischen Periode sein wird, vermag nur die Zukunft zu lehren.

*Die Arabisierung des Maghreb*

Die Berber[3] sind keineswegs, wie man lange mit dem maghrebinischen Historiker Ibn Chaldun (1332–1406) geglaubt hat, die Urbewohner Nordafrikas. Sie sind überhaupt keine Rasse im Sinne einer ethnischen Einheit, sondern eine Sprach- und Kulturgemeinschaft, eine Gruppe von heute sechs bis sieben Millionen sehr verschiedenartigen Menschen, denen wenig mehr als die Sprache gemeinsam ist, und auch sie zerfällt in mehrere Dialektgruppen, die voneinander so verschieden sind, daß sie untereinander nicht verstanden werden. Das Berberische wird gegenwärtig von etwa 30 Prozent der Bevölkerung Algeriens gesprochen[4], und zwar vor allem in Kabylien und im Aurès-Gebirge.

Über den Ursprung der Berber läßt sich beim heute noch sehr unvollkommenen Stande der Berberologie fast nichts Sicheres ausmachen, aber die Sprachforschung macht es immerhin wahrscheinlich, daß in den letzten vorchristlichen Jahrtausenden bedeutende Elemente der berberischen Kultur und insbesondere die Sprache durch erobernde Stämme von Kleinasien über Unterägypten nach Nordafrika gebracht wurden. Im 5. Jahrhundert v. Chr. war das Gebiet jedenfalls bereits so vollständig berberisiert, daß sich Spuren der – wahrscheinlich assimilierten – Urbevölkerung nie gefunden haben.

Die Berber sind demnach der Ausgangspunkt und das Substrat der Geschichte Nordwestafrikas und Algeriens. Ihre eigene Geschichte aber ist monoton und unerheblich und interessiert nur wegen der langen Reihe der Eroberer, die sie im Laufe der Jahrhunderte erduldet oder zumeist bekämpft haben. Denn freiheitsliebend bis zur Anarchie, fremdenfeindlich und in zahllose kleine Stämme zerfallen, haben sie niemals den Willen oder die Fähigkeit zur Bildung einer Einheit bewiesen und niemals eine nennenswerte eigene Kultur oder gar einen selbständigen und dauerhaften Staat geschaffen. Hingegen haben sie sich bis heute immer wieder fremden Herren hartnäckig widersetzt, die mit ihnen oder aus ihnen einen Staat errichten wollten.

Seit dem 12. Jahrhundert v. Chr. legten die Phönizier in Nordafrika Handelsplätze an, gründeten Karthago und umfaßten schließlich die ganze Küste von Tripolitanien bis Agadir (Marokko). Aber sie drangen nirgendwo tiefer ins Landesinnere vor und begnügten sich auch, als Karthago nach dem Fall der Mutterstadt Tyros (332 v. Chr.) größere Bedeutung erlangte, damit, die berberischen Stammesfürsten zu Vasallen zu machen, ihre Untertanen als Söldner zu verwenden (so beispielsweise beim Italienfeldzug Hannibals) und sie im übrigen sich selbst zu überlassen.

Sogar dieses lockere Abhängigkeitsverhältnis ertrugen die Berber jedoch nur ungern und bereiteten den Karthagern in allen drei Punischen Kriegen große Schwierigkeiten. Nach dem Ersten kam es zu einem gefährlichen Aufstand der Söldner, im Zweiten verbündete sich Masinissa, ein Berberfürst, mit den Römern, und er war es auch, der den Dritten und damit das Ende Karthagos auslöste. Erst danach scheint es durch die aus ihrer Stadt vertriebenen Karthager zu einer etwas tiefergehenden Punisierung der Berber gekommen zu sein, die zur Zeit Augustins noch spürbar war, sich dann jedoch ganz verlor. Vielleicht aber haben die Phönizier dadurch den ihnen in manchem verwandten Arabern den Weg geebnet und die ersten Voraussetzungen für die spätere Arabisierung geschaffen.

Mit dem Untergang Karthagos (146 v. Chr.) begann die Herrschaft der Römer. Ihr Einfluß war im nördlichen Tunesien, der
Provinz Africa, am stärksten, dehnte sich aber im 1. nachchristli-
chen Jahrhundert der Küste entlang bis Rabat aus und erfaßte
danach auch Teile des Hinterlandes. Allerdings beschränkte er
sich im wesentlichen auf die Städte und ließ viele Gebiete ganz
unberührt. Auch die Römer begnügten sich weithin damit, die
Berber (oder, wie sie jetzt genannt wurden, die Numidier) zu
Vasallen zu machen, aber auch sie haben mit ihnen kämpfen müssen (man denke an den Krieg mit Jugurtha) und Aufstände nieder-
zuschlagen gehabt. Immerhin herrschte auch hier eine Zeitlang
die *Pax Romana,* und die römische Zivilisation, die wirtschaftliche Blüte und das von den Hafenstädten her verbreitete Christentum berührten auch das heutige Algerien. Augustin ist dort geboren und gestorben. Die römische Periode wurde durch den Einfall
der Vandalen im 5. Jahrhundert unterbrochen, die jedoch nur
wenige Küstenorte besetzten und dann spurlos untergingen. Aber
sie schnitten Nordafrika vom römischen Kulturkreis ab, und die
oströmische Periode nach der Rückeroberung durch Belisar (534/
35) hatte nur noch ein Jahrhundert Zeit, den Faden wieder anzu-
knüpfen. Die entscheidende Tatsache dieser bis 1830 einzigen
»okzidentalischen« Epoche Nordafrikas ist die Weigerung der
Berber (im Gegensatz zu den Galliern und den Iberern), sich ro-
manisieren zu lassen. Im 11. Jahrhundert verschwanden die letzten christlichen Gemeinden, während die jüdischen bemerkenswerterweise bestehenblieben[5], und damals ging auch die lateinische Sprache in ihren letzten Resten unter.

Zehn Jahre nach dem Tode des Propheten Mohammed (632)
durchquerten die Araber die trennende libysche Wüste, eroberten
642 die Cyrenaika, 643 Tripolitanien, gründeten 670 das Zentrum ihres Einflusses Kairouan (Tunesien), 698 Tunis, setzten
711 nach Spanien über und wurden erst 732 bei Poitiers angehal-
ten. Im heutigen Algerien stießen sie auf den erbitterten Widerstand der zum Teil christianisierten Berber, der 70 Jahre lang

andauerte, dann jedoch erlahmte. Die Berber nahmen dann die Religion, die Sprache und die Kultur der arabischen Invasoren weithin an und identifizierten sich derart damit, daß sie sehr bald die Herrschaft der Araber nicht mehr als Fremdherrschaft empfanden. Schon im 9. Jahrhundert löste sich der Maghreb vom Orient, die Fatimiden eroberten Kairo sogar vom Westen aus und schickten sodann im 11. Jahrhundert eine zweite zwar zerstörerische, aber um so nachhaltigere arabische Welle in den Maghreb.

Danach war die Arabisierung unwiderruflich, so daß man die Algerier heute als arabisierte Berber ansprechen muß. Die Herrschaft der arabischen Kultur überdauerte mühelos die eigentlich politische Beherrschung durch die Araber, und für den Maghreb sind seitdem der Islam und die arabische Sprache der Stolz und das Kernstück seiner Zivilisation geblieben. Man denkt, wenn man einen vergleichbaren Vorgang sucht, unweigerlich etwa an die Romanisierung und Christianisierung der Gallier. Ohne jeden Zweifel ist dies das einschneidendste Ereignis der algerischen Geschichte, das sich wohl nur mit der Annahme einer gewissen Prädisposition der Berber für die Araber, wenn nicht gar einer Verwandtschaft mit ihnen erklären läßt. Die politische Geschichte jedoch blieb auch jetzt zusammenhanglos, Dynastien und Staatenbildungen lösten einander in rascher Folge ab. Ein algerischer Staat entstand zu keiner Zeit, das Land war zumeist gespalten, indem der Ostteil von Tunesien (Ifriqiya), der Westen von Marokko aus regiert wurde.

Im 15. Jahrhundert erreichte die spanische Reconquista mit der Eroberung Granadas (1492) ihren Höhepunkt, vertrieb viele Moslems (die sogenannten Andalusier) und auch Juden in den Maghreb und setzte sogleich danach dazu an, auch Nordafrika zu erobern, was bedeutet hätte und bedeuten sollte, es für den Okzident und insbesondere für das Christentum zurückzugewinnen. Schon waren einige Hafenstädte, darunter Oran und Bougie, in spanischer Hand (1509), Algier wurde belagert. Da besann sich Algerien auf seine Zugehörigkeit zum Islam, der mittlerweile sei-

nen politischen Schwerpunkt und seine aggressive Spitze nach
Konstantinopel (1453) verlagert hatte, und stellte sich unter den
Schutz der Türken, die dem Lande noch einmal drei Jahrhunderte
mittelalterlicher Abgeschiedenheit bescherten.

Zwei islamisierte Griechen, die Brüder Barbarossa, von denen
besonders Chaireddin wegen seines Kampfes mit Karl V. berühmt
wurde, waren es, die die Spanier vertrieben, Algerien seine gegenwärtigen Grenzen gaben und es der Pforte unterstellten. Die Türken ernannten zunächst Paschas und schließlich Deys, die das
Land absolut und nahezu als Souveräne beherrschten. Die türkische Oberschicht war äußerst dünn, und von eigentlicher Kolonisierung war nicht die Rede. Das Verhältnis zur Pforte war so
locker, daß die Nationalalgerier heute behaupten, Algerien sei
damals ein unabhängiger Staat gewesen.[6] In der Tat unterhielten
die Deys konsularische Beziehungen mit verschiedenen Staaten,
darunter seit 1581 mit Frankreich, mit dem die Beziehungen zeit-
weise außerordentlich freundlich waren. Andererseits scheint sicher, daß die Verwaltung der Deys, die vor allem an Seeräuberei
interessiert waren, die Masse des Landesinneren kaum erfaßt hat
und sich auf die nicht immer erfolgreiche Eintreibung von Steuern
beschränkte. Es ist bedauerlich, daß der Mangel an Forschungen
gerade über die türkische Zeit[7] noch keine Antwort auf die Frage
erlaubt, ob Algerien damals eine gewisse staatliche Einheit und
vielleicht sogar ein nationales Zusammengehörigkeitsgefühl erlangt hat oder nicht.

*Die französische Siedlungspolitik*

Am 14. Juni 1830 landete eine französische Flotte mit 30 000
Mann an Bord an der algerischen Küste, am 5. Juli kapitulierte
der letzte Dey, Algier wurde besetzt, und es begann die französische Periode, die das Land seit mehr als einem Jahrtausend erstmals wieder einem massiven westlichen Einfluß aussetzen sollte.[8]

Seit Jahren hatten sich die Beziehungen zwischen Frankreich
und Dey Hussein wegen der Bezahlung einer lange zurückliegen-

den Getreidelieferung an die Direktorialregierung verschlechtert, und als der Dey am 29. April 1827 das Ende des Fastenmonats Ramadan, das Bairamfest, feierte, das in Algier wie in Konstantinopel mit einer Gratulationscour des Konsularischen Korps verbunden war, da fragte er den Konsul Frankreichs nach dem Stand der Getreideaffäre, erhielt jedoch eine so unbefriedigende, vielleicht auch beleidigende Antwort, daß er außer sich geriet, den Konsul hinauswies und ihn schließlich sogar mit dem Fliegenwedel ins Gesicht schlug.

Diese groteske Episode, so berühmt sie ist, bestimmte jedoch die französische Regierung, die überdies andere Sorgen hatte, nicht unmittelbar zum Krieg. Erst fast drei Jahre später, im Februar 1830, beschloß der Premierminister Karls X., Polignac, weil er seine unpopuläre Innenpolitik durch einen außenpolitischen Erfolg zu stützen suchte, die algerische Expedition, die zudem seinem Sinn für großartige Pläne sehr entgegenkam. Aber in Frankreich interessierte sich damals kaum jemand für Algerien, und so kam es drei Wochen nach dem Sieg von Algier trotzdem zur Juli-Revolution.

Daneben kann natürlich nicht übersehen werden, daß die Erwerbung Algeriens die zweite Phase der französischen Kolonialgeschichte einleitet und insofern auch in einen größeren Zusammenhang gehört. Das erste Kolonialreich war in der napoleonischen Epoche bis auf ganz geringe Reste verlorengegangen, und wenn Frankreich nun erstmals wieder mit Erfolg über seine Grenzen hinausgriff, so bedeutete das auch den erneuten Anspruch auf Weltmachtstellung und den wiedererwachenden Willen zur Expansion.

Der mühelos errungene Sieg von Algier verleitete die Franzosen zusammen mit einer fast vollständigen Unkenntnis über das Land und seine Bewohner zu der optimistischen Beurteilung, die Beherrschung werde sich in einigen Wochen und ohne Schwierigkeiten bewerkstelligen lassen. So entließen sie zunächst den Dey und die gesamte türkische Oberschicht, die widerstandslos und unter

Mitnahme oder Vernichtung aller Akten verschwanden, was der französischen Verwaltung dann ungeheure Hindernisse bereitete. Als sich überdies herausstellte, daß Frankreich ohne einen Plan, was mit dem Lande geschehen sollte, gekommen war, griff Ratlosigkeit um sich, und wie so oft in der französischen Kolonialgeschichte wurden in Paris Vorschläge laut, es überhaupt wieder aufzugeben.

Die Juli-Monarchie entschied jedoch schließlich, Algerien zu behalten und eine »bedeutende Kolonie« daraus zu machen. Das setzte zunächst die vollständige Beherrschung voraus, und es wurde offenbar, daß die Zerschlagung des türkischen Verwaltungsapparates dazu nicht ausreichte. Die Eingeborenen waren nicht bereit, die neue Herrschaft anzuerkennen, und es wurde eine militärische Eroberung nötig, die höchste Anstrengungen erforderte und fast drei Jahrzehnte dauerte.

Um die Besetzung zu erleichtern, versprachen die Franzosen den Algeriern die Befreiung vom »türkischen Joch«, was jedoch zeigt, daß sie den religiösen Gegensatz verkannten, der bis heute eines der größten Hindernisse auf dem Wege der Angliederung geblieben ist. Denn die Türken waren Mohammedaner gewesen, die Franzosen aber waren Ungläubige. Die Kapitulationsurkunde hatte zwar die freie Religionsausübung zugesichert, und Frankreich hat sich an dieses Versprechen gehalten, es hat zum Zwecke der Vereinheitlichung sogar die Islamisierung bei noch nicht islamisierten Berbern mit Erfolg gefördert. Aber es scheint bei seiner Politik von europäischen Toleranzvorstellungen ausgegangen zu sein, die auf den Islam nicht anwendbar waren. Denn der Koran regelt nicht nur das religiöse, sondern auch das bürgerlich-rechtliche Leben und verbietet eine Angleichung an das Recht der Ungläubigen.

Es ist daher nicht erstaunlich, daß der 1832 ausbrechende Aufstand unter dem sagenhaften Emir Abd el-Kader zum Heiligen Krieg erklärt wurde. Er wurde mit verschiedenen Unterbrechungen fünfzehn Jahre lang erbittert geführt, und erst der rücksichtslosen Kriegführung des Generals Bugeaud, dem schließlich ein 100 000 Mann starkes Heer zu Gebote stand, gelang die Bezwingung. Aber selbst dann konnte das Land nicht für befriedet gelten. Ein 1871 ausgebrochener Kabylenaufstand band noch einmal ein Jahr hindurch 80 000 französische Soldaten. Die Frage, ob sich in diesem hartnäckigen Widerstand neben dem religiösen Motiv auch ein etwa in der türkischen Zeit entstandenes algerisches Nationalgefühl oder nur das alte berberische anarchische Widerstreben gegen jede Herrschaftsform kundtat, wird je nach der politischen Überzeugung des Betrachters verschieden beantwortet und läßt sich jedenfalls heute noch nicht eindeutig lösen.

Von Bugeaud, der von 1841–1847 Generalgouverneur in Algerien war, stammt das etwas widersprüchliche Wort, daß nur »die absolute Beherrschung die Kolonisierung gestatten wird, die die Eroberung erhalten wird«. Das bedeutete: Beherrschung zum Zwecke der Kolonisierung und Kolonisierung zum Zwecke der Beherrschung. Kolonisierung aber hieß hier nach dem ursprünglichen Wortsinn Siedelung. Indem Frankreich sich gerade auch unter dem Eindruck des Widerstandes, auf den es stieß, entschloß, das Land nicht nur nach der traditionellen Kolonialmethode zu beherrschen, zu verwalten und auszubeuten, sondern es auch zu besiedeln, traf es wahrscheinlich die folgenschwerste Entscheidung seiner gesamten Algerienpolitik. Sie schuf den tragischen Aspekt der gegenwärtigen Auseinandersetzung, und deswegen unterscheidet sich die Algerienfrage heute grundsätzlich von den Problemen anderer Kolonien, die von Beamten und Soldaten verwaltet wurden, die nach dem Ende ihrer Dienstzeit in ihre Heimat zurückkehrten. Durch die Siedlungspolitik, die sich übrigens stark am römischen Vorbild orientierte, wurde Algerien zur Heimat zweier sehr verschiedener Bevölkerungen.

Die europäische, nichtmuselmanische Bevölkerung betrug 1833 knapp 8000 Bewohner, die größtenteils im Gefolge der Armee gekommen waren, stieg bis 1840 auf 27 000, bis 1847 auf 109 000 und beläuft sich heute auf über eine Million. Darunter

befinden sich keineswegs nur Franzosen, sondern in großer Zahl
auch Spanier, Italiener und Malteser sowie kleinere Kontingente
aus anderen europäischen Völkern. Sie alle bilden heute als Alge-
rien-Franzosen eine recht einheitliche Gruppe.

Die französischen Regierungen förderten die Ansiedlung auf
verschiedenste Weise, vor allem durch Landbeschaffungspro-
gramme, die nicht immer glücklich ausgingen, da sich auf dem
Wege über Bodenspekulationen riesige Latifundien bildeten.
Aber auch politische und gesetzliche Maßnahmen trugen zur Erweiterung des nichtmuselmanischen Elementes bei. So wurden zu
Anfang des 19. Jahrhunderts deutsche Amerika-Auswanderer
von Le Havre nach Algier umgeleitet, im Revolutionsjahr 1848
schickte man für gefährlich erachtete Pariser Arbeitslose dorthin,
und 1871 folgten Elsaß-Lothringer, die dem Anschluß an
Deutschland ausweichen wollten. 1870 verlieh das Dekret Crémieux den algerischen Juden die französische Staatsangehörigkeit, und 1889 wurde den in Algerien lebenden Ausländern die
gleiche Möglichkeit zugestanden. Trotzdem blieben die Moslems
stets in erdrückender Überzahl, und dieses Verhältnis verschärft
sich von Jahr zu Jahr: Während sie heute etwa neun Millionen
zählen, wird es 1973 schätzungsweise annähernd dreizehn Millionen von ihnen geben.[9]

Die Verstärkung des europäischen Bevölkerungsteils mußte
künstlich gefördert werden, denn wie schon bei der Besetzung des
Landes war auch bei der Siedlungspolitik nicht eine wirtschaftliche Notlage wie etwa Überbevölkerung in Frankreich ausschlaggebend, sondern allein der koloniale Wille. Er hat stets den Vorrang vor wirtschaftlichen Erwägungen gehabt, so daß die Wirt-
schaftsgeschichte Französisch-Algeriens voller Paradoxien ist.
Das Land erzeugt in erster Linie landwirtschaftliche Produkte, an
denen in Frankreich ohnehin kein Mangel ist. Seit 1878 wird in
Algerien in großem Ausmaß Wein angebaut, den die Moslems aus
religiösen Gründen nicht trinken und den die Franzosen nicht
benötigen, da das Mutterland seit langem unter einer Überpro-

duktion an Wein leidet; der algerische Wein wurde daher eine so
scharfe Konkurrenz für den mutterländischen, daß schließlich
jede Erweiterung des Weinanbaus in Algerien gesetzlich verhindert wurde.

Algerien hat stets ein defizitäres Budget gehabt. Frankreich hat
dagegen gewaltige Investitionen vorgenommen, die Häfen ausge-
baut, den Straßen- und Eisenbahnbau gefördert und die medizini-
schen und hygienischen Verhältnisse außerordentlich verbessert.
Das hat seinerseits die Zahl der Moslems, unter denen die Säug-
lingssterblichkeit enorm hoch war, in die Höhe schnellen lassen,
und das wiederum verschärfte den sozialpolitischen Gegensatz.
Der Lebensstandard und das Lohnniveau der muselmanischen
Bevölkerung liegen in erschreckendem Maße unter dem der europäischen. Kürzlich ist ein Beobachter zu dem Schluß gekommen,
»daß ein Verzicht auf Algerien (selbst wenn man von den ungeheuren Kriegskosten seit 1954/55 einmal absieht) Frankreich
wirtschaftlich mehr Vor- als Nachteile bietet«.[10] Aber wirtschaftliche Motive bestimmen heute die französische Algerienpolitik
sowenig wie 1830.

Mit der Siedlungspolitik gab das Mutterland weithin auch das
Gesetz des Handelns in seiner Kolonie aus den Händen, denn mit
den Siedlern kam ein neues Machtelement zur Geltung, das von
nun an auch die Pariser Algerienpolitik zu beeinflussen versuchte
und zu beeinflussen verstand. Die Siedler drangen zuerst auf die
politische und rechtliche Gleichstellung mit den Bürgern im Mutterland, auf die sogenannte Assimilierung, und als sie das um die
Jahrhundertwende mehr oder weniger erreicht hatten, verfochten
sie eine Politik der Dezentralisierung, um eine möglichst große
Selbstverwaltung und ein eigenes Budget zu erhalten, ohne doch
der Unterstützung aus Paris verlustig zu gehen.

Die Assimilierung fand insbesondere ihren Ausdruck darin,
daß schon 1848 die drei noch aus der türkischen Zeit stammen-
den Provinzen Oran, Algier und Constantine zu Départements
erklärt wurden. (1955 wurde ein viertes Département, Bône, ge-

schaffen, und 1956 schließlich Algerien neu in zwölf Départements eingeteilt.) Algerien war damit ein Teil des Mutterlandes
oder, wie ein beliebter Ausdruck lautet, seine Fortsetzung jenseits des Mittelmeeres geworden.[11] Gleichwohl bezeichnete das
Schlagwort von dem *einen* Frankreich von Dünkirchen bis Ta-
manrasset (Südalgerien) niemals die politische und verfassungs-
rechtliche Wirklichkeit und auch nicht einmal das Ziel der Algerienfranzosen. Denn nicht nur behielten die algerischen Départements, die heute als »überseeische« von den »mutterländischen« unterschieden werden, stets eine Sonderstellung; nicht
nur leben die eingeborenen Algerier seit je auf einem ungleich
niedrigeren wirtschaftlichen und sozialen Niveau als alle anderen Franzosen; vor allem unterstehen die europäische und die
muselmanische Gemeinschaft einer verschiedenen Rechtsordnung.

Was den privatrechtlichen Status anbelangt, so wehrten sich
die Moslems immer gegen eine derartige Assimilierung an das
französische Recht, da sie weiter unter dem islamischen Recht
des Korans leben wollten, und die Befürchtung, wie die Juden
nach dem Dekret Crémieux assimiliert zu werden, scheint neben anderem zu dem schon erwähnten Aufstand von 1871 beigetragen zu haben. Eine solche Assimilierung ist denn auch von
den Franzosen niemals versucht worden.

Die öffentlich-rechtliche und politische Angleichung dagegen,
insbesondere die Gleichberechtigung bei den Wahlen zu den politischen Vertretungskörperschaften, die vor allem die muselmanischen Gebildeten lange erstrebten, stieß auf den entschlossensten Widerstand der Siedler, da sie befürchten mußten, dann in
die Minderheit zu geraten. Schon der araberfreundlichen Politik
Napoleons III., der 1865 alle Algerier zu französischen Untertan-
nen (nicht Bürgern) erklärte, widersetzten sie sich, und bei den
Besuchen des Kaisers in Algier kam es zu ganz ähnlichen Szenen
wie in unseren Tagen. Auch spätere Versuche, den Moslems wenigstens schrittweise und unter Bedingungen (etwa der Bildung

oder besonderer Verdienste) das volle Bürgerrecht zu verleihen, wie es etwa der Entwurf Blum-Violette der Volksfrontregierung 1936 versuchte, scheiterten am Einspruch der Algerienfranzosen. Erst nach dem Zweiten Weltkrieg führten derartige Bestrebungen zu allerdings sehr geringen Erfolgen.

## Der Weg zum Mai-Putsch 1958

So zeichneten sich schon seit Jahrzehnten immer deutlicher die Gegensätze ab, die schließlich 1954 zum Aufstand führten. Es sind vor allem die beiden Weltkriege gewesen, deren Erschütterungen das politische Leben Algeriens in Bewegung brachten. Proklamationen wie die Wilsons über das Selbstbestimmungsrecht der Völker und die Atlantik-Charta belebten die Hoffnungen der muselmanischen Politiker. Die Landung der amerikanischen Truppen in Nordafrika im November 1942 und die Tatsache, daß Algier eine Zeitlang die Hauptstadt des Freien Frankreich de Gaulles war, überzeugten sie von dem Wert Algeriens für Frankreich, der sie ebenso wie die Kriegsleistungen der Moslems in der französischen Armee zu neuen Forderungen zu berechtigen schien. Diese Forderungen beschränkten sich jedoch sehr lange auf die politische Gleichstellung mit den anderen Franzosen, die Algerier wollten gleichberechtigte Bürger mohammedanischen Glaubens sein, und erst die Enttäuschung führte schließlich den Aufstand herbei.

Nach dem Ersten Weltkrieg entwickelten sich in Algerien politische Parteien. Die Algerienfranzosen sind auch insofern assimiliert, als sie dieselben Parteien wie das Mutterland wählen, nur mit dem Unterschied, daß nationalistische und rechtsextreme Tendenzen immer eine große Anziehungskraft ausübten und daß die Kommunistische Partei niemals zu Bedeutung gelangt ist, weil ihre Klassenideologie auf die ganz andere Situation Algeriens schlechthin nicht anwendbar ist. Daher hat sie auch unter den Aufständischen trotz mancher Bemühung bisher keinen Einfluß erlangen können.[12]

Das Parteileben der Muselmanen hat eine verwirrende Vielzahl von kurzlebigen und miteinander konkurrierenden Gründungen gekannt, die aber gleichwohl eine gewisse gemeinsame Zielstrebigkeit erkennen lassen. Am Anfang standen zwei Gruppen, eine aus französischen und eine aus islamischen Quellen gespeiste. Im Laufe der Jahre waren viele Algerier, sei es durch den Dienst in der französischen Armee, sei es durch das Studium an französischen Universitäten, mit dem europäischen politischen Leben, seinem Nationalismus und seinen Freiheitsforderungen in Berührung gekommen; diese sogenannten *Évolués* (französisch: die Entwickelten) forderten folgerichtig bald die Rechte von 1789 auch für die Algerier. Eine andere Gruppe, die der sogenannten *Ulemas* (arabisch: die Rechtsgelehrten), leitete ihre Forderungen nicht aus dem westlichen Gedankengut, sondern aus einer religiösen Erneuerungsbewegung innerhalb des Islam ab; die *Ulemas* beanspruchten für Algerien das Recht, eine Nation zu sein, und zwar auf der Grundlage einer gemeinsamen Religion, einer gemeinsamen Sprache und einer gemeinsamen Geschichte. Es ist auffällig, daß beide Gruppen, sosehr sie sich untereinander bekämpften, im Programmatischen immer einiger wurden und daß ihre Forderungen in dem Maße, in dem sie auf Widerstand stießen, immer radikaler wurden.

Am deutlichsten ist dies am persönlichen Entwicklungsgang des gegenwärtigen Ministerpräsidenten der algerischen Exilregierung, des 1899 geborenen Politikers Ferhat Abbas abzulesen, den man zu den *Évolués* zu rechnen hat. Europäisch erzogen, Apotheker von Beruf, machte er sich zu Anfang der dreißiger Jahre zum Anwalt der Assimilation, wie er und seine Gesinnungsgenossen sie verstanden, nämlich der politischen Gleichstellung der Algerier und der Franzosen. 1936 erklärte er, er werde »nicht für das algerische Vaterland sterben, weil dieses Vaterland nicht existiert«. 1943 aber verfaßte er ein »Manifest an das algerische Volk«, in dem er nun die Bildung eines algerischen Staates forderte, allerdings, wie er 1946 hinzusetzte, als assoziiertes Mitglied der Französischen Union. 1954 erhob er den Anspruch auf Anerkennung der Souveränität Algeriens. Aber er gab den Verhandlungsweg auch nach dem Ausbruch des Aufstandes nicht gleich auf und ging erst 1956 zur Befreiungsfront nach Kairo. 1958 wurde er ihr politisches Oberhaupt.

Die Entwicklung des politischen Lebens und die unbestreitbare Entstehung eines algerischen Nationalgefühls hatten jedoch auf die Gestaltung des Verhältnisses zwischen Algerien und Frankreich fast keinen Einfluß; es war seit der Jahrhundertwende nahezu unverändert geblieben. Im Mai 1945 kam es in Ostalgerien zu blutigen Unruhen, die unerbittlich und grausam niedergeschlagen wurden. Die Vierte Republik formulierte im »Algerischen Statut« vom 20. September 1947 die Stellung Algeriens neu, ohne jedoch grundsätzlich etwas zu ändern. Das Land blieb in Départements aufgeteilt, die gleichwohl auch weiterhin eine besondere Verwaltungseinheit bildeten. Die gewählte algerische Versammlung, die in vielem den 1898 geschaffenen Finanzdelegationen ähnelte, erhielt keine entscheidenden Befugnisse und wurde überdies in zwei getrennten Kollegien gewählt. Nach diesem »Zwei-Rassen-Wahlrecht«[13] wurden die Abgeordneten je zur Hälfte von den Algerienfranzosen, zu denen jetzt auch die ungefähr 60 000 assimilierten Moslems gehörten, und den Muselmanen gewählt. Trotzdem war noch Vorsorge getroffen, daß das erste Kolleg niemals überstimmt werden konnte.

Wieder war eine unbefriedigende Kompromißlösung gefunden worden, und vielleicht war keine andere möglich. Ein abweichender Vorschlag von Ferhat Abbas hatte keine Beachtung gefunden. Selbst der geringe Fortschritt aber, den das Statut demnach darstellte, wurde durch Beeinflussung der seit 1948 stattfindenden Wahlen von seiten der französischen Verwaltung und durch direkte Wahlfälschungen weithin zunichte gemacht, und das mußte die zur parlamentarischen Mitarbeit trotz allem entschlossene muselmanische Führungsschicht beinahe zwangsläufig vom Weg der Evolution auf den der Revolution treiben.

Am 1. November 1954 kam es im Département Constantine
schlagartig an etwa vierzig verschiedenen Stellen zu Angriffen auf
Polizeiposten, zu Attentaten und Brandstiftungen. Diese Systema-
tik ließ sogleich erkennen, daß es sich nicht um anarchistische Ein-
zelaktionen, sondern um eine von langer Hand geplante und
koordinierte Unternehmung handelte. Der Guerilla-Krieg der algerischen Nationalisten hatte begonnen. Soweit bis jetzt bekannt
geworden ist, waren die Urheber nicht die traditionellen muselmanischen politischen Parteien, die den Verhandlungsweg immer
noch nicht aufgegeben hatten und gerade jetzt auf den liberalen
Ministerpräsidenten Pierre Mendès-France und die Unabhängig-
keitsbestrebungen in den benachbarten Protektoraten Marokko
und Tunesien neue Hoffnungen setzten. Es scheint vielmehr, daß
sich bei einer kurz zuvor erfolgten Spaltung der Partei des alten
radikalen Politikers Messali Hadsch, der seine Anhänger vor allem unter den algerischen Arbeitern in Frankreich hatte, unter
Führung Ben Bellas eine Gruppe von jungen Aktivisten bildete,
die von Kairo aus die Führung des Krieges planmäßig vorbereiteten. In der Tat befindet sich das MNA *(Mouvement National
Algérien)* Messali Hadschs bis heute in erbittertem Gegensatz
zum FLN *(Front de Libération Nationale),* und bezeichnender-
weise versuchte auch Ferhat Abbas zunächst, zwischen den Aufständischen und den Franzosen zu vermitteln, und fand erst zwei
Jahre später den Weg nach Kairo. Im FLN hatte sich unabhängig
von den alten Parteien eine völlig neuartige Gruppe gefunden, der
es dann allerdings gelungen ist, der Repräsentant fast aller algerischen Nationalisten zu werden.

Die Reaktion aller französischen Regierungen bestand zunächst stets in der Politik der »Befriedung«, das heißt der militärischen Niederschlagung des Aufstandes, wozu große Teile der Armee (heute etwa eine halbe Million Mann), die gerade Indochina
nach neunjährigem erfolglosen Krieg verließ, nach Algerien geschickt wurden. Wieder einmal legte Frankreich das Schicksal
Algeriens in die Hände seiner Armee. Der Aufstand erreichte im

Sommer 1955 neue entsetzliche Höhepunkte an Grausamkeiten auf beiden Seiten und läßt, obwohl die französische Armee unzweifelhaft Erfolge erzielte, ein Siegende einer der beiden streitenden Parteien nicht absehen.

Daher wurden neben der militärischen Bezwingung sehr bald politische Lösungen des Konflikts erörtert, die zunächst darin erblickt wurden, die bisherige unbefriedigende Schwebestellung zwischen Assimilierung und Dezentralisierung entweder nach der einen oder der anderen Seite hin konsequent aufzugeben. Daraus entstanden zwei neue Schlagwörter: Integration und Föderation. Der von Mendès-France ernannte Generalgouverneur Jacques Soustelle entschied sich für das erstere, für die »ehrliche Integration«, was bedeutet hätte, Algerien in jeder Beziehung mit dem Mutterland gleichzustellen, und folgerichtig unter anderem auch etwa hundert muselmanische Abgeordnete in die französische Nationalversammlung gebracht hätte; daran scheiterte das kühne Projekt, da sich voraussehen ließ, daß das Parlament dann endgültig arbeitsunfähig geworden wäre. Der nach den Januar-Wahlen von 1956 gewählte sozialistische Ministerpräsident Guy Mollet entschied sich daher für die Lösung der Föderation, die Anerkennung einer »algerischen Persönlichkeit«, was eine weitgehende Selbstverwaltung Algeriens durch die Algerier im Rahmen der Verbindung mit Frankreich bedeutet hätte; dieser Vorschlag scheiterte am Widerstand der Algerienfranzosen, die ihre privilegierte Stellung verloren hätten, und er führte schließlich auch den 13. Mai 1958 herbei.

Das 1957 zunächst abgelehnte und am 5. Februar 1958 modifiziert angenommene sogenannte Rahmengesetz stellte in dieser Zwangslage wiederum nur einen Kompromiß dar, der wenig änderte. Es ist zudem bezeichnend, daß sowohl der zunächst für liberal geltende Soustelle als auch Mollet durch die Berührung mit der algerischen Realität zu einer unnachgiebigeren Haltung bekehrt wurden. Der Mai-Putsch von 1958 und die Unruhen des Januars 1960 bewiesen überdies, daß die Algerienfranzosen und die Armee einen nicht zu übersehenden Machtfaktor darstellen, der zwar unter dem Eindruck des Aufstandes die Politik der Integration mehr und mehr hervorhebt, im wesentlichen aber doch wohl die Beibehaltung des *status quo* verficht.

Trotz aller Unsicherheit über den zukünftigen Status Algeriens ist jedoch eine Rückkehr zu den früheren Zuständen ganz undenkbar. Es kann heute keinen Zweifel mehr daran geben, daß der jetzt mehr als fünf Jahre währende Aufstand einen neuen Abschnitt in der Geschichte Algeriens einleiten wird. Aber die tragische Ausweglosigkeit des Konfliktes macht selbst die kompetentesten Beobachter ratlos, verbietet jede vernünftige Prognose und läßt sogar einen vorsichtigen Ausblick auf die Zukunft zum bloßen Gedankenspiel werden.

Unzweifelhaft ist die Lage der Aufständischen besser als je in der langen Geschichte algerischen Widerstandes gegen Fremdherrschaft. Im Unterschied zu Abd el-Kader ist der FLN nicht mehr allein. Er genießt die politische und finanzielle Unterstützung der in der Arabischen Liga zusammengeschlossenen Staaten; er hat günstige Aufmarschplätze und einen ständigen Rückhalt in den seit 1956 unabhängigen maghrebinischen Nachbarstaaten Tunesien und Marokko; er erfreut sich der Sympathie eines beträchtlichen Teiles der Weltöffentlichkeit und einer zunehmenden Zahl von Mitgliedstaaten der Vereinten Nationen; er hat vor allem ein klares Ziel, nämlich einen unabhängigen und laizistischen algerischen Staat zu errichten, in dem alle gegenwärtigen Bewohner als gleichberechtigte Bürger sollen leben können.

Aber die Aufständischen können dieses Ziel ohne und gegen Frankreich nicht erreichen, und Frankreich kann ohne und gegen die Algerienfranzosen schwerlich eine Lösung finden. Staatspräsident de Gaulle hat in seiner programmatischen Algerienerklärung vom 16. September 1959 drei Möglichkeiten zur Wahl gestellt: die Integration oder, wie er sagte, die Französisierung, die Sezession und eine dritte, die er offenbar befürwortet, die Föderation,

»eine Regierung der Algerier durch die Algerier, gestützt auf die Hilfe Frankreichs in einer engen Union mit ihm auf dem Gebiet der Wirtschaft, des Unterrichtswesens, der Verteidigung und der Außenpolitik«. Diese drei will de Gaulle zum Gegenstand einer Volksbefragung machen, und zwar »zu gegebener Zeit, jedoch spätestens vier Jahre nach der Wiederherstellung des Friedens«, worunter er versteht, »daß im Laufe eines Jahres nicht mehr als 200 Personen durch Überfälle und Attentate ums Leben kommen«. Der Ministerpräsident der algerischen Exilregierung, Ferhat Abbas, hat diesen Vorschlag im Prinzip akzeptiert, aber am 29. Februar 1960 unter Hinweis auf die Januar-Revolte in Algier Verhandlungen über Garantien für eine wirklich freie Ausübung des Selbstbestimmungsrechtes gefordert.

Damit ist die algerische Frage, nachdem sich das Wunder der Arabisierung Algeriens nicht in Gestalt seiner Französisierung wiederholt hat, wieder bei der anderen Grundtatsache der Geschichte Algeriens angelangt, nämlich bei den europäischen Siedlern oder, in anderen Worten, bei der seit über einem Jahrhundert betriebenen französischen Siedlungspolitik.                    (1960)

# Biographie und Geschichte

# Gerhard Ritter – Historiker in seiner Zeit

> » Wir können den Weg nicht weisen,
> den allein politischer Instinkt, politische
> Phantasie errät. Aber wir können
> und sollen den Boden erforschen,
> auf dem wir stehen.«
>
> Gerhard Ritter

Wer das Lebenswerk Gerhard Ritters in der Erinnerung zu überblicken und im Nachruf zu würdigen unternimmt, der mag zuerst mutlos werden angesichts der Zahl von etwa dreihundert Veröffentlichungen, darunter an die dreißig Bücher, und angesichts der Vielfalt der Thematik, die sich wie bei keinem anderen auf das ganze Gebiet der neueren Geschichte erstreckte. Im folgenden kann es sich daher nur darum handeln, mit ein paar Strichen, an denen die eigene Erinnerung nicht unbeteiligt ist, ein Bild dieses Mannes zu zeichnen, wie es dem Vertreter einer anderen Generation, die Ritter einmal die letzte Generation seiner Doktoranden genannt hat, erscheint. Ihm erscheint dieses Leben bei all seinem Reichtum und all seiner Vielfalt gleichwohl von imponierender Geschlossenheit. Davon soll die Rede sein, mit dankbarem Respekt vor dem verstorbenen Meister und doch nicht ohne jenen Willen zu kritischer Wahrhaftigkeit, auf den der einen Anspruch hat, der ihn sein Leben lang übte und der sich Reden an seinem Sarge ausdrücklich verbeten hatte.

Ritters Bücher und Aufsätze handeln alle von deutscher Geschichte. Anders als etwa Ranke hat er sich forschend oder darstellend nie der Geschichte anderer Völker zugewandt, von ein paar Ausnahmen abgesehen, die indessen stets auf die deutschen Dinge bezogen waren, wie die frühen Aufsätze über Carlyle, die Studien zu Machiavelli und Morus oder die Schilderung der europäischen Glaubenskämpfe. Man darf noch einen Schritt weiterge-

hen und, nun freilich *cum grano salis,* sagen, daß Ritters Lebenswerk unermüdlich um den deutschen Nationalstaat von 1871
kreiste. Von seinem Erstling über die Stellung der preußischen
Konservativen zur Reichsgründung bis zum Alterswerk über
Staat und Armee in diesem Reich zieht sich eine Linie, und zu ihr
gehören auch die Biographien über Luther, Stein und Friedrich,
ganz zu schweigen von den Schriften zum Problem der Macht und
dem Buch über Goerdeler. Dieser bei aller Vielfalt dann letztlich
doch einheitlichen Thematik entsprach eine nicht weniger eindeu-
tige Auffassung von der Rolle des Historikers in seiner Zeit. Ritter
hat sie wie ein Motto ungezählte Male genannt, aber vielleicht
nirgends geschlossener als in der Gneisenau-Rede vom 18. Januar
1932: »Nicht von den Eremitagen gelehrter Forschungsarbeit,
sondern von den Schlachtfeldern des politischen Tageskampfes
gehen die Losungen aus, denen die Nation gehorcht. Wir beschei-
den uns vor Tagesaufgaben, die unseres Berufes nicht sind. Aber
diese Selbstbescheidung bedeutet keinen Verzicht, kein tatloses
Beiseitestehen. Fern von aller ›aktuellen‹ Politik hat wissenschaftliche Besinnung doch auch ihre politische Aktualität. Sie ist um so
größer, je reiner und strenger diese Besinnung geübt wird, ohne
Rücksicht auf billigen Tageseffekt. Wir können den Weg nicht
weisen, den allein politischer Instinkt, politische Phantasie errät.
Aber wir können und sollen den Boden erforschen, auf dem wir
stehen. Es ist geschichtlich gewachsener Boden. Und wir können
und sollen die Prinzipien des menschlichen Gemeinschaftslebens,
die Ursachen und Folgewirkungen politischer Handlungen und
Kräfte uns klärend zum Bewußtsein bringen: den Sinn uns selber
und den andern schärfen für das Echte und für das Falsche, für das
Große und das Erbärmliche, für das Gewöhnliche und das Unge-
meine.«

*Im kaiserlichen Deutschland*

Auf geschichtlich gewachsenem Boden stand natürlich auch Gerhard Ritter selbst. Als er am 6. April 1888 geboren wurde, war der

erste Kaiser des neuen Deutschen Reiches gerade gestorben, Bismarck hatte wenige Wochen zuvor die berühmten Worte »Wir Deutschen fürchten Gott, aber sonst nichts in der Welt« gesprochen, und kurz darauf bestieg Wilhelm II. den Thron. Die Gründerjahre waren vorbei, das Wilhelminische Zeitalter begann. Ritter war kein Altpreuße und seine eigentliche Heimat nie Preußen, sondern das Reich. Sein Geburtsort, das einst kurhessische kleine Bad Sooden an der Werra, war zwei Jahrzehnte zuvor in jenen Kriegen, die man die deutschen Einigungskriege nannte, preußisch geworden. Der Übergang vom kurfürstlich-hessischen über das königlich-preußische in ein kaiserlich-deutsches Regime mußte wie ein geschichtlich notwendiger Wachstumsprozeß erscheinen. Die Familie war eine jener Pastorenfamilien, die im 19. Jahrhundert so viele führende Köpfe in Deutschland hervorgebracht haben, und bei den Ritters war das in ganz besonderem Maße der Fall. Auch die drei Brüder (ein vierter war als junger Theologe gestorben) haben je auf ihrem Gebiet, der Orientalistik, der Theologie und der Industriewirtschaft, hervorragende Positionen errungen.

Der junge Gerhard besuchte das Christliche Gymnasium im westfälischen Gütersloh, studierte in München, Leipzig und Berlin, und dann zog es ihn ins Badische, dem er danach sein Leben lang treu blieb. In Heidelberg erlangte er 1911 den Doktorgrad, in Karlsruhe legte er 1912 das Staatsexamen für das Lehramt an Höheren Schulen ab. Zum Hochschullehrer fühlte er sich, wie er später gesagt hat, nicht berufen. Aber damals schloß das Oberlehrerdasein, zu dem er nach Magdeburg ging, wissenschaftliche Arbeit noch nicht aus. 1931 erschien seine erweiterte Dissertation, eine Arbeit, die man heute eine zeitgeschichtliche nennen würde, in dem respektablen Buchumfang von 390 Seiten; kleinere Aufsätze und eine Briefedition begleiteten sie.

Dann kam der Erste Weltkrieg. Er brachte auch für Gerhard Ritters persönliches Leben eine entscheidende Wendung. Der junge Oberlehrer wurde Soldat, bald auch Reserveoffizier, mehr-

fach verwundet, kurze Zeit Kriegsgefangener und schrieb sogar
eine Geschichte seines Regiments. Wichtiger aber war etwas ganz
anderes. Im September 1915 erreichte ihn im fernen Litauen eine
Anfrage seines Lehrers Hermann Oncken, ob er bereit sei, eine
große Geschichte der Heidelberger Universität zu schreiben und
damit ein Projekt zu übernehmen, an dem seit Jahrzehnten ziemlich erfolglos gearbeitet worden war. Ritter hat die Szene später
plastisch beschrieben. Es war »auf einem ersten kurzen Halt meiner Truppe nach wochenlangen Märschen und Kämpfen mit den
Russen. Viel Zeit zum Besinnen blieb nicht: gleich darauf wurde
zu einem neuen Waldgefecht angetreten, und so mußte dieser
wichtigste Entschluß meines Lebens (er bedeutete die Aufgabe
meines bisherigen Berufes und damit aller früheren Lebensziele)
fast im Handumdrehen gefaßt werden.« Ritter sagte zu.

*In der Weimarer Republik*

Nach Kriegsende »gesund und bücherhungrig« in das friedliche
Heidelberg zurückgekehrt, vergrub er sich in die Akten seiner
Universität, und man hat nicht den Eindruck, als habe ihn die
Kastastrophe des Reiches zunächst sehr umgetrieben. Bis in die
Nächte saß er über seinen Papieren. Die Universitätsgeschichte
machte umfangreiche Vorstudien zur Spätscholastik notwendig,
die in drei Folgen 1921, 1922 und 1927 in der Schriftenreihe der
Heidelberger Akademie der Wissenschaften erschienen und aus
ihm einen der besten Kenner der deutschen Geistesgeschichte am
Übergang vom Mittelalter zur Neuzeit machten. Denn Ritter
wollte keine der üblichen Institutionsgeschichten schreiben, sondern daraus ein »Stück deutscher Geschichte« gestalten. So
machte er erstmals die Erfahrung, wie eine übernommene Arbeit
sich unter den Händen weit über den ursprünglichen Plan hinaus
auswachsen kann: »Die Mühe war größer als ich gedacht.« Erst
1936 konnte das große Werk erscheinen und blieb bezeichnen-
derweise Fragment. Über den ersten Band »Das Mittelalter
(1384–1508)« ist es nie hinausgediehen. Zum Geschichtsschrei-

ber mehr oder weniger esoterischer Gelehrsamkeit war er nicht geboren. Er wollte wirken, wollte »den Boden erforschen, auf dem wir stehen«. So nahm er Martin Luther vor.

Inzwischen hatte er längst »Karriere« gemacht. Auf die Habilitation 1921 war rasch, 1924, ein Ruf auf den Lehrstuhl an die damals neugegründete Hamburger Universität gefolgt. Aber die Stadt im Norden paßte nicht zu ihm, und noch viel später bedachte er die dort Lebenden mit der ihm damals selbst zuteil gewordenen Mitleidsbezeugung, man lebe da wie in einem Aquarium, schelmisch hinzufügend: »immer unter Wasser«, und lachte über seinen eigenen Scherz. So mag er den schon bald danach ergangenen Ruf zurück ins sonnig-humanistische Oberrheingebiet, an die alte Universität Freiburg, erleichtert begrüßt haben. Nun wurde er endgültig Badener. Mehr als dreißig Jahre, von 1925 bis 1956, hat er in Freiburg gelehrt, mehr als vierzig Jahre dort gelebt, die längste Zeit davon in der geräumigen Parterrewohnung in der Mozartstraße. Später kam das geliebte Sommerhaus in Saig über dem Titisee, stolz »Haus Ritterhorst« genannt, hinzu. In dieser Umgebung entstanden in unermüdlichem und schier unglaublichem Fleiß alle seine weiteren Bücher. Hier wuchsen seine Kinder auf, denn inzwischen hatte er längst geheiratet, und wer von Gerhard Ritter spricht, darf seine Frau Gertrud nicht verschweigen. Sie erzählte gelegentlich, wie der Mann ihr vor der Hochzeit versprochen habe, nun sei aber Schluß mit der Nachtarbeit, er wolle ihr nach dem Abendbrot etwas vorlesen und den Schreibtisch meiden, und wie er sich auch tatsächlich einige Tage lang daran gehalten habe – um dann wieder bis in seine letzten Wochen fast jede Nacht am Schreibtisch zu sitzen. Der Außenstehende vermag den ganzen Anteil der Frau, die auch Manuskript um Manuskript aus der schwer leserlichen Handschrift ins reine übertrug, nur zu ahnen, kaum aber zu überschätzen.

Das Lutherbuch, mit der Widmung »Meiner Frau Gertrud«, erschien 1925. Es war gewiß dem Elternhaus und natürlich auch den Scholastikstudien verpflichtet und war doch zugleich etwas ganz Neues. Mit ihm begann Ritters Weg durch die neuere deutsche Geschichte. Mit ihm auch begann die lange Reihe seiner von Auflage zu Auflage, von Buch zu Buch neu geschriebenen Vorworte. Sie waren nie nur bibliographischer Natur. Sie orientierten sich an neuen Einsichten und veränderten Zeitumständen, doch nie im Sinne opportunistischer Anpassung. Gerade seinen Luther hat Ritter in einem berühmten Auftritt auf dem Internationalen Historikerkongreß in Zürich 1938 zur hellen Empörung der damaligen Machthaber vor einer allzu modernen Nutzanwendung in Schutz genommen. Luther war kein Vorläufer Hitlers und war doch für Ritter, durch alle Auflagen hindurch, »der ewige Deutsche«, freilich in ganz einfacher Bedeutung: der mittelalterliche Mensch war Gemeineuropäer gewesen, Luther hat, gerade in seinem Leben aus Gott, »dem metaphysischen Wesen der Deutschen zum Selbstbewußtsein verholfen«, er hat den Boden, den Mutterboden der deutschen Nation bereitet, »auf dem wir stehen«.

Der andere große Beitrag zur Weimarer Republik war die Stein-Biographie. Ritter war 1924 von Erich Brandenburg gebeten worden, für eine geplante Sammlung »Deutsche Führer« den Beitrag über den Reichsfreiherrn beizusteuern. Das Thema lockte ihn, wie er später schrieb, »weil es an zentrale Probleme der neueren politischen Historie rührt«. Zu diesen Problemen gehörte auch die historische Analogie. Erinnerte der Zusammenbruch Preußens 1806 nicht an die eigene Zeit? War nicht der Aufbruch von 1813 ein wiederum höchst aktuelles Problem? Ritter selbst wenigstens ging es auch bei dieser Arbeit »um weit mehr ... als um Fragen gelehrter Einzelforschung; wie könnte man auch als deutscher Historiker über die Epoche Steins arbeiten, ohne dabei fortwährend zu empfinden, daß ihre politischen Probleme noch immer unsere Probleme sind!«.

Nichts aber charakterisiert Ritter nun besser als die Tatsache, daß er keineswegs der Versuchung nachgab, alsbald rasch einen historisch-politischen Essay hinunterzuschreiben. So verstand er das Amt des politischen Historikers ganz und gar nicht. Die politi-

sche Aktualität wissenschaftlicher Besinnung war doch »um so
größer, je reiner und strenger diese Besinnung geübt wird, ohne
Rücksicht auf billigen Tageseffekt«. Erst 1926 in Freiburg hatte er
die Arme wieder frei, um mit den Vorbereitungen zu beginnen,
und da stellte er fest, daß er die Ergebnisse Max Lehmanns, seines
bedeutendsten Vorgängers in der Stein-Forschung, nicht übernehmen konnte. Er mußte zurück an die Quellen, löste den ursprünglichen Verlagsvertrag, und es folgten Jahre mühseliger Archivstu-
dien besonders in Nassau und Cappenberg. Erneut wuchs ihm ein
Unternehmen unter der Hand, und als es 1931, mehr zufällig als
geplant zur hundertsten Wiederkehr von Steins Todesjahr, endlich abgeschlossen werden konnte, da waren aus dem beabsichtig-
ten Porträt zwei starke Bände geworden, an denen Ritter übrigens
1958 bei der Neubearbeitung nichts Wesentliches zu ändern fand.

Er hatte diese Arbeit noch »als eine unerwartet schwere Störung und Unterbrechung« seiner spätmittelalterlichen und refor-
mationsgeschichtlichen Studien empfunden und war darüber
doch ganz tief in die eigentlich neuere Geschichte geraten. Schon
im Jahre darauf, 1932, erschien in der großen Friedrichsruher
Ausgabe der Gesammelten Werke Bismarcks der von ihm und
seinem Schüler Rudolf Stadelmann betreute 15. und letzte Band,
der die bis heute gültige, kritische Edition der Memoiren des
Kanzlers, nun »Erinnerung und Gedanke«, enthielt. Es mag ver-
wundern, daß Ritter nie eine Bismarck-Biographie geschrieben
hat, vielleicht – von den ungeheuren Schwierigkeiten eines solchen Unternehmens einmal abgesehen – gerade deswegen nicht,
weil der Reichsgründer so sehr im Mittelpunkt seiner Forschung
stand und erst der geschichtlich gewachsene Boden als Voraussetzung erforscht werden mußte. Wohl kein Historiker seiner Generation aber durfte so wie er für sich in Anspruch nehmen, das
Bismarck-Problem gekannt und immer wieder neu durchdacht zu
haben, besonders später in kritischer, defensiver Auseinandersetzung mit anderen Bismarck-Interpretationen.

## Unter dem Nationalsozialismus

Es kam 1933. Noch im Jahr zuvor hatte Ritter in der Gneisenau-Rede zum Reichsgründungstag von dem tiefen Dunkel gesprochen, das uns umgebe. War dies nun der Aufbruch ins Licht, ein neues 1813? Es wäre unwahr und auch im Nachruf auf einen solchen Wahrheitssucher, wie Ritter es war, unschicklich, wenn man sagte, Ritter sei nie von dem Glanz neuer Machtentfaltung des Reiches angezogen und geblendet worden. Er galt als nationaler Historiker, womit er wahrhaftig keine Ausnahme darstellte, und der Primat der Außenpolitik war seiner Generation fast selbstverständlich. Seine Herkunft hatte ihn Glanz und Würde der Französischen Revolution nie recht sehen gelehrt, auch keine Anteilnahme an der deutschen Tragödie von 1848 geweckt, über die man mit Bismarck spöttelte, keinen Sinn für Karl Marx, ja nicht einmal für die sozialen Fragen der Zeit geöffnet, kurz, sie hatte ihn schlecht vorbereitet auf das, was nun kommen sollte. Wie mußte da der Anschluß Österreichs wirken, die Verwirklichung des großdeutschen Gedankens, wie auch zwei Jahre später die »Heimholung« des Elsaß ins Reich! Ritter jubelte über diesen »glücklichen Abschluß«: »Elsässische Geschichte ist deutsche Geschichte, das ganze Oberrheinbecken eine geschichtliche Einheit über alle Grenzen deutscher Zwergherrschaften von ehedem und über alle (teilweise jahrhundertelangen) Zwischenperioden nationaler Fremdherrschaft hinweg.« Daß die Elsässer sich seit 150 Jahren für diese »Fremdherrschaft« immer wieder neu entschieden hatten, das mochte Ritter auch später nie so recht glauben, ja, schlimmer noch, es spielte in seinem Geschichtsbild keine Rolle, es kam nicht darauf an. Auch das Elsaß war geschichtlich gewachsener Boden und hatte kein Recht, ihn zu verlassen.

Das ist alles wahr, und man soll es nicht verschweigen. Noch viel weniger darf man dann aber auch das andere verschweigen. Zuerst und vor allem: Ritter war nie ein Nationalsozialist. Anders als allzu viele seiner Kollegen auf deutschen Lehrstühlen ließ er sich auch nie zu unbedachten Beifallskundgebungen auf die neuen Machthaber hinreißen. Seine Vorworte in dieser Zeit sind alle frei von »braunen« Tönen. Und man hat Anlaß zu glauben, daß ihm das neue Regime, schon wegen des kirchenpolitischen Streites, von allem Anfang an tief zuwider war. Das wichtigste aber ist: dieser Professor hatte Zivilcourage. Als der nationalsozialistische Historiker Walter Frank am 3. Februar 1935 im *Völkischen Beobachter* seine Machtergreifung in der deutschen Geschichtswissenschaft mit dem berüchtigt-infamen Angriff auf Hermann Oncken einleitete, da zeigte Ritter fast als einziger Mut. Sofort schrieb er seinem Lehrer: »Ich bin, wie Sie sich denken können, außer mir vor Empörung über diesen Dreck- und Steinwurf eines literarischen Straßenräubers ... Am liebsten setzte ich mich sofort hin und schriebe eine Erwiderung. Aber abgesehen davon, daß es keine freie Presse mehr gibt: ich habe die Empfindung, daß die bloße Defensive nicht mehr genügt. Sie werden mit Dreck beworfen, weil Sie als einziger unserer Zunft gewagt haben, *offensive* Defensive für unsere Wissenschaft zu beginnen und für die Wahrheit einzutreten, während die große Masse des Kathedergesindels das Weihrauchfaß schwingt.« Einige Monate später stellte Ritter demonstrativ seine weitere und gerade neu erbetene Mitarbeit an der *Historischen Zeitschrift* ein und zog sogar ein bereits eingereichtes Manuskript wieder zurück.

Kurz vor seinem Tode hatte Ritter noch Gelegenheit, diese und andere Begebnisse in der monumentalen Studie von Helmut Heiber über die Geschichtswissenschaft im Dritten Reich noch einmal nachzulesen, und es bereitete ihm Freude und machte ihn zu Recht etwas stolz. Damals freilich folgte für ihn darauf eine Kette kleinlicher Verfolgungen, Verbote von Auslandsreisen, Bespitzelung seiner (besser als je besuchten) Vorlesungen und ähnliches, über das er 1945 in der Zeitschrift *Die Gegenwart* berichtete. Ritters Schriftenverzeichnis zeigt übrigens von 1933 bis 1936 eine bemerkenswerte Lücke: Keine Bücher und nur ein paar Aufsätze, Nachträge zu Stein, Luther und Bismarck. Er war zu seiner spätmittelalterlichen Universitätsgeschichte zurückgekehrt. Lange aber blieb er nicht in seiner gelehrten Eremitage.

Das Hitler-Regime hatte sich bekanntlich in der Herzkammer Preußens, der Potsdamer Garnisonkirche, eine historische Weihe verliehen, ein Akt, gezielt nicht zuletzt auf konservative Patrioten vom Schlage Ritters. Im Wintersemester 1933/34 hielt Ritter eine publice-Vorlesung über Friedrich den Großen, aus der 1936 seine Friedrich-Biographie wurde. Nicht um Vermehrung der fachwissenschaftlichen Literatur ging es dabei, noch weniger um ästhetische Unterhaltung. Nein: »Der Schatten Friedrichs ragt gewaltig über unserer Zeit ... Was uns heute am meisten fesselt an seiner Erscheinung, ist ... die politische Führergestalt – ... die politische Substanz gleichsam seiner Geschichte, ... der Umriß dessen, was von ihm fortwirkt in die Geschichte hinaus. Die Erinnerung an ihn ruft uns zur Selbstbesinnung auf.« Das war die politische Absicht dieses Buches, auch wenn sie von manchen eilfertigen und vielleicht wohlwollenden Rezensenten anders gedeutet wurde. Selbstbesinnung sollte es fördern, den Sinn »schärfen für das Echte und für das Falsche«. Dem rauschhaften, großsprecherischen und undisziplinierten Führer aus Österreich wurde der aufgeklärte, nüchterne und Selbstzucht übende preußische König gegenübergestellt. Die Staatsräson Friedrichs, die Realpolitik Bismarcks bedurften keines Pathos. Sie waren imstande, die Rechts- und Machtansprüche ihrer Gegner »ganz unbefangen zu würdigen und die Tragik unlösbarer Interessenkonflikte anzuerkennen«.

## Das sittliche Problem der Macht

Mehr und mehr ging es für Ritter jetzt um das hier angedeutete Problem der politischen Macht, das er zuerst ganz naiv sah und das ihm dann immer mehr zum sittlichen Problem der Macht, ja zur entscheidenden Prinzipienfrage des menschlichen Gemeinschaftslebens überhaupt wurde. Von seinem umstrittensten Buch »Machtstaat und Utopie« (1940) zieht sich eine einzige Linie bis hin zu dem großen Alterswerk »Staatskunst und Kriegshand-

werk« (1954 ff.). Politisch führt sie mitten hindurch durch die
Katastrophe des deutschen Nationalstaats, historiographisch verbindet sie Anfang und Ende von Ritters Forschungen, biogra-
phisch bildet sie die Mitte seines Lebens.

Man muß zuerst die biographischen Stränge bloßlegen, die das
Geflecht dieser Machtstudien ausmachen. Noch in der Heidelberger Dozentenzeit hatte Ritter auf Wunsch und für eine Ausgabe
seines Lehrers Hermann Oncken die »Utopia« des Thomas Morus ins Deutsche übertragen. Die Übersetzung, die 1922 erschien,
war die erste ernsthafte Gesamtübertragung aus dem lateinischen
Original von 1516 und ist bis heute an Genauigkeit und Schönheit
nicht übertroffen worden. »Wenn ich mich recht erinnere«, so
schrieb Ritter 1963 aus Anlaß einer Neuausgabe, »habe ich drei
Wochen darüber gesessen, aber immer bis tief in die Nacht.« 1939
kam, nach mancherlei Begegnungen mit dem Problem, ein kon-
kreter Anstoß hinzu. Die Universität Rom lud zu einem Vortrag
ein, und Ritter wollte über Machiavelli und Morus als Grundty-
pen moderner Staatsauffassung sprechen. Die damaligen Machthaber ließen ihn jedoch nicht reisen, und so wurde aus dem Vortrag ein Buch: »Machtstaat und Utopie« – ein Bucherfolg dazu,
der 1940 die erste Auflage erlebte, 1941 die zweite, 1943 die dritte
und vierte, 1947, nun unter dem Titel »Die Dämonie der Macht«,
die fünfte, 1948 die sechste, und der auch ins Englische, Japanische und Italienische übersetzt wurde. Während der Zeit des Zu-
sammenbruchs rankten sich Aufsätze darum, die 1948 als »Das
sittliche Problem der Macht« erschienen.

Schon in der zweiten Auflage von »Machtstaat und Utopie«,
also 1941, war aber an versteckter Stelle eine neue Studie angekündigt worden, deren Arbeitstitel damals offenbar lautete: »Das
Verhältnis von Kriegführung und Politik« und die die Wand-
lungen dieses Verhältnisses in den letzten Jahrhunderten zum
Gegenstand haben sollte. Daraus wurde dann später, nach umfänglichen Quellenstudien in zum Teil kurz darauf zerstörten Ar-
chiven und danach noch einmal durch die Ereignisse modifiziert,

»Staatskunst und Kriegshandwerk. Das Problem des ›Militarismus‹ in Deutschland«. Kein Buch wuchs »unter den Händen« so
wie dieses an äußerem Umfang und persönlicher Bedeutung für
Ritter. Der erste Band, über die altpreußische Tradition
(1740–1890), erschien 1954. Der zweite, über die wilhelminische
Zeit (1890–1914), folgte erst 1960, der dritte, über den Weltkrieg
bis 1917, vier Jahre später. Den vierten und letzten, dessen Veröffentlichung noch aussteht, konnte Ritter kurz vor seinem Tode so
gut wie abschließen. Aufgehalten und unterbrochen wurde die
gewaltige Arbeit immer wieder durch andere Verpflichtungen wie
die Neuherausgabe früherer Bücher, durch neue Quellenfunde,
darunter den 1956 erstmals in vollem Wortlaut veröffentlichten
Schlieffenplan, und auch durch konträre Interpretationen, gegen
die sich Ritter mit einer Leidenschaft zur Wehr setzte, als sei sein
Lebenswerk in Gefahr. Soviel zur äußeren Genesis.

Wichtig erscheint zunächst einmal die Erkenntnis, daß alle
diese Bemühungen dem Wesen und dem Bild des deutschen Nationalstaates, wie Ritter auch sagte, dem Deutschland seiner eigenen Jugend galten, und zwar auch die Studie über Machiavelli und
Morus. Kein anderes Buch hat Ritter so viele Polemiken und Mißverständnisse eingetragen wie dieses. Von der Anprangerung als
Machiavellisten und heuchlerischen Propagandisten des Hitler-
tums spannte sich der Bogen bis zu der abenteuerlichen, einem
Polizeistaatsgehirn entsprungenen Vermutung, Ritter habe mit
den verschiedenen Auflagen und Überarbeitungen den Übergang
der reaktionären Widerstandsbewegung gegen Hitler ins englische Lager vorbereiten wollen. Wir können hier die ganze Kom-
plexität und Subtilität der Ritterschen Argumentation natürlich
nicht einmal andeuten, aber so viel scheint uns sicher: Ritter hat in
der Tat die Abgründe der kontinentalen Machtpolitik Machiavellis, die er anfänglich als die ehrlichere Haltung empfand, im Laufe
der Zeit schärfer gesehen und entsprechend an Verständnis für die
von Morus repräsentierte und zuerst als heuchlerisch abgelehnte
insulare Wohlfahrtspolitik zugenommen. Nur war dabei keinerlei

Opportunismus im Spiel, sondern allein die leidvolle und selbstkritische Konfrontation mit dem Problem der Macht. So neigte er immer stärker einer vermittelnden Zwischenstellung zu, zwischen kämpferischer Machtballung und friedlicher, rechtsstiftender Dauerordnung, die beide sein müssen. Aber der »Versuch einer theoretischen Überwindung des Gegensatzes« gelang nicht wirklich, es blieb ein unlösbarer Rest, eben die Dämonie der Macht, und sie war zuletzt nichts weiter als die »Unzulänglichkeit des Menschlichen überhaupt«.

Der Historiker gelangte hier an die Grenze zur Theorie, wo die Rekonstruktion des Einzelfalls in die Bewältigung des Allgemeinen übergeht, und Ritter war kein Theoretiker. Im Grunde ging es ja auch nicht um ein theoretisches, sondern fortwährend um ein besonderes Problem, den preußisch-deutschen Nationalstaat, seine Übersteigerung und sein Ende. Es ist bezeichnend, daß Ritter hier, im Spannungsfeld von Staatskunst und Kriegstechnik, Antwort suchte auf die Frage, »wie es geschichtlich gekommen sei, daß unsere Nation zur Gefolgschaft eines so extremen Militaristen werden konnte«, nämlich Hitlers. Keinen Zweifel scheint es aber auch daran geben zu können, daß Ritter insgeheim hoffte, den Staat Friedrichs und Bismarcks von demjenigen Hitlers distanzieren zu können, und das um so mehr, als allenthalben das Gegenteil laut verkündet wurde. Was er zu finden hoffte, war nicht Kontinuität, sondern diesmal gerade Diskontinuität. Das erwies sich indessen in dem Maße, in dem die Untersuchung fortrückte, als immer schwieriger und führte zu »seelischen Erschütterungen«, über die es im zweiten Bande heißt: »Was ich da schildere, ist das Vorkriegsdeutschland meiner eigenen Jugend. Ein ganzes Leben lang hat es für meine Erinnerung im Strahlenglanz einer Sonne gelegen, die erst seit dem Kriegsausbruch 1914 sich zu verfinstern schien. Und nun, am Abend meines Lebenstages, werden dem forschenden Auge viel tiefere Schatten sichtbar, als meine Generation – und vollends die meiner akademischen Lehrer – sie damals zu sehen vermochte.«

Gerade hier aber offenbarte sich nun die ganze Großartigkeit von Ritters wissenschaftlichem Ethos. Gewiß, über bestimmte unerschütterliche Grundanschauungen ging er nicht hinweg. Doch nur wer weiß – und Historiker wissen darum aus Erfahrung –, wie starr in der Regel der Mensch an einmal gewonnenen Einsichten festhält, der kann ermessen, was es bedeutet, daß Gerhard Ritter im achten Lebensjahrzehnt noch immer zu lernen und umzudenken bereit war. Er wußte und sprach oft von der größten Versuchung des Historikers, stets in den Quellen nur das zu finden, was er sucht. Es macht Ritter groß, daß er wie wenige bis zuletzt bereit war, in den Quellen das zu finden, was darin steht.

*Geschichte als Bildungsmacht*

Einer der Machiavelli-Aufsätze entstand im Gefängnis. Ritter war am 1. November 1944, spät nach dem 20. Juli und doch im Zusammenhang damit, verhaftet worden und wurde erst am 25. April 1945 von der Roten Armee befreit. Zu einem Prozeß war es nicht mehr gekommen, die Anklage aber war nicht zweifelhaft. Ritter hatte sich früh der Bekennenden Kirche angeschlossen und war so mit oppositionellen Kreisen in Berührung gekommen. Entscheidend scheint der Soldatentod seines Sohnes Berthold am Weihnachtsabend 1941 in Rußland auf ihn gewirkt zu haben. »Kann einem Menschen«, so hat er nach dem Kriege in einer ergreifenden Totenklage geschrieben, »Schrecklicheres zugemutet werden als dies: sein eigen Fleisch und Blut, sein Liebstes und Teuerstes, den Stolz und die Hoffnung seines Lebens herzugeben in den Tod für eine zutiefst verruchte Sache? Kann eine Verzweiflung abgründiger sein als die eines Vaters, der solche Opfer bringen mußte?« Ein Jahr später stand Ritter in häufigem Kontakt mit Adam von Trott zu Solz und bald auch mit Carl Goerdeler, lieferte ihnen historische Ausarbeitungen und führte Gespräche. Es ist bezeichnend, daß auch dies mit seinen Forschungen zusammenhing. Trott beschaffte ihm unter anderem englische Bücher, Ritter schrieb über deutschen Militarismus. Wo er auch war, in der

Verschwörung, im Gefängnis oder an Schreibtisch und Katheder, die historische Forschung ließ ihn niemals los, und das politische Engagement war nie vom Amt des Historikers getrennt.

So ist denn auch die große Frucht dieser Erfahrungen wieder ein Geschichtsbuch geworden, seine letzte Biographie, die über Goerdeler. Ritter erkannte die methodischen Gefahren dieses Unternehmens, da sich der naturgemäß fragmentarische Quellenstoff »gleichsam noch in flüssigem Aggregatzustand« befand, sehr deutlich. Sieben Jahre lang sammelte er allenthalben Material, förderte vieles erstmals ans Licht und verarbeitete es so, daß man sagen darf, dies sei in der Flut der einschlägigen Literatur bis heute fast das einzige wirklich historische Werk zur Geschichte der deutschen Widerstandsbewegung. Doch die größten Schwierigkeiten waren nicht einmal die methodischen. Ritter pflegte zu sagen, dies sei sein »schwerstes Buch« gewesen, oder mit den Worten der Vorrede: »Ich hatte oft die Empfindung bei der Arbeit, sie sei die mühsamste meines literarischen Lebenswerkes überhaupt.«

Der Grund dieser Mühsal kam in den gedruckten Zeilen nur versteckt zum Ausdruck und war folgender: Ritter hatte Goerdeler und die Männer der Widerstandsbewegung, von denen er natürlich keineswegs alles wußte, aufs höchste verehrt, bis an die Grenze eines Ideals hinan, und mußte nun erkennen: »Auch sie waren Menschen, mit Unzulänglichkeiten der Einsicht und des Willens, auch von Regungen der Selbstsucht so wenig frei wie alle Kreatur.« Diese Einsicht war es, die ihm zu schaffen machte. Denn das Goerdeler-Buch sollte doch auch mithelfen beim »Formen des Geschichtsbildes unserer Zeit«, sollte das düstere Bild der jüngsten Geschichte ein wenig erhellen. Wieder mußte der Historiker in sich die Spannung austragen zwischen dem, was er suchte, und dem, was er fand. Das Buch ist, so gelesen, ein bewegendes Zeugnis dieses Kampfes.

Nach 1945 bestürmten Ritter noch andere, ähnliche Verpflichtungen, die er bisweilen »politische Verpflichtungen« nannte, und zwar »in solchem Ausmaß, daß auch die zäheste Arbeitskraft davon überwältigt werden mußte«. Nicht als ob er nun Politiker geworden wäre. Anders als viele seiner Kollegen hat er trotz aufmerksamer Anteilnahme am Geschehen der Gegenwart nie eigentlich Politik betrieben, nie einen Abgeordnetensitz eingenommen, ja nicht einmal viel Anteil an der akademischen Selbstverwaltung gehabt. Letzten Endes war er eben durch und durch und mit einer strengen Auffassung wie wenige Historiker, und auch seine »politischen Verpflichtungen« waren schließlich historische. Hier ging es um das Geschichtsbild der Deutschen, um eine erneute Überprüfung des geschichtlich gewachsenen und jetzt so aufgewühlten Bodens, »auf dem wir stehen«. Denn Ritter war es nie genug, das Vergangene zu erforschen und in der Eremitage der Gelehrtenstube zu betrachten. Dafür war er wiederum zu »politisch«, zu sehr Historiker in seiner Zeit. Geschichte war doch Bildungsmacht. Es kam darauf an, daß die andern wußten, auf welchem Boden sie standen.

So sind die Nachkriegsjahre Ritters gekennzeichnet durch eine fast endlose Reihe von Aufsätzen, Reden und Vorträgen zur geschichtlichen Neubesinnung. Wo war der Platz Deutschlands in der Gemeinschaft der europäischen Nationen geblieben? Höhepunkt dieser Bemühungen war die 1948 vorgelegte Schrift »Europa und die deutsche Frage« mit dem Untertitel »Betrachtungen über die geschichtliche Eigenart des deutschen Staatsdenkens«, 1962 in wieder veränderten Umständen neu und anders herausgeben als »Das deutsche Problem«, jetzt mit dem Untertitel »Grundfragen deutschen Staatslebens gestern und heute«. Bei diesen »politischen Verpflichtungen« ging es im wesentlichen um zweierlei. Einerseits durften die Deutschen den Glauben an ihre Geschichte nicht verlieren, mußten sie wieder eine Brücke in ihre Vergangenheit haben. Andererseits aber, und das war anfangs noch wichtiger, mußten Deiche gebaut werden gegen »die Flut von Anklagen gegen die deutsche Geschichte ..., die uns damals, nach der großen Katastrophe des Hitlerreichs, vor allem vom

Ausland her überschwemmte«. Das geschah gewiß nicht nur in
bloßer Abwehr, sondern auch in ernsthafter Selbstprüfung, aber
Ritter nahm diese doch verständlichen, oft törichten und daher
wie eine Mode vergänglichen Angriffe so wichtig, als gälte es das
Leben der Nation. So sehr war Historie ihm Politik und umgekehrt. Viel Dank hat ihm diese Tätigkeit, gerade bei den Haupt-
adressaten, nicht eingetragen. Ritters redlicher Eifer indessen
wurde vielleicht nirgendwo sonst so deutlich offenbart.

Der Raum dieses Nachrufs reicht nicht aus, um alle seine anderen
Aktivitäten auch nur zu nennen, die Neuorganisierung des deutschen Historikerverbandes, die Mitarbeit an den internationalen
Historikerkongressen, die Auslandsreisen, die ihn vor allem im
hohen Alter noch weit in die Welt hinausführten, bis hin nach
Amerika und Japan. Gesprochen worden ist auch nicht von seiner
schier unglaublich ausgedehnten und, was ihn anbetraf, stets mu-
sterhaft pünktlichen Korrespondenz. Zu kurz gekommen ist
schließlich vor allem die Lehrtätigkeit in Kolleg und Seminar sowie die Betreuung seiner Schüler – Dinge, die er auch ernst nahm
als die eigentliche Aufgabe seines Berufes. Es sei dem Verfasser
gestattet, ein persönliches Erlebnis zu erzählen, weil es jedenfalls
beispielhaft eine Art Blitzlicht zu werfen vermag. Der Doktorand
hatte seine Dissertation in der Mittwochnachmittagssprech-
stunde abgeliefert und freute sich in seiner vermeintlichen Er-
schöpfung auf eine kurze Erholungspause. Wie groß jedoch war
seine Überraschung, als ihn schon am nächsten Morgen eine Postkarte des Doktorvaters erreichte, die Arbeit möge zur Fakultät
getragen werden. Ritter hatte wahrhaftig noch am Abend und in
der Nacht nicht nur das, ihm bislang übrigens unbekannte, Manuskript gelesen und das Gutachten verfaßt, sondern auch noch
die Postkarte geschrieben und sie in den vor dem Haus an der
Gartenmauer angebrachten Postkasten geworfen. Für einen Kenner des deutschen Universitätslebens bedarf die Geschichte keines
Kommentars.

Von vielem also war nicht die Rede, und wir hatten auch nicht mehr versprochen, als ein Bild des Historikers Gerhard Ritter in seiner Zeit zu zeichnen. Der gravierendste Mangel aber ist, daß auch dies eine ganz und gar unzulässige Verkürzung darstellt. Gewiß, die politische Aktualität der wissenschaftlichen Besinnung stand für ihn in der Mitte. Aber wie hatte es in der Gneisenau-Rede geheißen? »Sie ist um so größer, je reiner und strenger diese Besinnung geübt wird.« Das bedeutet, daß neben der, wie Max Weber einmal gesagt hat, vorwissenschaftlichen Wahl des Themas, von deren Zusammenhängen wir hier gesprochen haben, der eigentlich wissenschaftliche Ertrag als reiner und strenger Kern stand. Wir mögen vergessen, und viele haben es schon vergessen, warum Ritter seine Stein-Biographie schrieb. Deshalb ist sie doch immer noch das unübertroffene Standardwerk. Die aufgeregten Wogen des Streites um dieses oder jenes werden sich beruhigen, die Quellenfunde und Forschungsergebnisse aber werden bleiben, ja sie werden vielleicht erst dann ihr volles Gewicht erlangen. In ihnen ist dann zwar weniger der Mensch Gerhard Ritter beschlossen, wie wir ihn gekannt haben, um so klarer aber der Ertrag seines Lebens.

Dieses Leben war gewiß erfüllt von mutigem Kampf, vor allem jedoch von entsagungsvoller Arbeit und Pflichterfüllung im Dienste des gewählten Berufs. Deswegen konnte Ritter zu seinem siebzigsten Geburtstag mit dem Psalmisten sagen, daß es gerade mit seiner Mühe und Arbeit köstlich gewesen sei. Die Hände legte er danach nicht in den Schoß. Auch nach Abschluß des vierten Bandes von »Staatskunst und Kriegshandwerk« hatte er noch Pläne, vielleicht eine deutsche Geschichte, vielleicht seine Lebenserinnerungen, obwohl ein solcher beschaulicher Rückblick schlecht in sein Wesen rastloser Arbeitsamkeit gepaßt hätte. Es ist dazu nicht mehr gekommen. Den achtzigsten Geburtstag hat er nicht mehr erlebt. Am Nachmittag des 1. Juli 1967 ist er in Freiburg gestorben, am 5. Juli wurde er in Saig zur letzten Ruhe gebettet.

(1967)

# Thomas Mann und die deutsche Geschichte seiner Zeit

## Zu einem Buch von Paul Egon Hübinger

*Was 1918 gelobt worden war, wurde
1945 getadelt, und zwischen diesen
beiden Wendepunkten der deutschen
Geschichte seiner Zeit lag der versteckt
eingestandene, gewiß schmerzhafte
Stellungswechsel Thomas Manns.*

Das Jahr des hundertsten Geburts- und des zwanzigsten Todestages von Thomas Mann hat den Streit um diesen vielleicht deutschesten aller deutschen Dichter wiederaufleben lassen und hat doch – von zwei Ausnahmen abgesehen – ebensowenig dauerhaft Bemerkenswertes gezeitigt wie das Schiller-Jahr 1905 oder das Goethe-Jahr 1932, deren meiste Hervorbringungen gleichfalls die Feiernden weit mehr kennzeichneten als die Gefeierten. Wen außer einigen Literar- und Kulturhistorikern im allerengsten Sinne des Wortes wird es im Jahre 2005 noch beschäftigen, was etwa Martin Walser oder gar ein gewisser Hanjo Kesting 1975 sagen zu müssen glaubten?

Die beiden Ausnahmen, die noch in fünfzig Jahren auf Leser rechnen dürfen, weil sie nicht allein die Anschauungen ihrer Verfasser wiedergeben, sondern wissenswerte Aufschlüsse über den Dichter mitteilen, sind einerseits Peter de Mendelssohns gewaltige biographische Stoffsammlung »Der Zauberer« und andererseits die kaum weniger schwergewichtige, übrigens nicht aus Anlaß des Gedenkjahres geschriebene Untersuchung von Paul Egon Hübinger »Thomas Mann, die Universität Bonn und die Zeitgeschichte« mit dem angemessen altfränkisch-verhaltenen Untertitel »Drei Kapitel deutscher Vergangenheit aus dem Leben des Dichters 1905–1955«. Neben dem Gegenstand verbindet beide eine ehrenwerte Maßlosigkeit. Der eine verwendet fast

1200 Seiten auf wenig mehr als die Hälfte, auf die ersten 43 Jahre des sonderbaren Lebens, der andere fast 700 auf eine Geschichte scheinbar episodischen Zuschnitts, wenn auch von fünfzigjähriger Dauer.

Die äußerlichen Tatsachen der letzteren Geschichte sind bekannt und rasch ins Gedächtnis zurückgerufen. Die Philosophische Fakultät der Rheinischen Friedrich-Wilhelms-Universität zu Bonn verlieh dem Dichter im August 1919 die Würde eines Ehrendoktors, entzog sie ihm im Dezember 1936, und es nutzte ihr wenig oder gar nichts, daß sie sie genau zehn Jahre später, im Dezember 1946, wiedererneuerte. Der »herostratische Ruhm« (S. 2), den sie dadurch erwarb, brachte sie ins Gerede, zeitweilig mehr als alle ihre gelehrten Errungenschaften in über 150 Jahren und so sehr, daß noch 1961 ein südindischer Rundfunksprecher mit dem Namen Bonn als erstes die Vorstellung verband: »Hat nicht dort der Dekan der Philosophischen Fakultät Thomas Mann den Ehrendoktor aberkannt?« (S. 260). Universitäten und Städte können, das zeigt die Anekdote, aus sehr unterschiedlichen Gründen berühmt werden.

Dabei scheint die Geschichte auf den ersten Blick keine sonderbaren Züge zu tragen. Da hatte eine deutsche Universität in der Weimarer Republik einen damals schon angesehenen Dichter geehrt, ihn oder vielmehr sich selbst zur Zeit des Nationalsozialismus entehrt und die Sache nach dem Ende der Gewaltherrschaft unter veränderten Umständen wiedergutgemacht. Was soll untersuchenswert daran sein, da doch die deutsche Geschichte dieses Jahrhunderts, und nicht nur sie, an derart peinlichen Vorfällen wahrhaftig keinen Mangel leidet? Die Universität Bonn hatte ja doch die Streichung des ausgebürgerten Emigranten und Regimegegners aus ihrer Ehrenliste gewiß nicht aus eigenem Entschluß vollzogen, schon deshalb nicht, weil die akademische Selbstverwaltung damals bekanntlich abgeschafft worden war. Und was sollte es einem so hochgeehrten und weltberühmten Schriftsteller wie Thomas Mann bedeuten, daß er einen seiner vielen Titel (er hatte auch schon wieder einen anderen Doktorgrad, von der Universität Harvard) einige Jahre hindurch nicht führen durfte?

Immerhin ließ der Vorfall lange danach der Bonner Universität im Zuge aufgeregter »Bewältigung der Vergangenheit« keine Ruhe, und als einer ihrer Professoren sich 1964 erbot, ihn gründlich zu erforschen, da gewährte sie ihm Zugang zu ihren Unterlagen sowie volle Freiheit bei der Aufdeckung des Sachverhalts (S. 3 f.). Und als die Untersuchung zehn Jahre später ans Licht kam, da erwies sich, daß die Geschichte doch weitaus sonderbarer war, als man hatte erwarten können, und es eröffnete sich ein in der Tat überraschender Einblick weniger in das Leben der Universität als in das des Dichters und in die deutsche Zeitgeschichte sowie in deren verwickelte Beziehungen untereinander. Was als Aufklärung eines akademischen Skandals begann, endete mit einer neuen Sicht des Verhältnisses zwischen Thomas Mann und Deutschland.

Fraglos hätte sich ein geeigneterer Verfasser kaum finden lassen. Hübinger hat an der Bonner Universität studiert, promoviert, sich habilitiert und viele Jahre dort gelehrt. Er war, zum Glück unbeteiligter, Augenzeuge einiger Episoden der Geschichte und wurde früh ein Verehrer Thomas Manns, dessen Werk er durch und durch kennt und dessen Sprache sich in seinem eigenen Stil merkbar niederschlug, so daß Vorurteile, wenn es sie denn gibt, eher auf ein liebevolles Verständnis für den Dichter als auf eine Mohrenwäsche der Universität hinauslaufen. Hübinger ist Professor für mittelalterliche Geschichte sowie für historische Hilfswissenschaften und Archivkunde, war sogar lange im praktischen Archivdienst tätig und ist als solcher der detektivischen Lust an minuziöser Quellenanalyse geradezu verfallen. Als langjähriger Leiter der Kulturabteilung des Bundesinnenministeriums verfügt er zudem über eine intime Erfahrung des Behördenwesens und des Verwaltungsrechts. Kurz, hätte man jemanden von jahrzehntelanger Hand auf die gestellte Aufgabe vorbereiten wollen, man hätte ihn ziemlich genau diesen Weg gehen lassen müssen.

Die Geschichte, die er ermittelt, ist von »jener ironischen Dialektik, die der Dichter seinen Schöpfungen beizumischen pflegte« (S. 309) und die das sonderbare Gebäude seines Lebens auszeichnet. Die erste, überraschendste und ironischste Sonderbarkeit liegt in der nie zuvor untersuchten Vorgeschichte der Ehrenpromotion. Sie enthält keinen Hauch von weimarischem, schwarz-rot-goldenem Republikanismus. Die Sache war ganz im Gegenteil die, daß die Bonner Universität im Sommer 1919, bald nach der unverstandenen Niederlage im Weltkrieg und unter der alliierten Besetzung des Rheinlandes, die Feier ihres hundertjährigen Bestehens beging oder – genauer – nachholte (der eigentliche Geburtstag war im letzten Kriegsjahr übergangen worden), und unter den bei derlei Anlässen stets gesuchten Ehrendoktoranden empfahl sich als eine Geste deutschnationalen Protestes zugleich gegen Weimar und Versailles der Verfasser der »Betrachtungen eines Unpolitischen«.

Gewiß rühmte die Laudatio vor allem seinen Roman »Buddenbrooks«, aber das war kaum verhüllte Tarnung vor den mißtrauischen Augen der Besatzungstruppen, denen die Kriegsschrift gegen die Entente nicht behagen konnte. Deutlicher schon pries das Ehrendoktordiplom den Laureaten dafür, daß er »aus innerstem Erleben das Bild unserer Zeit für Mit- und Nachwelt zum Kunstwerk gestaltet« habe (S. 370), und Hübingers Nachforschungen lassen nicht den geringsten Zweifel, daß »politische Motive« (S. 39) den Ausschlag gaben. Der Antrag war von dem Germanisten Berthold Litzmann ausgegangen, der schon lange mit Thomas Mann in Verbindung stand, sich im Kriege der Vaterlandspartei angeschlossen hatte, ja einer ihrer Führer gewesen war und sich 1919 zu den Deutschnationalen hielt.

Damit nicht genug, erweist Hübinger, daß der »geistige Urheber des Vorschlages« (S. 52) der junge Ernst Bertram war, der sich als Schüler Litzmanns in ebendiesem Sommer 1919 in Bonn mit seinem Nietzsche-Buch habilitierte. Es war, wie man seit längerem schon aus Manns Briefen an Bertram weiß, »unser Nietzsche«, mehr noch, »ein Geschwister meiner ›Betrachtungen‹«, beide in engstem freundschaftlichem Austausch miteinander geschrieben. Noch im »Lebensabriß« von 1930 galt Bertram als »der Vertraute meiner uferlosen politisch-antipolitischen Grübeleien; ich las ihm vor daraus, wenn er in München war, er ehrte sie als zwanghaft-leidenschaftliche Gewissenserforschung und verstand sich auf ihren Protestantismus und Konservativismus«. Nicht einmal Bertrams spätere Hinwendung zum Nationalsozialismus vermochte die Freundschaft zu zerstören, obwohl sie sie abkühlte.

Es fehlte nur noch, daß die beiden komplottiert hätten; doch dafür gibt es keinen Hinweis. Wohl aber dafür, daß die Ehrung Thomas Mann ungemein wohltat und daß er sehr gut wußte, für was er sie bekommen hatte. »Nun sehe ich«, so schrieb er noch im August 1919 einem Gratulanten, »daß dies Buch zu schreiben in diesen Jahren eben doch meine besondere und persönliche Aufgabe war« (S. 72), und das führt unmittelbar zu der nächsten Ironie der sonderbaren Geschichte. Man weiß, daß der Pakt zwischen der Universität und dem Dichter schon bald darauf gewissermaßen seine Grundlage einbüßte, als Thomas Mann sich nämlich mit seiner Rede »Von deutscher Republik« im Oktober 1922 »mit Entschluß auf die Seite der Republik stellte«. Er mochte noch so oft sagen: »Ich weiß von keiner Sinnesänderung. Ich habe vielleicht meine Gedanken geändert – nicht meinen Sinn.« Der Schritt trennte ihn von seinen deutschnationalen Förderern, und Litzmann klagte, »es habe Tage gewährt, bis er sein inneres Gleichgewicht wiedergefunden habe« (S. 86).

Während all dies bekannt oder doch vorstellbar war, gehört es zu den neuen und wohl aufregendsten Behauptungen von Hübingers Untersuchung, daß gerade die Bonner Ehrung es war, die Thomas Mann wieder zum politischen Engagement bewog, das dann zur Weimarer Demokratie und später sogar zur Sozialdemokratie führte. Denn obwohl er noch im Dankschreiben an den Bonner Dekan die Einbildung von sich gewiesen hatte, »er

›könnte was lehren, die Menschen zu bessern und zu bekehren‹«
(S. 372), war sein wirklicher Eindruck der genau gegenteilige. Er
konnte »was lehren«, man hatte es ihm, dem »Träumer und
Zweifler«, sozusagen amtlich bestätigt, und so widerstand er der
Absicht, sich »in den ›Zauberberg‹-Roman wieder einzuspinnen«
(S. 77), und hielt zuerst seinen Vortrag »Goethe und Tolstoi«, der
in der ursprünglichen Fassung unter stillschweigender Räumung
einiger extremer Bastionen der »Betrachtungen« mit einem politischen Appell an die deutsche Jugend endete, ein Jahr später dann
die Rede »Von deutscher Republik«.

So jedenfalls Hübinger (S. 77 f. und 309). Die These läßt zwei
Fragen offen. Erstens mag man vermuten, daß Thomas Mann
auch ohne die Bonner Ehrung nach einer Pause der Forderung des
Tages doch wieder Rede und Antwort gestanden hätte, daß dies
nach seinem »mehr als zweijährigen Gedankendienst mit der
Waffe« im Weltkriege geradezu unausweichlich war, und zwei-
tens muß man natürlich fragen, warum er, wenn er sich denn
bestätigt fühlte, die Wendung zur Republik hin nahm, statt im
Konservativismus zu beharren und diese Stellung auszubauen.
Zweifellos indessen ist Hübingers sorgsame Ausdeutung eine
Möglichkeit, die ernsthafte Nachprüfung verdient.

Sicher ist jedenfalls, und das bestätigt noch einmal ihre deutschnationalen und antirepublikanischen Beweggründe, daß die Bonner Universität ihr Verhältnis zum Dichter abkühlte. Gewiß, Litzmann verzog nach seiner Emeritierung 1921 nach München (wo
Thomas Mann in nachbarschaftlicher Verbindung mit ihm blieb
und 1926 auf ihn eine Totenrede hielt), Bertram wurde 1922 nach
Köln berufen, so daß schon deswegen das Bonner Interesse zu-
rückging. Auffällig ist trotzdem, daß die Philosophische Fakultät
es Litzmann 1925 ausdrücklich verweigerte, Thomas Mann auch
in ihrem Namen zum fünfzigsten Geburtstag zu gratulieren
(S. 94 f.).

Die Enttäuschung legte sich in der Phase der wirtschaftlichen
und politischen Beruhigung, besonders nach den Reichstagswah-

len von 1928, und als Thomas Mann 1929 auf der Reise nach Stockholm zur Entgegennahme des Nobelpreises Bonn wieder einmal besuchte, da bereitete ihm die Universität eine »großartige Huldigung« (S. 97), die ihm – dem »Lebensabriß« von 1930 zufolge – »unvergeßlich« blieb »durch einen jugendlichen Zudrang, der nach Aussage besorgter Professoren den Fußboden des alten Saales auf eine bedenkliche Belastungsprobe stellte«. Universitäten leben nicht losgelöst von den gesellschaftlichen Bedingungen ihrer Zeit, und es fällt einem das bittere Wort von Friedrich Engels ein: »Wie die Bourgeois sangen, so pfiffen die Professoren.«

Daran sollte sich auch mit der hereinbrechenden Weltwirtschaftskrise und dem Sieg der Nationalsozialisten in den Septemberwahlen von 1930 nichts ändern, nun freilich mit der Ausnahme des Dichters. Thomas Mann fuhr wieder nach Berlin und hielt dort am 17. Oktober 1930 seine »Deutsche Ansprache«, seine vielleicht politischste Rede: »Ein Appell an die Vernunft«. Wie in bewußter Anspielung an Bertram und seine eigenen »Betrachtungen« von einst rechnete er zur geistigen Stärkung der nationalsozialistischen Bewegung »eine gewisse Philologen-Ideologie, Germanisten-Romantik und Nordgläubigkeit aus akademisch-professoraler Sphäre, die in einem Idiom von mystischem Biedersinn und verstiegener Abgeschmacktheit mit Vokabeln wie rassisch, völkisch, bündisch, heldisch auf die Deutschen von 1930 einredet und der Bewegung ein Ingrediens von verschwärmter Bildungsbarbarei hinzufügt, gefährlicher und weltentfremdender, die Gehirne noch ärger verschwemmend und verklebend als die Weltfremdheit und politische Romantik, die uns in den Krieg geführt haben«.

Konnte man unmißverständlicher sprechen? Kein anderer deutscher Intellektueller von seinem Rang hat seine Mitbürger so deutlich gewarnt wie Thomas Mann. Nicht ein unbestimmter Linker war er geworden. Seine Parteinahme galt ausgesprochen der Sozialdemokratie, auch wenn er sich nach wie vor zu seiner »bürgerlichen Herkunft« bekannte. Frontal griff er die »weltan-

schauliche Abneigung« an, »die deutsche Bürgerlichkeit gegen
den Sozialismus, gegen das, was man ›marxistische Gedanken-
gänge‹ nennt, von Instinkt wegen hegt«; es gebe jedoch »in Wirklichkeit keinen schärferen und tieferen politisch-parteimäßigen
Gegensatz als den zwischen der deutschen Sozialdemokratie und
dem orthodoxen Marxismus moskowitisch-kommunistischer
Prägung«.

»Glauben Sie mir«, so schrieb er am 27. Dezember 1931 an
Ernst Bertram, »die Tage Ihrer Universitäten sind auch gezählt.«
Der nun folgenden Phase, die in der Aberkennung des Doktorgra-
des gipfelte, gilt das weitaus längste der drei Kapitel Hübingers. Er
mag das Wort seines Dichters zitieren, »daß nur das Genaue und
Gründliche wahrhaft unterhaltend sei« (S. 20), von diesem Kapitel kann man es kaum behaupten, und es bietet auch viel weniger
Neues als das erste. An ironischer Dialektik freilich gebrach es der
Geschichte auch jetzt nicht. Sie war nicht so einfach, wie die
verengte Diskussion lange glauben machen mochte, als habe die
Fakultät den Emigranten ausgebürgert und man nur habe ermitteln müssen, welchem Dekan die Verantwortung anzulasten sei
und welche Professoren davon gewußt hätten. Die Geschichte
war vielmehr – wie anders? – lang, mehrschichtig und voller Zwischenfälle.

Genau und gründlich, ja umständlich beschreibt Hübinger, was
er die »revolutionierenden Eingriffe« nennt, »denen die deutschen Hochschulen seit dem 30. Januar 1933 ausgesetzt gewesen
sind« (S. 103). Die akademische Selbstverwaltung, die Wahl von
Rektoren und Dekanen wurde beseitigt, und schon deswegen
konnte die Fakultät nicht aus eigenem gegen ihren Ehrendoktor
vorgehen. Ein erster auf Aberkennung zielender Vorstoß, der
1935 übrigens nicht von der Fakultät, sondern von einem aktivi-
stischen Chemiker ausging, scheiterte sogar an den Bedenken von
Berliner Behörden (S. 310). Die Geschichte spielte sich weniger
zwischen der Universität und dem Dichter als zwischen seinem
Wohnort München und der Reichshauptstadt sowie zwischen

verschiedenen nationalsozialistischen Amtsstellen ab, und erst ganz am Ende setzte ein Bonner Professor seinen Namen unsterblich unter die Affäre.

Der formale Ausgangspunkt war ein Erlaß des Preußischen Wissenschaftsministeriums vom 17. Juli 1934, dem zufolge die Doktorwürde entzogen werden konnte, wenn der Inhaber des Titels sich durch sein Verhalten als »unwürdig« erwiesen habe, und das gelte in jedem Falle auch für den, der »gemäß Paragraph 2 des Reichsgesetzes über den Widerruf von Einbürgerungen und die Aberkennung der deutschen Staatsangehörigkeit vom 14. Juli 1933 ... der deutschen Staatsangehörigkeit für verlustig erklärt worden ist« (S. 111). So wurde die akademische Ausbürgerung in vielen Fällen und in diesem die »Nachgeburt« (S. 320) der staatlichen.

Erstere aber konnten die einst dafür zuständigen Fakultäten nicht mehr beschließen, da sie ja nach dem nationalsozialistischen Führerprinzip keine Beschlußkörperschaften mehr waren, und so wurde die Entscheidung einem aus Rektor und Dekanen zusammengesetzten Ausschuß überwiesen, was sich später, am 7. Juni 1939, in einem Reichsgesetz niederschlug, welches seinerseits übrigens – Hübinger vermerkt es dankenswerterweise als Kuriosum an Rande (S. 112) – noch heute geltendes Hochschulrecht in der Bundesrepublik Deutschland ist! So erben sich Gesetz' und Rechte wie eine ew'ge Krankheit fort.

Was nun wieder Thomas Mann betrifft, so ging es also zunächst um die Aberkennung der Staatsangehörigkeit. Während dies aber seinem Bruder Heinrich schon am 23. August 1933 widerfuhr, dauerte es bei dem weltberühmten Nobelpreisträger über drei Jahre länger und machte einen umständlichen Behördenschriftwechsel erforderlich. Das Bayerische Staatsministerium des Innern stellte zwar am 18. Januar 1934 einen entsprechenden Antrag beim Reichsinnenministerium, doch wurde er zurückgestellt. Das Auswärtige Amt hatte Bedenken, Goebbels wollte den Dichter sogar zur Rückkehr bewegen, und nur dem unermüdlichen

Drängen der Bayerischen Politischen Polizei sowie der Tatsache, daß ihr ursprünglicher Chef, Heinrich Himmler, am 20. April 1934 das Kommando über die Preußische Geheime Staatspolizei übernahm und damit in Berlin an Einfluß gewann, war es zuzuschreiben, daß die Sache schließlich Hitler selbst vorgetragen wurde, und als dann auch noch die Zurückhaltung auferlegende Olympiade vorüber war, konnte der Ausbürgerungserlaß endlich am 2. Dezember 1936 ergehen und im *Reichsanzeiger* veröffentlicht werden.

Hübinger hat den verwirrenden Hergang in allen Einzelheiten rekonstruiert und dabei auch nicht die Äußerungen des Dichters im Exil vergessen, die bekannt sind und wieder und wieder auf den Behördengang einwirkten. Erst nach seinem Abschluß meldete sich die Universität Bonn wieder zu Wort. Dekan der Philosophischen Fakultät war inzwischen ein erst im Vorjahr auf den einst von Litzmann innegehabten Lehrstuhl berufener Germanist namens Karl Justus Obenauer geworden, berufen übrigens gegen den Widerstand der Fakultät und nebenberuflich für den SD-Inland tätig. Man muß über ihn nicht mehr wissen, obwohl man es bei Hübinger erfahren kann.

Er jedenfalls ist es gewesen, der unter dem 19. Dezember 1936 an den »Herrn Schriftsteller Thomas Mann« ohne Anredeformel die »trübselige Mitteilung« richtete, »daß die Philosophische Fakultät sich nach Ihrer Ausbürgerung genötigt gesehen hat, Sie aus der Liste der Ehrendoktoren zu streichen. Ihr Recht, diesen Titel zu führen, ist gemäß § VIII unserer Promotionsordnung erloschen.« Die Antwort Thomas Manns vom 1. Januar 1937, die Hübinger in seinem umfänglichen Dokumentenanhang nach dem handschriftlichen Entwurf mit unübertrefflicher Akribie ediert, gehört zu den erregendsten politischen Schriftstücken nicht nur in seinem Werk, sondern in der Literaturgeschichte politischer Verfolgung schlechthin und ist zu berühmt, als daß sie hier noch angeführt oder ausgelegt werden müßte.

Wohl aber müssen die Ironien genannt werden, die der sonderbaren Geschichte im Dezember 1936 noch zahlreicher als sonst anhaften. Die beiden deutschen Rechtsakte dieses Monats waren im strengen Sinne rechtsunwirksam; die staatliche Ausbürgerung deshalb, weil Thomas Mann ihr zuvorgekommen war, indem er am 19. November 1936 die tschechoslowakische Staatsangehörigkeit angenommen hatte (S. 236) und somit im Augenblick des Entzugs die deutsche gar nicht mehr besaß; die akademische Ausbürgerung deshalb, weil insofern die Voraussetzung nicht gegeben war. Obenauer hatte selbstherrlich die Initiative ergriffen und »das ›Führerprinzip‹ in perfekter Weise praktiziert« (S. 311), unter Mißachtung selbst der Vorschriften dieses Führerstaates und in Unkenntnis der Tatsache, daß ja schon die seinen Akt angeblich begründende Ausbürgerung gegenstandslos gewesen war.

Bedeutung hat dies alles natürlich nicht, erst recht nicht im Sinne mildernder Umstände, und doch mag man eine gerechte Ironie darin erblicken, daß das geschichtliche Unrecht, das man Thomas Mann und mehr als ihm dem deutschen Ansehen antat, auch im formalen Sinne eines war.

Obenauer mußte übrigens keineswegs tun, was er im Übereifer tat. So ist nämlich etwa Thomas Manns am selben Tage ausgebürgertem Sohn Golo sein Heidelberger Doktorgrad niemals entzogen worden, ebensowenig der Professortitel, den der Vater 1926 vom Senat der Freien und Hansestadt Lübeck erhalten hatte. Indessen sollten sich weder Heidelberg noch Lübeck etwas darauf zugute halten, daß es bei ihnen keinen Obenauer gab, um auch sie so unsterblich lächerlich zu machen wie er seine Universität, die ihrerseits wenig Befriedigung daraus ableiten kann, daß der Akt hinter ihrem Rücken von einem einzelnen Scharfmacher ins Werk gesetzt worden war. Nur Unkenntnis und Unverstand können einen Fall wie diesen, dreieinhalb Jahre nach der Machtergreifung, zum Paradebeispiel für das jämmerliche Versagen deutscher Universitäten erheben. Sie waren zusammen mit der übrigen Gesellschaft lange vorher schuldig geworden.

Thomas Mann selbst war zugleich tief betroffen und recht zufrieden. Die Dekretierung, daß er kein Deutscher mehr sei, war »doch ein Choc« gewesen, auf den er nicht rasch genug die Sprache wiedergefunden hatte. Der Entzug der Doktorwürde drei Wochen später traf ihn besser vorbereitet und lieferte die »schickliche Gelegenheit ... zu einem ... persönlichen Bekenntnis« (S. 245). Noch nach fünfzehn Jahren freute er sich darüber; er sei dem Dokument »anhänglich geblieben, weil ich nie glücklicher gegen das Hitlertum vom Leder gezogen habe« (S. 301). Obwohl er über die Weihnachtstage an dem Briefe schrieb, war es doch, wie er am 26. Dezember seinem Sohn Klaus mitteilte, »eigentlich ein heiteres Weihnachten, das heiterste, vertrauensvollste seit drei Jahren. Es sieht merkwürdig aus in der Welt. Morgenluft weht. Und sollte es auch noch wieder Nacht werden: man ist doch aufs neue in der Überzeugung bekräftigt, daß es mit den Nazis kommen muß, wie man von jeher gewußt hat, daß es kommen müsse.«

Es kam in der Tat, wie es kommen mußte. Hübingers drittes Kapitel ist das weitaus kürzeste, ohne viele Verwicklungen und Ironien, ein versöhnlicher Abschluß. Die Geschichte hatte ihr Ende schon erreicht, bevor sie noch einmal wiederauflebte. Thomas Mann erwartete eine Geste aus Bonn. Die Universität war unsicher, ob er ihr verzeihen würde. Sie bediente sich eines unbelasteten Mittelsmannes, des nach England emigrierten Bonner Historikers Wilhelm Levison, und erfuhr zu ihrer Erleichterung, daß der Dichter »dankbar bereit« war, sich »das schöne Diplom von damals bestätigen, vielleicht sogar erneuern zu lassen«. Denn es sei ihm 1933 verlorengegangen, »und unter einer ganzen Kollektion amerikanischer Pergamente dieser Art fehlt das wichtigste und schicksalsreichste, das deutsche« (S. 589).

Man ließ es ihm neu ausfertigen, sogar vom noch lebenden Dekan des akademischen Jahres 1918/19 abermals unterzeichnen, und der Wiederhergestellte dankte »herzlich und feierlich« mit einem längeren Schreiben, in dem er versicherte, seine »Entdeutschung« habe recht geringe Fortschritte gemacht. Überaus beziehungsvoll setzte er hinzu: »Im Gegenteil finde ich, daß man sich in der glücklicheren Fremde seines Deutschtums nur desto bewußter wird, und gerade während der letzten 2½ Jahre hat ein Roman – oder wie man das Ding nun nennen will – mich beschäftigt, den ich in den nächsten Tagen abschließen werde, und der etwas so ausbündig Deutsches ist, daß ich sehr für seine Übersetzbarkeit fürchte« (S. 597). Verglichen mit den sogenannten inneren Emigranten Walter von Molo und Frank Thieß war die Universität Bonn – aus welchen Gründen, wäre eine Untersuchung wert – gut davongekommen. Nur Abhaltungen verschiedener Art und dann der Tod vereitelten eine Wiederholung des triumphalen Besuchs von 1929.

Thomas Mann und die deutsche Geschichte verfolgten einander durch acht bewegte Jahrzehnte, von 1875 bis 1955, von Bismarck bis Adenauer und Ulbricht. »Meine Zeit«, so sagte der Dichter 1950 in einem gleichnamigen Vortrag, »sie war wechselvoll, aber mein Leben in ihr ist eine Einheit.« Hübingers Buch, obwohl nur der Rekonstruktion einer Episode gewidmet, bestätigt diese Aussage und verleiht ihr zugleich eine ganz unerwartete, neue Dimension. Die Bonner Doktorgeschichte ist wechselvolle deutsche Geschichte von 1918 über 1933 bis 1945 und fügt sich doch ganz in die Einheit des Mannschen Lebens. Insofern sie von Anfang an politisch war, beginnt sie wie alle Politik bei Thomas Mann sinnvollerweise mit den »Betrachtungen eines Unpolitischen«. Daß sie die Ehrenpromotion auslösten, war gewissermaßen nur der äußerliche Rahmen, innerhalb dessen sich das Eigentliche vollzog, nämlich Thomas Manns lebenslanger Dialog mit dem Land seiner Geburt, und dieser Dialog war wesentlich eine unaufhörliche Auseinandersetzung mit den »Betrachtungen«.

Mit einer etwas herablassenden Nachsicht erblickt man in ihnen gern eine recht peinliche Verirrung und freut sich für den Dichter, daß er mit den Weimarer Ansprachen, mit dem »Zauberberg« und dann den politischen Stellungnahmen während des Exils zu sich selbst und zu internationaler Anerkennung zurückgefunden habe. Hübingers Buch kann, auch wenn das gar nicht seine Absicht war, zu einer Revision dieses Urteils führen. Es rückt, sozusagen nebenbei, die »Betrachtungen« auf den Rang eines Schlüsselwerkes. Wenn nämlich Deutschland das große Thema Thomas Manns war, das sich wie ein Leitmotiv durch die Einheit seines Lebens hindurchzog, dann sind die »Betrachtungen« der Ausgangs- und Mittelpunkt, und dann wird verständlich, warum die Bonner Bestätigung ihren Verfasser so tief bewegte, die Verleihung nicht weniger als der Entzug und die Wiederzuerkennung. Dann wird auch erklärlich, warum er dem ihm doch ganz unbekannten Bonner Dekan im Januar 1947 so zutraulich von seinem Deutschtum und vom »Doktor Faustus« erzählte. Es war eine natürlich unausgesprochene Anknüpfung an den einstigen Anlaß, an die »Betrachtungen«.

Das Werk Thomas Manns ist voll von derlei versteckten Anknüpfungen, und es sollte einmal Buch für Buch und Satz für Satz untersucht werden, wo überall er sich auf jenes politisch-unpolitische Schreib- und Schichtwerk bezogen hat. Gewiß gab es Vorstufen, schon in den »Buddenbrooks« und in den früheren Kriegsschriften. Der »Zauberberg« kann dann durchaus als ein anknüpfendes und weiterführendes Deutschlandbild gelesen werden. Deutschland erscheint wie in den »Betrachtungen« als das Land der Mitte, auf dessen Boden die europäischen Ideologien ihren Kampf austragen, so wie Hans Castorp von der internationalen Patientenschar in endlose Gespräche verwickelt wird. Er (oder Deutschland) kann sich nicht entscheiden, er kommt gesund an, wird auf dem Zauberberg Europas krank und geht schließlich im Krieg zugrunde.

Die Weimarer Kämpfe erst und dann das Exil machten zwar die politischen Fragen grobschlächtiger und die Stellungnahmen insofern einfacher, aber das Deutschland der »Betrachtungen« wurde dadurch nur um so bedrängender. War etwa »jener ironische Spaß«, jene wohl im April 1938 geschriebene, aber erst im März 1939 veröffentlichte Skizze mit dem beunruhigenden Titel

»Bruder Hitler« wirklich nur ein Spaß, wie der Dichter, oder wirklich nur ein Bild Hitlers, des verhunzten Künstlers, wie die überwiegende Meinung behauptet? »Ein Bruder … Ein etwas unangenehmer und beschämender Bruder; er geht einem auf die Nerven, es ist eine reichlich peinliche Verwandtschaft.« Wirklich nur im Künstlertum? »Ich war«, so heißt es ziemlich unvermittelt eine Seite weiter, »nicht ohne Kontakt mit den Hängen und Ambitionen der Zeit, mit dem, was kommen wollte und sollte, mit Strebungen, die zwanzig Jahre später zum Geschrei der Gassen wurden. Wer wundert sich, daß ich nichts mehr von ihnen wissen wollte, als sie auf den politischen Hund gekommen waren und sich auf einem Niveau austobten, vor dem nur primitivitätsverliebte Professoren und literarische Lakaien der Geistfeindlichkeit nicht zurückschreckten?«

Klingt es nicht wieder wie eine Anknüpfung an seine eigenen Strebungen genau zwanzig Jahre zuvor? Daß der »Doktor Faustus« dann ein oder vielmehr das abschließende Deutschlandbild wiedergibt, unterliegt nicht dem geringsten Zweifel. Wem der Titel nicht genügt, der braucht nur den Schlußsatz zu lesen: »Gott sei euerer armen Seele gnädig, mein Freund, mein Vaterland.« Niemals zuvor hatte Thomas Mann eine seiner Figuren so ausdrücklich mit Deutschland gleichgesetzt und sich doch zugleich von ihr entfernt. Adrian Leverkühn, der im Zweiten Weltkrieg erlosch wie Hans Castorp im Ersten, empfängt den letzten Wunsch von Serenus Zeitblom, und man hat Anlaß zu der Annahme, daß Thomas Mann sich ihm verwandter fühlte als dem Doktor Faustus.

Er hat es im übrigen klar ausgesprochen. Als genau die Hälfte des Romans abgeschlossen war, im Februar 1945, begann er die Arbeit an einem Essay über »Deutschland und die Deutschen«, den er zur Feier seines siebzigsten Geburtstages in der Washingtoner Kongreßbibliothek vortrug. Zweifellos dachte er an sein Buch, als er über Deutschland schrieb: »Unser größtes Gedicht, Goethes ›Faust‹, hat zum Helden … den Gottesmenschen, der sich aus vermessenem Erkenntnistriebe der Magie, dem Teufel ergibt. Wo der Hochmut des Intellektes sich mit seelischer Altertümlichkeit und Gebundenheit gattet, da ist der Teufel. Und der Teufel, Luthers Teufel, Faustens Teufel, will mir als eine sehr deutsche Figur erscheinen, das Bündnis mit ihm, die Teufelsverschreibung, um unter Drangabe des Seelenheils für eine Frist alle Schätze und Macht der Welt zu gewinnen, als etwas dem deutschen Wesen eigentümlich Naheliegendes. Ein einsamer Denker und Forscher, ein Theolog und Philosoph in seiner Klause, der aus Verlangen nach Weltgenuß und Weltherrschaft seine Seele dem Teufel verschreibt – ist es nicht ganz der rechte Augenblick, Deutschland in diesem Bilde zu sehen, heute, wo Deutschland buchstäblich der Teufel holt?«

Nach dieser Anspielung auf den Zusammenbruch des Dritten Reiches fuhr Thomas Mann fort: »Es ist ein großer Fehler der Sage und des Gedichts, daß sie Faust nicht mit der Musik in Verbindung bringen. Er müßte musikalisch, müßte Musiker sein. Die Musik ist dämonisches Gebiet ... Soll Faust der Repräsentant der deutschen Seele sein, so müßte er musikalisch sein; denn abstrakt und mystisch, d. h. musikalisch, ist das Verhältnis des Deutschen zur Welt ... Martin Luther, eine riesenhafte Inkarnation deutschen Wesens, war außerordentlich musikalisch. Ich liebe ihn nicht, das gestehe ich offen. Das Deutsche in Reinkultur, das Separatistisch-Antirömische, Anti-Europäische befremdet und ängstigt mich ... Die Deutschen sind das Volk der romantischen Gegenrevolution gegen den philosophischen Intellektualismus und Rationalismus der Aufklärung – eines Aufstandes der Musik gegen die Literatur, der Mystik gegen die Klarheit.« Und dann zum Schluß: »Nichts von dem, was ich Ihnen über Deutschland zu sagen oder flüchtig anzudeuten versuchte, kam aus fremdem, kühlem, unbeteiligtem Wissen; ich habe es auch in mir, ich habe es alles am eigenen Leibe erfahren.«

Nicht weil sie den »Doktor Faustus« erläutern, sind diese Zitate so merkwürdig, sondern weil sie eine weitere und diesmal

endgültige Anknüpfung an die »Betrachtungen eines Unpolitischen« enthalten. Erich Heller hat schon 1958 (in seinem Tho-
mas-Mann-Buch »Der ironische Deutsche«, S. 178) darauf aufmerksam gemacht, daß Thomas Mann hier »unter dem Schutze
der leichtesten, aber raffiniert gewählten Verkleidung ganze Sätze
aus den ›Betrachtungen‹ zitiert – freilich mit den umgekehrten
Vorzeichen von Billigung und Mißbilligung«. Man darf darunter,
wofür auch Heller keine Belege bietet, nicht wörtliche Zitate verstehen. Aber jeder Leser entdeckt hier wie im »Doktor Faustus«
bis in einzelne Formulierungen hinein das Deutschlandbild der
»Betrachtungen« wieder. Es war dasselbe geblieben, und nur die
Einschätzung hatte sich geändert. Was 1918 gelobt worden war,
wurde 1945 getadelt, und zwischen diesen beiden Wendepunkten
der deutschen Geschichte seiner Zeit lag der versteckt eingestandene, gewiß schmerzhafte Stellungswechsel Thomas Manns. So
mag man sein Werk vom »Zauberberg« bis zum »Doktor Faustus« in einer gewissen, aber nicht unzulässigen Überspitzung als
eine einzige kritische Paraphrase der »Betrachtungen« ansehen,
die insofern eben doch in den Mittelpunkt gehören.

Mit ihnen gehört dann aber auch die von Hübinger so liebevoll
rekonstruierte Bonner Doktorgeschichte, wie läppisch sie oft erscheinen mag, in die Mitte von Thomas Manns Leben, und man
versteht noch einmal besser, warum ihm die Auszeichnung so viel
bedeutete, der Entzug ihn auf solche Höhen des Bekenntnisses
führte, warum er von den vielen Pergamenten dieser Art gerade
das Bonner, »das wichtigste und schicksalsreichste, das deutsche«
wiederhaben wollte und warum er aus diesem Anlaß von seinem
so ausbündig deutschen Faustus-Roman sprach, den er in denselben Tagen abschloß, als auch die Doktorgeschichte ihren Abschluß fand. Die Geschichte seiner Zeit war wechselvoll, aber sein
Leben in ihr eine Einheit.                              (1975)

# Zwei Briefe an Günter Grass

*Das ist Ihr Geschäft, den Gestalten
aus den Akten, die wir allein zu fassen
vermögen, jene irdischeren Mitspieler
zuzugesellen, von denen die
Geschichte gemeinhin nicht spricht.*

Lieber Günter,

mein Kollege Professor Blech – wir Historiker verkehren über die Zeiten – bittet mich um die Übermittlung des nachstehenden Briefes. Er habe, so schreibt er, Bedenken, sich unvermittelt an Dich zu wenden. Ich verstehe die Sorge des alten Mannes. Du kennst ihn ja. Er ist ein etwas eigensinniger Nörgler. Es hat aber alles seine Richtigkeit. Ich habe es überprüft und stehe dafür ein. So bin ich dem Kollegen zu Diensten, und weil in diesen Tagen ohnedies ein Brief fällig ist, bitte ich Dich, seinen für meinen zu nehmen. Er ist, alles in allem, auch ein Ehrengruß. Ehe ich ihn denn abschreibe, grüße ich Dich in Freundschaft.

Stuttgart, im Oktober 1977                    Dein Eberhard.


Geehrter Herr Grass!

Aus dem Umstand, daß Sie sich in Ihrem jüngsten Roman auch meine alte Haut übergezogen und dieselbe auf den Markt und in die Gassen getragen haben, leite ich das Recht her, Ihnen durch freundliche Vermittlung eines Kollegen zu schreiben. Aufmerksam habe ich Ihr Buch gelesen und möchte Ihnen manche Artigkeit dazu sagen. Das eine oder andere indessen muß denn doch richtiggestellt werden. Vor allem aber geht es mir um ein Fachgespräch zwischen uns beiden, dem Schriftsteller und dem Geschichtsschreiber.

Erlauben Sie zu Beginn eine persönliche Bemerkung. Sie nennen mich fortgesetzt nur Blech. Glauben Sie, meine Eltern hätten mir keine Vornamen beigegeben? Ich sehe jetzt, welcher Fehler es war, daß sich auf dem Titelblatt meiner »Geschichte der siebenjährigen Leiden Danzigs«, die Sie offenbar gut kennen, der Verleger zwar als Carl Heinrich Eduard Müller bezeichnete, ich selbst aber nur als A. F. Blech vorgestellt wurde. Ich heiße oder hieß zu Lebzeiten Abraham Friedrich. So ließ mich mein Vater, der Reeder und Kaufmann Benjamin Blech, taufen, als ich am 12. Februar 1762 geboren wurde. Meine Mutter, eine geborene Jacobi, hieß übrigens, das wird Ihnen gefallen, Dorothea, und man darf vermuten, daß die Familie, obzwar natürlich gut lutherisch, der Tochter jene Ihnen vertraute gleichnamige Dame von Montau als eine Art von Patin beigeben wollte. Namen sind mehr als Schall und Rauch, und ich bin, offen gesprochen, etwas gekränkt, daß Sie die unsrigen einer Erwähnung nicht gewürdigt haben.

Von geringerem Gewicht, aber doch erwähnenswert ist ferner, daß wir beide außer unserer Heimatstadt und dem Beruf noch eines gemein haben. Wie Sie habe ich, zumeist freilich unter dem geliehenen Namen eines Adolph Bergen oder Adolph zu Bergen, mehrere Dramen geschrieben, über Heinrich den Vierten, König von Frankreich, über Konradin von Schwaben und über die Königin Johanna die Erste von Neapel. Man hat sie auch gespielt, obgleich es große Erfolge nicht waren. Am Osterfest 1805 wurde im neuen Schauspielhause am Dominiksplan mein fünfaktiges Stück »Stanislaus Leßczynski oder die Belagerung von Danzig« aufgeführt, und ich rechne auf Ihr Interesse für die Mitteilung, daß ich darin die selige Dorothea von Montau, die nun endlich heiliggesprochen zu sein scheint, auftreten ließ. Gemeinsamkeiten also über Gemeinsamkeiten!

Entschieden muß ich jedoch in Abrede stellen, jener Bartholdy, über den ich sogleich noch einiges sagen muß, sei mein Schüler am

Gymnasium gewesen. Er mag bei mir den Konfirmandenunterricht besucht haben wie Arthur Schopenhauer, den ich 1804 in der Marienkirche einsegnete. Sein Lehrer aber kann ich schon deshalb nicht gewesen sein, weil ich erst 1811 zum Lector und im Jahre darauf zum Professor der Geschichte berufen wurde, und zwar natürlich am Städtischen Gymnasium (das Königliche an der Weiden-Gasse in der Niederstadt, an das Sie mich versetzen, wurde doch erst 1876 gegründet). Auch war ich, als Bartholdy 1797 abgeurteilt wurde und ich um eine Milderung seiner Strafe eingekommen sein soll, nicht Diakon zu Sankt Marien. Dieses Amt erhielt ich erst 1802. Es muß Ihnen eine Verwechslung der Kirchen unterlaufen sein. Ich wurde 1789 Prediger an Sankt Salvator, 1796 an Sankt Jakob und kam erst sechs Jahre später an die Oberpfarrkirche unserer Stadt. Der Vollständigkeit halber darf ich anfügen, daß ich 1816 auch zum Consistorial-Rath bei dem Königlichen Consistorium bestellt wurde.

Irrtümlich auch haben Sie mein Leben verlängert. Altersschwach, das ist richtig, bin ich zwar gestorben, schon 1825 hatte ich meine Ämter wegen Krankheit niederlegen müssen, aber der Tod holte mich nicht, wie Sie schreiben, fünfundzwanzig Jahre nach dem Ende der Franzosenzeit, sondern bereits 1830, wenn Sie es denn genau wissen wollen, am 17. Dezember.

Ja, die Genauigkeit ist eine gestrenge Herrin. Indessen mögt Ihr Schriftsteller ihrem Regiment weniger unterworfen sein als wir Historiker, und ganz gewiß will ich in Sachen meiner Personalia keinen ungebührlichen Anstand nehmen. In der Geschichte unserer Vaterstadt jedoch, verehrter Landsmann, fällt mir derlei Nachsicht nicht gleichermaßen leicht. Sie haben mein Buch und viele andere durchaus studiert, und vielleicht gibt es außer uns beiden niemanden, der die Akkuratesse Ihrer schönen Erzählung vollauf begreift. Es bedrückt mich, daß Ihre Leser sich an dem Buch, das Sie veröffentlicht haben, freuen oder auch ärgern mögen, ohne im mindesten zu ahnen, welcher Forscherfleiß darinnen steckt. Man wird etwa Bartholdy oder mich für erfundene Gestal-

ten ansehen, obwohl wir doch wirklich gelebt haben. Lassen Sie es
unser Geheimnis bleiben und gewähren Sie uns nur dafür das
Einspruchsrecht der Betroffenen!

Also, die Geschichte der siebenjährigen Leiden unserer Stadt
haben Sie, ich bestätige es Ihnen gern, mit der Liebe des Ge-
schichtsfreundes durchdrungen. Ich bin darob gerührt und voller
Bewunderung. Wissen Ihre Leser wohl, so habe ich mich gefragt,
was congrevische Raketen waren und wie ein unbetreßter Hut
aussah? Erstere habe ich immerhin des längeren erklärt, und wenn
einer von Ihnen Auskunft heischt, so mögen Sie ihn an mein Buch
verweisen. Zitiert haben Sie es ja, und ich danke Ihnen für dies
Zeichen kollegialer Verbundenheit.

Doch Danzig, das muß ich anmerken, kapitulierte 1807 nicht
am 24. März, sondern erst am 24. Mai, und die polnischen Ula-
nen waren natürlich von der sogenannten Nordlegion und nicht,
wie Sie oder der Drucker schreiben, von der Nordregion. Mein
Verleger Müller hat sich derlei Schnitzer auch zuschulden kommen lassen. Grämen Sie sich nicht. Lassen Sie's in der nächsten
Auflage korrigieren.

Ein ernstes Wort muß ich nun aber zu der Art sagen, in der Sie
die Verschwörung des Gymnasiasten Bartholdy vorstellen. Als
kleine Läßlichkeit oder, wie man wohl sagt, schriftstellerische
Freiheit mag es noch hingehen, daß Sie den Unglücklichen Friedrich oder Fritz nennen, wohingegen er doch Gottfried Benjamin
hieß; daß er 1797 nicht siebzehn-, sondern schon neunzehnjährig
war; daß sein Vaterhaus in der Beutlergasse nicht die Nummer 7,
sondern die Nummer 3 trug; und daß die Verschwörung nicht am
17., sondern am 15. April ausgehoben wurde. All das ist, wie
gesagt, nicht eigentlich zu monieren, wenngleich ich mich doch
frage, ob es denn dem Roman geschadet hätte, wenn er auch in
diesen Kleinigkeiten wahrheitsgetreu gewesen wäre.

Wie Sie jedoch Bartholdys Prozeß und Strafe darstellen, das
scheint mir mit unserem Beruf kaum vereinbar. Sie geben dem
Vorfall eine Schärfe, die er schlechterdings nicht hatte. Sie spre-

chen von elf Todesurteilen. Wahr ist aber doch, daß allein Bartholdy zur Enthauptung verurteilt wurde, einer der Mitverschworenen zu lebenslänglicher, der Rest zu mehrjähriger Festungshaft. Den armen Bartholdy führte man am 2. August 1797 auf das Schafott und begnadigte ihn erst dort im Angesicht des Todes, was ohne Zweifel eine unnütze Grausamkeit war, zu lebenslanger Haft. Hingerichtet wurde überhaupt niemand, auch nicht der Corporal und die beiden Flissaken.

Wie des weiteren, frage ich Sie, können Sie Bartholdy für achtunddreißig Jahre in die Festung Graudenz verweisen? Abgesehen davon, daß er auf die Festung Pillau gebracht wurde, saß er doch nur wenig mehr als fünf Jahre dort. Schon im Jahre 1798, nach der Thronbesteigung König Friedrich Wilhelms III., wurde die Strafzeit auf zehn Jahre herabgesetzt, und 1802 wurde einem Gnadengesuch der Mutter, die keineswegs in Hamburg an der Cholera gestorben war, durch gänzliche Freilassung entsprochen. Bartholdy gab am 24. August eine schriftliche Erklärung ab, seine früheren Gesinnungen geändert zu haben, und daraufhin genehmigte der König am 7. September die Begnadigung. Der damals Vierundzwanzigjährige scheint dann in französische Militärdienste getreten zu sein, kehrte aber nach dem Ende der Franzosenzeit nach Danzig zurück, wirkte dort als Privatlehrer, in welcher Eigenschaft er übrigens den späteren Prediger Philipp Ephraim Blech auf den Besuch des Gymnasiums vorbereitete, und starb 1819 im vierzigsten Lebensjahr.

Das ist die Wahrheit, wie sie in den Akten, und nicht nur dort, steht. Und hier beginnt nun mein kollegial kritisches Fachgespräch. Gern räume ich ein, daß wir beide – Sie, der Schriftsteller, und ich, der Historiker – Fiktion schreiben. Die Wirklichkeit, was immer das ist, geht mit dem Augenblick unter und sieht übrigens im Blicke eines jeden Auges anders aus. Wir machen uns und den anderen Bilder. Die angebliche Objektivität ist eine Chimäre. Nur der Gerechtigkeit sind wir dienstbar und der Genauigkeit. Ihr Künstler dürft dabei ein bißchen mehr verändern als wir, müßt es wohl gar, weil Euer Bild wirklicher sein soll als die am ehesten noch armselig zu nennende Wirklichkeit, die wir abbilden. Wenn die Bartholdys in der Beutlergasse 3 wohnten, dürfen wir daran nicht rütteln (vielleicht will es einmal jemand nachsehen), ihr dürft es, wenn es für Eure Zwecke notwendig ist.

Euch ist es auch erlaubt, wie Sie einmal schreiben, der Geschichte einen anderen, mehr irdischen Sinn zu unternähen. Das scheint mir geradezu der Schlüsselsatz Ihres Buches und Ihres Berufes zu sein, und ich stimme ihm in voller Überzeugung zu. Das ist Ihr Geschäft, den Gestalten aus den Akten, die wir allein zu fassen vermögen, jene irdischeren Mitspieler zuzugesellen, von denen die Geschichte gemeinhin nicht spricht, und ich habe gewiß nichts dagegen einzuwenden, daß Sie mir und dem General Rapp die Köchin Sophie Rotzoll beigeben, auch wenn Sie treffend bemerken, ich hätte Ihre Vermutungen in meinen Aufzeichnungen nicht bestätigt. Ich konnte es doch nicht. Sie hingegen dürfen es.

Recht und abermals recht haben Sie, daß Sie dem Irdischen, dem Leiblichen in der Geschichte einen breiten Platz einräumen. Gewiß, ich darf für mich in Anspruch nehmen, nicht nur von den sogenannten Haupt- und Staatsaktionen geschrieben zu haben, sondern auch von den Preisen der Lebensmittel, vom Fischreichtum im Hochwasser, vom angeblichen Verzehr von Menschenfleisch in der Hungersnot (es war übrigens nur ein Gerücht). Aber Sie vermögen es besser, und wir könnten einander auf das Vorzüglichste ergänzen.

Und doch frage ich, wie weit Ihre Lizenz reicht. Dürfen Sie der kindlichen Verschwörung Bartholdys Folgen anhängen, die in Wahrheit auch entfernt nicht eintraten? Wie weit dürfen Sie sich von der Wirklichkeit entfernen? Die Franzosenzeit in Danzig verlängern Sie natürlich nicht, die Haftzeit Bartholdys aber mehr als siebenfach.

Es ist überhaupt Ihr eigensinniger Zeitbegriff, der mir zu schaffen macht. Sie springen in der Vergangenheit umher, als hätte es nie ein Nacheinander gegeben. Gewiß ist im Früheren immer das

Spätere und allemal umgekehrt. Doch halte ich mich noch immer gern an die Abfolge. Rapp und ich wußten noch nichts von einer sogenannten Geschirrspülmaschine, von der Sie viel reden, Roze und Walrabe nichts von der Schlacht im nächsten Jahrhundert. Wenn wir aber doch nichts im voraus wissen können, warum sollen wir dann nachträglich so tun, als könnten wir's? Betrügen wir uns damit nicht selbst?

Ich schließe noch zwei fragende Bemerkungen an. Wenn ich Sie recht verstehe, blieb die Geschichte, wie Sie sie sehen, vom Ende der Steinzeit bis in Ihre eigenen Tage ziemlich gleich. Gewiß, der Pfeffer und die Kartoffel zeitigten Veränderungen – aber welche eigentlich? Es fiel mir auf, daß Sie oft »immer wieder« sagen. Erst 1973, wie der Butt zum zweiten Mal gefangen wurde, tritt die große Wende ein. Ich denke, das ist Selbsttäuschung. Ach, wir Geschicht- und Geschichtenschreiber sollten aufhören, von Wendepunkten zu reden. Ich hab's ja in meinem Buch auch getan, als ich mich zu dem Satz verstieg, »die Geschichte unserer Tage sey doch wirklich entsetzlicher als alles, was uns je erzählt wurde«. Habe ich nicht unrecht bekommen? Sie wissen besser als ich, daß auf 1807/13 für unser Danzig 1939/45 folgte. Sollten wir nicht gelernt haben, daß jede Zeit sich als Wende begreift und keine es ist?

Doch ehe mich der Weltschmerz überwältigt und ich mich ins Sinnieren verliere, erlauben Sie eine letzte, eher ironische Fußnote, noch einmal zur Zeit. Wann denn war August Bebel in Danzig, im Mai achtundneunzig oder im Jahre sechsundneunzig, oder verschlägt es nicht, oder soll Ihr Leser nach sieben Seiten vergessen, was er las? Und wann, mit Verlaub, war Ihr wunderschöner Vatertag? Im Juni 1963? Oder 1962? Oder doch dreiundsechzig? Oder ein Jahr nach dem Mauerbau? Wollen Sie den Leser narren? Nur im Monat bleiben Sie fest: es war im Juni. Der Himmelfahrtstag aber fiel 1962 wie 63 in den Mai, einmal auf den 31., einmal auf den 23., nicht jedoch in den Juni. Bin ich denn ganz im Irrtum, wenn ich derlei auf einen allzu freien Umgang mit der Zeit zurückführe? Vielleicht ist die Chronologie doch mehr als eine Marotte von uns Historikern.

Gewiß, gewiß, all dies tut Ihrem schönen Buch so gut wie keinen Abbruch. Als Betroffenem wie als Kollegen hat es mir viel zu denken gegeben, und ich dachte, ich sollte es mit Ihnen teilen. In meiner Vorrede schrieb ich 1815, daß ich auch nach dem Ruhme gerungen hätte, mit meinem Buche ein Kunstwerk geliefert zu haben, durch die dargestellte dramatische Einheit des Ganzen, durch die Verflechtung der Begebenheiten, durch die Zusammenstellung von Licht und Schatten, durch Contrastirung, Schilderung des Charakters der Zeit und der Personen, vor allem aber dadurch, daß ich treulich und der Wahrheit gemäß erzählte.

Sie haben das gleiche Geschäft besser gemacht. Ich kann mein Kompliment nicht besser fassen als in die obigen Annotationen, die ich Ihrer Aufmerksamkeit und Ihrer wohlwollenden Nachsicht empfehle.

Ich zeichne als Ihr ganz ergebener
Abraham Friedrich Blech

# Nachwort der Herausgeber

Die in diesem Band veröffentlichten Aufsätze stecken den Rahmen der Themen ab, die Eberhard Jäckel in seiner wissenschaftlichen Laufbahn beschäftigt haben. Daß sie nur einen Bruchteil seiner historischen Arbeiten darstellen, zeigt ein Blick in die beigefügte Literaturliste, die wiederum auch nur einen Teil der Veröffentlichungen, wenn auch die wichtigsten, wiedergibt. Zum Jahrgang 1929 gehörend, erlebte Jäckel sowohl die »Verführungen« als auch die Schrecken des »Dritten Reiches«, sei es im Kinderlandverschickungslager, bei Bombenangriffen oder im »letzten Aufgebot« des Nazi-Regimes. Diese intensiv erlebte Zeit seiner Kindheit und Jugend zu verstehen, die Hintergründe für die unzähligen Verbrechen, die im deutschen Namen begangen wurden, zu erforschen und zu erklären, wurde ihm zum Hauptanliegen in seiner Tätigkeit als Historiker. Damit verbunden war das Bestreben, Verdrängungstendenzen in Wissenschaft und Politik, die von vielen Angehörigen der älteren Generation, ja auch von nur wenige Jahre Älteren gepflogen wurden, mit überzeugenden Ergebnissen der Forschung entgegenzutreten und aufklärend zu wirken.

Holte er sich als Neuhistoriker das wissenschaftliche Rüstzeug unter anderem in Göttingen und Tübingen, in Freiburg bei Gerhard Ritter und in Kiel bei Karl Dietrich Erdmann, auf dem Gebiet der Rechtswissenschaft bei Wilhelm G. Grewe, so verschafften ihm Auslandsaufenthalte schon als Student in den USA und in

Frankreich nicht nur eine Ausweitung des historischen Blickwin-
kels, sondern auch zusätzliche Perspektiven in der Beschäftigung
mit der deutschen und europäischen Geschichte. Mit seiner 1955
fertiggestellten Dissertation über Thomas Morus zu Beginn der
Neuzeit, in der es um die Verbindung von Herrschafts- und Ge-
sellschaftsentwürfen und politischem Handeln ging, schlug er
eine thematische Richtung ein, in die später auch seine Forschungen über Hitler und das NS-Regime gehen sollten. Seine Habilita-
tionsschrift »Frankreich in Hitlers Europa« (1966) entstand aus
Forschungen an deutschen und französischen Akten und setzte
eine intime Kenntnis unseres Nachbarlandes voraus.

Seine internationalen Verbindungen baute Jäckel nach seiner
Habilitation 1961 in Kiel weiter aus. Dabei war er nicht nur
»Nehmender«, sondern in vielfacher Weise »Gebender«, dessen
Forschungen über Hitler und den Nationalsozialismus große und
weite Beachtung im In- und Ausland fanden. Es war für ihn nur
natürlich, daß er sich 1962/63 während seiner Gastprofessur in
Chandigarh, Indien, mit Themen der indischen Geschichte, mit
Gandhis Gewaltlosigkeit ebenso wie mit Kautilyas Arthashastra,
der altindischen Staatslehre, die Machiavelli manches vorweg-
nahm, und während einer längeren Vortragsreise in Japan mit der
japanischen Zeitgeschichte beschäftigte. Die späteren Gastprofes-
suren im St. Antony's College in Oxford (1967/68) und an der
Universität von Tel Aviv (1972/73) gaben ihm nicht nur Gelegenheit, die Ergebnisse seiner Forschungen über Hitler und den Nationalsozialismus vorzutragen und zu diskutieren, sondern auch,
neue Anregungen zu gewinnen.

Nachdem er 1967 auf den Lehrstuhl für Neuere Geschichte an
der Universität Stuttgart berufen worden war, blieb er dieser Posi-
tion trotz verlockender anderer Angebote treu, um hier eine große
Anzahl von Schülern um sich zu scharen und die Abteilung für
Neuere Geschichte auf seine Art zu prägen. In seinen Vorlesungen
und Seminaren behandelte er Epochen und Probleme der deutschen, europäischen und der Weltgeschichte von 1789 bis 1945,

wobei bevorzugte Themen die Französische Revolution, die deutsche von 1848/49, die Weimarer Republik und das NS-System waren. Wenn er sein Augenmerk auch auf die Geschichtsschreibung von Marx und Engels lenkte, so deshalb, weil ihn auch hier die Verbindung zwischen theoretischem Entwurf, politischem Handeln und dem Ablauf der Geschichte reizte.

Jäckels Beschäftigung mit der Geschichte des Nationalsozialismus schlug sich in der Edition »Hitler. Sämtliche Aufzeichnungen 1905–1924« (1980), die er mit Axel Kuhn vorbereitete, nieder. Sie ist für jeden, der sich mit Hitler beschäftigt, zu einem unentbehrlichen Werk geworden. In seiner bereits 1969 erschienenen Monographie »Hitlers Weltanschauung«, die 1981 erweitert in zweiter Auflage erschien und in mehreren ausländischen Übersetzungen veröffentlicht wurde, wies Jäckel nach, daß Hitler zwei Ziele über alle opportunistischen und tagespolitischen Ablenkungen hinweg bis zum Ende verfolgte: die Entfernung der Juden und die Eroberung von »Lebensraum im Osten«, und er zeigte auch, wie diese sich in dessen Denken logisch verknüpften. In der Arbeit »Hitlers Herrschaft« (1986) stellt Jäckel dar, wie Hitler nach seinem »Machtantritt« seine Ziele verwirklichte.

In den letzten Jahren hat Jäckel sich einem aus seinen bisherigen Forschungen resultierenden speziellen Thema zugewandt: dem Mord an den europäischen Juden, allgemein unter dem Begriff Holocaust bekannt. Mit der Konferenz über den »Mord an den Juden im Zweiten Weltkrieg – Entschlußbildung und Verwirklichung« gelang es ihm 1984, viele der führenden Forscher aus Israel, den USA und anderen Ländern zur Teilnahme an einer in der Bundesrepublik einmaligen Darlegung von Thesen und zu einem äußerst fruchtbaren Gedankenaustausch zu gewinnen, die in einem 1985 veröffentlichten Buch ihren Niederschlag fanden. Die Konferenz war bereits die dritte zu Themen des Zweiten Weltkriegs; die Zusammenarbeit mit der Bibliothek für Zeitgeschichte und der Stadt Stuttgart erwies sich für die Öffnung der Geschichtswissenschaft zur Allgemeinheit als sehr nützlich.

Jäckel, der sich mit Arbeiten über Probleme der Geschichtswissenschaft sowie mit Editionen zur Schleswig-Frage seit 1945, von Parlamentsdebatten und einer fünfbändigen »Geschichte der Bundesrepublik Deutschland« ein breites Fundament als Neu- und Zeithistoriker geschaffen hatte, trug 1985 als einer der »Gastgeber« und Hauptorganisatoren wesentlich zum Erfolg des Internationalen Historikerkongresses in Stuttgart bei.

Der Geschichtswissenschaft hat Jäckel immer auch eine politisch erzieherische Funktion zugewiesen, die es ihr geradezu gebietet, in die Öffentlichkeit zu wirken. Es war ihm stets bewußt, daß die Republik von Weimar nicht zuletzt daran gescheitert war, daß Legenden, Lügen und Verfälschungen das Geschichtsbild der Öffentlichkeit beeinflußten oder prägten und den Weg ins »Dritte Reich« und damit in die Katastrophe vorbereiteten. Er sah es als eine aus dem Beruf des Historikers erwachsende Verpflichtung an, für Kollegen einzutreten, die aus politischen Gründen diskriminiert wurden. So ergriff er auf dem Internationalen Historikerkongreß in Moskau 1970 öffentlich das Wort für die Historiker, die in der ČSSR aufgrund ihrer Haltung entlassen worden waren und dann verfolgt wurden. Solchem »politischen« Selbstverständnis ist es auch zu verdanken, daß er sich auf die Bitte des damaligen Bundespräsidenten Gustav Heinemann hin an der Schaffung einer Erinnerungsstätte für die Freiheitsbewegungen in der deutschen Geschichte 1974 in Rastatt beteiligte, die das öffentliche Bewußtsein vom demokratischen Erbe stärken helfen sollte. Von solchen Kontakten haben beide Seiten auf ihre Weise Nutzen gezogen: die politische von der Bereicherung durch die historische Dimension, die geschichtswissenschaftliche durch die Verbreitung ihrer Forschungsergebnisse in der Gesellschaft.

Jäckel hat nie das politische Engagement gescheut. Doch – und das ist wichtig zu betonen – hat ihn solches Engagement nie dazu verleitet, sich in seiner Forschung von parteipolitischen Vorstellungen und Zielen lenken und damit einengen zu lassen. Er gehörte mit Günter Grass und anderen zu den Gründern der Sozialdemokratischen Wählerinitiative, um aus politischer Überzeugung und historischer Einsicht einer drohenden Verkrustung des politischen Lebens in der Bundesrepublik entgegenzuwirken.

Wie es ihm gelang, durch eine Fülle von internationalen Kontakten die engen Grenzen Westdeutschlands zu überwinden, so war es ihm ein Anliegen, die Grenzen der historischen Disziplin zu sprengen und die Begegnung mit Vertretern anderer Bereiche zu suchen. Sein Interesse an Literatur und Kunst bewog ihn, den Gedankenaustausch mit Schriftstellern wie Peter Härtling, Günter Grass, Siegfried Lenz und anderen zu pflegen und in Kolloquien im Historischen Institut der Universität Stuttgart über das Historische in deren Romanen mit Studenten diskutieren zu lassen. Daß Jäckel 1973 Mitglied des PEN-Zentrums der Bundesrepublik wurde, war eine von seiten der Schriftsteller erfolgte Anerkennung seiner öffentlichen und weit über die Fachgrenzen hinausgreifenden Einflußnahme auf das kulturelle Geschehen.

Die innere Verpflichtung, als Historiker in die Öffentlichkeit zu wirken, führte zu einer Offenheit gegenüber allen Medien, die sich in vielen Darstellungen Jäckels zeigt, aber auch darin, daß er sich einer beratenden Tätigkeit in Rundfunk und Fernsehen nicht verschloß, wie er sie schon im Verlagsbereich ausübte. Die vielseitigen Aktivitäten und weltweiten Kontakte haben Jäckel nicht davon abgehalten, auch in der nächsten Umgebung seine öffentliche Aufgabe als Historiker wahrzunehmen. In Zusammenarbeit mit Oberbürgermeister Rommel rief er die Historische Gesellschaft in Stuttgart ins Leben, die sich die Aufgabe stellt, im Rathaus einem breiten Publikum Vorträge bekannter Historiker zu bieten.

Wenn wir Eberhard Jäckel zu seinem 60. Geburtstag viel Glück und weiterhin guten Erfolg in seiner Arbeit wünschen, so wissen wir, daß sich uns viele in Wissenschaft und Öffentlichkeit hierzulande wie auswärts anschließen.

Andreas Gestrich, Axel Kuhn, Johannes H. Voigt

# Anhang

# Anmerkungen

## Utopia und Utopie bei Thomas Morus

1 Die vorliegende Arbeit ist aus der Dissertation »Experimentum rationis. Christentum und Heidentum in der ›Utopia‹ des Thomas Morus«
(1955) hervorgegangen.

2 Um nur einige Beispiele zu nennen: Während im Rotteck-Welcker-
schen Staatslexikon (1834–1848) der Begriff der Utopie noch fehlt,
heißt es im »Politischen Handbuch« (1871), unter Utopien verstehe
man jetzt im allgemeinen »alle phantastischen, chimärischen und
idealistischen Vorstellungen von einem seinsollenden, in Wirklichkeit nie existierenden und bestandenen, und auch niemals zu verwirk-
lichenden individuellen, socialen, religiösen oder politischen Leben«
(Bd. 2, S. 620 f.). 1954 definiert das Handbuch der Wissenschafts-
kunde »Universitas litterarum« (hg. von Werner Schuder) Utopien
als »romanhafte Entwürfe einer idealen Ordnung von Staat und
Wirtschaft« (S. 470), und 1955 kennzeichnet das »Wörterbuch der
philosophischen Begriffe« (hg. von Johannes Hoffmeister) die Utopie
als »Bezeichnung für einen als undurchführbar geltenden Weltver-
besserungsplan« (S. 638 f.).

3 Soweit diese Betrachtungsweise allerdings historisch abzuleiten versucht, geht sie immer noch von der Idealbildvorstellung aus. Vgl.
neben »Ideologie und Utopie« dazu Karl Mannheims Artikel »Utopia« in der »Encyclopedia of the Social Sciences« (hg. von Seligman-
Johnson, 1935, Bd. 15) und etwa Tillichs Vorträge »Politische Bedeutung der Utopie im Leben der Völker« (1951), wo es heißt: »Das
Prinzip aller Utopien ist die Negation des Negativen, die Vorstellung
eines Zustandes als etwas, was einmal Gegenwart war oder wieder
einmal Gegenwart sein wird, in dem das Negative der Existenz ne-

giert ist, in dem es noch nicht real war oder in dem es nicht mehr real ist.« (S. 37 f.) Nur selten begegnen ganz neutrale Definitionen, wie sie z. B. Raymond Ruyer zu Beginn seines Buches »L'utopie et les utopies« (1950) gibt: »Une utopie est la description d'un monde imaginaire, en dehors de notre espace ou de notre temps, ou en tout cas, de l'espace et du temps historiques et géographiques. C'est la description d'un monde constitué sur des principes différents de ceux qui sont à l'œuvre dans le monde réel.« (S. 3) Vgl. im übrigen die fast unübersehbare Literatur zu den sogenannten Staatsromanen.

4 Zur Kontroverse um die Interpretation der »Utopia« muß hier auf »Experimentum rationis« (a.a.O. insbes. S. 3–12) verwiesen werden. Als kritische Textausgaben seien genannt die von J. H. Lupton (1895), die von Victor Michels und Teobald Ziegler (1895) und die von Marie Delcourt (1936); eine deutsche Übersetzung stammt von Gerhard Ritter (1922).

5 Wie für alle diese unchristlichen Einrichtungen Utopiens gibt es auch für die Priesterehe außerhalb der »Utopia« keine Äußerung Mores, die sich dafür ausspräche. Dagegen hat er sich mehrfach scharf dagegen gewandt: In »The supplicacion of soules« (1529) nennt er sie »incestuouse + abhominable«, und im »Dialogue Concerning Tyndale« (1528) widmet er dieser Frage ein ganzes Kapitel.

6 Thomas Morus kannte diesen Faktor sehr wohl und weist sogar im ersten Buch der »Utopia« darauf hin: »Nam ut omnia bene sint fieri non potest, nisi omnes boni sint.« Aber in der eigentlichen Staatsbeschreibung ist davon nicht mehr die Rede: Die Utopier sind gut, was Morus sonst für die Menschen verneint, »quod ad aliquot adhinc annos adhuc non expecto«. Hieraus ergibt sich für die »Utopia« der Charakter einer rein gedanklichen Konstruktion ohne Rücksicht auf menschliche Schwächen, das heißt aber ohne Rücksicht auf die Wirklichkeit.

7 Näheres in »Experimentum rationis«, a.a.O. S. 12 ff.

8 Englisch *meate;* damit ist nicht Fleisch im übertragenen Sinn als das Fleischliche, das Sinnliche gemeint, das im Englischen *flesh* heißen würde. »Meat« bedeutet dagegen zunächst ganz allgemein »Speise« und sodann nur insofern »Fleisch«, als es als Speise dient. Morus überträgt das Wort in diesem Sinn bildlich auf die Sphäre des Gesprächs, so daß eindeutig gemeint ist, man habe im Gespräch zunächst Besseres vor sich als das angebotene Essen.

9  Der Bote; Morus schreibt ja an seinen Freund, der ihm den Boten geschickt hatte.

10  Dabei ist folgende weitere Beziehung auffällig: Die Gesprächsteilnehmer der »Utopia« sitzen im Garten auf einer Rasenbank. Dies soll vielleicht, so hat man gemeint, an die Art erinnern, in der Cicero seinen »Brutus« beginnt: »Aber damit das Gespräch leichter vor sich gehe, wollen wir, wenn es beliebt, sitzend verhandeln. Als ihnen dies gefiel, da setzten wir uns auf einer kleinen Wiese bei der Plato-Statue nieder.« Wird hier über Cicero an Plato erinnert, so ist eine andere Anspielung an den Verfasser der »Politeia« viel deutlicher. Zu Beginn der »Politeia« spielt sich nämlich die folgende Begebenheit ab: Sokrates war zum Festzug der Göttin nach dem Piräus gegangen. Auf dem Rückweg nach Athen trifft er Polemarchos, der ihn auf einen Fackelzug aufmerksam macht, der abends der Göttin gebracht werde; Polemarchos lädt ihn ein, so lange in sein Haus zu kommen und bei ihm zu essen. »Wenn wir gegessen haben, gehen wir wieder hin und schauen dem Nachtfest zu.« Sokrates nimmt die Einladung an, und im Hause des Polemarchos beginnt das Gespräch über den Staat; zum Essen kommt es jedoch im Verlaufe des ganzen Gespräches nicht. Während also in der »Utopia« zunächst gegessen wird, enthalten sich die platonischen Gesprächsteilnehmer bis zum Schluß der irdischen Nahrung und gehen dann, ohne gegessen zu haben, auseinander: Der utopische Staat ist sinnenfreudiger und weniger asketisch als der platonische, was ja auch aus beiden Büchern deutlich hervorgeht.

## Begriff und Funktion der Zeitgeschichte

1  Fritz Ernst hatte »Studien zur Rolle der Zeitgeschichte in der Historiographie« angekündigt, aber nicht mehr veröffentlicht. Ders., Zeitgeschehen und Geschichtsschreibung. In: *Die Welt als Geschichte* 17 (1957) S. 137.

2  Heinz Rupp und Oskar Koehler, Historia-Geschichte. In: *Saeculum* 2 (1951) S. 627. Vgl. Karl Keuck, Historia. Geschichte des Wortes und seiner Bedeutungen in der Antike und in den romanischen Sprachen (Diss. phil. Münster 1934).

3  Kurt von Fritz, Die Griechische Geschichtsschreibung. Bd. I (1967) S. 462f. Hermann Bengtson, Einführung in die Alte Geschichte. 6. Aufl. (1969) S. 97.

4 von Fritz (Anm. 3) S. 821.

5 So W. Burkert in Lexikon der Alten Welt (1965) Sp. 1066.

6 Ebd. Sp. 1310.

7 So etwa Rupp/Koehler (Anm. 2) S. 628 und Bengtson (Anm. 3) S. 94.

8 So Friedrich Münzer, Gesichtspunkte zur Beurteilung antiker Geschichtschreibung. In: *Archiv für Kulturgeschichte* 18 (1928) S. 54. So und mit diesen Worten auch Bengtson (Anm. 3) S. 97.

9 Vgl. Herbert Grundmann, Geschichtsschreibung im Mittelalter (1965) sowie die dort angegebene Literatur.

10 So Ernst (Anm. 1) S. 145.

11 Vgl. etwa Eduard Fueter, Geschichte der neueren Historiographie. 3. Aufl. (1936, Reprint 1968).

12 Ernst (Anm. 1) S. 147 ff.

13 Belege bei Fueter (Anm. 11).

14 Vgl. neben Fueter (Anm. 11) Heinz Gollwitzer: Neuere deutsche Geschichtsschreibung. In: Deutsche Philologie im Aufriß, hg. von Wolfgang Stammler. Bd. III. 2. Aufl. (1962) Sp. 2287 ff.

15 Ernst Schulin, Zeitgeschichtschreibung im 19. Jahrhundert. In: Festschrift für Hermann Heimpel. Bd. I (1971) S. 102 ff.

16 Rudolf Vierhaus, Rankes Verständnis der »neuesten Geschichte«. In: *Archiv für Kulturgeschichte* 39 (1957) S. 81 ff.

17 Justus Hashagen, Das Studium der Zeitgeschichte (1915). Ders., Beurteilungsmaßstäbe der Zeitgeschichte. In: *Historische Vierteljahrschrift* 21 (1922/23) S. 444 ff.

18 Vgl. Helmut Heiber, Walter Frank und sein Reichsinstitut für Geschichte des neuen Deutschlands (1966) und August Nitschke, German Politics and Medieval History. In: *Journal of Contemporary History* 3 (1968) S. 75 ff.

19 Am aufschlußreichsten Jacob Grimm und Wilhelm Grimm, Deutsches Wörterbuch. Bd. 15 (1956) Sp. 559 f. Paul E. Geiger, Das Wort »Geschichte« und seine Zusammensetzungen (Diss. phil. Freiburg i. Br. 1908) ist unzulänglich und hat die spätere Literatur oft irregeführt. Vgl. ferner Otto-Ernst Schüddekopf, Zeitgeschichte. In: Grundbegriffe der Geschichte (1964) S. 413 ff.

20 Sigismund von Birken, Ostländischer Lorbeerhaeyn (1657) S. 233.

21 Johann Christian Günther, Sämtliche Werke. Bd. III (1934) S. 53.

22 Daniel Wilhelm Triller, Poetische Betrachtungen. Bd. 4 (1747) S. 414.

23 Caspar Stieler, Teutscher Sprachschatz (1691) Sp. 1747.

24 Johann Friedrich August Kinderling, Über die Reinigkeit der Deutschen Sprache (1795) S. 162.

25 Chrétien Frédéric Schwan, Nouveau Dictionnaire de la langue allemande et française. Bd. 2 (1800) S. 676.

26 Joachim Heinrich Campe, Wörterbuch der deutschen Sprache. Bd. 5 (1811) S. 833.

27 Ebd.

28 Goethe, Benvenuto Cellini. Vorrede.

29 Goethe, Werke. [Sophien-Ausgabe.] Bd. 29 (1891) S. 72.

30 August Wilhelm Schlegel, Vorlesungen über schöne Literatur. In: Deutsche Litteraturdenkmale des 18. und 19. Jahrhunderts. Bd. 19 (1884) S. 176.

31 Ludwig Wachler, Geschichte der Künste und Wissenschaften. Fünfte Abteilung. Bd. 1 (1812) S. 165. Friedrich von Schlegel, Sämmtliche Werke (1846) Bd. 12 S. 264 und Bd. 14 S. 105.

32 Zit. nach Wilhelm Hermanns, P. J. Franz Dautzenberg und sein »Aachener Zuschauer«. In: *Zeitschrift des Aachener Geschichtsvereins* 52 (1930) S. 102.

33 Ebd. S. 155.

34 J. Wolter, Die französische Revolution in Köln. Heft 1 (1815) S. 3.

35 In denselben Zusammenhang mit der Revolution gehört, was Wilhelm von Humboldt am 18. 10. 1810 dem Freiherrn vom Stein schrieb: »Denn wenn irgend etwas aus der Zeitgeschichte und den Umständen klar ist, so ist es, daß das System der stehenden Heere mit dem gut geordneter Milizen, wenn nicht ganz vertauscht, wenigstens verbunden werden muß.« Freiherr vom Stein, Briefe und amtliche Schriften. Hg. von Walther Hubatsch. Bd. 3 (1961) S. 414. Es ist derselbe Wilhelm von Humboldt, der 1821 in seiner Akademie-Vorlesung »Über die Aufgabe des Geschichtsschreibers« weder Wort noch Sache der Zeitgeschichte erwähnte.

36 Justinus Kerner, Das Bilderbuch aus meiner Knabenzeit. (2. Aufl. 1886) S. 74. Neu hg. von Karl Pörnbacher, Das Leben des Justinus Kerner (1967) S. 58.

37 Briefe an seine Tochter Therese vom 9. und 28. 2. 1831. Stein (Anm. 35) Bd. 7 (1969) S. 1062 und S. 1081.

38 Briefe vom 13. 3. und 10. 4. 1838. Leopold von Ranke, Das Briefwerk. Hg. von Walther Peter Fuchs (1949) S. 294 und S. 297. Vgl. Rudolf Vierhaus, Rankes Verhältnis zur Presse. In: *Historische Zeitschrift* 183 (1957) S. 558 f.

39 Joseph von Görres, Gesammelte Schriften. Bd. 6 (1860) S. 503.

40 Friedrich Hebbel, Sämtliche Werke. 3. Abt. 7. Bd. (1907) S. 398.

41 Matthias Schneckenburger, Vorlesungen über Neutestamentliche Zeitgeschichte. Hg. von Theodor Löhlein (1862) S. 1. Die Entstehung des Terminus ist nicht genau datierbar, weil Schneckenburgers Vorlesungen ohne einen entsprechenden Hinweis erst vierzehn Jahre nach seinem Tode erschienen. Der Begriff fand dann rasch Aufnahme; vgl. u. a. Adolf Hausrath, Neutestamentliche Zeitgeschichte (1868) und Emil Schürer, Lehrbuch der Neutestamentlichen Zeitgeschichte (1874). Er erhielt sich bis heute; vgl. u. a. Werner Foerster, Neutestamentliche Zeitgeschichte (1968) und Bo Reicke, Neutestamentliche Zeitgeschichte (2. Aufl. 1968).

42 G. G. Gervinus, Geschichte der Deutschen Dichtung. 2. Bd. (1853) S. 58.

43 Ders., Einleitung in die Geschichte des neunzehnten Jahrhunderts. Hg. von Walter Boehlich (1967) S. 162 und S. 163, vgl. S. 10. Ders., Geschichte des neunzehnten Jahrhunderts. 1. Bd. (1855) S. VII f., 40, 340; 8. Bd. (1866) S. 73 und S. 830.

44 Karl Marx-Friedrich Engels, Werke. Bd. 7 (1964) S. 511; vgl. S. 512 und S. 5 sowie Bd. 21 (1962) S. 248 f. und Bd. 22 (1963) S. 188.

45 Nachdruck (1970) 3. Bd. Sp. 1430.

46 Siehe Anm. 11; übrigens viel häufiger, als im Register verzeichnet.

47 1. Aufl. 1899, 5. und 6. Aufl. 1908, Neudrucke 1914 und 1960.

48 Anm. 17.

49 In: *Archiv für Kulturgeschichte* 19 (1929) S. 183 ff. Wiederabdruck in Gerhard Masur, Geschehen und Geschichte (1971) S. 15 ff.

50 Peter Rassow, Der Historiker und seine Gegenwart (1948). Als Rassow den Vortrag jedoch zwölf Jahre später in der Sammlung »Die geschichtliche Einheit des Abendlandes« (1960) wieder vorlegte, sprach er von »Ausführungen . . ., die zeitgeschichtlicher Natur sind« (S. XI).

51 Hans Rothfels, Bismarck und das neunzehnte Jahrhundert. In: Festschrift für Siegfried A. Kaehler (1950) S. 238. Verkürzter Wiederabdruck in Hans Rothfels, Zeitgeschichtliche Betrachtungen. (2. Aufl. 1963) S. 58.

52 Vgl. Dokumentation der Zeit (1956) Sp. 8980 ff. und Sp. 9385 ff. (zum zehnjährigen Bestehen des Instituts).

53 Jürgen Rohwer, Die Bibliothek für Zeitgeschichte und ihre Aufgaben in der historischen Forschung. In: Festschrift für Wilhelm Hoffmann

(1962) S. 123. Vgl. *50 Jahre Bibliothek für Zeitgeschichte* (1965) S. 23 f. Schon 1934 hatte die Bücherei eine ihrer Abteilungen »Forschungsinstitut für Weltkriegsgeschichte und Zeitgeschichte« genannt, und 1940 hatte ihr Leiter einen Lehrauftrag »für politische Zeitgeschichte« an der Universität Tübingen erhalten; ebd. S. 14 und S. 16. Nach dem Zweiten Weltkrieg galt der alte Name als »belastend«, während man mit dem neuen, der nicht näher begründet wurde, nicht mehr fürchten mußte, »militaristischen Instituten zugeordnet und gleichgeachtet zu werden«; Akten der Bibliothek für Zeitgeschichte, Abt. I–Dc: Denkschriften zur Organisation.

54 Hellmuth Auerbach, Die Gründung des Instituts für Zeitgeschichte. In: *Vierteljahrshefte für Zeitgeschichte* 18 (1970) S. 529 ff.

55 Gerhard Ritter, Die Flüsterparole vom Endsieg. In: *Die Neue Zeitung* (19. 5. 1949) S. 7. Vgl. Auerbach (Anm. 54) S. 540. In einem Brief vom selben Tage an Gerhard Kroll erwähnte Ritter die »historische Forschung zur Zeitgeschichte«; Archiv des Instituts für Zeitgeschichte (IfZ), Registratur.

56 Staatsabkommen Entwurf; Archiv IfZ, ED 105, Bd. 3. Vgl. Auerbach (Anm. 54) S. 541.

57 Auerbach (Anm. 54) S. 541 Anm. 49. Es scheint, als ob Schulin (Anm. 15) S. 106 mit seiner Vermutung recht hätte, das Wort Zeitgeschichte sei nach 1945 deswegen bevorzugt worden, »weil es emotionsfrei klingt«.

58 Archiv IfZ, ED 105, Bd. 2, Bl. 151–157.

59 Archiv IfZ, Registratur: Ergebnisprotokoll über die gemeinsame Sitzung von Kuratorium und Beirat des Instituts für Zeitgeschichte, München, am 17. 5. 1952. Vgl. Auerbach (Anm. 54) S. 552 f.

60 Hans Rothfels, Zeitgeschichte als Aufgabe. In: *Vierteljahrshefte für Zeitgeschichte* 1 (1953) S. 1 ff. Einige Grundgedanken daraus wiederholt in Ders., Zeitgeschichtliche Betrachtungen (Anm. 51) S. 9 ff. Vgl. auch Ders., Die Bewältigung der Gegenwart und die Geschichte. In: *Saeculum* 21 (1970) S. 264 ff. und Ders., Die Zeit, die dem Historiker zu nahe liegt. In: Festschrift für Hermann Heimpel (Anm. 15) Bd. I S. 28 ff.

61 Rothfels, Zeitgeschichte als Aufgabe (Anm. 60) S. 4.

62 Ausnahmen sind nur die genannten Arbeiten von Fritz Ernst (Anm. 1) und Ernst Schulin (Anm. 15).

63 Rothfels, Zeitgeschichte als Aufgabe (Anm. 60) S. 1.

64 Paul Kluke, Aufgaben und Methoden zeitgeschichtlicher Forschung. In: *Europa-Archiv* 10 (1955) S. 7429.

65 Bodo Scheurig, Einführung in die Zeitgeschichte. (2. Aufl. 1970) S. 4.

66 Contemporary history, histoire contemporaine, storia contemporanea, sovremennaja istorija usw. Vgl. Llewellyn Woodward, The Study of Contemporary History. In: *Journal of Contemporary History* 1 (1966) S. 1: »The ›history of our own time‹ is probably the best term, but unfortunately there is no appropriate adjective.«

67 Rothfels, Zeitgeschichte als Aufgabe (Anm. 60) S. 2 und S. 6.

68 Es entspricht jedenfalls dieser Anschauung, wenn Thilo Vogelsang die Zeitgeschichte weiter periodisiert und für die Zeit nach 1945 den Begriff »der ›neueren‹ Zeitgeschichte« prägt. In: *Vierteljahrshefte für Zeitgeschichte* 21 (1973) S. 166.

69 Vgl. Walther Eckermann und Hubert Mohr, Einführung in das Studium der Geschichte. (2. Aufl. 1969) sowie Anm. 52.

70 Martin Heidegger, Der Zeitbegriff in der Geschichtswissenschaft. In: *Zeitschrift für Philosophie und philosophische Kritik* 161 (1916) S. 173 ff. Wiederabdruck in Ders., Frühe Schriften (1972) S. 355 ff.

71 Ernst (Anm. 1) S. 139.

72 Schulin (Anm. 15) S. 104.

73 Institut für Zeitgeschichte, Selbstverständnis, Aufgaben und Methoden der Zeitgeschichte (1972) S. 3.

74 Gerhard Schulz, Bemerkungen zur Zeitgeschichte. In: *Saeculum* 21 (1970) S. 300.

75 Kluke (Anm. 64) S. 7430.

76 Der Ausdruck von Schulz (Anm. 74) S. 297.

77 Jacob Burckhardt, Briefe. Hg. von Fritz Kaphahn (1935) S. 341.

78 Zit. nach Schulin (Anm. 15) S. 109.

79 Jacob Burckhardt, Historische Fragmente. Hg. von Emil Dürr (1957) S. 261.

80 Alan Bullock, Is it Possible to Write Contemporary History? In: On the Track of Tyranny. Hg. von Max Beloff (1960) S. 73.

81 Hermann Heimpel, Der Mensch in seiner Gegenwart. (2. Aufl. 1957) S. 16.

82 E. L. Woodward, Contemporary History: Its Validity. In: *American Historical Review* 57 (1951/52) S. 802.

83 Karl Dietrich Erdmann, Die Geschichte der Weimarer Republik als Problem der Wissenschaft. in: *Vierteljahrshefte für Zeitgeschichte* 3 (1955) S. 1.

84 Vgl. etwa das von Richard Löwenthal und Hans-Peter Schwarz herausgegebene repräsentative Sammelwerk »Die zweite Republik.
   25 Jahre Bundesrepublik Deutschland – eine Bilanz«, dessen Beiträge nur zum geringsten Teil von Historikern stammen.
85 Brief vom 3. 12. 1851. Marx-Engels (Anm. 44) Bd. 27 (1965) S. 379.
86 Marx-Engels (Anm. 44) Bd. 21 (1962) S. 248.

## Zur Politik des Heiligen Stuhls im Zweiten Weltkrieg

1 Alberto Giovannetti, Il Vaticano e la guerra (1960); im folgenden
   zitiert nach der deutschen Übersetzung: Der Vatikan und der Krieg
   (1961).
2 Vgl. S. 16 f. Der offiziöse Charakter ergibt sich aus folgendem: Das
   Buch erschien zunächst in der vatikanischen Verlagsanstalt Libreria
   Editrice Vaticana. Monsignore Bruno Wüstenberg, päpstlicher
   Hausprälat und Beamter in der Zweiten Sektion (ordentliche Angelegenheiten) des päpstlichen Staatssekretariats, schrieb das Vorwort.
   Die deutsche Übersetzung erhielt das Imprimatur. Giovannetti selbst
   ist ebenfalls päpstlicher Hausprälat, seit langem Beamter mit dem
   Titel eines Nuntiaturrates in der Ersten Sektion (außerordentliche
   Angelegenheiten) des Staatssekretariats sowie in anderen hohen Äm-
   tern beim Heiligen Stuhl tätig. Die Personalangaben nach: Annuario
   Pontificio per l'anno 1963 (1963).
3 Außer um einige Ausblicke handelt es sich dabei vor allem um ein
   Kapitel über die Aufnahme diplomatischer Beziehungen zwischen
   Japan und dem Heiligen Stuhl im Jahre 1942, die schon damals in der
   angloamerikanischen Öffentlichkeit heftig umstritten war; vgl.
   S. 234 ff.
4 Vgl. Akten zur deutschen auswärtigen Politik 1918–1945, Serie D
   (1937–1945) (im folgenden abgekürzt ADAP), Bd. I (1950) S. 759 ff.
5 Ebd. S. 838 ff. sowie Giovannetti S. 175 ff.; an beiden Stellen, beinahe
   wörtlich übereinstimmend, auch die kritischen Äußerungen von
   Pius XI. aus diesem Anlaß.
6 ADAP Bd. IV (1951) S. 517 f.; Giovannetti berichtet darüber nicht,
   da er sich nur auf die vatikanischen Akten stützt, die über diesen
   internen deutschen Vorgang vermutlich nichts enthalten.
7 Giovannetti S. 31 f. Diese Einstellung des Papstes erwähnt auch Boris
   Celovsky, Das Münchener Abkommen 1938 (1958), der S. 458

schreibt, nach dem Abschluß des Abkommens habe eine »Welle von Begeisterung ... fast die ganze Welt« ergriffen, und dann fortfährt: »Lediglich der Papst bewahrte seine Ruhe. Seine Friedensbotschaft vom 29. September erwähnte den ›milden und heldenhaften‹ tschechischen Märtyrer St. Wenzeslaus, als ob er zu verstehen geben wollte, daß er nun mit dem Martyrium des tschechischen Volkes rechne.« Vgl. bei Celovsky auch S. 451 Anm. 1.

8 Giovannetti S. 32 f. Die britische Aktenpublikation, Documents on British Foreign Policy 1919–1939, Third Series (im folgenden abgekürzt DBFP), Bd. III (1950) S. 536, erwähnt nur die Tatsache des Besuches beim Papst, nicht jedoch die Äußerungen.

9 Giovannetti S. 35 ff. mit den beiden Texten. Anlaß zu dem päpstlichen Schreiben war der protokollarische Brauch, daß der neugewählte Papst jenen Staatsoberhäuptern seine Wahl anzeigt, die mit dem Heiligen Stuhl diplomatische Beziehungen unterhalten. Giovannetti bemerkt jedoch, daß der Brief von Pius XII. »über die rein protokollarische Form« hinausging, und fährt fort: »In seinem Umfang und den zum Ausdruck kommenden Empfindungen hat er nicht seinesgleichen unter den anderen damals vom Vatikan versandten amtlichen Schreiben.« Den gleichen Eindruck hatte damals auch der deutsche Botschafter beim Heiligen Stuhl, der in einem Telegramm an das Auswärtige Amt hervorhob, die Grundeinstellung des päpstlichen Schreibens sei »erheblich freundlicher« als diejenige des Schreibens, mit dem Pius XI. 1922 Reichspräsident Ebert seine Wahl angezeigt hatte, und er fügte hinzu: »Bemerkenswert ist insbesondere der auch bei dieser Gelegenheit zum Ausdruck gebrachte Verständigungswunsch.« ADAP Bd. IV (1951) S. 525.

10 Giovannetti S. 47 ff.; Bestätigungen und Ergänzungen seiner Schilderung in ADAP Bd. VI (1956) S. 352 ff., DBFP Bd. V (1952) S. 411 ff. sowie, obwohl weniger ergiebig, I Documenti diplomatici italiani (im folgenden abgekürzt DDI), Ottava Serie, Bd. XII (1952) passim.

11 Der britische Außenminister bemerkte am 5. Mai 1939, »that the principal difficulty in the proposal of His Holiness would come from those who would detect in it an introduction to what they would fear might be another ›Munich‹ conference«. DBFP a.a.O. S. 440.

12 Giovannetti S. 64.

13 Ebd. S. 71 und 94 ff.; vgl. DBFP Bd. VII (1954) S. 182 f., S. 227 und S. 253 ff. mit englischer Übersetzung der Rede.

14 Giovannetti S. 103 ff.

15 Ebd. S. 106, wo es heißt, der Vorschlag sei dem Nuntius in Berlin am 29. August »zum eventuellen Gebrauch« zur Kenntnis gebracht worden. Es läßt sich weder feststellen, von wem der Vorschlag stammte, noch ob der Nuntius davon Gebrauch machte. Er sprach zwar an diesem Tage im Auswärtigen Amt vor, jedoch anscheinend nur, um an eine Geheimabmachung des Konkordats zu erinnern, der zufolge gewisse Kategorien von katholischen Geistlichen und Studenten von der Gestellung im Mobilmachungsfalle befreit werden sollten. ADAP Bd. VII (1956) S. 356.

16 Giovannetti S. 107 ff. Von dem Schritt wurde auch der britische Vertreter beim Heiligen Stuhl unterrichtet, vgl. DBFP Bd. VII (1954) S. 403 f. Die italienische Aktenpublikation (DDI) schweigt sich über den Vorgang aus.

17 Giovannetti S. 109 Anm. 2. Am 31. August richtete der Papst einen letzten Appell zum Frieden an Deutschland und Polen; der Text findet sich gleichlautend bei Giovannetti S. 110, ADAP a.a.O. S. 384, DDI Ottava Serie Bd. XIII (1953) S. 310 und DBFP a.a.O. S. 448. –
Eine britische Anregung, der Vatikan möge in Polen eine aus Geistlichen oder Laien bestehende Kommission zur Überprüfung der Meldungen über deutsch-polnische Zwischenfälle ernennen, lehnte der Vatikan am selben Tage mit folgender Begründung ab: »The idea of sponsoring a neutral solution is entirely contrary to their [des Vatikans] principle of avoiding any political initiative or any action involving pronouncement on the merits of a political issue. They [der Vatikan] also apprehend that only result would be to irritate the German Government and react against the interests of forty million German Catholics.« DBFP a.a.O. S. 402 und 452 f.

18 Giovannetti S. 118.

19 Ebd. S. 121. Die schriftliche Verbreitung der Enzyklika wurde in Deutschland polizeilich verhindert; so Martin Broszat, Nationalsozialistische Polenpolitik 1939–1945 (1961) S. 159 Anm. 1.

20 Giovannetti S. 126 ff. Die Aufzeichnung von Orsenigos Gesprächspartner im Auswärtigen Amt zitiert bei Broszat a.a.O. S. 40.

21 Giovannetti S. 133. Eine eingehende Schilderung der deutschen Kirchenpolitik in Polen bei Broszat a.a.O. S. 157 ff. Vgl. auch Bernhard Stasiewski, Die Kirchenpolitik der Nationalsozialisten im Warthegau 1939–1945, *Vierteljahrshefte für Zeitgeschichte* 7 (1959) S. 46 ff.

22 Giovannetti S. 145 Anm. 1. Da es hier darauf ankommt, das von

Giovannetti entworfene Bild nachzuzeichnen, wird der *Osservatore Romano* nur an den Stellen zitiert, die auch ihm für ein Zitat bedeutsam genug erschienen.

23　Ebd. S. 145 f. Anm. 1.

24　Ebd. S. 200 f.

25　Ebd. S. 205 f.

26　Ebd. S. 206 ff. Dort sind sowohl der nicht veröffentlichte Protest wie die drei Telegramme im Wortlaut abgedruckt. In dem Protest hatte es geheißen: »Wir sprechen den so hart geprüften Völkern unsere tiefe Sympathie und unser tiefes Mitgefühl aus und empfehlen der unendlichen Güte Gottes die unschuldigen Opfer, wobei wir nicht umhin können, die Verletzung des internationalen Rechts und des Naturrechts zu bedauern, Verletzungen, welche, woher immer sie kommen, Schreckenstaten sind, die die Herzen aller Rechtdenkenden mit unsäglicher Trauer erfüllen.« In dem Telegramm an den belgischen König heißt es: »In dem Augenblick, in welchem zum zweitenmal gegen seinen Willen und gegen sein Recht das belgische Wort sein Gebiet der Grausamkeit des Krieges ausgesetzt sieht, senden Wir Ew. Majestät und auch der ganzen Nation, die Wir so sehr lieben, tiefbewegt die Versicherung Unserer väterlichen Zuneigung.« Ähnlich lautet der Text an die holländische Königin: »Sehr bewegt erfahre ich, daß die Friedensanstrengungen Ew. Majestät Deren edles Volk nicht davor haben bewahren können, gegen den eigenen Willen und das eigene Recht zum Kriegsschauplatz zu werden ...« Und an die Großherzogin von Luxemburg: »In diesem schmerzvollen Augenblicke, da das luxemburgische Volk trotz seiner Friedensliebe sich in das Kriegsunwetter mit hineingerissen sieht ...«

27　Ebd. S. 209.

28　Giovannetti widmet dieser Frage ein besonderes Kapitel, S. 260 ff.

29　Ebd. S. 300 f.

30　Ebd. S. 307.

31　Ebd.

32　Ebd. S. 308.

33　Ebd.

34　Ebd. Dieser Schlußsatz bezieht sich auf die Gesamtheit der päpstlichen Bemühungen, Rom zur Offenen Stadt erklären zu lassen, vom 10. Juni 1940 bis zum 4. Juni 1944.

35　Ebd. S. 160.

36　Ebd. S. 298.

37 Ebd. S. 286.
38 Ebd. S. 23 f.
39 Nürnberger Dokument PS-137, Der Prozeß gegen die Hauptkriegsverbrecher, Bd. XXV (1947) S. 230 f. – Zur Literatur vgl. etwa Jean
   Cassou, Le Pillage par les Allemands des œuvres d'art et des biblio-
   thèques appartenant à des Juifs en France, Recueil de documents
   (1947); Hildegard Brenner, Die Kunstpolitik des Nationalsozialismus (1963). S. 142 ff. Zur »Hohen Schule« Léon Poliakov und Josef
   Wulf, Das Dritte Reich und seine Denker (1959) S. 127 ff.
40 Vgl. Edward Crankshaw, Die Gestapo (1959) S. 86 f.
41 Heydrich und mit ihm die anderen mit der Angelegenheit befaßten
   deutschen Behörden schreiben den Namen des Kardinals fortgesetzt
   falsch.
42 Zum Adressaten des Briefes von Kardinal Tisserant siehe weiter unten.
43 Bundesarchiv, Bestand Reichskanzlei/Frankreich, R 43 II/1440 a.
44 Ebd.
45 Vgl. das Wappen des Kardinals Tisserant in Annuario Pontificio per
   l'anno 1963 (1963) S. 33.
46 Vgl. insbesondere Annuario Pontificio per l'anno 1940 und 1941
   (1940 und 1941) sowie die anderen Jahrgänge und Who's Who 1963
   (1963).
47 Auf deutscher Seite scheint sich bemerkenswerterweise überhaupt
   niemand dafür interessiert zu haben, an wen der Brief gerichtet war.
48 In etwas freier Abwandlung der für Kardinäle vorgeschriebenen lateinischen Formel »Eminentissimus et Reverendissimus Dominus«.
49 Das Kirchenrecht verpflichtet die Kardinäle sogar dazu, mit Personen, die ihnen diesen Titel nicht beilegen, nicht zu verkehren und
   Briefe, die den Titel nicht enthalten, nicht anzunehmen. Paul Hin-
   schius, System des katholischen Kirchenrechts, Bd. I (1959) S. 357
   Anm. 7.
50 Vgl. insbesondere Annuario Pontificio per l'anno 1940 und 1941
   (1940 und 1941) sowie die anderen Jahrgänge.
51 Vgl. Walther Hofer, Die Entfesselung des Zweiten Weltkrieges
   (1960) S. 176 ff.
52 DBFP Bd. VII (1954) S. 308.
53 DDI Bd. XIII (1953) S. 218 und ADAP Bd. VII (1956) S. 295.
54 Helmut Krausnick, Hitler und die Morde in Polen, *Vierteljahrshefte
   für Zeitgeschichte* 11 (1963) S. 196 ff. Vgl. auch Broszat (Anm. 19).

55 Berthold Lautenschläger, Ahnentafel des Stellvertreters des Führers Reichsminister Rudolf Heß (1936) S. 9; die darin enthaltenen Angaben wurden im wesentlichen bestätigt und hinsichtlich der Religionszugehörigkeit ergänzt durch freundliche Auskünfte an den Vf. vom Standesamt der Stadt Hof vom 8. 10. 1963 sowie vom Evang.-Luth. Kirchengemeindeamt – Registeramt – Hof vom 12. 10. 1963.

56 Ebd.

57 Discours de Sa Sainteté le Pape Pie XII au Xème Congrès international des sciences historiques, 7 Septembre 1955, (1955) S. 23.

58 Leopold von Ranke, Die römischen Päpste in den letzten vier Jahrhunderten, Vorrede (1834), über eine eventuelle Öffnung der vatikanischen Archive, die ihm verschlossen geblieben waren und die jedenfalls für die älteren Geschichtsepochen 1881 durch Papst Leo XIII. geöffnet wurden.

59 Bundesarchiv, wie Anm. 43. Eingangsstempel und Marginalien werden nicht mitveröffentlicht. Zur Interpretation s. o.

60 Wie Anm. 41.

61 Joseph Georges (1875–1951), französischer General, 1935 Gehilfe des Generals Gamelin, 1939 Oberbefehlshaber der alliierten Truppen im Nordosten Frankreichs.

62 Henri-Marie-Alfred Baudrillart (1859–1942), französischer Geistlicher und Historiker, 1935 Kardinal, während des Ersten Weltkrieges mit bedeutenden französischen Propagandamissionen im Ausland beauftragt; so Larousse du XXe siècle (o. J., 1958).

63 Francesco Marchetti-Selvaggiani (1871–1951), italienischer Geistlicher, 1930 Kardinal, während des Ersten Weltkrieges im diplomatischen Dienst des Heiligen Stuhls tätig, woraus sich der Irrtum Heydrichs erklären mag.

64 Bundesarchiv, wie Anm. 43. Die Photokopie enthält keinerlei Randbemerkungen oder dgl. Zur Interpretation s. o.

65 Wie Anm. 62.

66 S. E. = Son Excellence.

67 Gemeint sind vermutlich französische Nonnen und Mönche, die das päpstliche Staatssekretariat und der Apostolische Nuntius bei der italienischen Regierung trotz des Kriegsausbruchs zum Verbleiben in Italien überredet hatten.

68 Gemeint: les Italiens.

69 N. S. (J. C.) = Notre Seigneur (Jésus-Christ) = Unser Herr (Jesus Christus).

70 Übersetzung des Herausgebers. Zur Interpretation s. o.
71 Wie Anm. 62.
72 S. E. = Seine Exzellenz.
73 Wie Anm. 67.
74 Gemeint: die Italiener.

## Die deutsche Kriegserklärung an die Vereinigten Staaten vom Dezember 1941

1 Aufzeichnung des Gesandten Schmidt vom 11. 12. 1941, in: Akten zur deutschen auswärtigen Politik 1918–1945, Serie D: 1937–1941 (im folgenden abgekürzt: ADAP), Band XIII.2 (1970) S. 817; die Erklärung S. 812 f.
2 Max Domarus (Hg.), Hitler – Reden und Proklamationen 1932–1945, Band II (1963) S. 1794 ff.
3 ADAP, a.a.O. S. 813.
4 Schon aus Platzmangel wird jedoch im folgenden eine Auseinandersetzung mit abweichenden Forschungsergebnissen und Meinungen grundsätzlich vermieden.
5 Vgl. Eberhard Jäckel, Hitlers Weltanschauung (1969); Axel Kuhn, Hitlers außenpolitisches Programm (1970).
6 ADAP, Band I (1950) S. 135.
7 Generaloberst (Franz) Halder, Kriegstagebuch, Band II (1963) S. 49.
8 ADAP Band XI.1 (1964) S. 175 f.
9 Kriegstagebuch des Oberkommandos der Wehrmacht, Band I (1965) S. 328.
10 Walther Hubatsch (Hg.), Hitlers Weisungen für die Kriegführung 1939–1945 (1962) S. 103 f.
11 Vgl. die neueste Darstellung von Peter Herde, Pearl Harbor (1980).
12 Aufzeichnungen des Gesandten Schmidt über die Unterredungen zwischen Hitler und Matsuoka vom 27. 3. und 4. 4. 1941, in: ADAP, Band XII.1 (1969) S. 317 ff. und 374 ff.
13 Andreas Hillgruber, Japan und der Fall »Barbarossa«. Japanische Dokumente zu den Gesprächen Hitlers und Ribbentrops mit Botschafter Oshima von Februar bis Juni 1941, in: *Wehrwissenschaftliche Rundschau* 18 (1968) S. 312 ff.; auch in: Ders., Deutsche Großmacht und Weltpolitik im 19. und 20. Jahrhundert (1977) S. 223 ff. Hier zitiert nach der Erstveröffentlichung S. 329.

14　A.a.O. S. 335.

15　A.a.O. S. 332.

16　Leonidas E. Hill (Hg.)., Die Weizsäcker-Papiere 1933–1950 (1974) S. 258.

17　Gerhard Wagner (Hg.), Lagevorträge des Oberbefehlshabers der Kriegsmarine vor Hitler 1939–1945 (1972) S. 263. – »Barbarossa« war der Deckname für den Angriff auf die Sowjetunion.

18　Nobutaka Ike (Hg.), Japan's Decision for War. Records of the 1941 Policy Conferences (1967) S. 60 ff.

19　ADAP, Band XIII.1 (1970) S. 34.

20　Wagner, a.a.O. S. 265.

21　A.a.O. S. 264.

22　ADAP, a.a.O. S. 95.

23　Aufzeichnung des Gesandten Hewel, in: ADAP, Band XIII.2 (1970) S. 834.

24　Wagner, a.a.O. (Anm. 17) S. 286.

25　Halder, a.a.O. (Anm. 7), Band III (1964) S. 219.

26　ADAP, Band XIII.1 (1970) S. 413.

27　ADAP, Band XIII.2 (1970) S. 497 und 499.

28　A.a.O. S. 547.

29　A.a.O. S. 586.

30　Telegramm an die Botschaft in Tōkyō, a.a.O. S. 623.

31　A.a.O. S. 653 und 610 Anm. 4.

32　Botschafter Kurusu Saburō war Anfang November zu den Verhandlungen nach Washington zusätzlich entsandt worden.

33　ADAP, a.a.O. S. 653.

34　A.a.O. S. 652.

35　A.a.O. S. 660.

36　A.a.O. S. 665.

37　Ike, a.a.O. (Anm. 18) S. 241 f.

38　Ebd.

39　ADAP, a.a.O. S. 698.

40　Aufzeichnung ohne Unterschrift, a.a.O. S. 708 ff.

41　Intercepted Diplomatic Messages Sent by the Japanese Government between July 1 and December 8, 1941. Printed for use of Joint Committee on Investigation of Pearl Harbor Attack, 79th U.S. Congress. Hier zitiert nach: Der Prozeß gegen die Hauptkriegsverbrecher vor dem Internationalen Militärgerichtshof, Nürnberg (1949), Band XXXV S. 320 ff.

42 Ein Vergleich der deutschen Aufzeichnung mit dem angeblichen Telegramm erweist auch im übrigen Text beträchtliche Unterschiede. Dafür sind verschiedene Gründe denkbar, die hier jedoch unerörtert bleiben, da sie für unseren Zusammenhang unerheblich sind. Ausnahmsweise sei angemerkt, daß das Telegramm in der bisherigen Forschung durchweg als den Tatsachen entsprechend angesehen wird.

43 Aufzeichnung des Gesandten Schmidt, in: ADAP, a.a.O. S. 736.

44 Telegramm des Botschafters Ott an das Auswärtige Amt, a.a.O. S. 738.

45 Ike, a.a.O. (Anm. 18) S. 260 f.

46 Vermutlich als Folge von Aktenvernichtungen kurz vor dem Kriegsende.

47 Telegramm des deutschen Botschafters in Rom, der um 12.30 Uhr von Ciano unterrichtet worden war, an das Auswärtige Amt, in: ADAP, a.a.O. S. 765 ff.

48 Aussagen vor dem Internationalen Militärgerichtshof für den Fernen Osten, a.a.O. S. 767.

49 Zum tatsächlichen Verlauf der Verhandlungen vgl. Herde (Anm. 11).

50 Galeazzo Ciano, L'Europa verso la catastrofe (1948) S. 696.

51 Wie Anm. 48.

52 Dies ist verschiedentlich belegt, so in einem Bericht des Chefs des Generalstabes der Heeresgruppe Süd, des Generals Georg von Sodenstern, zitiert von: Guenther Blumentritt, Von Rundstedt. The Soldier and the Man (1952) S. 114.

53 Kronzeuge Linge berichtet, United Press und Zeitschrift *Revue* (1955/56), Folge III, zitiert nach: Domarus, a.a.O. (Anm. 2) S. 1788. In einer späteren Buchfassung seiner Erinnerungen – Heinz Linge, Bis zum Untergang (1980) – ist diese Schilderung nicht enthalten.

54 Aufzeichnung des Botschafters in Rom, in: ADAP, a.a.O. S. 781 ff.

55 A.a.O. S. 779 f.

56 Wie Anm. 54 S. 781.

57 Hill, a.a.O. (Anm. 16) S. 278 f.

58 ADAP, a.a.O. S. 799 f.

59 Domarus, a.a.O. S. 1793.

60 Wagner, a.a.O. (Anm. 17) S. 327.

61 ADAP, a.a.O. S. 813 Anm. 6.

62 Telegramm des Botschafters in Tōkyō an das Auswärtige Amt, a.a.O.

S. 807 f. Tōgō wünschte im Artikel 3 die Einfügung des Wortes »auch« nach »werden«, ferner eine nähere Begriffsbestimmung der »gerechten Neuordnung« etwa durch den Zusatz »im Sinne des Dreimächtepakts« und schließlich im Artikel 4 eine Befristung des Abkommens entsprechend dem Dreimächtepakt sowie einen Zusatz, »wonach die Vertragspartner vor dem Ablauf des Vertrages die Fortführung der Zusammenarbeit vereinbaren sollen«. Alle diese Zusätze wurden in den endgültigen Text aufgenommen.

63 Telegramm des Reichsaußenministers an die Botschaft in Tōkyō, a.a.O. S. 811 f. Ebd., Anm. 3, ein Verweis auf die Vollmacht.

64 A.a.O. S. 812 f.

65 RGBl. 1942 II S. 131 ff. vom 13. 2. 1942. In der vorangestellten Bekanntmachung vom 31. 1. 1942 findet sich die Bezeichnung »Abkommen zwischen Deutschland, Italien und Japan über die gemeinsame Kriegführung gegen die Vereinigten Staaten von Amerika und England«. Die Bezeichnung »Nichtsonderfriedensvertrag« entstand erst später.

66 Einer von mancherlei Hinweisen auf derartige Überlegungen findet sich in einer Notiz von Weizsäckers vom 21. 10. 1941, Hill a.a.O. (Anm. 16) S. 274: »›Wir‹ erwarten von dem neuen Kabinett Tojo nicht viel, hätten sogar beinahe eine gewisse Sorge, wenn es den Krieg mit Rußland eröffnete. Denn: wenn Rußland nun zusammenbricht und England mit uns Frieden machen will, könnte Japan uns nur hinderlich sein.«

## Geschichtliche Grundlagen der Bundesrepublik Deutschland

1 Tony Sharp, The Wartime Alliance and the Zonal Division of Germany (1975). Lord Strang, Home and Abroad (1956) S. 212 ff. Gladwyn Jebb, Halfway to 1984 (1966) S. 9 f. Sir Frederick Morgan, Overture to Overlord (1950) S. 106 ff.

Der Eintritt Japans und Deutschlands
in die Weltpolitik

1 Otto von Bismarck, Die gesammelten Werke, Bd. 8 (1926) S. 64f.
   (nach einer japanischen Niederschrift).
2 Delmer M. Brown, Nationalism in Japan. An Introductory Historical
   Analysis (2. Aufl. 1971) S. 68 und 75.
3 Nobutaka Ike, Triumph of the Peace Party in Japan in 1873, in: *Far
   Eastern Quarterly,* Bd. 2 (1942/43), S. 286ff.
4 Bismarck, a.a.O. (Anm. 1), Bd. 7 (1924) S. 503.
5 Vgl. Reinhard Bendix, Preconditions of Development. A Comparison of Japan and Germany, in: R. P. Dore (Hg.), Aspects of Social
   Change in Modern Japan (1967) S. 27–68; sowie Kentarō Hayashi,
   Japan and Germany in the Interwar Period, in: James William Morley (Hg.), Dilemmas of Growth in Prewar Japan (1971) S. 461–488.
6 Vgl. David S. Landes, Japan and Europe. Contrasts in Industrialization, in: William W. Lockwood (Hg.), The State and Economic Enterprise in Japan. Essays in the Political Economy of Growth (1965)
   S. 93–182; dt.: Die Industrialisierung in Japan und Europa. Ein Vergleich, in: Wolfram Fischer (Hg.), Wirtschafts- und sozialgeschichtliche Probleme der frühen Industrialisierung (1968) S. 29–117.
7 Vgl. Helmut Böhme, Deutschlands Weg zur Großmacht. Studien
   zum Verhältnis von Wirtschaft und Staat während der Reichsgründungszeit 1848–1881 (3. Aufl 1974).
8 Vgl. W. G. Beasley, The Meiji Restoration (1972).
9 Ich habe meine Auffassung näher begründet in: Geschichtliche
   Grundlagen des gegenwärtigen Deutschland, in: Alfred Grosser u. a.,
   Wirtschaft, Gesellschaft, Geschichte (1974) S. 1–42.
10 Vgl. William W. Lockwood, The Economic Development of Japan.
   Growth and Structural Change (2., erw. Aufl. 1968) S. 5 ff.
11 Einen Überblick über diese Interpretationen gibt James William
   Morley in dem von ihm herausgegebenen Sammelband: Dilemmas of
   Growth in Prewar Japan, a.a.O. (Anm. 5) S. 18 ff.
12 G. C. Allen, A Short Economic History of Modern Japan 1867–1937
   (1972) S. 24 f.
13 John Whitney Hall, Das Japanische Kaiserreich (1968) S. 260.
14 Vor allem nach Beasley and Hall, a.a.O. (Anm. 8 und 13).
15 So etwa Yasushi Yamaguchi, Faschismus als Herrschaftssystem in
   Deutschland und Japan. Versuch eines Vergleichs, in: Tradition und

Neubeginn. Internationale Forschungen zur deutschen Geschichte im 20. Jahrhundert (1975); daraus auch die Zitate, S. 431.

16 Vgl. George W. F. Hallgarten, Imperialismus vor 1914. Die soziologischen Grundlagen der Außenpolitik europäischer Großmächte vor dem Ersten Weltkrieg, 2 Bde. (2. Aufl. 1963), bes. Bd. 1, S. 160 ff.

17 Walt W. Rostow, The Stages of Economic Growth (1960); dt.: Stadien wirtschaftlichen Wachstums. Eine Alternative zur marxistischen Entwicklungstheorie (1961).

18 Lockwood, a.a.O. (Anm. 10) S. 55.

19 Allen, a.a.O. (Anm. 12) S. 228.

20 Gustav Stolper, Deutsche Wirtschaft seit 1870 (1964) S. 34; sowie Allen a.a.O. (Anm. 12) S. 231.

21 Lockwood, a.a.O. (Anm. 10) S. 17 f.

22 Vgl. etwa die folgenden neueren Arbeiten mit weiterführenden Literaturangaben: Joyce C. Lebra (Hg.), Japan's Greater East Asia Co-Prosperity Sphere in World War II (1975); Norman Rich, Hitler's War Aims, 2. Bde. (1973/74); Glen St. J. Barclay, The Rise and Fall of the New Roman Empire. Italy's Bid for World Power 1890–1943 (1973).

## Grundtatsachen der Geschichte Algeriens

1 H. Gmelin, Die Verfassungsentwicklung von Algerien (1911), Anhang S. 5; vgl. auch G. Esquer, Histoire de l'Algérie 1830–1957 (2. Aufl. 1957) S. 27.

2 Dies ist jedenfalls die verbreitetste, auf Ibn Chaldun zurückgehende Definition; die Grenzen im Süden und Osten sind nicht ganz unbestritten. Vgl. N. Barbour, A Survey of North West Africa (1959) S. 1 f. und F. W. Fernau, Arabischer Westen (1959) S. 10 f.

3 Vgl. G.-H. Bousquet, Les Berbères, Histoire et Institutions (1957); die Berber selbst nennen sich allgemein *Imazighen,* ihren heute gebräuchlichen Namen, der lateinischen Ursprungs ist (*barbari*), haben ihnen die Araber gegeben.

4 Und von ungefähr 2 bzw. 45 Prozent der tunesischen bzw. marokkanischen Bevölkerung (Zweisprachigkeit ist jedoch häufig), woraus ersichtlich ist, daß die Arabisierung von Osten nach Westen hin abnimmt.

5 Heute leben in Algerien etwa 140 000 Juden. Sie sind etwa zur Hälfte berberischen Ursprungs und wurden von nach der Zerstörung Jeru-

salems (70 n. Chr.) ins Land gekommenen Flüchtlingen zum mosaischen Glauben bekehrt. Der Rest stammt von 1492 aus Spanien
vertriebenen Juden ab. 1870 wurden sie durch das Dekret Crémieux
zu französischen Bürgern erklärt und sind heute stark assimiliert.

6 Memorandum der Provisorischen Regierung der Algerischen Republik, Die völkerrechtlichen Grundlagen des Algerischen Staates
(o. J.).

7 Diese Forschungen stoßen allerdings wegen der weiter unten erwähnten Zerstörung der türkischen Akten, wie wenig es auch von ihnen
gegeben haben mag, auf besondere Schwierigkeiten.

8 Vgl. für die Zeit seit 1830 neben den bereits genannten Werken von
Esquer und Gmelin vor allem die einzige neuere Monographie in
deutscher Sprache: Th. Oppermann, Die algerische Frage, Rechtlich-
politische Studie (1959).

9 Vgl. die Statistiken bei Oppermann a.a.O. S. 20 ff. sowie Esquer
a.a.O. S. 37 und 52.

10 Oppermann a.a.O. S. 33.

11 Vielleicht verdient hier zur Verdeutlichung angemerkt zu werden,
daß Tunesien und Marokko niemals Teile Frankreichs oder französische Kolonien, sondern von 1881 bzw. 1912 bis 1956 französische
Protektorate waren.

12 Vgl. dazu neuestens Ost-Probleme 12. Jg. (1960) S. 105 ff.

13 Der Ausdruck nach Fernau a.a.O. S. 79.

# Quellennachweise

Aufklärung als Aufgabe – Rede vom 11. Dezember 1988 bei einer Veranstaltung des Zweiten Deutschen Fernsehens in Frankfurt anläßlich des zehnjährigen Bestehens des Aspekte-Literaturpreises, bisher unveröffentlicht.

Utopia und Utopie. Zum Ursprung eines Begriffs – In: *Geschichte in Wissenschaft und Unterricht* 7 (1956) S. 655–667.

»Dio« und »fortuna« bei Machiavelli – Probevorlesung im Habilitationsverfahren vor der Philosophischen Fakultät der Christian-Albrechts-Universität Kiel vom 1. November 1961, bisher unveröffentlicht.

Niccolò Machiavelli und Thomas Morus – Vortrag vor einer Fachkonferenz für Philosophielehrer im Auftrag des Kultusministeriums des Landes Nordrhein-Westfalen in Bad Oeynhausen vom 30. Januar 1962, wiederholt am 30. Mai 1962, bisher unveröffentlicht.

Faktisches Prius und kausaler Nexus. Trübes Verwirrspiel um den Mord an den Juden. Unter dem Titel »Die elende Praxis der Untersteller. Das Einmalige der nationalsozialistischen Verbrechen läßt sich nicht leugnen« in: *Die Zeit,* 12. 9. 1986, S. 3, auch in: »Historikerstreit«. Die Dokumentation um die Einzigartigkeit der nationalsozialistischen Judenvernichtung, München 1987, S. 115–122.

Die Deutschen und ihre Geschichte – Vortrag auf der Jahrestagung der Gustav-Heinemann-Initiative in Rastatt vom 22. Mai 1987, gekürzt veröffentlicht in: *Frankfurter Rundschau,* 6. 6. 1987, S. 12, ganz veröffentlicht in: Titus Häussermann u. Horst Krautter (Hg.), Die Bundesrepublik und die deutsche Geschichte, Stuttgart 1987, S. 6–21.

Nähe und Ferne der Hitlerzeit – Rede zur Eröffnung der Ausstellungs-
reihe »Stuttgart im Dritten Reich« vom 13. August 1982, veröffentlicht
in: *Amtsblatt der Stadt Stuttgart,* 19. 8. 1982, S. 5–6, und als Beilage zum
Katalog der ersten Ausstellung.

Krieg und Frieden im 20. Jahrhundert. Historische Betrachtungen zur
Friedenssicherung – Vortrag am Dies academicus der Universität Augsburg vom 15. Juli 1987, gekürzt veröffentlicht in: *UniPress.* Zeitschrift
der Universität Augsburg 4/1987 S. 14–20, auch in: *S + F Vierteljahres-
schrift für Sicherheit und Frieden* 6 (1988) S. 90–94.

Über den Umgang mit Vergangenheit – In: Die Grenzen sprengen.
Edzard Reuter zum Sechzigsten [Festschrift], Berlin 1988, S. 295–309.

Begriff und Funktion der Zeitgeschichte – In: Eberhard Jäckel und Ernst
Weymar (Hg.), Die Funktion der Geschichte in unserer Zeit [Festschrift
für Karl Dietrich Erdmann zum 29. April 1975], Stuttgart 1975,
S. 162–176.

Zur Politik des Heiligen Stuhls im Zweiten Weltkrieg. Ein ergänzendes
Dokument – In: *Geschichte in Wissenschaft und Unterricht* 15 (1964)
S. 33–46.

Die deutsche Kriegserklärung an die Vereinigten Staaten von 1941 – In:
Friedrich J. Kroneck und Thomas Oppermann (Hg.), Im Dienste
Deutschlands und des Rechtes. Festschrift für Wilhelm G. Grewe zum
70. Geburtstag am 16. Oktober 1981, Baden-Baden 1981, S. 117–137.

Wenn der Anschlag gelungen wäre … – Vortrag in einer Sendereihe des
Süddeutschen Rundfunks, veröffentlicht in: Hans Jürgen Schultz (Hg.),
Der zwanzigste Juli. Alternative zu Hitler? Stuttgart 1974, S. 69–76.

Hitlers Herrschaft in der deutschen Geschichte – Vortrag, der in verschiedenen Fassungen zuerst 1984 an der University of Maryland, 1987 an der
Hebräischen Universität in Jerusalem und dann auch an mehreren deutschen Universitäten gehalten wurde; in der vorliegenden Form bisher
unveröffentlicht.

Geschichtliche Grundlagen der Bundesrepublik Deutschland – In: Karl
Dietrich Bracher, Theodor Eschenburg, Joachim C. Fest, Eberhard Jäckel
(Hg.), Geschichte der Bundesrepublik Deutschland. Band 1: Theodor
Eschenburg, Jahre der Besatzung 1945–1949, Stuttgart 1983, S. 9–17.

Der Eintritt Japans und Deutschlands in die Weltpolitik. Unter dem Titel »Der gleichzeitige Eintritt in die Weltpolitik« in: Arnulf Baring u. Masamori Sase (Hg.), Zwei zaghafte Riesen? Deutschland und Japan seit 1945, Stuttgart 1977, S. 38–57.

Gandhi als indischer Politiker. Ein Diskussionsbeitrag – In: Mahatma Gandhi 1869/1969, Bonn 1969, S. 15–23, auch in: *Die Neue Gesellschaft* 16 (1969) S. 494–498.

Grundtatsachen der Geschichte Algeriens – In: *Geschichte in Wissenschaft und Unterricht* 11 (1960) S. 216–229.

Gerhard Ritter – Historiker in seiner Zeit – In: *Geschichte in Wissenschaft und Unterricht* 18 (1967) S. 705–715.

Thomas Mann und die deutsche Geschichte seiner Zeit. Zu einem Buch von Paul Egon Hübinger – In: *Geschichte in Wissenschaft und Unterricht* 26 (1975) S. 723–732.

Zwei Briefe an Günter Grass – Für eine Festgabe zum 50. Geburtstag von Günter Grass am 16. Oktober 1977, bisher unveröffentlicht.

# Schriftenverzeichnis von Eberhard Jäckel

## Einzelschriften

Experimentum rationis. Christentum und Heidentum in der »Utopia« des Thomas Morus. Diss. phil. (masch.) Freiburg i. Br. 1955.

Die deutsche Frage 1952–1956. Notenwechsel und Konferenzdokumente der vier Mächte. Frankfurt am Main 1957.

Die Schleswig-Frage seit 1945. Dokumente zur Rechtsstellung der Minderheiten beiderseits der deutsch-dänischen Grenze. Frankfurt am Main 1959.

Marokko im Zweiten Weltkrieg. Unter besonderer Berücksichtigung der Behandlung und Internierung von Juden in der französischen Zone. Institut für Zeitgeschichte, München 1960.

Frankreich in Hitlers Europa. Die deutsche Frankreichpolitik im Zweiten Weltkrieg. Stuttgart 1966. Auch in französischer Übersetzung.

Hitlers Weltanschauung. Entwurf einer Herrschaft. Tübingen 1969. Auch in amerikanischer, französischer, italienischer und polnischer Übersetzung. Erweiterte und überarbeitete Neuausgabe, Stuttgart 1981.

Hitler. Sämtliche Aufzeichnungen 1905–1924. Zusammen mit Axel Kuhn. Stuttgart 1980.

Hitler in History. Hanover and London 1984.

Hitlers Herrschaft. Vollzug einer Weltanschauung. Stuttgart 1986. Hebräische und polnische Übersetzung in Vorbereitung.

## Herausgebertätigkeit

Thomas Morus, Utopia. Übertragen von Gerhard Ritter. Mit einem Nachwort von Eberhard Jäckel. Stuttgart 1964.

Theodor Heuss, Hitlers Weg. Eine Schrift aus dem Jahre 1932. Neu herausgegeben und mit einer Einleitung versehen von Eberhard Jäckel. Stuttgart 1968.

Deutsche Parlamentsdebatten. Herausgegeben von Eberhard Jäckel, Detlef Junker und Axel Kuhn. Band I: 1871–1918. Band II: 1919–1933. Band III: 1949–1970. Frankfurt am Main 1970 und 1971.

Die Funktion der Geschichte in unserer Zeit. Mit Ernst Weymar. Stuttgart 1975.

Die Funkaufklärung und ihre Rolle im Zweiten Weltkrieg. Mit Jürgen Rohwer. Stuttgart 1979.

Geschichte der Bundesrepublik Deutschland. Mit Karl Dietrich Bracher, Theodor Eschenburg und Joachim C. Fest. Sechs Bände. Stuttgart 1981–1987.

Kriegswende Dezember 1941. Mit Jürgen Rohwer. Koblenz 1984.

Der Mord an den Juden im Zweiten Weltkrieg. Entschlußbildung und Verwirklichung. Mit Jürgen Rohwer. Stuttgart 1985.

Mitherausgeber der Reihe Stuttgarter Beiträge zur Geschichte und Politik. Vierzehn Bände. Stuttgart 1967–1980.

Mitherausgeber der Reihe Historische Studien. Husum 1977 ff.

Mitherausgeber der Zeitschrift Holocaust and Genocide Studies. Oxford 1986 ff.

## Aufsätze (in Auswahl)

Utopia und Utopie. Zum Ursprung eines Begriffs. In: *Geschichte in Wissenschaft und Unterricht* 7 (1956) S. 655 ff.

Charles de Gaulle und die Vierte Französische Republik. In: *Geschichte in Wissenschaft und Unterricht* 9 (1958) S. 490 ff.

Über eine angebliche Rede Stalins vom 19. August 1939. In: *Vierteljahrshefte für Zeitgeschichte* 6 (1958) S. 380 ff.

Charles de Gaulle und die Fünfte Französische Republik. In: *Geschichte in Wissenschaft und Unterricht* 10 (1959) S. 100 ff.

Grundtatsachen der Geschichte Algeriens. In: *Geschichte in Wissenschaft und Unterricht* 11 (1960) S. 216 ff.

Frankreich im Zweiten Weltkrieg. Kollaboration – Résistance – Invasion. In: *Neue Politische Literatur* 6 (1961) Sp. 127 ff.

Zeitgeschichte seit 1945. Literaturberichte. In: *Geschichte in Wissenschaft und Unterricht* 12 (1961) S. 192 ff., 13 (1962) S. 525 ff., 14 (1963) S. 67 ff., 15 (1964) S. 381 ff., 19 (1968) S. 303 ff.

Zur obersten Wehrmachtführung unter Hitler. In: *Neue Politische Literatur* 7 (1962) Sp. 335 ff.

Hitlers Ostpolitik. In: *Volkshochschule. Blätter für Erwachsenenbildung in Schleswig-Holstein* 51/52 (1962) S. 10 ff.

Historical Origins of post-war Germany. In: Max Mueller Bhavan, Yearbook. New Delhi 1963 S. 31 ff.

Hitler – Biographisches und Pathographisches. In: *Neue Politische Literatur* 9 (1964) Sp. 136 ff.

Dokumentationen zur Geschichte des Zweiten Weltkrieges. In: *Neue Politische Literatur* 9 (1964) Sp. 555 ff.

Zur Politik des Heiligen Stuhls im Zweiten Weltkrieg. In: *Geschichte in Wissenschaft und Unterricht* 15 (1964) S. 33 ff.

Probleme einer Geschichte des Zweiten Weltkrieges. In: Gaikojiho. Tōkyō 1027 (1966) S. 88 ff. (japanisch), S. 116–103 (deutsch).

War der Zweite Weltkrieg ein Weltkrieg? In: Paul Hübner (Hg.), Deutsche Wissenschaft heute (1966) S. 24 ff.

Beobachtungen zur japanischen Zeitgeschichtsforschung. In: *Geschichte in Wissenschaft und Unterricht* 18 (1967) S. 542 ff.

Gerhard Ritter – Historiker in seiner Zeit. In: *Geschichte in Wissenschaft und Unterricht* 18 (1967) S. 705 ff.

Gandhi als indischer Politiker. In: Mahatma Gandhi 1869/1969 (1969) S. 15 ff.

Deutsche Einheit 1871–1971. In: *Die Neue Gesellschaft* 18 (1971) S. 79 ff.

Max Weber and Germany. In: Studies in Sociology (University of Rajasthan, Jaipur, India) 2 (1971) S. 25 ff.

W sprawie programu polityki zagranicznej Hitlera. In: Instytut Historii Polskiej Akademii Nauk, Dzieje Najnowsze III (1971) S. 147 ff.

The Evolution of Hitler's Foreign Policy Aims. In: Henry A. Turner, Jr. (Hg.), Nazism and the Third Reich (1972) S. 201 ff.

La politique allemande envers Vichy. In: *Revue d'Allemagne* IV (1972) S. 569 ff.

Geschichtliche Grundlagen des gegenwärtigen Deutschland. In: Wirtschaft Gesellschaft Geschichte (1974) S. 1 ff.

Wenn der Anschlag gelungen wäre. In: Hans Jürgen Schultz (Hg.), Der zwanzigste Juli (1974) S. 69 ff.

Thomas Mann und die deutsche Geschichte seiner Zeit. In: *Geschichte in Wissenschaft und Unterricht* 26 (1975) S. 723 ff.

Begriff und Funktion der Zeitgeschichte. In: Eberhard Jäckel und Ernst

Weymar (Hg.), Die Funktion der Geschichte in unserer Zeit (1975) S. 162 ff.

Rückblick auf die sogenannte Hitlerwelle. In: *Geschichte in Wissenschaft und Untericht* 28 (1977) S. 695 ff.

Der gleichzeitige Eintritt in die Weltpolitik. In: Arnulf Baring und Masamori Sase (Hg.), Zwei zaghafte Riesen? Deutschland und Japan seit 1945 (1977) S. 38 ff.

Die Schranken der Informationsfreiheit aus der Sicht des Historikers. In: Institut für Zeitgeschichte (Hg.), Wissenschaftsfreiheit und ihre rechtlichen Schranken (1978) S. 15 ff.

Hitler und der Mord an den europäischen Juden. In: Peter Märthesheimer und Ivo Frenzel (Hg.), Im Kreuzfeuer: Der Fernsehfilm »Holocaust« (1979) S. 151 ff.

Geschichtliche Grundlagen der Bundesrepublik Deutschland. In: Festschrift für Golo Mann (1979) S. 203 ff.

Die deutsche Westpolitik im Zweiten Weltkrieg. In: *Hémecht. Zeitschrift für Luxemburger Geschichte* 32 (1980) S. 173 ff.

Hitler und die Deutschen. In: Festschrift für Karl Dietrich Erdmann (1980) S. 351 ff.

Wie kam Hitler an die Macht? In: Karl Dietrich Erdmann (Hg.), Weimar. Selbstpreisgabe einer Demokratie (1980) S. 305 ff.

Gustav Heinemann und die Anfänge der Weimarer Republik: In: Brigitte und Helmut Gollwitzer (Hg.), Wir müssen Demokraten sein. Tagebuch der Studienjahre 1919–1922 (1980) S. 13 ff.

Zu einer Edition von Aufzeichnungen Hitlers. Mit Axel Kuhn. In: *Vierteljahrshefte für Zeitgeschichte* 29 (1981) S. 304 f.

Grundzüge der neueren Geschichte Japans. In: Vereinigung von Freunden der Universität Stuttgart, Jahresbericht (1981) S. 37 ff.

Die deutsche Kriegserklärung an die Vereinigten Staaten von 1941. In: Festschrift für Wilhelm G. Grewe (1981) S. 117 ff.

150 Jahre Hambacher Fest. In: Titus Häussermann und Horst Krautter (Hg.), Frieden – Aufgabe der Deutschen (1982) S. 15 ff.

Den Nationalsozialismus erforschen. In: Isa von Schaewen (Hg.), Medizin im Nationalsozialismus (1982) S. 5 ff.

Der Machtantritt Hitlers. In: Volker Rittberger (Hg.), 1933. Wie die Republik der Diktatur erlag (1983) S. 123 ff.

Geschichtliche Grundlagen der Bundesrepublik Deutschland. In: Karl Dietrich Bracher, Theodor Eschenburg, Joachim C. Fest, Eberhard Jäckel (Hg.), Geschichte der Bundesrepublik Deutschland. Bd. 1 (1983) S. 9 ff.

Neue Erkenntnisse zur Fälschung von Hitler-Dokumenten. Mit Axel Kuhn. In: *Vierteljahrshefte für Zeitgeschichte* 32 (1984) S. 163 f.

Die Reichsbahn und der Mord an den europäischen Juden. In: Jahrbuch für Eisenbahnliteratur 1985 (1984) S. 37 ff.

L'élimination des Juifs dans le programme de Hitler. In: L'Allemagne nazie et le génocide juif (1985) S. 101 ff.

Hitler in German History. In: James F. Harris (Hg.), German-American Interrelations (1985) S. 77 ff.

Die Entschlußbildung als historisches Problem. In: Eberhard Jäckel und Jürgen Rohwer (Hg.), Der Mord an den Juden im Zweiten Weltkrieg (1985) S. 9 ff.

Deutscher Parlamentarismus: Tradition trotz aller Brüche. In: Gesamtdeutsches Institut (Hg.), Einigkeit und Recht und Freiheit in der deutschen Geschichte und Gegenwart (1986) S. 92 ff.

Die elende Praxis der Untersteller. In: »Historikerstreit«. Die Dokumentation um die Einzigartigkeit der nationalsozialistischen Judenvernichtung (1987) S. 115 ff.

Die Deutschen und ihre Geschichte. In: Titus Häussermann und Horst Krautter (Hg.), Die Bundesrepublik und die deutsche Geschichte (1987) S. 6 ff.

Krieg und Frieden im 20. Jahrhundert. Historische Betrachtungen zur Friedenssicherung. In: *UniPress. Zeitschrift der Universität Augsburg* 4 (1987) S. 14 ff.

Im Widerspruch zum Stand der Forschung. Einige Anmerkungen zum Historikerstreit. In: *Sozialdemokratischer Pressedienst* 42/218 (13. 11. 1987) S. 1 f.

Warum Frankreich Hitler nicht den Weg versperrte. Von der Remilitarisierung des Rheinlands bis zum Krieg. In: Franz Knipping und Ernst Weisenfeld (Hg.), Eine ungewöhnliche Geschichte. Deutschland–Frankreich seit 1870 (1988) S. 123 ff.

Mit gutem Erfolg. In: Kurt Marti (Hg.), Festgabe für Walter Jens (1988) o. S.

The Predicament of the Weimar Republic. In: Michael Laffan (Hg.), The Burden of German History 1919–45 (1988) S. 48 ff.

Germany's Way into the Second World War. A.a.O. S. 178 ff.

Der Historikerstreit und der Mord an den europäischen Juden im Zweiten Weltkrieg. In: Landeszentrale für politische Bildung Nordrhein-Westfalen (Hg.), Streitfall Deutsche Geschichte (1988) S. 171 ff.

Hitlers schlimme Pläne standen in »Mein Kampf«. Niemand nahm sie ernst. In: P. M. Perspektive, Nationalsozialismus (1988) S. 82 ff.

Lilo Her[r]mann zwischen Legende und Wirklichkeit. In: *Stuttgarter Uni-Kurier. Zeitung der Universität Stuttgart* Nr. 37 (Dezember 1988) S. 1 f.

Über den Umgang mit Vergangenheit. In: Die Grenzen sprengen. Edzard Reuter zum Sechzigsten (1988) S. 295 ff.

Zahlreiche weitere Aufsätze, Beiträge und Rezensionen in Zeitschriften, Zeitungen und Büchern.

# Namenregister